本书为国家社会科学基金青年项目
"效果均等标准下基本公共文化服务均等化制度设计研究"
（项目批准号：14CJY061）的研究成果

基本公共文化服务均等化的
理论演化与实现路径

陈旭佳 著

中国社会科学出版社

图书在版编目(CIP)数据

基本公共文化服务均等化的理论演化与实现路径/陈旭佳著.
—北京：中国社会科学出版社，2020.6
ISBN 978-7-5203-6662-5

Ⅰ.①基… Ⅱ.①陈… Ⅲ.①公共管理—文化工作—研究—中国 Ⅳ.①G123

中国版本图书馆 CIP 数据核字(2020)第 097415 号

出 版 人	赵剑英
责任编辑	李庆红
责任校对	季　静
责任印制	王　超

出　　版	中国社会科学出版社
社　　址	北京鼓楼西大街甲 158 号
邮　　编	100720
网　　址	http://www.csspw.cn
发 行 部	010-84083685
门 市 部	010-84029450
经　　销	新华书店及其他书店

印　　刷	北京君升印刷有限公司
装　　订	廊坊市广阳区广增装订厂
版　　次	2020 年 6 月第 1 版
印　　次	2020 年 6 月第 1 次印刷

开　　本	710×1000　1/16
印　　张	20.25
插　　页	2
字　　数	312 千字
定　　价	109.00 元

凡购买中国社会科学出版社图书，如有质量问题请与本社营销中心联系调换
电话：010-84083683
版权所有　侵权必究

目　录

第一章　导言 …………………………………………………………（1）
　　第一节　选题的背景 ……………………………………………（1）
　　第二节　文献评述 ………………………………………………（5）
　　第三节　研究思路与内容 ………………………………………（15）
　　第四节　本书创新之处、主要建树与学术价值 ………………（26）

第二章　效果均等标准下基本公共文化服务均等化理论根基 ………（34）
　　第一节　基本公共文化服务相关概念界定 ……………………（35）
　　第二节　效果均等与财政均等：两种均等化模式的选择 ……（40）
　　第三节　效果均等标准下基本公共文化服务均等化模型 ……（43）

第三章　基本公共文化服务均等化战略的实施效果评估 ……………（60）
　　第一节　基本公共文化服务均等化水平测量工具简介 ………（60）
　　第二节　区域城乡视角下基本公共文化服务均等化水平测算 …（66）
　　第三节　包容性视角下基本公共文化服务均等化水平测算 ……（126）

第四章　政府潜在财政能力与基本公共文化服务均衡供给 …………（135）
　　第一节　委托—代理视角下地方政府提供基本公共文化服务
　　　　　　财政激励 …………………………………………（136）
　　第二节　潜在财力标准下地方政府财政能力的具体构成
　　　　　　及测算 ……………………………………………（143）

第三节 潜在财力标准下地方政府基本公共文化服务供给的
可及性 ………………………………………………………（162）

第五章 政府供给成本差异对基本公共文化服务供给的影响 ……（189）
第一节 基本公共文化服务供给成本差异的影响因素分析 ……（190）
第二节 地方政府基本公共文化服务供给成本的
均等化水平 ……………………………………………（195）
第三节 地方政府供给成本差异对基本公共文化服务均衡
供给影响 ………………………………………………（213）

第六章 政府偏好异质性与基本公共文化服务均衡供给 …………（249）
第一节 政府偏好异质性与公共财政资源均衡配置的
理论解析 ………………………………………………（250）
第二节 政府偏好异质性与公共财政资源均衡配置的
实证策略 ………………………………………………（256）
第三节 政府偏好异质性对基本公共文化服务均衡
供给的影响 ……………………………………………（263）

第七章 基本结论与政策建议 …………………………………………（278）
第一节 研究的基本结论 ……………………………………（280）
第二节 实现基本公共文化服务均等化的政策建议 ………（287）

参考文献 ……………………………………………………………（297）

第一章 导言

第一节 选题的背景

作为现代社会最为重要的基本公民权利之一,基本公共文化服务均等化强调的是每个公民享用公共文化资源的权利公平,这种公民权利在联合国颁布的国际公约与各国宪法中得以公认:1948年联合国大会通过的《世界人权宣言》第二十七条规定"每个人都公平享有自由参与文化生活的权利";1966年联合国大会颁布的《经济、社会及文化权利国际公约》第十五条规定"每个公民都享有自由参与文化生活的权利";1989年联合国教科文组织出台的《世界文化发展十年实用指南(1988—1997)》提出要"促进公民经济、政治、文化权利的融合,提高对世界人类共同体的文化关怀";我国《宪法》第四十七条规定"公民有进行文学艺术创作和其他文化活动的自由"。

显而易见,公民的基本文化权利需要得到应有的保障,不应受到城乡二元户籍制度、地区经济发展程度、社会利益阶层固化、性别种族歧视等现实条件的约束和影响,这种文化权利主要表现为:第一,每个公民都能够公平地参与公共文化活动、开展文化艺术创作,拥有均衡享用社会公共文化资源的权利;第二,每个公民都能够积极主动地参与文学、艺术等社会文化创造工作而获得精神文化的满足,拥有保护自身文学或艺术创作产生的精神利益的权利;第三,每个公民都能够拥有自由对政府提供的基本公共文化服务进行反馈的权利。众所周知,推动基本公共文化服务均等化,其根本目的在于保障全体社会成员最基本的文化权利,通过提供更多、更优质的公共文化产品,让社会成员均等分享到文化事业的发展成果,向人民群众弘扬优秀民族传统文化与中华民族精神,培养和提升公民的文化自觉和文化自信,使全体社会成员在公共文化事业的共建、共享、发展中拥有更多获得感。

推动基本公共文化服务均等化和标准化,是国家深化文化体制改革、加快文化事业发展过程中至关重要的环节。在新形势下,发展社会公共文化事业、保障人民基本文化权利,是弘扬社会主义核心价值观、建设社会主义文化强国的重要举措,同样也是深入贯彻科学发展观和以人为本执政理念的关键所在。党的十六大以来,党中央先后对基本公共文化服务均等化作出一系列重大部署,拉开了深化文化体制改革和文化繁荣发展的序幕;党的十六届五中全会通过的"十一五"规划建议提出,要实现基本公共文化服务均等化,推动社会主义文化繁荣发展;党的十七大报告提出,要保障人民群众最基本的公共文化权益,增加对公共文化事业的财政资金支持;党的十七届六中全会指出,要推进农村综合文化站和文化室建设、加强对城乡之间公共文化资源有效利用,积极推动"互联网+文化"工程建设;党的十八大报告指出要加大对老少边穷地区基本公共文化服务的扶持力度;党的十八届三中全会更是提出,要促进基本公共文化服务标准化和均等化;中共中央在 2015 年《关于加快构建现代公共文化服务体系的意见》中提出,要构建具有中国特色的现代公共文化服务体系;2020 年 9 月 22 日,习近平总书记在教育文化卫生体育领域专家代表座谈会上指出,发展文化事业是满足人民精神文化需求、保障人民文化权益的基本途径,要坚持为人民服务、为社会主义服务的方向,着力提高公共文化服务水平,让人民享有更加充实、更为丰富、更高质量的精神文化生活。毋庸置疑,推动基本公共文化服务有效供给,是推动公共文化服务转型升级、加强精神文明建设的重要途径,对于推动社会和谐发展具有重要意义,自然也就成为理论研究需要解决的一个重大现实问题。

虽然自党的十六大以来国家对构建现代公共文化服务体系进行了重大部署,但时至今日尚未形成令人满意的制度安排:公共文化服务体系不健全,基础文化设施比较落后,公众文化活动相对贫乏,老少边穷地区公共文化产品供需矛盾仍然存在，社会文化事业领域基本公共文化服务长期缺乏有效供给，弱势群体的公共文化服务供给基本处于被忽视的状态。不可否认的是，保障公民最低层次，同生存和发展直接相关、满足无差别文化需求的基本公共文化服务体系尚未形成，主要的制约因素包括：

第一，在全面深化公共文化事业的改革进程中，原有由政府承担全体社会成员公共文化产品的保障性制度已被逐渐地打破，而促进社会公平与机会均等的基本公共文化服务供给体系尚未建立，基本公共文化服务供给出现过渡性的真空地带。

第二，地方政府为确保在中央政府以 GDP 为核心的政绩考核中获胜，会将财政资源竭尽可能地分配到经济建设领域，而忽略了对公共文化等社会民生领域的财政资源分配，不利于民众在共建共享发展中拥有更多的文化获得感。

第三，不同城乡、地区和阶层之间客观上存在着经济社会的发展失衡，各级地方政府在自然资源禀赋、税源规模和集中程度、城镇化发展程度方面也存在较大差异，决定了不同地方政府基本公共文化服务的供给数量和质量大不相同。

第四，由于省以下地方政府财政级次过多，不同级别地方政府在事权和财权上存在不匹配的现状，使得财政能力弱小的地方政府不能够提供基本的公共文化服务，社会民众的基本文化权益得不到应有的保障。

作为不同区域、城乡和社会阶层之间公共文化事业发展差距在现实中的反映，各级地方政府在基本公共文化服务的供给数量和质量上存在一定程度的差距。当这种差距超过一定的权限与范围时，势必将降低地方公共文化资源的配置效率，造成文化事业领域的效益损失。基于此，实现基本公共文化服务的均等化和标准化，必然承担着解决当前社会文化事业体制矛盾的重要使命。

近年来，人民群众的文化生活得到不断地改善，但不同区域、城乡、社会各阶层之间基本公共文化服务差距较大：由于专项扶持资金的缺失，基层政府的图书购置经费、历史文物保护和维护经费严重不足，难以保障公共文化设施的日常经营维护；农村公共文化事业单位普遍存在着人员配备不到位、专业人才稀少、业务水平普遍偏低、结构不合理,用于改善农村基础文化设施的经费投入十分匮乏,村镇文化阵地建设还不够完善、发展不够均衡;农民工、残障人士等弱势群体的文化活动相对贫乏。综上所述,由于基本公共文化服务在供给方面存在的诸多问题,广大人民群众无法分享到社会文化事业的发展成果,更不利于公共文化资源在全社会范围内的配置均衡。

为解决目前公共文化领域存在的体制性矛盾,国家将大量的财政资金投入现代公共文化体系的建设:2016年中央财政安排208.62亿元的财政资金用于保障基本公共文化服务的有效供给,其中将51.57亿元财政资金用于推动公共文化设施向广大人民群众免费开放,130.06亿元财政资金用于支持政府落实国家基本公共文化服务指导标准,3.14亿元财政资金用于老少边穷地区公共文化事业的人才队伍建设,23.85亿元用于扶持少数民族地区的公共文化事业发展。大量的财政资源配置有利于改善基本公共文化服务的供给现状,但值得我们深入思考的是:均衡的财政资源配置是否意味着实现真正意义上的基本公共文化服务均等化和标准化?无可非议的是,在单位供给成本的高低对地方政府基本公共文化服务的供给数量与质量将起着重要影响的情况下,基本公共文化服务均等化不应该仅仅局限在公共文化事业财政资源的配置均衡,而应该更多地关注全体社会成员享用公共文化资源的权利均等与机会公平。

一直以来,西方财政联邦体制强调财政均等化,侧重于个人能否获得相等的财政剩余,但对中国这样一个地区之间公共文化服务供给成本差距较大的国家,完全按照财政均等的制度框架来设计基本公共文化服务的供给机制是否合适?应该引起我们的重视。毋庸讳言的是,推进基本公共文化服务均等化,需要有一个具有中国特色的理论加以剖析,而非完全照搬西方国家的财政理论。以上几点说明,本书选择效果均等标准研究基本公共文化服务均等化问题,更能满足当前文化体制改革的现实需要,而对这一问题的研究,是在党的十八届五中全会提出注重机会公平、保障基本民生等"共享发展"理念和新一轮财税体制改革背景下进行的,其现实意义自然不言而喻。

第二节 文献评述

根据本书的研究需要，在文献评述部分，我们从四个方面梳理研究文献，主要包括：衡量基本公共文化服务均等化的两种标准、政府提供基本公共文化服务采用的财力标准、要素投入成本差异对基本公共文化服务均衡供给的客观约束、政府偏好异质性对基本公共文化服务供给的主观约束等。在此基础上，我们对现有文献进行评述，最后提出可进一步改进的空间。

一 衡量基本公共文化服务均等化的两种标准：财政均等与效果均等

推动基本公共文化服务的均等化和标准化，首先需要确定的是基本公共文化服务的衡量标准。

国外学术界（Hayek，1948；Buchanan，1952；Stigler，1957）认为财政联邦体制国家采用财政均等标准测算不同地方政府之间的公共服务均等化，确定中央政府对地方政府的转移支付规模。James等人（2011）认为，为避免中央政府对地方政府配置转移支付资金存在的"逆向激励"现象，在公共服务供给采用财政均等标准。在借鉴财政联邦体制国家公共服务实践基础上，国内学者也开始对中国公共服务均衡供给提出自身标准：项继权（2008）认为基本公共服务均等化主要的决定因素是人均财政支出的均等化。王伟同（2012）认为地区发展差异的客观存在导致了地区之间公共服务的非均衡供给。田发和周琛影（2013）认为公共服务均等化实质在于确保不同区域地方政府的财力均衡，从根本上保障地方政府能在公共财政框架内提供较为均等的公共服务。陈旭佳和冯海波（2014）认为上级政府可通过转移支付对下级政府进行财政资金扶持，在确保下级政府拥有足够财力的前提下提供均等化的公共服务。这些学者的研究聚焦点在于：由于政府财政能力是制约公共服务均等化最为重要的因素，所以应该从财力平衡、财政支出、转移支付等财政均等的视角去研究公共服务均衡供给的实现途径。

通过文献梳理可以发现，多数学者将公共服务的非均衡供给归咎于地方政府的财力差异。在这一思路的指引下，一些学者（曹爱军，2009；王晓洁，2012）将提高地方政府的财政能力作为解决基本公共文化服务供需矛盾的突破口，此后不少研究采用的是财政均等衡量标准。王洛忠、李帆（2013）认为可利用公共财政资金数据研究基本公共文化服务区域之间和区域内部的不均等现状。上述学者的关注点在于：要想实现基本公共文化服务均等化，关键是财政资源的配置均衡，但这种研究思路存在的不足之处主要在于：实现了财政资源的均衡配置，并非意味着实现了真正意义上的基本公共文化服务均等化和标准化。

事实上，在国外学术界的前期研究中，Buchanan（1952）等人提出可以采用两种标准来衡量基本公共服务的均等化水平：第一种标准称为财政均等标准，主要衡量各级政府的财政能力，强调的是财政资金在公共服务领域配置的均衡性；第二种标准称为效果均等标准，主要衡量居民所享有的公共服务，强调无论居民位居何处都能够享用均等化的公共服务。由于自然资源禀赋和社会经济发展存在着差异，老少边穷和经济不发达地区的基本公共文化服务单位供给成本较高，在同样财力标准下，这些地区所能够提供的基本公共文化服务数量相对较少，质量也相对较低。综合起来看，现有文献侧重于在财政均等的标准下研究基本公共文化服务的供给问题，而考虑要素投入成本差异后效果均等方面的研究则相对较少，即使有学者意识到可以采用效果均等标准进行研究，但是也未能提出相应的解决思路，弱化了对基本公共文化服务均等化问题的现实解析力。

二 潜在财力与实际财力：政府提供基本公共文化服务采用的财力标准

推动基本公共文化服务均等化，下一步需要解决的问题是如何界定政府在基本公共文化服务供给过程中的财力标准。

纵观学界研究地方政府财政能力的参考文献，其研究遵循以下思路：

相当多的研究将地方政府提供公共服务的财力标准等同于地方政府实际取得的财政收入，但是这种研究思路隐含的一个前提假设是：地方政府在公共服务供给过程中所体现的财政能力主要是指在平均税收努力条件下从自身税源中取得潜在收入的能力，而非现实中地方政府财政收入的汲取能力（Boex & Martinez-Vazquez，2005）。这种研究思路的主要缺陷在于：没有考虑到潜在财力和实际财力的本质区别。一些学者对此进行深入探讨，得到比较一致的结论是：在经济发展阶段和人口资源状况等条件大致相似的情况下，地方政府拥有的潜在财力大致相同，但这些地方政府在现实中所获取的实际财政能力往往大不相同。之所以会出现这种现象，很大程度上是地方政府实际征税努力水平的差异所致：实际征税努力水平较高的地方政府，一般而言是拥有较高的实际财政能力；而实际征税努力水平较低的地方政府，往往拥有较低水平的实际财政能力（Manvel，1971）。作为地方政府合法性和稳固性的根基所在，地方政府的财政能力在很大程度上集中体现为公共财政资源的汲取能力和配置能力，如果公共财政能力在资源配置上未能有效满足居民的需求，势必将降低地方政府财力转化的有效性。

理论界一致认为，使用潜在财力标准进行衡量更具有其合理性，这是由于：其一，潜在财力考虑的是在给定经济发展水平和税收制度下，一个地区可用于公共服务供给的财力，这种财力的差异直接与各地区税基相关（王伟同，2012）。其二，在地方政府无法保证公共服务供给的前提下，中央政府对地方政府实施均等化转移支付，如果按照实际财力标准确定转移支付的资金规模，可能会导致实际财政努力程度较低的下级政府反而获得上级政府更多的转移支付资金，不但违背了财政均等化的基本理念，也不利于提高下级政府的财政努力程度（陈旭佳，2014）。其三，如果以实际收入作为均等化转移支付制度设计中地方政府财政能力的测算依据，可能会导致地方政府由于过度依赖中央政府的转移支付资金而降低财政努力程度的策略行为，造成地方性公共服务供给过程的"逆向激励"（王雍军，2006）。

从上述分析可以看出，大多数学者的研究采用的是实际财力标准（曹爱军，2009；王列生、郭全中、肖庆，2009；张桂琳，2009；王晓洁，2012；王洛忠、李帆，2013；方堃、冷向明，2013；马雪松，2013；冯佳，2015），采用潜在财力标准的文献则相对较少。有的学者虽然也提出潜在财政收入能力的概念，但在理论解释上仍存在歧义且未能说明它的测算方法。假设我们的研究仅仅集中在从实际财政能力的角度去研究地方政府的财政能力，则会忽略地方政府由于自身资源禀赋和经济发展阶段等客观原因所导致的潜在财政能力差距问题，不利于深入分析地方政府间由于客观因素所导致的财政能力差异，而且从理论上考虑也是不完整的。

三　要素投入成本差异：基本公共文化服务均衡供给的客观约束

接下来需要解决的问题，是要素投入成本差异这一客观约束条件对于基本公共文化服务供给产生的影响。

在西方的早期研究中，一些学者（Arrow & Kurz，1970）认为公共服务供给成本差异将通过公共服务供给效率这一间接变量去影响不同地区之间劳动力和生产要素的流动性。在这一思路的指引下，一些经济学家（Turnovsky & Fisher，1995）研究公共服务供给成本差异对不同地区之间资本存量和劳动力市场需求产生的影响，同样也得到了相似结论。上述学者的研究侧重从劳动力和生产要素的角度去分析公共服务供给成本对一个地区或国家经济社会发展所产生的影响，但这种研究思路忽略了以下的制约因素：在标杆式竞争中地方政府为吸引劳动力和生产要素将采用不同的策略行为，同样也是影响公共服务供给成本差异的一个重要因素，而以上研究显然没有考虑地方政府策略行为对公共服务供给成本可能导致的影响。

此后学者们更倾向于研究地方政府在标杆式竞争中为吸引劳动力和生产要素所采用的策略行为对公共服务供给成本差异的影响：Qian 和 Roland（1998）研究表明，在假设生产要素可以自由流动的情况下，地方政府为争取可移动税源而展开竞争，这将导致投资于基础设施的边际区域效应大于边际社会效益，造成基础设施类和民生保障类公共服务的供给成本差异，而地方政府在基础设施类和民生保障类公共服务的财政投入普遍存在差异。Heine（2006）则认为，地方政府为争夺有限的经济资本，制定有利于资本所有者的财政政策，造成不同类型公共服务的供给成本差异，导致生产性财政支出和义务教育、医疗卫生、社会保障等民生性财政支出的比例失衡。从上述研究分析可知，通过公共服务供给成本差异研究对不同地区之间劳动力和生产要素流动性产生的影响已不再是国外学者的重点，西方学者们更倾向于分析地方政府策略行为的变化对此产生的影响。

从研究公共服务供给成本差异的国内外文献可以看出，研究重点集中在三个方面：

一是资源禀赋差异的视角。一些学者（迟福林，2008；安体富，2007）认为各级地方政府由于在自然资源禀赋、税源规模和集中程度、城镇化发展程度方面存在较大差异，客观上造成公共服务供给成本在不同地方政府之间也存在差异，而公共服务要素投入成本差异对公共服务产出数量将产生重要的影响。

二是中国式财政分权的视角。有学者（周黎安等，2004；卢洪友、田丹，2013）认为现有地方性公共财政结构普遍存在"重基本建设、轻人力资本投资和公共服务"的特征，而以政绩考核为核心的标杆式竞争导致地方政府对公共财政资源不同领域存在配置差异，客观上造成地方政府在不同领域公共服务供给成本差异。以此为前提的政策取向，自然是在保证地方政府适度积极的前提下，努力引导地方财政向公共型财政转变。

三是福利经济学的视角。乔宝云等（2005）认为由于公共服务供给成本差异导致教育类公共服务在不同区域之间的供给失衡，这将毋庸置疑地降低整个社会的福利水平。吕炜等（2010）认为由于地方公共服务供给成本的差异性造成公共服务供给失衡，将对居民福利水平产生较大影响。通过中外文献梳理可以发现，一些学者对如何缩小公共服务供给成本差异进行了有价值的探讨，但作为影响公共服务供给最为重要的客观约束条件之一，学者们较少将这一概念运用到基本公共文化服务供给领域。

从理论上讲，地方政府在标杆式竞争中的策略性行为，势必对不同地方之间公共服务供给成本产生一定程度的影响，同时也是造成不同地区之间公共服务价格扭曲的重要原因之一，不利于提高各地区居民福利水平。许多国家都将不同地区公共服务供给成本的差异作为制约公共服务均等化的主要约束条件之一，这是由于在地方政府提供相同质量与数量公共服务的假设条件下，供给成本较高的地方政府需要更大规模的财政资金来提供相同标准的公共服务，以弥补由于公共服务供给成本差异所带来的额外成本和供给效率损失：瑞士认为在幅员辽阔、人口稀少的地区提供同等标准的公共服务所需要的财政成本往往较高，在测算不同地区公共服务支出需求的同时，政府制定相关政策需要重点考虑公共服务供给成本在不同地区之间存在的差异；日本认为由于不同地方政府在地理位置、人口增长率、人口密度、城市化程度、工业化方面都会存在不同程度的差异，在不同区域地方政府配置财政资源的政策制定过程中，需要重点考虑各地公共服务供给成本存在的差异；英国认为不同地方政府在制定公共服务供给决策的具体过程中，可以考虑建立回归分析模型测算影响不同地方政府成本的因素。

国内学术界很多学者在考虑地方政府提供公共服务供给成本差异时也提出自己的观点：楼继伟（2006）认为，中央政府对地方政府配置一般性转移支付资金用于弥补地方政府在提供公共服务财力缺口的过程中，未能建立一套能够反映不同地区和城乡之间公共服务支出成本差异的指标体系。刘尚希（2008）认为我国不同地区和城乡之间各级地方政府公共服务供给的单位成本相差很大，相同规模财政资金的投入未必能够带来同等质量和数量的公共服务；而在单位供给成本相同的情况下，不同级次地方政府由于经济社会发展和管理水平存在较大的差异，相同规模财政资金的投入也未必能够带来相同质量和数量的公共服务。胡德仁和刘亮（2010）在借鉴财政部指定的不同类别公共服务供给成本差异影响因素及相关系数的基础上，将不同地区和城乡的人口密度、人口规模、物价水平考虑到公共服务供给成本的影响因素中，用来衡量不同地区和城乡之间各级地方政府的财政能力差异。伏润民等（2010）分别从自然条件、经济条件、社会条件等方面来考虑公共服务供给的成本差异，曾红颖（2012）则考虑了城市化率、劳动力价格、行政管理、气温取暖、少数民族、海拔高度、人口结构、人口密度等因素对于公共服务供给成本的影响,方元子(2015)则从人口因素、经济发展、自然地理、社会环境等方面考虑对公共服务供给成本的影响。

从上述学者的研究可见,目前理论界对基本公共文化服务供给方面的研究,忽略了要素投入成本差异对于公共文化服务均等化和标准化程度的影响,弱化了对基本公共文化服务均等化和标准化问题的解释能力。对于中国这样一个不同区域和城乡基本公共文化服务供给成本差异较大的国家,在基本公共文化服务的供给过程中,如果我们不考虑城乡和区域之间基本公共文化服务要素投入成本的差异性,不仅不符合基本公共文化服务均等化的基本理念,在具体操作过程中对其供给质量和数量也会造成一定程度的影响。

四 经济偏好与民生偏好:政府偏好对基本公共文化服务供给的主观约束

一些学者试图从主观约束条件——政府偏好的视角来研究城乡基本公共文化服务均等化问题。

在国外较为早期的研究中,一些学者(Tiebout,1956;Musgrave,1959)从财政分权的角度研究政府偏好选择对公共服务供给的影响,得到比较一致的结论是:在与个人福利水平密切相关的社会民生领域,地方政府在获取辖区居民需求方面拥有信息优势和较低的行政成本,所以选择由地方政府提供地方性的公共服务往往更为合适。遵循这一研究思路,一些经济学家进一步研究地方政府偏好选择对社会民生领域公共服务供给产生的影响,也得到相似的结论,但同时认为这种体制存在明显的局限性:倘若在财政分权过程中选择由地方政府提供社会民生领域的公共服务,由于各级地方政府在自然资源禀赋、税源规模和集中程度、城市化发展程度方面存在明显差异,势必将造成各级地方政府公共服务供给方面的非均衡性,这需要中央政府通过实施转移支付制度均衡各级地方政府客观存在的财力差距问题,实现辖区内居民人均享有最低标准公共服务的一致性(Boadway,2004)。

基于上述考虑，此后学者们对公共服务供给的研究更多地转向均等化的转移支付领域，侧重对地方政府提供公共服务的偏好选择与辖区居民广泛性偏好是否一致方面。一些学者（Jeffrey & Sophia，2007）试图对转移支付制度的设置原则进行探讨，得到的主要结论是：在财政均等化的设计理念下，中央政府实施转移支付制度的政策目标主要在于弥补各级地方政府在人口和生产要素流动过程中产生的经济效益损失，平衡各级地方政府在自然条件、生产要素、公共服务成本方面存在的非一致性，提升整个社会的民众幸福感与福利水平。通过上述分析可以得知，对于公共服务供给过程地方政府偏好形成机理方面的研究已不再是国外学术界的主要方向，西方学者的重点开始转向地方政府提供公共服务的偏好选择是否能够有效满足社会民众的广泛性偏好、公共财政资源分配是否能够符合福利经济学的公平性原则以及如何实现各级政府之间公共服务均等化等领域。

中共十七届五中全会虽然对保障和改善民生提出一系列新的要求和部署，但时至今日在公共服务供给领域依然未能形成偏向于民生事业的制度安排。不可否认的是，在现有财政体制的约束下，目前地方政府在公共服务供给上依然呈现出非均衡的格局，这决定了学术界必然将研究重点集中在如何使公共服务供给更趋向民生领域。粗略地归纳起来，国内外学者对地方公共服务供给的研究主要集中在以下三个方面：

一是公平与效率的视角。Barkley（1974）比较系统地对公共服务供给过程中存在的公平与效率冲突进行全面论述，认为农村公共财政资源的分配不足，主要原因在于将公共资源投入城市要比投入农村产生的效率高；然而，公共服务在城乡之间的非均衡供给违背福利经济学的公平原则，产生了效率与公平的矛盾。应该指出的是，Barkely对公共财政资源分配问题的研究具有开创性贡献，他的观点对于研究地方政府公共服务供给具有启示意义。

二是社会稳定的视角。Brown和Park（2002）对中国6个省份贫困县的调查显示，贫困是制约农村教育可及性的重要因素，而农村教育可及性将影响到农村社会的稳定性。Yang（2004）则利用四川省的数据证明了增加对农民的教育培训投入有利于帮助他们摆脱贫困，现实意义在于缩小贫富差距和增强农村社会稳定性。Heerink（2009）等认为中国地方政府增加对水土保护的投入，有助于促进生态保护区的经济发展，通过减少贫困来提高偏远地区的社会稳定性。这些学者关注的焦点是，公共服务供给如何影响地方政府的社会稳定性。

三是政府偏好的视角。汤玉刚（2007）等考察了短期政治均衡对地方政府供给偏好的影响，认为由政治均衡决定的政府偏好将不可避免地导致公共服务供给的效率低下，同时也将伴随着政府职能的"越位"与"缺位"。丁菊红和邓可斌（2008）认为中央政府和地方政府在偏好上的选择差异对财政分权程度将产生至关重要的影响，这种偏好差异将通过改变中央政府对地方政府的政治激励制度导致公共服务供给失衡。

从上述分析可见，一些学者虽然开始关注政府偏好对基本公共文化服务供给过程产生的影响，但理论分析框架主要依赖于财政联邦体制背景下的西方经济学理论，在理论的解析层面上未能立足于现有国情。应该指出的是，现有研究基本公共文化服务供给的文献多数是对现状的直观描述，对于基本公共文化服务供给过程中政府偏好的研究，未能提出一套适合中国体制环境的理论分析框架，弱化了其对现实情况的解释能力。更为重要的是，现有文献忽略了政府偏好对基本公共文化服务所产生的影响，在这一研究领域依然存在可以继续深入探索的空间。

五　已有文献评述与改进空间

从上述国内外研究来看，已有不少学者对基本公共文化服务均等化和标准化问题进行了较为详细的研究。无论是采用财政均等标准衡量基本公共文化服务的均等化程度，还是选择实际财力标准衡量政府的财政能力，都为未来研究打下一定的基础，但在理论解析和逻辑推导方面，仍存在进一步改进的空间，这也是本书需要重点突破的方向，主要表现为：

第一，效果均等标准是衡量基本公共文化服务均等化的重要指标之一，但很少有文献从效果均等的角度研究基本公共文化服务均等化和标准化问题。现阶段针对基本公共文化服务均等化和标准化的文献，基本上采用的是财政均等标准，但采用效果均等标准的研究文献却少之又少，以往大量研究都证明了效果均等可以作为公共服务均等化的重要衡量标准之一，但即使有学者意识到可以采用效果均等标准对此进行研究，也未能在研究过程中设计有针对性的解决途径，在相当程度上弱化了对基本公共文化服务均等化问题的解析力。

第二，现有研究对基本公共文化服务供给过程的政府财力标准选择的是实际财力标准，而采用潜在财力标准的研究文献则几乎没有。针对基本公共文化服务供给的大部分研究，仅仅集中在从实际财政能力去研究地方政府的财政能力，基本上没有考虑地方政府由于自身资源禀赋、经济发展阶段、人口资源状况、所处区域位置等客观原因所导致的潜在财力差距，这种研究视角不利于深入分析地方政府由于客观因素所导致的财政能力差异，从理论上考虑也是有欠缺的。

第三，现有文献忽略了要素投入成本差异对于基本公共文化服务均等化程度的影响，在一定程度上弱化了对基本公共文化服务均等化问题的解释能力。应该指出的是，对于中国这样一个不同区域和城乡基本公共文化服务供给成本差异较大的国家，如果在基本公共文化服务的供给过程中不考虑城乡和区域之间基本公共文化服务要素投入成本的差异性，不符合基本公共文化服务均等化的根本理念，对基本公共文化服务供给的质量和数量也会造成一定程度的影响。

第四，现阶段立足于政府偏好视角对基本公共文化服务有效供给进行研究，主要依靠的是财政联邦体制背景下的西方经济学理论，但未能针对现有国情提出一套适合中国体制环境的理论分析框架。一些学者虽然开始关注政府偏好对基本公共文化服务供给过程产生的影响，但现有研究基本公共文化服务供给的文献多数是对现状的直观描述，对于基本公共文化服务供给过程中政府偏好的研究未能针对中国现有的体制提出一套合适的理论和研究框架，忽略了政府偏好对基本公共文化服务所产生的影响，在这一研究领域存在可继续研究和拓展的空间。

以上几点说明，在已有研究基本公共文化服务均等化和标准化文献的基础上做进一步的深入研究，是有理论价值以及现实意义的。基于上述考虑，本书采用效果均等标准研究基本公共文化服务的均等化问题，针对潜在财力标准下地方政府提供公共文化服务的财政能力、要素投入成本差异对于基本公共文化服务均等化程度的客观约束、政府偏好异质性对基本公共文化服务有效供给的主观约束等方面进行深入研究，而研究上述问题有利于培养和提升全体公民的文化自觉和文化自信、让人民群众能够均等地分享社会文化事业的发展成果，具有重大的理论价值和现实意义。

第三节　研究思路与内容

一　研究思路

本书的研究目的是要建立一个效果均等框架下基本公共文化服务均等化的完整分析体系，在这个理论体系中，如何提高基本公共文化服务均等化水平是我们要解决的核心问题，主要研究思路可归纳为：

第一，作为本书研究的逻辑起点，我们需要对基本公共文化服务均等化所涉及基本概念进行界定，针对现有国情提出一套适合于中国体制环境的理论分析框架，为进一步的理论分析打下基础。

第二，在完成理论分析框架的基础上，我们选择效果均等作为基本公共文化服务均等化水平的衡量标准，在同时考虑城乡和区域二维均等的视角下，测算出群众艺术馆、文化馆、文化站、图书馆、博物馆、公益艺术表演团体等各项基本公共文化服务分项指标的均等化水平，再通过加权算术平均法得到基本公共文化服务总体指标。在这一部分，我们需要重点关注的内容包括：基本公共文化服务均等化战略的提出、基本公共文化服务均等化水平测量工具简介、基本公共文化服务均等化水平计算步骤及数据说明、基本公共文化服务均等化水平测量结果等。

第三，我们对政府潜在财政能力如何影响基本公共文化服务均衡供给进行研究。考虑到政府潜在财力是基本公共文化服务均衡供给的制约因素，所以对潜在财政能力的分析是不可或缺的。我们从委托—代理的角度研究地方政府提供基本公共文化服务财政激励机制，交代潜在财政能力的真实含义及具体构成、潜在财政能力主要测算方法、潜在财政能力不均等的测算方法，以及潜在财政能力与基本公共文化服务供给之间的作用机理，重点分析政府潜在财政能力对基本公共文化服务供给可及性产生的影响。

第四，我们从另外一个制约基本公共文化服务供给的客观因素——公共服务供给成本差异进行分析。重点分析影响基本公共文化服务供给成本的主要因素、基本公共文化服务供给成本的均等化水平测算、地方政府供给成本差异对基本公共文化服务均衡供给影响等内容。

第五，在完成上述客观因素分析的基础上，我们将从政府偏好的主观因素分析其对基本公共文化服务供给产生的影响。侧重研究地方政府在偏好选择上实现由"经济偏好"向"民生偏好"的转型、地方政府对公共财政资源分配如何在公平与效率之间寻找到最优平衡点、地方政府偏好异质性对基本公共文化服务均衡配置的影响等问题。

第六，在本书最后一部分，我们对本书研究得到的基础性结论进行系统性归纳，提出地方政府在效果均等标准下实现基本公共文化服务均衡有效供给的对策思考。

根据研究思路，本书的研究框架如图1-1所示：

二 研究内容

按照上述的研究思路，本书的主要内容可分为七章，其中第一章为导言，其余六章为本书理论研究的主体部分。我们将各章主要内容进行简要介绍：

第一章　导言

第一章作为导言，对本书的选题依据、文献评述、主要内容、创新程度、学术价值、有待探索的问题进行系统性介绍，对理论界基本公共文化服务均等化和标准化领域的主要研究方向与研究成果进行总结归纳，以及对本书的研究框架、研究内容进行概括性描述。

第二章　效果均等标准下基本公共文化服务均等化理论根基

作为本书的逻辑分析起点，这一章将对效果均等标准下基本公共文化服务均等化的基础理论进行探讨。

理论界认为，西方学者对公共服务均等化过程中地方政府偏好选择

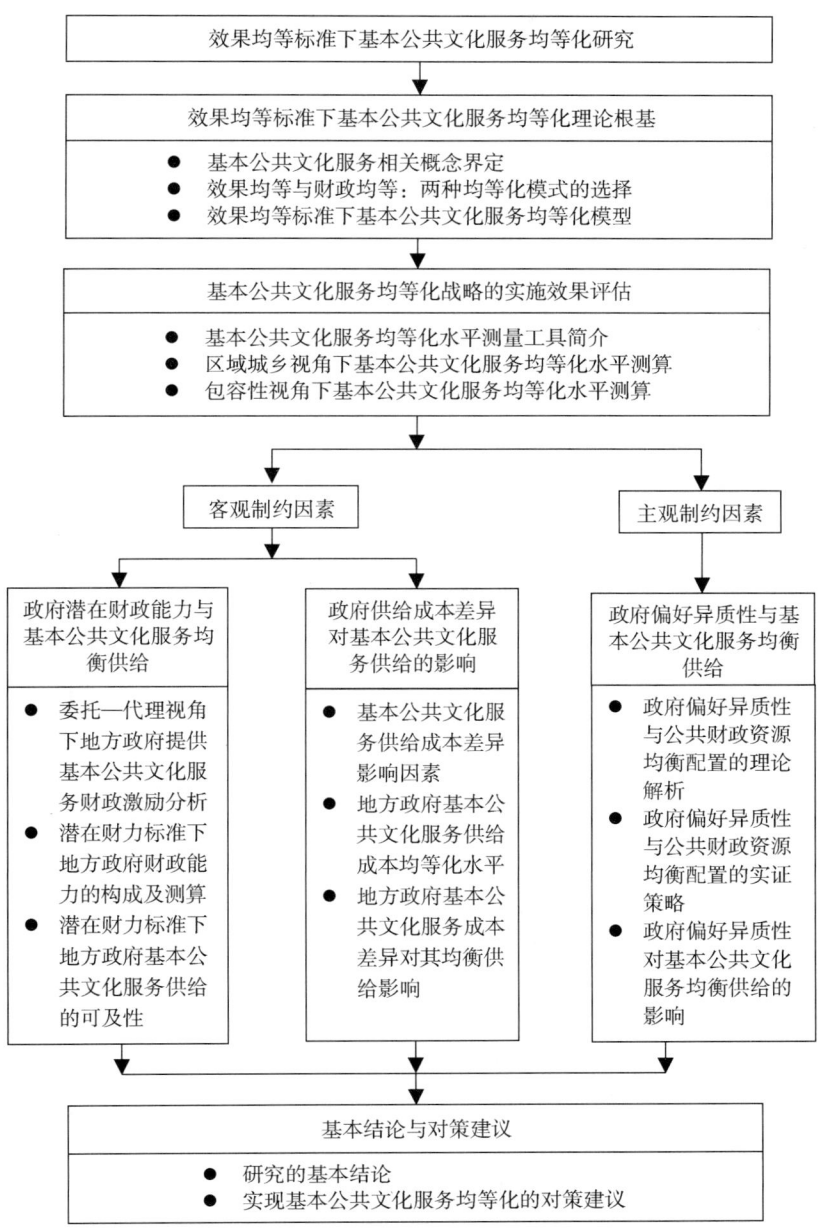

图 1-1 本书主要研究框架

的研究根植于直接民主制和代议制民主的假设背景，地方政府提供公共服务的策略行为更多考虑的是如何实现中间选民的效用最大化来获得相应的政治选票。但对于中国这样一个社会主义民主政治制度正在不断完善的国家而言，完全照搬西方公共经济学的逻辑思维来考虑地方政府分配公共财政资源的偏好选择是否恰当？这个问题不能不引起我们的思考。

众所周知，过去40年中国经济的高速增长很大程度上得益于地方政府在中央政府政绩考核体制下彼此间展开竞争的行为。在地方政府对中央政府高度负责的政治体制下，以GDP为核心的政绩考核标准导致地方政府彼此间展开激烈的竞争。为确保在中央政府设计的政绩考核中获胜，地方政府将更多的公共财政资源分配在有利于自身政绩考核的领域，在公共服务资源的配置选择上存在异质性偏好。

很显然，在现有的中国政治体制框架下研究地方政府公共服务供给的行为，必须充分考虑地方政府偏好这一特定因素的影响，在此基础上提出一套适合中国国情的理论分析框架。在这种分析框架下，各级地方政府由于在自然资源禀赋、税源规模与集中程度、城市化发展水平、经济社会发展等方面存在差异，对于地方政府基本公共文化服务的供给成本将产生重要的影响。

在这一章，我们将探讨政府偏好框架下基本公共文化服务均等化分析理论，研究的主要内容包括：（1）基本公共文化服务均等化的概念及界定范围；（2）效果均等和财政均等两种均等化模式的选择；（3）基本公共文化服务均等化模型的基本假设及其理论模型演绎。通过本章的分析发现，均衡的财政资源配置并非意味着实现真正意义上的基本公共文化服务均等化和标准化。应该指出的是，单位供给成本的高低决定着地方政府提供基本公共文化服务的数量与质量，所以相等的财政资金未必能够带来等质、等量的基本公共文化服务，需要更多地考虑全体社会成员享用公共文化资源的权利均等与机会公平。

第三章　基本公共文化服务均等化战略的实施效果评估

在这一章，我们在考虑城乡和区域二维均等的研究视角下，选择效果均等作为主要衡量标准，运用双变量泰尔指数在区域和城乡维度上的空间分解，通过优先考虑城乡维度的双变量泰尔指数层级分解、优先考虑区域维度的双变量泰尔指数层级分解，同时考虑城乡维度和区域维度的双变量泰尔指数非层级分解三种不同类型的双变量泰尔指数方法，分析不同区域之间、城乡之间各级政府提供群众艺术馆、文化馆、文化站、图书馆、博物馆、公益艺术表演团体等各项基本公共文化服务分项指标的均等化水平，主要包括：

第一种分析方法，优先考虑城乡维度的双变量泰尔指数层级分解，是指在利用双变量泰尔指数分析各级政府提供的基本公共文化服务非均衡性的过程中，优先从城乡维度对各级政府提供的基本公共文化服务的非均衡性进行层层分解，再对城市内部和农村内部各级政府提供的基本公共文化服务的非均衡性进行区域维度分解，通过对基本公共文化服务供给过程各个维度非均衡程度进行汇总，得到不同区域之间、城乡之间各级政府提供基本公共文化服务的非均衡程度。在这里，第一个层次的非均衡性可以分解为基本公共文化服务在城乡之间的非均衡性和城乡内部的非均衡性，第二个层次的非均衡性可以分解为城市和农村内部区域之间的非均衡性和区域内部的非均衡性。

第二种分析方法，优先考虑区域维度的双变量泰尔指数层级分解，是指在利用双变量泰尔指数分析各级政府提供的基本公共文化服务非均衡性的过程中，优先从区域维度对各级政府提供的基本公共文化服务的非均衡性进行层层分解，再对各个区域内部各级政府提供的基本公共文化服务的非均衡性进行城乡维度的分解，通过对基本公共文化服务供给过程各个维度非均衡程度进行汇总，得到不同区域之间、城乡之间各级政府提供基本公共文化服务的非均衡程度。在这里，第一个层次的非均衡性可以分解为基本公共文化服务在区域之间的非均衡性和区域内部的非均衡性，第二个层次的非均衡性可以分解为各个区域内部城乡之间的非均衡性和城乡内部的非均衡性。

第三种分析方法，同时考虑城乡维度和区域维度的双变量泰尔指数非层级分解，主要指的是在利用双变量泰尔指数分析各级政府提供的基本公共文化服务非均衡性的过程中，将不同区域和城乡之间各个维度基本公共文化服务的非均衡性，按照城乡维度的非均衡性、区域维度的非均衡性、城乡—区域内部的非均衡性、城乡区域两个维度的交互作用的顺序,依次对城乡和区域各个维度的非均衡性进行层层分解。

综上所述,运用三种手段进行测算的内容将包括:基本公共文化服务及各分项指标在全国范围内的非均衡程度、基本公共文化服务及各分项指标在区域之间的非均衡程度、基本公共文化服务及各分项指标在城乡之间的非均衡程度、基本公共文化服务及各分项指标在区域内部城乡之间的非均衡程度、基本公共文化服务及各分项指标在城乡内部区域之间的非均衡程度、基本公共文化服务及各分项指标在区域内部城乡内部的非均衡程度、基本公共文化服务及各分项指标在区域城乡两个维度的交互作用。与此同时,本章还在包容性视角下测算基本公共文化服务均等化水平。我们以群众文化机构为老年人、未成年人、残障人士、农民工等弱势群体组织专场文艺活动为例进行测算。具体而言,我们构建双变量泰尔指数测算不同区域和城乡之间基本公共文化服务均等化的指标体系,得到上述每个单项指标不均等程度,通过加权算术平均法分别计算出群众艺术馆、文化馆、文化站、图书馆、博物馆、公益艺术表演团体等各项二级指标,再通过加权算术平均法得到基本公共文化服务的一级指标。

第四章 政府潜在财政能力与基本公共文化服务均衡供给

在这一章,我们首先考虑的是委托—代理视角下地方政府提供基本公共文化服务的激励约束问题。

众所周知,基本公共文化服务均等化战略作为中央构建现代公共文化服务体系的一项重要任务,是深化文化体制改革、加快文化事业发展过程中至关重要的一个环节,但是这项重要战略举措只有通过地方政府才能够得到实现。现阶段,我国基本公共文化服务基本上采取单一型的政府供给模式,地方政府在现代公共文化服务体系的构建过程中发挥着极为重要的作用。中央政府只有在委托地方政府提供公共服务的前提条件下,才能实现基本公共文化服务的均等化和标准化,所以设计合理的委托—代理机制促使地方政府贡献最优的努力程度,推动整个国家的基本公共文化服务均等化战略的实现,具有重要的现实意义。

接下来需要讨论的是如何运用代表性收入方法测算地方政府的潜在财政能力。我们将地方政府潜在财政能力分别划分为第一产业、第二产业、第三产业的标准税收收入能力，以及一般公共预算非税收入能力。具体计算过程是：计算出全国第一产业、第二产业、第三产业的平均代表性税率，以及全国一般公共预算非税收入平均征收率，再利用各个产业全国代表性平均税率乘以各级政府第一产业、第二产业、第三产业税基，得到各级政府第一产业、第二产业、第三产业潜在税收收入，同时通过全国一般公共预算非税收入平均征收率乘以各级政府国民生产总值，得到一般公共预算非税潜在财政收入，最后汇总得到各级地方政府潜在税收收入。

在完成地方政府潜在财政能力测算的基础上，我们将进一步研究潜在财政能力对地方政府提供群众艺术馆、文化馆、文化站、图书馆、博物馆、公益艺术表演团等基本公共文化服务供给可及性的影响。具体而言：我们在同时考虑城乡和区域二维均等的研究视角下，构造出地方政府潜在财政能力影响群众艺术馆、文化馆、文化站、图书馆、博物馆、公益艺术表演团供给可及性的测算指标，通过同时考虑城乡维度和区域维度的双变量泰尔指数非层级分解，优先考虑城乡维度的双变量泰尔指数层级分解，优先考虑区域维度的双变量泰尔指数层级分解三种不同的泰尔指数分析方法，分析地方政府提供群众艺术馆、文化馆、文化站、图书馆、博物馆、公益艺术表演团各项基本公共文化服务供给的可及性。

研究表明，中央政府对地方政府的政绩考核机制需要加大公共文化的考核比重，改变长期以来以 GDP 增长为核心的政绩考核体系和地方官员的政治晋升机制，同时地方政府在政府偏好选择上要遵循福利经济学的均衡与公正原则，将公共财政资源分配更多地集中于社会公共文化领域，促进经济增长与文化建设的协调发展，减少社会矛盾的积累与激化，进一步提高整体社会的稳定性。

第五章 政府供给成本差异对基本公共文化服务供给的影响

事实上，相等的财政投入未必能够带来等质、等量的基本公共文化服务，基本公共文化服务在财政资源的配置上实现了均衡，未必能够实现真正意义上的基本公共文化服务均等化和标准化。

由于我国长期以来不同地区和城乡之间经济社会发展的不均衡，导致经济发达地区和边远落后地区地方政府在自然资源禀赋、税源规模与集中程度、城市化发展水平、经济社会发展等方面存在较大的差异,对地方政府提供基本公共文化服务的成本将产生较大的影响。因此,以个人所享用的基本公共文化服务效果均等为主的研究,更能够意识到全体享用公共文化资源的权利均等与机会公平问题,但往往也是研究基本公共服务均等化的难点所在。

基于上述考虑,在这一章我们研究要素投入成本差异对基本公共文化服务供给数量和质量的影响,包括影响基本公共文化服务供给成本的主要因素、供给成本的均等化水平测算、地方政府供给成本差异对基本公共文化服务均衡供给影响等内容。在分析地方政府基本公共文化服务供给成本的均等化水平时,我们构建双变量泰尔指数分别测算群众艺术馆、文化馆、文化站、图书馆、博物馆、公益艺术表演团各项基本公共文化服务供给成本的均等化水平,通过加权算术平均法计算出基本公共文化服务供给成本的总体均等化水平,分析地方政府供给成本影响群众艺术馆、文化馆、文化站、图书馆、博物馆、公益艺术表演团体等基本公共文化服务供给的边际均等效应,研究地方政府要素投入成本差异对各项基本公共文化服务供给产生的影响。研究发现,应该充分考虑不同区域和城乡之间要素投入成本差异对地方政府提供基本公共文化服务产生的影响,重点考察不同类型基本公共文化服务的要素投入成本约束,在保障和改善民生、促进社会公平正义效应原则下,注重社会公众享受基本公共文化服务的权利机会均等。

第六章 政府偏好异质性与基本公共文化服务均衡供给

在这一章,我们将从主观因素视角分析地方政府偏好对基本公共文化服务供给产生的影响。

政府偏好是影响地方政府公共财政资源分配的主观约束条件之一。西方的政治经济学理论认为,政府偏好的形成关键在于社会各阶层如何通过公共决策机制向决策层表达政治诉求的政治博弈与均衡过程:社会各阶层的民众为表达代表自身利益的政治诉求,通过各种途径向地方决策层施加政治影响力;决策层为了在政治选举中获得最大限度选民支持,通过权衡社会各方的政治影响力来决定公共财政资源分配偏好,表达对社会民众政治诉求的政策倾向。

公共财政资源在不同领域分配差异的逐渐扩大,其背后深层次的原因在于政府公共财政资源分配过程中的政治考量,而这种基于政治目的对公共财政资源的权衡取舍,最终体现为政府在偏好选择上存在的异质性倾向。如果地方政府对公共财政资源的偏好选择未能符合大多数社会民众的广泛性偏好,势必将降低地方政府分配公共财政资源的效率,削弱公共财政资源分配的边际可及效应,这不但违背福利经济学的公平性原则,也有悖于社会公平正义的实现,影响到整个社会的稳定与繁荣。

长期以来,中国的地方政府在整个国家公共财政资源的分配过程中扮演着举足轻重的角色,而地方政府的偏好选择能够对公共财政资源的分配行为施加影响。理论界普遍认为,政府偏好对公共财政资源分配的影响至少集中在两个层面:首先,地方政府如何根据自身偏好选择将多大比例的公共财政资源投入经济建设领域或是社会民生领域,我们称为公共财政资源分配的"规模偏好";其次,地方政府如何根据自身偏好将投入社会民生领域的公共财政资源在具有不同功能属性的公共服务之间进行分配,我们称为公共财政资源分配的"结构偏好"。

在中国现有地方政府对中央政府高度负责的政治体制框架下,地方政府在"规模偏好"和"结构偏好"方面的权衡取舍,对于基本公共文化服务资源的均衡配置具有重要的影响:地方政府会将自身可以支配的公共服务资源,竭尽所能地投向基础设施、经济建设等有利于提高政绩考核的领域,忽略在环境保护、交通运输、公共教育、医疗卫生和社会保障等社会民生领域的投入。地方政府将公共财政资源分配于社会民生领域内部之时,偏好选择上也存在类似的异质性倾向:诸如交通运输、环境保护等基础环境类的公共服务,能够改善投资环境吸引外资,地方政府对此偏好较强;而像基本公共文化等福利保障类的公共服务,短时间内难以推动经济快速增长,地方政府对此偏好相应较弱。

在这一章,我们构建指标体系衡量政府偏好对公共财政资源分配的影响,研究地方政府偏好是如何影响地方政府基本公共文化服务资源配置的。通过研究发现,合理分配地方性公共财政资源,既要考虑中央政府和地方政府在公共财政资源的实际投入和分配效率上存在的信息错配,也要考虑中央政府与地方政府在政策选择上可能存在的目标不一致;既要考虑地方政府如何从自身利益出发接受政绩考核的约束，又要考虑如何使地方政府在公共财政资源分配时贡献出最大的财政努力。在能够观测到地方政府公共财政资源分配边际可及效应的前提下，中央政府在政绩考核机制的设计中应适当降低对地方政府经济建设领域的考核比重，同时增加地方政府提供社会民生领域公共服务的考核比重，特别是对基本公共文化服务的考核比例，加大基本公共文化服务财政支持力度。

第七章　基本结论与政策建议

在本书最后一章，我们在对研究得到的结论进行系统性归纳的基础上，提出实现基本公共文化服务均等化和标准化的政策建议。

本书得到的基本结论是：（1）实现公共财政资源的配置均衡，并非意味着实现真正意义上的基本公共文化服务均等化和标准化；（2）基本公共文化服务的均衡配置，需要更多地考虑全体社会公民享用公共文化资源的权利均等与机会公平；（3）基本公共文化服务的不均等将降低公共文化资源的配置效率，造成社会文化事业领域的效益损失；（4）基本公共文化服务应该主要界定在保障公民最低层次，同生存和发展直接相关、无差别的文化需求范围内；（5）上级政府政绩考核机制的设计，需要着重考虑"激励相容约束"和"参与约束"两个条件的制约；（6）选择潜在财政能力标准衡量地方政府提供基本公共文化服务的财力差距更具有其合理性；（7）基本公共文化服务要素投入成本受到各地自然资源禀赋、社会发展程度、经济发展程度、人口密度和人口规模等因素的制约；（8）单位供给成本较高的地方政府需要更多的财政资金，以确保能够提供同等标准的基本公共文化服务；（9）政府偏好异质性是影响基本公共文化服务均衡供给的主观约束条件之一；（10）地方政府配置公共财政资源所产生的"经济偏好"对基本公共文化服务均衡供给将产生重要影响；（11）地方政府在"规模偏好"和"结构偏好"的选择上，要更加注重公民享用基本公共文化权益的均等与公正；（12）中央政府对地方政府的政绩考核机制设计中，应该适当增加基本公共文化服务的考核比重。

根据上述结论，实现基本公共文化服务均等化和标准化的政策建议，主要包括以下几点：

其一,大力推进现代公共文化体系建设,着力维护和实现人民群众的基本文化权益。在治理方式上积极推动公共文化服务社会化发展,转变政府职能实现管办分离,在治理主体上坚持文化惠民原则,以服务标准化促进服务均等化,在治理机制上以工作效能为导向,增强基层公共文化服务的使用效益,提升文化的多元性和有效性。

其二,激发全社会文化事业创造活力,增强基本公共文化事业的发展动力。通过搭建跨区域的文化、文物资源共享平台,加强对文物资源、非物质文化遗产的开发和利用,抓住公共文化产业发展新机遇,以文化产业聚集发展区为重点,营造良好的公共文化产业发展环境,以提高文化知名度和提升文化软实力为宗旨,建立稳定、通畅的对外交流渠道,推动优秀文化精品"走出去"。

其三,完善和规范转移支付制度,改善落后地区基层政府基本公共文化服务供给能力。上级政府应适当增加对幅员辽阔、人口稀少的偏远地区转移支付资金的财政预算,用于解决基层政府在提供社会民生领域公共服务面临的资金不足问题,同时要注意按照潜在财政能力标准测算基层政府的财政能力,使上级政府能够按照下级政府的实际财政努力程度来分配社会民生领域的转移支付资金,在社会民生公共服务的供给过程中避免下级政府对上级政府的过度依赖,形成符合财政均等化理念、科学合理的转移支付激励机制。

其四,推动和重塑地方税体系,确保地方政府拥有充足的财力提供基本公共文化服务。在现有的财政体制下,基层政府的自有财力普遍不足,越是经济落后地区越是如此。县级政府收入主要依赖与上级政府分成的收入,缺乏主体税种的支撑。伴随着"营改增"改革的全面推开,不仅使现行地方税体系受到严重冲击,而且使原有归属于地方政府的税收收入规模大幅缩水,导致地方政府在税收层面面临不小的减收压力,这对基层政府提供基本公共文化服务形成较为严重的约束。

其五,政府偏好选择更加注重均等公正,促进公共财政资源在公共文化领域的均衡分配。在能够观测到地方政府公共财政资源分配边际可及效应的前提下,中央政府在政绩考核机制的设计中应适当降低对地方政府经济建设领域的考核比重,同时增加地方政府提供社会民生领域公共服务的考核比重，引导地方政府在财政预算中增加社会民生领域的资金投入，加大社会民生性公共服务的供给力度。

第四节　本书创新之处、主要建树与学术价值

一　本书的创新之处

第一，采用效果均等标准研究基本公共文化服务均等化和标准化问题。目前国内外的研究文献侧重于采用财政均等标准衡量基本公共文化服务的均等化水平，但较少有研究者采用效果均等标准来衡量基本公共文化服务均等化问题。本书的创新之处在于使用效果均等标准研究基本公共文化服务均等化和标准化问题，侧重于衡量居民所享有公共服务的均衡性，同时针对效果均等标准提出有针对性的解决途径，有助于增强对基本公共文化服务均等化现实问题的解释能力。

第二，同时采用三种双变量泰尔指数方法研究基本公共文化服务均衡供给的现状。本书的创新点在于同时运用三种双变量泰尔指数方法，即优先考虑城乡维度的双变量泰尔指数层级分解、优先考虑区域维度的双变量泰尔指数层级分解、同时考虑城乡维度和区域维度的双变量泰尔指数非层级分解三种不同类型的研究方法，从区域和城乡双重均等的视角对各级政府提供的群众艺术馆、文化馆、文化站、图书馆、博物馆、公益艺术表演团体等基本公共文化服务分项指标进行多维度的空间分解。

第三，从委托—代理的视角研究地方政府提供基本公共文化服务的激励约束问题。作为中央构建现代公共文化服务体系的一项重要任务，基本公共文化服务均等化战略是中央深化文化体制改革、加快发展文化事业发展过程中至关重要的一个环节，但是这项战略只有通过地方政府才能够得以实现。目前我国基本公共文化服务采取单一型的政府供给模式，地方政府作为基本公共文化服务最为重要的提供者，在构建现代公共文化服务体系的过程中发挥着极为重要的作用。本书的创新点在于从委托—代理视角研究地方政府提供基本公共文化服务的激励约束问题，提出需要设计合理的委托—代理机制促使地方政府贡献最优的努力程度，

推动整个国家的基本公共文化服务均等化战略的实现。

第四，构造出衡量地方政府潜在财政能力影响基本公共文化服务可及性的指标体系。本书的创新点在于构造出地方政府潜在财政能力影响基本公共文化服务可及性的测算指标，对群众艺术馆、文化馆、文化站、图书馆、博物馆、公益艺术表演团体等各项基本公共文化服务的可及性进行深入分析。具体而言，我们构建衡量不同区域和城乡之间基本公共文化服务可及性的指标体系进行测算，得到上述每个单项指标可及性程度，通过加权算术平均法分别计算出群众艺术馆、文化馆、文化站、图书馆、博物馆、公益艺术表演团体等各项二级指标，再运用上述方法将各项二级指标合并为一级指标。

第五，通过效果均等和财政均等两种均等化模式的边际均等效应，分析要素投入成本差异对基本公共文化服务供给的影响。本书的创新之处在于构建效果均等和财政均等两种均等化模式的边际均等效应指标体系，研究各项基本公共文化服务的边际均等效应。具体而言，我们建立衡量基本公共文化服务边际均等效应的指标体系，得到群众艺术馆、文化馆、文化站、图书馆、博物馆、公益艺术表演团体等各项二级指标边际均等效应，再通过加权算术平均法计算基本公共文化服务一级指标的边际均等效应。

第六，从"规模偏好"和"结构偏好"两个维度，研究政府偏好异质性与公共财政资源均衡配置的影响。本书的创新之处在于从"规模偏好"和"结构偏好"两个维度，研究政府偏好异质性与公共财政资源均衡配置的影响，具体内容包括：第一个维度的政府偏好是指地方政府愿意将多大比例的公共财政资源分配到社会民生领域和经济建设领域，称为公共财政资源分配的"规模偏好"；第二个维度的政府偏好是指地方政府分配到社会民生领域内部的公共财政资源如何分配到不同类型的公共物品之间，称为公共财政资源分配的"结构偏好"。研究发现，在现有中央政府对地方政府的政绩考核机制下，地方政府要根据自身财政资源禀赋状况，在"规模偏好"和"结构偏好"的选择上注重社会民生的均衡与公正，在保障和改善民生、促进社会公平正义的原则下，优化自身公共财政资源分配偏好，提高财政资源分配的边际可及性，实现国家层面公共服务均等化战略。

二 本书研究的主要建树和贡献

第一，侧重从区域和城乡之间、城乡内部区域之间、区域内部城乡之间、区域内部城乡内部等多个维度研究基本公共文化服务的不均等现状，根据不同维度不均等的不同特征提出相应的研究思路。本书研究的主要贡献在于从区域和城乡之间、城乡内部区域之间、区域内部城乡之间、区域内部城乡内部等多个维度研究各项基本公共文化服务的非均衡供给现状，再根据不同维度不均等的不同特征提出相对应对策思考：一方面，需要继续推动更多的公共财政资源向经济落后地区尤其是农村地区倾斜，增加对老少边穷地区和城乡接合部的公共财政投入力度，增强不同区域和城乡之间各级地方政府提供均等化基本公共文化服务的财政能力；另一方面，需要重点关注区域内部城乡内部、城乡内部区域之间、区域内部城乡之间等维度的基本公共文化服务不均等程度逐渐扩大的趋势，同时对于跨区域、跨城乡之间的不均等现状也要给予适当关注。

第二，侧重于从潜在财力角度分析地方政府的财政能力差距问题，以及分析潜在财力对基本公共文化服务均衡供给产生的影响。财政能力差异是基本公共文化服务均等化存在的制约因素，这种差距应该更多地体现为各级地方政府由于自身资源禀赋、经济发展阶段、人口资源状况、所处区域位置等客观原因所导致的潜在财政能力差距，而不能仅仅表现为地方政府的实际财政能力差距。本书的主要贡献在于从潜在财力角度分析地方政府的财政能力差距问题，从潜在财政能力的真实含义及具体构成、潜在财政能力主要测算方法、潜在财政能力不均等的测算方法，以及各级地方政府潜在财政能力对于基本公共文化服务均衡供给产生的影响等方面进行深入研究，有利于深入分析各级地方政府在客观因素影响下的财政能力差异问题，从理论层面上对地方政府财政能力的差异性进行深入剖析。

第三，侧重于考虑要素投入成本存在的客观差距，重点分析不同区域和城乡之间要素投入成本差异对基本公共文化服务均衡供给的影响。均衡的财政资源配置并非意味着真正意义上的基本公共文化服务均等化和标准化，在公共财政资源配置保持不变的情况下，基本公共文化服务的单位供给成本越低，地方政府所能提供公共文化服务数量越多，因此基本公共文化服务的均等化和标准化需要更多地考虑要素投入成本对基本公共文化服务产出数量和质量的影响。本书的主要贡献在于认为要素投入成本差异是影响基本公共文化服务均等化和标准化的重要因素，重点分析了要素投入成本差异对基本公共文化服务均衡供给的影响，认为需要适当增加对幅员辽阔、人口稀少、偏远落后等单位要素投入成本较高地区地方政府的财政支持力度，注重社会公众享受基本公共文化服务的权利机会均等。

第四，侧重于从政府偏好角度分析基本公共文化服务资源的合理配置问题，强调从财政激励的角度提高地方政府提供基本公共文化服务的积极性。公共财政资源在不同领域分配差异的逐渐扩大，其背后深层次的原因在于政府公共财政资源分配过程中的政治考量，而这种基于政治目的对公共财政资源的权衡取舍，最终体现为政府在偏好选择上存在的异质性倾向。本书的主要贡献在于从政府偏好角度分析基本公共文化服务资源的配置问题，强调从财政激励的角度提高地方政府提供基本公共文化服务的积极性，并按照潜在财政能力的标准设计出有利于基本公共文化服务均等化战略顺利实施的财政激励机制，上级政府按照下级政府的实际财政努力程度进行合理的公共财政资源配置，提高不同区域之间、城乡之间各级政府的财政努力水平。

第五，侧重于针对不同级别地方政府提出相对统一的基本公共文化服务的均等化标准。针对不同级别地方政府，本书的主要贡献在于认为要在基本公共文化服务的有效服务半径、基础场地设施、人均财政资源、财政人员编制、服务种类标准、财政经费投入等方面，按照统一标准提供居民享用的基本公共文化服务。本书认为，在不同社会阶层和群体公共文化需求与日俱增的趋势下，公民享用公共文化资源的基本权利应该得到相应的保障，不应受到现实条件约束，这种公民文化权利公平性包括每个公民都公平拥有均衡享用社会公共文化资源的权利、保护自身文学或艺术创作产生的精神与物质利益的权利，以及平等参与政府公共文化政策制定的权利。本书的主要贡献在于认为基本公共文化服务的均等化和标准化并非一味地追求"一刀切"式的公共财政资源配置平均化，应该更多地强调全体社会成员享用公共文化资源的权利均等与机会公平。

三 本书的理论价值和应用价值

（一）理论价值

本书在政府偏好异质性的研究视角下构建了一套完整的理论分析框架，立足于我国地方政府的偏好选择影响公共财政资源的分配行为这一客观事实，在政府偏好异质性的研究视角下构建了一套分析中国现实国情的理论分析框架，衡量地方政府"规模偏好"和"结构偏好"对基本公共文化服务均衡供给产生的影响，这种思路有别于西方公共经济学以满足中间选民的效用最大化为逻辑起点的理论分析框架，必将从政治经济学的角度丰富和发展传统的公共经济学理论。

按照传统公共经济学的理论假设，西方学者对此的研究基本上是建立在西方国家民主制度的基础上，研究的侧重点在于如何实现中间选民的效用最大化问题。这种行为目的主要是为了地方政府在选举中最大限度获取中间选民的投票支持，但对于中国这样一个社会主义民主政治制度正在不断完善的国家而言，完全照搬西方公共经济学的逻辑思维来考虑地方政府分配公共财政资源的偏好选择是否恰当？值得我们的深入思考。

中国的经济腾飞与地方政府基于政绩考核标准而展开的政治锦标赛息息相关，这种政治逻辑直接导致地方政府在公共财政资源分配上存在一定的偏好差异。很显然，中国的地方政府在分配公共财政资源过程中的政府策略选择，有别于直接民主制和代议制民主背景下地方政府为在选举中为获取中间选民的投票支持而采取的策略行为，而在现有的中国政治体制框架下研究地方政府公共财政资源的分配行为，必须充分考虑地方政府偏好这一特定因素对公共财政资源分配的影响，在此基础上提出一套适合于新一轮财税体制改革的理论分析框架。

为了研究地方政府偏好异质性在公共财政资源分配过程中对地方政府策略行为以及基本公共文化服务均衡供给产生的影响，本书将地方政府分配公共财政资源在偏好选择的自主决定权作为研究的逻辑起点，基于这个前提假设构造出本书研究分析的理论框架。研究表明，在现有中央政府对地方政府的政绩考核机制下，地方政府要根据自身财政资源禀赋状况，在"规模偏好"和"结构偏好"的选择上注重社会民生的均衡与公正，在保障和改善民生、促进社会公平正义的原则下，优化自身公共财政资源分配偏好，提高财政资源分配的边际可及性，实现国家层面公共服务均等化战略。

（二）应用价值

本书研究成果已被国家卫生计生委流动人口服务中心、广州市发展和改革委员会、广州市越秀区发展和改革局等省部级、厅局级及地方相关政府部门采纳，部分观点作为政府规划文件出台的重要依据，同时形成一系列具有学术影响力的阶段性成果。

本书研究成果的主要应用价值见表1-1所示。

表1-1　　　　　　　本书阶段性成果的主要应用价值

序号	成果名称	成果形式	采纳转载情况或发表刊物及刊物年期
1	《主体功能区建设中财政支出的资源环境支出偏向研究》《均等化视阈下中国区域间公共服务资源配置效率研究》《房产税改革的方案选择及财税效应分析》《政府偏好异质性与公共财政资源配置——基于地方政府行为的研究》《主体功能区建设中地方财政支出偏向研究——基于政府异质性偏好的理论分析框架》等阶段性成果	公开发表论文或会议论文	5篇阶段性成果作为国家卫生计生委流动人口服务中心流动人口动态检测数据的使用成果，被国家卫生计生委流动人口服务中心采纳
2	《效果均等标准下基本公共文化服务均等化制度设计研究》部分观点	研究报告	部分观点被广州市发展和改革委员会采纳，吸纳到该部门《关于进一步加快广州服务业发展研究报告》中
3	《效果均等标准下基本公共文化服务均等化制度设计研究》部分观点	研究报告	部分观点被广州市越秀区发展和改革局采纳，作为广州市越秀区"十三五"规划纲要、"十三五"规划等文件的出台依据

续表

序号	成果名称	成果形式	采纳转载情况或发表刊物及刊物年期
4	《主体功能区建设中财政支出的资源环境支出偏向研究》	公开发表论文	《中国人口·资源与环境》2015年第11期（由中国社会科学院中国社会科学评价中心认定的环境科学领域权威期刊、CSSCI来源期刊、国家自然科学基金委认定的重要学术期刊、中国国际影响力优秀学术期刊）
5	《均等化视角下公共物品供给的可及性研究——基于"委托—代理"关系的理论分析框架》	公开发表论文	《广东社会科学》2015年第3期（CSSCI来源期刊）
6	《效果均等标准下基本公共文化服务均等化研究》	公开发表论文	《当代经济管理》2016年第11期（CSSCI扩展版来源期刊）
7	《均等化视阈下中国区域间公共服务资源配置效率研究》	公开发表论文	《当代经济管理》2016年第3期（CSSCI扩展版来源期刊）
8	《房产税改革的方案选择及财税效应分析》	公开发表论文	《西部论坛》2016年第3期（CSSCI扩展版来源期刊），被《人大复印报刊资料·体制改革》2016年第9期全文转载
9	《基本公共服务项目选择的研究——基于公共预算改革的背景》	公开发表论文	《电子科技大学学报》（社会科学版）2015年第3期（RCCSE来源期刊）
10	《服务业外商直接投资的影响因素——理论与实证研究》	公开发表论文	《国际经贸探索》2015年第4期（CSSCI来源期刊）
11	《服务业外商直接投资与服务业结构升级——作用机理与实证研究》	公开发表论文	《暨南学报》（哲学社会科学版）2015年第8期（CSSCI来源期刊）
12	《政府偏好异质性与公共财政资源配置——基于地方政府行为的研究》	会议论文	2016年第二届中国财政学论坛、"财经笔会2016：应用经济学领域的重大理论问题"会议论文
13	《均等化视阈下中国区域间公共服务资源配置效率研究》	会议论文	第二届中青年财政学者论坛会议论文
14	《主体功能区建设中地方财政支出偏向研究——基于政府异质性偏好的理论分析框架》	会议论文	"财贸经济笔会2015：中国经济新常态的学术探索"会议论文

续表

序号	成果名称	成果形式	采纳转载情况或发表刊物及刊物年期
15	《转移支付制度、政府财政能力与公共物品供给》	会议论文	"财贸经济笔会2014：全面深化改革的学术探索"会议论文

四 本书研究有待进一步探讨的问题

尽管本书对基本公共文化服务均等化进行了全方位、系统性的研究，但是在如下方面依然存在可以进一步深入拓展的空间：

第一，对于影响不同区域之间、城乡之间地方政府提供基本公共文化服务成本约束的影响因素，相互之间如何实现传递、如何建立这种影响机制的理论分析框架等问题的深入研究，将是下一步可供拓展的主要方向。

第二，从本书的研究结论来看，社会阶层也是影响基本公共文化服务不均等程度的一个重要因素。本书在研究过程中以群众文化机构为老年人、未成年人、残障人士、农民工等弱势群体组织专场文艺活动为例进行研究，但是如何在包容性视角下研究要素投入成本差异对弱势群体基本公共文化服务供给数量和质量的影响，是未来可以深入拓展的研究方向之一。

第三，如何建立科学规范的测算体系，研究不同区域之间、城乡之间地方政府标准财政收入能力的影响因素，以及标准财政支出需求的约束机制？在此基础上，又如何进一步确定不同区域之间、城乡之间地方政府转移支付的实际支出规模，以此在不同区域和城乡地方政府之间建立均等化、标准化的转移支付制度？这些都是下一步可以深入拓展的方向。

第二章　效果均等标准下基本公共文化服务均等化理论根基

作为本书的逻辑分析起点，这一章将对效果均等标准下基本公共文化服务均等化的基础理论进行探讨。理论界认为，西方学者对公共服务均等化地方政府偏好选择的研究根植于直接民主制和代议制民主的假设背景，地方政府提供公共服务的策略行为更多考虑的是如何满足中间选民的效用最大化以获得相应的政治选票。但对于中国这样一个社会主义民主政治制度正在不断完善的国家而言，完全照搬西方公共经济学的逻辑思维来考虑地方政府分配公共财政资源的偏好选择是否恰当？这不能不引起我们的思考。

众所周知，过去 40 年中国经济的高速增长，很大程度上得益于地方政府在中央政府政绩考核体制下彼此间展开竞争的行为。在地方政府对中央政府高度负责的政治体制下，以 GDP 为核心的政绩考核标准导致地方政府在彼此间展开激烈的竞争。为确保在中央政府设计的政绩考核中获胜，地方政府将更多的公共财政资源分配在有利于自身政绩考核的领域，在公共服务资源的配置选择上存在异质性偏好，而这种偏好对基本公共文化服务的均等化将产生至关重要的影响。很显然，在现有的中国政治体制框架下研究地方政府提供基本公共文化服务的行为策略，必须充分考虑地方政府偏好这一特定因素的影响，并提出一套适合于中国国情的理论分析框架。不可否认的是，各级地方政府由于在自然资源禀赋、税源规模与集中程度、城市化发展水平、经济社会发展等方面存在差异，对于地方政府基本公共文化服务的供给成本将产生重要的影响。

在这一章，我们将深入探讨政府偏好框架下基本公共文化服务均等化的理论根基。研究发现，均衡的财政资源配置并非意味着实现真正意义上的基本公共文化服务均等化和标准化，这是因为单位供给成本的高低决定着地方政府提供基本公共文化服务的数量与质量，所以基本公共文化服务的均等化，需要更多地考虑全体社会成员享用公共文化资源的权利均等与机会公平。

第一节 基本公共文化服务相关概念界定

从理论上分析，纯粹意义上的公共服务具有非竞争性和非排他性特征，但是这种公共服务在现实生活中往往较少，一般意义上，公共服务是指具有非竞争性的某些特征，或者是具有非排他性的某些特征的准公共服务，主要表现为：第一，具有外部性的特征，即某个或某些消费者在消费公共服务时会产生正的或负的外部效应，同时不能排除其他消费者在消费同类公共服务过程中所带来的外部性；第二，可以由某个或某些消费者单独占用，同时具有某些竞争性的特征。

事实上，国外学者对公共服务供给进行大量研究，归纳起来主要分为两大流派：一部分学者认为政府并非是公共服务的最优提供者，公共服务或准公共服务可以采取除政府外多元化的供给方式，这些学者的研究重点集中在公共服务供给方式得以实施的前提条件及效率条件；另一部分学者侧重研究如何通过最优征税结构来实现政府公共服务有效供给，研究何种类型征税结构对公共服务有效供给造成扭曲效益最小，分析公共服务如何在政府、厂商、消费者之间实现最优供给。在这些学者中，萨缪尔森被公认为最重要的公共服务理论贡献者，他认为公共服务应该同时具备如下两个特征：第一个特征是消费过程的非排他性特征，也就是说消费者无法排除其他消费者参与这种产品和服务的共享过程；第二个特征是消费的非竞争性，也就是说消费者在消费这类物品或服务时，将其效用扩展到其他消费者的成本为零。

此后的西方学者的研究侧重于政府如何在公共服务供给过程中实现"中位选民"的偏好，而这种过程从另外一个角度分析，可视为政府与选民之间的一种政治博弈与政治均衡。学者们普遍认为，政府提供公共服务效率往往不高，同时带有明显的官僚主义特征，主要原因在于：

一是政府机构公共服务的供给过程有别于厂商私人物品的供给过程，政府提供公共服务主要是为了有效满足"中位选民"的偏好需求，而区别于厂商以效益最大化为主要目标。政府公共服务供给过程一般不以成本最小化为考虑重点，所考虑的是如何使提供的公共物品满足社会各方的政治诉求与政治均衡。

二是缺乏对政府的有效监督。由于政府是非市场组织，政府提供公共产品的政治行为并没有受到市场经济中对于各类市场主体的有效约束，"政府失灵"在理论上也解释了政府提供公共服务存在的效率损失，因此需要引入市场主体提供准公共服务。

三是政府确定公共服务收费标准存在一定程度的困难。政府提供公共服务更多考虑的是公共服务的社会效益，但是对于社会效益的评价往往带有主观性，很难对社会效益进行科学精确的评估，对公共服务收费标准的确定存在一定难度。

四是公共服务的供给过程缺乏有效的竞争机制。在西方国家，政府或公共事业机构几乎垄断纯公共服务的供给，但公共服务某些特性决定了一些企业提供准公共服务的效率一般要高于政府。

近年来西方国家致力于公共服务的供给机制体制创新，对于解决公共服务供给过程的"政府失灵"问题，提供比较好的解决方案，可以考虑由企业或非政府机构作为准公共服务的主要供给主体之一。由企业或非政府机构提供准公共服务的供给模式，能够有效弥补公共服务由政府单一供给存在的诸多缺陷。在公共服务供给侧改革的趋势背景下，可尝试将竞争机制引入公共服务的供给领域，鼓励企业通过市场化的方式提供准公共服务，这种体制上的创新往往有助于实现公共服务的多元供给模式。例如，在具有自然垄断性质的燃气供应、电力供应、通信供应、铁路运输等领域，可以逐渐引入市场力量进行有效供给，一方面有利于公共服务有效供给竞争机制的创新与完善，另一方面有利于政府满足"中位选民"的需求偏好。

实现公共服务均衡供给是政府应履行的重要职责，但政府所提供公共服务应界定在一定的合理范围之内，那么政府提供的公共服务应界定在什么样的范围内呢？从严格意义上讲，政府提供公共服务应该界定在基本的公共服务领域，如国防、国家重大基础设施建设等涉及国家主权、国家战略的重大事务，在这些领域内履行职责提供公共服务；而对于国家内部涉及经济发展、社会民生等公共社会事务，则可通过设计科学合理的激励机制，委托企业或非政府机构来提供。应该指出的是，政府提供公共服务应该主要集中在为全体社会成员提供基本的公共服务，而对于非基本公共服务则可以采取市场化的方式委托给第三方进行供给。归纳起来，政府所提供的公共服务应该包括以下四个领域。

第一，公共性程度相对较高的公共服务。公共服务的公共性可以通过公共服务的受益范围这一指标来确定。如果一种公共服务的受益范围、覆盖范围越大，那么这种公共服务的公共性程度就越高；如果一种公共服务的受益范围、覆盖范围越小，那么这种公共服务的公共性程度就越低。公共服务的公共性越高，则意味着这类公共服务对社会经济发展或是民生福利产生的影响力度越大，那么就必须由政府来提供这种类型的公共服务。基于上述考虑，政府提供的公共服务应该界定在公共性较高的公共服务范围之内，这是由于这类公共服务对社会群众的民生福祉能产生较大影响；而对于公共性程度较低的公共服务由于具有某些私人物品的特征，政府部门可采取委托第三方提供的模式，通过第三方提供更有利于满足不同居民对不同类型公共服务的不同偏好。应该指出的是，公共服务的公共性是决定公共服务是否由政府来提供的一个最主要因素。一般而言，政府提供的公共服务侧重于公共服务具有的公共性特征，诸如国防、基础设施等公共服务一般是由政府优先供给的，接下来是诸如公共秩序类的公共服务，最后才涉及民生领域的公共服务。

第二，消费过程具有一定垄断性的公共服务。正是由于公共服务供给需要考虑所具有的社会公共利益，而并非像厂商一样过多考虑所提供市场产品的经济效益，因而由企业或非政府机构去提供公共服务，可能会导致整个社会公共利益的损失：诸如环境保护类的公共服务，如果由企业或是非政府机构来提供，可能会倾向于侧重企业自身利润；诸如公共秩序类的公共服务，若由企业或是非政府机构来提供，则极有可能成为少数企业牟取私利、损害社会公众利益的工具。对于基本公共服务而言，政府应该承担起对居民负责的供给职责，主要是由于提供这些公共服务能在较大范围内满足社会大多数人的公共利益。

第三，具有较好外部性的公共服务。公共服务具有非排他性的自然属性，一般情况下会产生搭便车的经济行为，这在很大程度上决定了企业或是非政府机构不愿意提供这一类型的公共服务。例如，科学技术研究、公共卫生等社会事务，对社会经济发展能够产生较大的贡献，但同时也具有非排他性的特征，企业或非政府机构不愿意提供这种类型的公共服务。如果由企业来提供这种类型的公共服务，在企业追求利润最大化的假设下，可能会导致这种类型的公共服务出现供给不足等市场失灵的现象。

第四，具有较好的非竞争性的公共服务。诸如像跨区域的重大基础设施互联互通、环境整治和生态保护等公共服务，若是由企业来提供可能出现供给不足的现象，但由政府提供则能够体现非竞争性特征。

综上所述，政府所要提供的公共服务需要有明显的边界，而在特定领域和范围内的公共服务需要地方政府负担起主要的供给职责。基于上述考虑，中共中央十六届六中全会将公共基础设施、公共卫生、公共文化、基础教育、生态环境、社会保障、社会治安、就业再就业服务等列为基本公共服务，但对此理论界有不同的认识。作为政府维持本国经济社会稳定、基本社会正义和凝聚力、保护个人基本权益所需提供的公共服务（马国贤，2007），基本公共服务应该界定在义务教育、公共卫生、基础科学研究、公益文化事业、社会救济等最基本的公共服务，而不能笼统归纳为文化、教育、科学、卫生、社会保障等范围相对宽泛的公共服务（安体富、任强，2007）。

显而易见，公民享用公共文化资源的基本权利应该得到相应的保障，不应受到城乡二元户籍制度、地区经济发展程度、社会利益阶层固化、性别种族歧视等现实条件约束而有所影响，这种公民文化权利公平性主要包括：第一，每个公民都能够公平地参与公共文化活动、开展文化艺术创作，拥有均衡享用社会公共文化资源的权利；第二，每个公民都有权利按照自身意愿积极主动地参与文学、艺术等社会文化创造工作而获得精神文化的满足，拥有保护自身文学或艺术创作产生精神利益的权利；第三，每个公民都能够自由地反馈和评价政府提供的基本公共文化服务，体现一个国家或地区文化治理的现代化水平。推动基本公共文化服务均等化和标准化，根本目的在于保障全体社会成员最基本的文化权益，通过提供更多、更优质的公共文化产品，让社会成员均等分享到社会文化事业的发展成果，为实现中华民族伟大复兴的中国梦提供强大的精神动力和文化支撑，是深入贯彻科学发展观和以人为本执政理念的关键所在。党的十六大以来，国家先后对基本公共文化服务均等化作出一系列重大部署：党的十六届五中全会通过的"十一五"规划建议提出，要形成覆盖全社会比较完备的公共文化服务体系，实现社会主义文化繁荣发展；党的十七届六中全会提出实现基本公共文化服务均等化战略目标，要推进农村综合文化站和文化室建设，加强对城乡之间公共文化资源有效利用，积极推动"互联网+文化"工程建设；中共中央在基本公共服务体系"十二五"规划中提出，要向全民免费开放基层公共文化设施，为全体居民免费提供电影放映、送书送报送戏、文化信息资源共享等公益性文化服务；中共中央在2015年《关于加快构建现代公共文化服务体系的意见》中提出要保障全体人民参加公共文化活动等基本公共文化权益，确立国家和地方基本公共文化服务指导标准。

但学术界对基本公共文化服务的范围界定有着不同的认识。王洛忠和李帆（2013）认为基本公共文化服务均等化是指一个国家或地区在公共财政资源和经济发展条件的约束下，通过公共财政和公共政策让广大人民群众尽可能地获得大致均等的基本公共文化服务，具有广覆盖、保基本、低水平的特征。马雪松（2013）认为基本公共文化服务仅仅是公共文化服务中最基本的部分，具有广泛覆盖和基本保障的特点。应该指出的是，基本公共文化服务均等化是指一个国家或地区在公共财政资源和经济发展条件的约束下，通过公共财政和公共政策让广大人民群众尽可能地获得大致均等的基本公共文化服务，但由于社会民众文化需求的多层次与多样性，基本公共文化服务仅仅是公共文化服务中最基本的部分。结合党的十六届五中全会、十七届六中全会的有关精神，以及《国家基本公共服务体系"十二五"规划》等文件，现阶段的基本公共文化服务不应涵盖所有领域的公共文化服务，而是要侧重于保障人民群众最低层次、同生存和发展直接相关、无差别的文化需求。很显然，我们的研究范围锁定在群众艺术馆、文化馆、文化站、图书馆、博物馆、公益艺术表演团体等类型的公共文化服务上。

第二节　效果均等与财政均等：两种均等化模式的选择

实现基本公共文化服务均等化和标准化，有利于弘扬优秀民族传统文化与中华民族精神，培养和提升全体公民的文化自觉和文化自信，满足不同社会阶层和群体日益增长的多元文化需求，使全体社会成员在公共文化事业的共建、共享、发展中拥有更多的获得感，这不仅是推动社会主义文化繁荣发展基本任务的要求，也是中国社会发展到特定历史阶段的必然选择，符合党的十八届五中全会的"共享发展"理念。党的十八届五中全会提出将"共享发展"作为指导中国经济社会发展的重要理念，强调经济发展成果由全体人民群众均等分享，提高公共服务的共建能力和共享水平，解决人民群众最关心最现实的利益问题，实现宏观经济快速发展与社会和谐稳定。可以说，让人民群众能够均等地分享社会文化事业发展的成果，在本质上也是"共享发展"理念的一种体现。

近年来人民群众文化生活得到了不断改善，但不同区域、城乡、社会各阶层之间基本公共文化服务差距依然较大，主要体现为：由于专项扶持资金的缺失，造成图书购置经费、历史文物保护和维护经费严重不足，导致基层政府难以保障公共文化设施的日常经营维护；农村公共文化事业单位普遍存在着人员配备不到位、专业人才稀少、业务水平普遍偏低、结构不合理等问题，用于改善农村基础文化设施的经费投入十分匮乏，村镇文化阵地建设还不够完善、发展不够均衡；农民工、残障人士等弱势群体的文化活动相对贫乏。毋庸置疑，由于现阶段基本公共文化服务在供给方面存在的诸多问题，广大人民群众无法分享到社会文化事业的发展成果，更无法在共建、共享过程中拥有更多的文化获得感，这种现状不利于公共文化资源配置过程中的公平公正。为解决目前公共文化领域存在的体制性矛盾，国家将大量的财政资金投入现代公共文化体系的建设：2016 年中央财政安排 208.62 亿元的财政资金用于保障基本公共文化服务的有效供给。大量的财政资源配置有利于改善基本公共文化服务的供给现状，但值得我们深入思考的问题是：均衡的财政资源配置是否意味着实现了真正意义上的基本公共文化服务均等化和标准化？

推动基本公共文化服务的均等化和标准化，首先需要解决的问题是如何确定基本公共文化服务的衡量标准。James 等人（2011）认为，为避免中央政府对地方政府配置转移支付资金可能存在的"逆向激励"现象，在公共服务供给层面采用的是财政均等标准。在借鉴财政联邦体制国家公共服务实践基础上，国内学者也开始对中国公共服务均衡供给提出自身标准：项继权（2008）认为基本公共服务均等化重点在于人均财政支出的均等化。王伟同（2012）认为由于地区发展差异的客观存在，导致地区之间公共服务的非均衡供给。田发和周琛影（2013）认为公共服务均等化实质在于确保不同区域地方政府的财力均衡，从根本上保障地方政府能在公共财政框架内提供较为均等的公共服务。这些学者的研究聚焦点在于：由于政府财政能力是制约公共服务均等化最为重要的因素，所以应该从财力平衡、财政支出、转移支付等财政均等的视角去研究公共服务均衡供给的实现途径。通过梳理上述学者的观点可以发现，多数学者将公共服务的非均衡供给归咎于地方政府的财力差异。

在这一思路的指引下，一些学者（曹爱军，2009；王晓洁，2012）将提高地方政府的财政能力作为解决基本公共文化服务供需矛盾突破口，此后不少研究采用的是财政均等衡量标准。王洛忠、李帆（2013）认为可利用公共财政资金数据，研究基本公共文化服务在东、中、西三大区域之间和区域内部的均等化程度。

上述学者的研究重点在于：要想实现基本公共文化服务均等化，关键是财政资源的配置均衡，但这种研究思路存在着明显的缺陷：

第一，均衡的财政资源配置并不是等于实现了真正意义上基本公共文化服务的均等化，要素投入成本对其产出数量和质量将起到重要的影响。Buchanan（1952）等人认为可以采用两种标准来衡量基本公共服务的均等化水平：第一种标准称为财政均等标准，主要衡量各级政府的财政能力，强调的是财政资金在公共服务领域配置的均衡性；第二种标准称为效果均等标准，主要衡量居民所享有的公共服务，强调无论居民位居何处都能够享用均等化的公共服务。事实上，由于自然资源禀赋和社会经济发展存在着差异，老少边穷和经济不发达地区的基本公共文化服务单位供给成本较高，在同样财力标准下这些地区所能够提供的基本公共文化服务数量相对较少，质量也相对较低。通过文献梳理可以发现，现有文献侧重于在财政均等的标准下研究基本公共文化服务的供给问题，而对考虑要素投入成本差异后的效果均等研究则相对较少，即使有学者意识到可以采用效果均等标准进行研究，但是也未能提出针对性的解决思路，弱化了对基本公共文化服务均等化问题的解析力。

第二，众多的研究将基本公共文化服务资源配置过程的政府财政能力视为政府实际取得的收入，没有认识到这种财政能力是指地方政府在平均税收努力（average tax effort）的条件下从自身税源中取得潜在收入的能力（Manvel，1971；Boex & Martinez-Vazquez，2005）。从理论上讲，作为政府合法性和稳固性的根基所在，政府财政能力集中体现为对公共财政资源的汲取能力和配置能力（李文星、蒋瑛，2002），如果公共财政资源配置未能有效满足辖区居民的有效需求，势必将降低政府财力转化的有效性，削弱政府在配置公共财政资源过程的可及性。更为重要的是，如果以实际收入作为均等化转移支付制度设计中财政能力的测算标准，那么地方政府很可能会采取策略行为——降低征税努力的程度（Swan & Garvey，1991；Kotsogiannis & Schwager，2008）。有的研究虽然也提出了潜在财政收入能力的概念，但在理论解释上仍存在歧义且未能说明它的测算方法。

从上述国内外研究来看，已有不少学者对基本公共文化服务均等化和标准化问题进行了较为详细的研究。无论是采用财政均等标准衡量基本公共文化服务的均等化程度，还是选择实际财力标准作为衡量政府提供基本公共文化服务的财力标准，都为未来研究打下了一定的基础，但在理论解析和逻辑推导方面，仍存在进一步改进的空间：首先，理论界普遍认为效果均等标准是衡量基本公共文化服务均等化的重要指标之一，但很少有文献从效果均等的角度研究基本公共文化服务均等化和标准化问题。其次，现阶段的研究文献侧重于采用财政均等标准进行衡量，但采用效果均等标准衡量基本公共文化服务均等化水平的文献则几乎没有，以往大量研究都证明了效果均等可以作为公共服务均等化的重要衡量标准之一，但即使有学者意识到可以采用效果均等标准也未能在研究过程设计出有针对性的解决途径，在相当程度上弱化了对基本公共文化服务均等化问题的解析力。最后，现有文献忽略要素投入成本差异对于基本公共文化服务均等化程度的影响，在一定程度上弱化了对基本公共文化服务均等化问题的解释能力。如果不考虑要素投入成本在城乡区域间的差异性，不符合基本公共文化服务均等化的根本理念，对基本公共文化服务供给的质量和数量也会造成一定程度的影响。

以上几点说明，在已有基本公共文化服务均等化和标准化文献的基础上做进一步的深入研究，是有理论价值和现实意义的。基于上述考虑，本书采用效果均等标准研究基本公共文化服务的均等化问题，而研究上述问题有利于培养和提升全体公民的文化自觉和文化自信，让人民群众能够均等地分享社会文化事业的发展成果，对于弘扬社会主义核心价值观具有重大的理论价值和现实意义。

第三节　效果均等标准下基本公共文化服务均等化模型

党的十八届三中全会提出要促进基本公共文化服务标准化和均等化。为了贯彻落实党的十八届三中全会报告的有关精神，中央在 2015 年出台的《关于加快构建现代公共文化服务体系的意见》提出，要构建具有中国特色的现代公共文化服务体系，同时对未来五年中国构建符合基本国情和市场经济要求的现代公共文化服务体系做出具体部署。在《关于加快构建现代公共文化服务体系的意见》出台后，中央加大力度对基本公共文化服务进行倾斜，缓解基本公共文化服务供给过程中存在的经费不足问题，但不同区域、城乡、社会各阶层之间基本公共文化服务差距依然较大，缺乏有效供给是基本公共文化服务亟须解决的关键问题。

不可否认是的，与《关于加快构建现代公共文化服务体系的意见》

提到的建成覆盖城乡与区域之间的基本公共文化服务体系的目标要求相比，我国的基本公共文化服务体系建设水平仍然有待提高。在新一轮社会文化体制改革的趋势和背景下，实现基本公共文化服务的均衡供给这一基本命题，必然被赋予解决当前社会文化领域体制性矛盾的重要使命。建成区域城乡一体化的公共文化服务网络，是推动公共文化服务转型升级、加强精神文明建设的重要途径，对于推动社会和谐发展具有重要意义，自然成为当前理论研究需要解决的一个重大现实问题。

从理论的角度讲，一些学者则试图从主观约束条件——政府和公众偏好的视角来研究城乡基本公共服务均等化问题。贾康、孙洁（2006）分析了政府偏好主导下农村基本公共服务缺失的形成机理；吕炜、王伟同（2008）从理论上探讨了政府偏好对城乡基本公共服务供给失衡的影响；祁毓（2010）认为在政府决策过程中充分考虑农民偏好这一制约因素，是实现基本公共服务均等化的根本之策。

从主观因素角度对基本公共服务均等化问题进行深入研究，所反映的是整个社会对基本公共服务供给数量、质量以及在城乡之间如何配置的需求。但需要引起我们注意的是，这些以偏好为视角的研究，大多忽略了偏好异质性（Heterogeneity of Preferences）对基本公共服务均等化的影响。Bergstrom 和 Goodman（1973）认为，偏好既是由传统经济变量（如价格和收入）决定的，也是由人口特征（如种族、宗教信仰、文化和居住地）所决定的。对个体而言，由于决定其偏好的经济变量和人口特征不同，因而每个个体的偏好会存在异质性（Gross，1995；Preston，2003；Beckert，2005）。如果承认异质性偏好的存在，那么基本公共服务在城乡和区域之间的差异性供给就具有一定的合理成分。由此带来的问题是，我们该如何解释异质性偏好与城乡和区域基本公共服务均等化之间的理论冲突？

另外，国外学者对基本公共服务偏好问题的研究主要针对的是个人需求偏好显示，认为不同地区的居民在居住的地理环境、收入水平、生活习惯、工作条件等方面存在着差异，决定了他们对基本公共服务会存在异质性偏好。而不同地区和城乡之间居民在偏好选择上的异质性又决定了政府的基本公共服务均等化策略不应该是片面地追求绝对平均化。

这些学者认为，居民的异质性偏好与基本公共服务均等化的理论冲突，实质上是效率与公平的矛盾与权衡，因此基本公共服务均等化既要以实现公平为目标，同时又要保证政府提供的基本公共服务符合城乡居民的偏好，但是上述学者的主要缺陷在于对基本公共服务供给过程中政府偏好的研究较为薄弱。

作为影响基本公共服务供给过程中公共财政资源配置的主观约束条件之一，政府偏好问题归属于西方政治经济学的研究范畴。在西方政治经济学的逻辑分析框架中，政府偏好取决于社会各阶层通过公共决策机制向决策层表达政治诉求的均衡过程，而政府决策层的决策动机来源于在民主政治选举中获得选民最大限度合法性支持，这种政治均衡存在如下三种情形：第一，假设地方政府官员政治影响力大于本辖区居民政治影响力，公共财政资源配置自然而然地会偏向于政府官员偏好；第二，假设地方政府官员偏好趋同于本辖区居民偏好，公共财政的资源配置效率将大大提升；第三，假设地方政府官员偏好有别于本辖区居民偏好，公共财政资源配置过程的效率损失也会不断增加。由于中央政府各个历史时期的发展战略不同，而且在财政分权的背景下中央和地方的利益也不尽相同，所以政府的偏好选择明显存在着异质性的主要特征。

事实上，政府偏好异质性在相当程度上影响着基本公共服务在城乡和区域之间非均衡供给的结果，特别在基本公共文化服务方面尤为明显。实质上，不同地区和城乡之间基本公共文化服务在供给过程中公共财政资源在配置规模和内部结构差异的逐渐扩大，其背后深层次的原因在于地方政府对公共财政资源配置自主选择权的差异，而这种选择偏差将最终体现在地方政府的偏好上。从理论上分析，基本公共文化服务偏好可以分为同质性偏好和异质性偏好，而能够对城乡和区域之间基本公共文化服务均等化这一命题形成挑战的是异质性偏好。因此，研究政府偏好异质性对基本公共文化服务均等化的影响，是理论界不得不面临的一个重要问题。

国内研究虽然对政府偏好给予了关注，但在很大程度上同样忽视了政府偏好异质性对基本公共文化服务均等化的影响，而且大多数学者的学术分析都是基于西方直接民主制的理论分析框架，未能针对中国的国情提出一套较为合适的理论分析框架。应该指出的是，政府偏好的异质性体现在两个方面：一是中央政府和地方政府偏好上的差异（丁菊红、邓可斌，2008）；二是不同历史阶段政府偏好的差异（汤玉刚，2007）。从理论渊源上分析，财政联邦体制所强调的财政均等化，侧重于个人能否获得相等的财政剩余。对中国这样一个区域和城乡之间基本公共文化服务供给成本差距较大的国家而言，完全按照财政均等的制度框架来设计基本公共文化服务的供给机制是否合适？更为重要的是，西方学界对基本公共文化服务供给过程中决定公共财政资源配置政府偏好问题的研究，根植于直接民主制和代议制民主的政治背景，但对于中国这样一个社会主义民主政治制度正在不断完善的国家而言，完全按照西方政治经济学的逻辑思维，对基本公共文化服务供给过程中决定公共财政资源配置的政府偏好进行分析是否恰当？这些问题不能不引起我们的思考。

在新一轮深化文化体制改革背景下，发展社会公共文化事业、保障人民基本文化权益，有助于夯实社会主义先进文化建设的根基，而对于这些问题的研究迫切需要有一个符合中国国情、具有中国特色的理论分析框架来实现，而非完全照搬西方国家以直接民主制或代议制民主为基础的理论分析框架。基于对上述问题的深入考虑，本书选择效果均等的标准来研究基本公共文化服务均等化制度设计，更能满足当前全面深化文化体制改革的现实需要，同时也是我们在建设社会主义文化强国过程中需要深刻思考的一个重要现实问题。更为重要的是，本书对于基本公共文化服务均等化的研究，是在中国政府提出实现基本公共文化服务均等化这一体制背景下进行的，而构建均等化的现代公共文化服务体系对于保障和改善民生而言，其现实意义自然不言而喻。

为了深入分析基本公共文化服务供给水平的决定性因素，对等量的公共财政资源投入是否能够带来等量基本公共文化服务这一命题做出基本的判断，同时考虑基本公共文化服务供给过程中政府存在的异质性偏好所产生的影响，我们将地方政府配置公共财政资源偏好选择的自主决定权作为本书研究的逻辑起点，对均等化的视角下基本公共文化服务的决定因素深入剖析，以此为基础构建出本书研究的理论分析框架。

遵循 Audun（2015）的基本研究思路①，我们假设存在一个单一层级的地方政府体系，在这个地方政府体系内部不同地区和城乡之间同时存在多个异质性的地方政府 L_i，$i = n_u$ 和 n_r。需要说明的是，$i = n_u$ 代表着在城市内部不同地区之间存在多个异质性的地方政府，$n_r = 1, 2, \cdots, n_u$。$i = n_r$ 代表着在农村内部不同地区之间存在多个异质性的地方政府，$n_r = 1, 2, \cdots, n_r$。为了简单起见，我们假定 n_u 和 n_r 同时满足以下的函数关系：$n_u + n_r = n$，$n = 1, 2, \cdots, n$。地方政府 L_i 拥有 g 个群体的居民 N_{gi}，$g = 1, 2, \cdots, n_g$，N_i 表示地区 i 的总人口，N 表示全国总人口，同时假设地方政府 L_i 为居民 N_{gi} 提供 k 种类型的公共服务 P_{ki}，$k = 1, 2, \cdots, n_k$，其中当 $k = c$ 代表地方政府提供了基本公共文化服务。

我们进一步假设，在所建立的理论分析框架中，不同地方政府 L_i 在经济建设领域和社会民生领域的公共财政资源配置存在差异，这主要是由于地方政府 L_i 在政绩考核机制下所形成的异质性偏好所致。具体而言，我们用参数 α_{kgi} 表示地方政府 L_i 对经济建设领域的边际预算份额，而用参数 β_{kgi} 表示地方政府 L_i 对社会民生领域的边际预算份额。很显然，我们研究的基本公共文化服务属于社会民生领域的范畴。与此同时，地方政府的效用函数还受到地方政府预算约束的限制，我们用参数 χ_i 表示地方政府 L_i 由于税收负担减少对私人部门的边际预算份额。应该指出的是，作为地方政府效用函数的一种负面影响因素，税收负担主要取决于地方政府的税率高低与征税税基的大小。

根据 Audun（2015）的研究思路，我们以 Stone-Geary 的函数形式定义地方政府 L_i 的效用函数 U_i，分析研究地方政府 L_i 在公共服务供给过程中如何在预算约束下配置公共财政资源以实现政府自身的效应最大化问题。我们将这种研究思路表示为：

$$U = \sum_{i=1}^{n} U_i = \sum_{i=1}^{n} \sum_{k=1}^{n_i} \sum_{g=1}^{n_g} (\alpha_{kgi} + \beta_{kgi}) \cdot \log(\delta_{kgi} - \eta_{kgi}) + \sum_{i=1}^{n} \chi_i \cdot \log(\varphi_i - \pi_i) \quad (2-1)$$

---

① Audun Langørgen, "A Structural Approach for Analyzing Fiscal Equalization", *International Tax and Public Finance*, Vol. 22, 2015.

在这里，U 代表地方政府 L_i 效用函数 U_i 的汇总，δ_{kgi} 代表地方政府 L_i 为居民 N_{gi} 提供公共服务 P_{ki} 的人均供给量，η_{kgi} 代表代表地方政府 L_i 提供公共服务 P_{ki} 的最小人均供给量，φ_i 代表地方政府 L_i 在税收方面的最大可接受水平，π_i 代表地方政府 L_i 的税收收入。我们假设参数 α_{kgi}、参数 β_{kgi} 和参数 χ_i 满足如下条件：

$$\sum_{i=1}^{n}\sum_{k=1}^{n_k}\sum_{g=1}^{n_g}(\alpha_{kgi}+\beta_{kgi}) + \sum_{i=1}^{n}\chi_i = 1 \qquad (2-2)$$

接下来，我们研究地方政府 L_i 在提供公共服务 P_{ki} 面临的成本问题。由于在自然资源禀赋、税源规模与集中程度、城市化发展水平、经济社会发展等方面的差异，不同的地方政府 L_i 在提供不同类型公共服务 P_{ki} 所面临成本约束函数是不一致的。我们用 κ_{ki} 表示公共服务 P_{ki} 的财政支出成本：

$$\sum_{i=1}^{n}\nu_i + \sum_{i=1}^{n}\pi_i = \sum_{i=1}^{n}\kappa_{ki} = \sum_{i=1}^{n}\gamma_{ki}\cdot\delta_{ki} \qquad (2-3)$$

在这里，我们用 ν_i 表示中央政府对地方政府的转移支付资金，γ_{ki} 表示地方政府 L_i 提供公共服务 P_{ki} 的单位成本，用 δ_{ki} 表示地方政府 L_i 为居民 N_{gi} 提供公共服务 P_{ki} 的总供应量。在我们的理论框架中，配置到居民 N_{gi} 的公共服务 P_{ki} 的总供应量 δ_{ki} 应该满足式（2-4）的前提假设：

$$\sum_{i=1}^{n}\delta_{ki} = \sum_{i=1}^{n}\sum_{g=1}^{n_g}\delta_{kgi}\cdot\rho_{gi} \qquad (2-4)$$

其中，ρ_{gi} 代表居民 N_{gi} 在地区总人口 N_i 中所占的比重，δ_{kgi} 的含义如上。根据上述公式，公共服务 P_{ki} 的总供应量 δ_{ki} 和财政支出成本 κ_{ki} 成为地方政府 L_i 财政预算约束最主要的组成成分。除了式（2-3）和式（2-4）的定义外，这种预算约束同时也要求地方政府 L_i 将公共财政资源配置到不同公共服务 P_{ki} 和不同群体的居民 N_{gi} 之间，可进一步表示为式（2-5）：

$$\sum_{i=1}^{n}\sum_{k=1}^{n_k}\kappa_{ki} = \sum_{i=1}^{n}\sum_{k=1}^{n_k}\gamma_{ki}\cdot\delta_{ki} = \sum_{i=1}^{n}\sum_{k=1}^{n_k}\sum_{g=1}^{n_g}\gamma_{ki}\cdot\delta_{kgi}\cdot\rho_{gi} \qquad (2-5)$$

在式（2-5）的财政预算约束下，我们推导出地方政府 L_i 的效用函数 U 最大化情况下公共服务供给成本的最优均衡解，用式（2-6）和（2-7）表示：

$$\sum_{i=1}^{n} \gamma_{ki} \cdot \delta_{kgi} \cdot \rho_{gi} = \sum_{i=1}^{n} \gamma_{ki} \cdot \eta_{kgi} \cdot \rho_{gi} + \sum_{i=1}^{n} (\alpha_{kgi} + \beta_{kgi}) \cdot$$
$$(\sum_{i=1}^{n} \nu_i + \sum_{i=1}^{n} \varphi_i - \sum_{i=1}^{n} \sum_{k=1}^{n_k} \gamma_{ki} \cdot \sum_{g=1}^{n_g} \eta_{kgi} \cdot \rho_{gi}) \quad (2-6)$$

$$\sum_{i=1}^{n} \pi_i = \sum_{i=1}^{n} \varphi_i - \sum_{i=1}^{n} \chi_i \cdot (\sum_{i=1}^{n} \nu_i + \sum_{i=1}^{n} \varphi_i -$$
$$\sum_{i=1}^{n} \sum_{k=1}^{n_k} \gamma_{ki} \cdot \sum_{g=1}^{n_g} \eta_{kgi} \cdot \rho_{gi}) \quad (2-7)$$

其中，$\sum_{i=1}^{n} \gamma_{ki} \cdot \delta_{kgi} \cdot \rho_{gi}$ 代表地方政府 L_i 提供公共服务 P_{ki} 供给成本的最优均衡解，$\sum_{i=1}^{n} \pi_i$ 代表地方政府 L_i 税收收入的最优均衡解。从政府行为策略的偏好假设可以获知，地方政府 L_i 将公共服务资源配置于公共服务领域和经济建设领域客观上存在着偏好的异质性，但这种自主选择权的差异性却不容易通过观察得知。为了解决政府偏好如何观察的问题，我们通过可量化的公式深入分析，如式（2-8）、式（2-9）、式（2-10）、式（2-11）和式（2-12）所示：

$$\sum_{i=1}^{n} \alpha_{kgi} = \alpha_{ki} \cdot \sum_{i=1}^{n} \mu_{kgi} \quad (2-8)$$

$$\sum_{i=1}^{n} \beta_{kgi} = \beta_{ki} \cdot \sum_{i=1}^{n} \theta_{kgi} \quad (2-9)$$

$$\sum_{i=1}^{n} \sum_{k=1}^{n_k} (\alpha_{ki} + \beta_{ki}) + \sum_{i=1}^{n} \chi_i = 1 \quad (2-10)$$

$$\sum_{i=1}^{n} \sum_{g=1}^{n_g} \mu_{kgi} = 1 \quad (2-11)$$

$$\sum_{i=1}^{n} \sum_{g=1}^{n_g} \theta_{kgi} = 1 \quad (2-12)$$

其中，α_{ki} 表示地方政府 L_i 对经济建设领域的选择偏好，β_{ki} 表示地方政府 L_i 对社会民生领域的选择偏好，μ_{kgi} 表示地方政府 L_i 在经济建设领域内部如何将公共服务 P_{ki} 在不同居民 N_{gi} 之间进行配置的偏好，θ_{kgi} 表示地方政府 L_i 在社会民生领域内部如何将公共服务 P_{ki} 在不同居民 N_{gi} 之间进行配置的偏好。通过将式（2-8）、式（2-9）、式（2-10）、式（2-11）和式（2-12）代入式（2-6）和式（2-7）中，我们可以得到式

(2-13) 和式 (2-14)：

$$\sum_{i=1}^{n} \kappa_{ki} = \sum_{i=1}^{n} \gamma_{ki} \cdot \delta_{ki} = \sum_{i=1}^{n} \gamma_{ki} \cdot \sum_{g=1}^{n_g} \eta_{kg} \cdot \rho_{gi} + \sum_{i=1}^{n} (\alpha_{ki} + \beta_{ki}) \cdot$$
$$(\sum_{i=1}^{n} \nu_i + \sum_{i=1}^{n} \varphi_i - \sum_{i=1}^{n} \sum_{k=1}^{n_k} \gamma_{ki} \cdot \sum_{g=1}^{n_g} \eta_{kg} \cdot \rho_{gi}) \quad (2-13)$$

$$\sum_{i=1}^{n} \pi_i = \sum_{i=1}^{n} \varphi_i - \sum_{i=1}^{n} \chi_i \cdot (\sum_{i=1}^{n} \nu_i + \sum_{i=1}^{n} \varphi_i -$$
$$\sum_{i=1}^{n} \sum_{k=1}^{n_k} \gamma_{ki} \cdot \sum_{g=1}^{n_g} \eta_{kgi} \cdot \rho_{gi}) \quad (2-14)$$

在这种逻辑推导下，地方政府 L_i 在经济建设领域和社会民生领域的公共财政资源配置偏好，最终体现为地方政府 L_i 对参数 α_{ki} 和 β_{ki} 的权衡取舍。根据我们的前提假设，当 $k=c$ 代表地方政府提供了基本公共文化服务 P_{ci}。在 $k=c$ 的条件下，由于基本公共文化服务 P_{ci} 属于社会民生领域公共服务，此时参数 $\alpha_{ci}=0$，我们得到地方政府 L_i 提供基本公共文化服务 P_{ci} 的财政支出成本 κ_{ci} 的表达式，表示为式 (2-15)：

$$\sum_{i=1}^{n} \kappa_{ci} = \sum_{i=1}^{n} \gamma_{ci} \cdot \sum_{g=1}^{n_g} \eta_{cg} \cdot \rho_{gi} + \sum_{i=1}^{n} \beta_{ci} \cdot$$
$$(\sum_{i=1}^{n} \nu_i + \sum_{i=1}^{n} \varphi_i - \sum_{i=1}^{n} \gamma_{ci} \cdot \sum_{g=1}^{n_g} \eta_{cg} \cdot \rho_{gi}) \quad (2-15)$$

在式 (2-15) 中，κ_{ci} 代表着地方政府 L_i 提供基本公共文化服务 P_{ci} 的财政支出成本。为了深入研究地方政府提供基本公共文化服务 P_{ci} 财政支出成本，我们将 κ_{ci} 的表达式定义为函数 $F_c(\kappa_{ci})$，如式 (2-16) 所示：

$$F_c(\kappa_{ci}) = F_c(\gamma_{ci}, \eta_{cg}, \rho_{gi}, \beta_{ci}, \nu_i, \varphi_i) \quad (2-16)$$

从式 (2-16) 我们可以看出，地方政府 L_i 提供基本公共文化服务 P_{ci} 的财政支出成本 κ_{ci} 的主要影响因素如下所示：第一个影响因素是地方政府 L_i 提供基本公共文化服务 P_{ci} 的单位供给成本 γ_{ci}；第二个影响因素是地方政府 L_i 提供基本公共文化服务 P_{ci} 的最小人均供给量 η_{cg}；第三个影响因素是地方政府 L_i 所在地区不同群体居民 N_{gi} 在地区总人口 N_i 中所占的比重；第四个影响因素是地方政府 L_i 对基本公共文化服务 P_{ci} 的选择偏好；第五个影响因素是中央政府对地方政府的转移支付资金；第六个影响因素是地方政府 L_i 在税收方面的最大可接受水平。基于上述考虑，我们认为不同区域和城乡之间地方政府提供基本公共文化服务 P_{ci} 的财政支出成本 κ_{ci}，受到多重因素的制约与影响。

根据以上分析，我们从基本公共文化服务 P_{ci} 财政支出成本 κ_{ci} 的表达式中可以看出，在社会民生领域所涉及的公共服务内部地方政府 L_i 在将公共财政资源配置到不同种类公共服务 P_{ki} 上也存在偏好差异，而这种自主选择权的差异决定了地方政府 L_i 在社会民生领域内部配置公共财政资源时如何在不同种类的公共服务 P_{ki} 之间进行分配的问题，我们将其称为公共服务配置的结构性偏好。相类似地，地方政府在经济建设领域内部将公共财政资源配置到不同种类的公共服务上时，也存在相同的结构性偏好选择问题。我们将地方政府的结构性偏好表示为式（2-17）和式（2-18）：

$$\sum_{i=1}^{n} \alpha_{ki} = \sum_{i=1}^{n} \widetilde{\alpha}_{k0} + \sum_{i=1}^{n} \sum_{j=1}^{n_j} \widetilde{\alpha}_{kj} \cdot s_{ji} \qquad (2-17)$$

$$\sum_{i=1}^{n} \beta_{ki} = \sum_{i=1}^{n} \widetilde{\beta}_{k0} + \sum_{i=1}^{n} \sum_{j=1}^{n_j} \widetilde{\beta}_{kj} \cdot t_{ji} \qquad (2-18)$$

其中，s_{ji} 代表地方政府 L_i 在经济建设领域内部不同公共服务之间配置公共财政资源的结构性偏好，t_{ji} 代表地方政府 L_i 在社会民生领域内部不同公共服务之间配置公共财政资源的结构性偏好。显而易见，在中国现有的地方政府对中央政府高度负责的政治体制下，以 GDP 为核心的政绩考核标准导致地方政府在彼此间展开激烈的竞争。为确保在政绩考核中获胜，地方政府 L_i 在社会民生领域公共服务内部对不同公共服务 P_{ki} 的选择客观存在差异性，表现为地方政府 L_i 对不同参数 t_{ji} 如何选择的问题。显而易见，地方政府对于不同参数 t_{ji} 的选择倾向最终将决定地方政府 L_i 在社会民生领域对不同公共服务 P_{ki} 的公共财政资源配置状况，主要表现为：在规模偏好参数的选择上，地方政府 L_i 对偏好参数 α_{ki} 和 β_{ki} 选择的不同，代表着地方政府 L_i 在经济建设领域和社会民生领域之间分配公共财政资源的偏好差异。如果参数 $0 < \beta_{ki} < \alpha_{ki} < 1$，表明此时地方政府 L_i 对社会民生领域的配置偏好小于经济建设领域，地方政府 L_i 在配置公共财政资源时倾向于经济建设领域；如果参数 $0 < \alpha_{ki} < \beta_{ki} < 1$，表明此时地方政府 L_i 对经济建设领域的配置偏好小于社会民生领域，地方政府 L_i 在配置

公共财政资源时倾向于社会民生领域。在社会民生领域内部对结构偏好参数的选择上，地方政府 L_i 对偏好参数 t_{ji} 选择的不同，也代表了地方政府 L_i 在社会民生领域不同公共服务 P_{ki} 之间配置公共财政资源的偏好差异，这将最终决定地方政府 L_i 不同公共服务 P_{ki} 的最优供给量。

从上文的分析可以看出，我们在所构建的理论分析框架中，不同区域和城乡之间地方政府 L_i 为居民 N_{gi} 提供 k 种类型公共服务 P_{ki} 的公共财政支出需求可被定义为最低标准公共服务支出成本的累计值，我们也可以将公共服务 P_{ki} 的财政支出需求解释为不同群体居民 N_{gi} 为获得最低标准公共服务所需要的公共财政支出，或者是地方政府 L_i 为居民 N_{gi} 提供公共服务最小供应量所需要的公共财政支出。需要指出的是，在不同区域和城乡之间地方政府 L_i 提供 k 种类型公共服务 P_{ki} 的具体过程中，地方政府 L_i 需要遵循横向均等的基本原则，表现为地方政府 L_i 提供的最低标准公共服务 P_{ki} 在不同区域和城乡之间能够达到均等化。可以说，这种横向均等的基本原则要求地方政府 L_i 在提供最低标准公共服务 P_{ki} 过程中对于不同群体居民 N_{gi} 需要一视同仁地对待，使每个居民 N_{gi} 都平等享有最低标准公共服务的待遇。在我们所构建的模型中，这种基本原则意味着属于同一个目标群体的居民 N_{gi} 无论位居何处，都应该享有同样水平的最低标准公共服务。应该指出的是，地方政府应该享有平等的机会去提供最低标准的公共服务组合，而为了在不同区域和城乡之间实现横向均等，位居不同地区的居民也需要接受相同的税率或是同样的税收负担。接下来，为了确定模型所提及的最低标准公共服务组合，我们可以对地方政府 L_i 提供公共服务 P_{ki} 过程中公共财政支出的有关参数进行如下设定：

$$\sum_{i=1}^{n} \tau_{kgi} = \frac{\sum_{i=1}^{n} \eta_{kgi} \cdot \rho_{gi}}{\sum_{i=1}^{n} \sum_{g=1}^{n_s} \eta_{kgi} \cdot \rho_{gi}} \quad (2-19)$$

在式（2-19）中，我们将 τ_{kgi} 定义为地方政府 L_i 为居民 N_{gi} 提供公共服务 P_{ki} 最小供应量的过程中，地方政府 L_i 配置到第 g 个群体居民 N_{gi} 的公共财政支出占所有群体居民的比重。这种配置比重被视为地方政府 L_i 提供第 k 种公共服务 P_{ki} 的过程中第 g 个群体居民 N_{gi} 所需要公共财政支出的最低标准。换言之，地方政府 L_i 为不同群体居民 N_{gi} 提供不同类型公共服务 P_{ki} 的最低公共财政成本，将根据不同类型公共服务 P_{ki} 将公共财政资源配置到不同群体居民 N_{gi} 之中。

在我们所建立的理论分析框架中，我们假设地方政府 L_i 对不同类型公共服务 P_{ki} 的边际预算份额，包括地方政府 L_i 对经济建设领域的边际预算份额 α_{kgi} 和地方政府 L_i 对社会民生领域的边际预算份额 β_{kgi}，以及地方政府 L_i 由于税收负担减少对私人部门的边际预算份额 χ_i。应该指出的是，地方政府 L_i 为居民 N_{gi} 提供不同类型公共服务 P_{ki} 的过程，参数 α_{kgi}、β_{kgi} 和 χ_i 在不同区域和城乡之间有所差别，成为地方政府 L_i 为居民 N_{gi} 提供不同类型公共服务 P_{ki} 过程中配置公共财政资源差异最为重要的主观约束条件之一。应该指出的是，地方政府 L_i 在不同类型公共服务 P_{ki} 供给过程中需要遵循的横向均等原则，主要是为了弥补不同区域和城乡之间地方政府 L_i 由于自身资源禀赋、经济发展阶段、人口资源状况、所处区域位置等客观原因所造成的财政能力差距，以及地方政府在提供不同类型公共服务 P_{ki} 过程中配置公共财政资源的非均衡性。显而易见的是，地方政府 L_i 为居民 N_{gi} 提供不同类型公共服务 P_{ki} 的过程中有权决定不同类型公共服务 P_{ki} 供给公共财政资源配置的优先权，而横向均等原则的主要宗旨在于均衡地方政府 L_i 提供不同类型公共服务 P_{ki} 过程中的选择机会，主要针对的是弥补完全超出地方政府 L_i 能够控制的成本因素和财政能力部分，由此造成的不同区域和城乡之间地方政府 L_i 为居民 N_{gi} 提供 k 种类型公共服务 P_{ki} 的非均衡性问题。而中央政府对不同区域和城乡之间地方政府 L_i 配置的转移支付资金，只能对地方政府 L_i 增加可配置公共财政资源产生一次性的影响。为了分析地方政府 L_i 实现横向均等原则的具体过程，我们在考虑地方政府 L_i 提供不同类型公共服务 P_{ki} 过程中的公共财政资源配置偏好，以及地方政府 L_i 为居民 N_{gi} 提供第 k 种公共服务 P_{ki} 所需公共财政支出最低标准的情况下，提出以下两个假设条件：

假设条件1：我们假设地方政府 L_i 配置到不同类型公共服务 P_{ki} 的边际预算份额，等同于地方政府 L_i 在提供不同类型公共服务 P_{ki} 过程中的公共财政支出份额。需要指出的是，我们对于假设条件1的基本设定，将地方政府 L_i 在提供不同类型公共服务 P_{ki} 过程中的公共财政支出份额，定义为不同类型公共服务 P_{ki} 最低标准财政支出份额的累计值，表示为式（2-20）：

$$\sum_{i=1}^{n} \alpha_{kgi} + \sum_{i=1}^{n} \beta_{kgi} = \frac{\sum_{i=1}^{n} \gamma_{ki} \cdot \sum_{g=1}^{n_g} \eta_{kgi} \cdot \rho_{gi}}{\sum_{i=1}^{n} \sum_{k=1}^{n_k} \gamma_{ki} \cdot \sum_{g=1}^{n_g} \eta_{kgi} \cdot \rho_{gi}} \quad (2-20)$$

另外需要关注的是，假设条件 1 所蕴含的另外一层理论含义主要在于假定地方政府 L_i 由于税收负担减少对私人部门的边际预算份额 $\chi_i = 0$ 的基本假设条件。

在假设条件 1 中，我们设定地方政府 L_i 配置到不同类型公共服务 P_{ki} 的边际预算份额等于地方政府 L_i 在提供不同类型公共服务 P_{ki} 过程中的公共财政支出份额，这表明公共财政资源在配置过程中以地方政府 L_i 在提供不同类型公共服务 P_{ki} 过程中的最低公共财政支出比例配置到不同类型公共服务 P_{ki} 之中。根据上文的分析可以看出，式（2-19）和假设条件以 1 同时满足式（2-8）、式（2-9）、式（2-10）、式（2-11）和式（2-12）所设的加总条件，因此我们将式（2-19）和假设条件以 1 代入式（2-6）、式（2-7）、式（2-8）、式（2-9）、式（2-10）、式（2-11）和式（2-12）之中，可得到式（2-21）和式（2-22）：

$$\sum_{i=1}^{n} \pi_i = \sum_{i=1}^{n} \varphi_i \quad (2-21)$$

$$\frac{\sum_{i=1}^{n} \delta_{kgi} - \pi_{kg}}{\pi_{kg}} = \frac{\sum_{i=1}^{n} \nu_i + \sum_{i=1}^{n} \varphi_i - \sum_{i=1}^{n} \sum_{k=1}^{n_k} \gamma_{ki} \cdot \sum_{g=1}^{n_g} \eta_{kgi} \cdot \rho_{gi}}{\sum_{i=1}^{n} \sum_{k=1}^{n_k} \gamma_{ki} \cdot \sum_{g=1}^{n_g} \eta_{kgi} \cdot \rho_{gi}} = R_i \quad (2-22)$$

在一般假设条件下，比率 R_i 总体上随着不同区域和城乡之间地方政府 L_i 的不同而有所区别，但在地方政府 L_i 遵循横向均等基本原则的过程中有了较为特殊的情况，如假设条件 2 所示。

假设条件 2：在地方政府 L_i 遵循横向均等基本原则的前提下，我们认为比率 R_i 在不同区域和城乡各级地方政府 L_i 之间是一致的，可以将 R_i 的取值设定为 $R_i = R$。需要指出的是，假设条件 2 意味着在不同区域和城乡之间，地方政府 L_i 对于同一群体居民 N_{gi} 所提供最低标准的公共服务

P_{ki} 基本上是一致的，也就是说同一群体居民 N_{gi} 在不同区域和城乡之间得到了公平的待遇。需要注意的是，居民 N_{gi} 所承担的税率在最大可接受水平上是相等的，这意味着地方政府 L_i 的财政能力水平相应可以定义为 φ_i。

在假设条件 2 的情况下，地方政府 L_i 为居民 N_{gi} 提供公共服务 P_{ki} 的人均供给量 δ_{kgi} 在不同区域和城乡之间是均等的，这是因为 $\delta_{kg}^* = (1+R) \cdot \pi_{kg}$ 为常数，我们可以将其定义为地方政府 L_i 为第 g 个群体居民 N_{gi} 提供第 k 种公共服务 P_{ki} 的标准公共服务。可以指出的是，不同区域和城乡之间的地方政府 L_i 为所有群体居民 N_{gi} 提供公共服务 P_{ki} 的人均供应量都是相同的。为了得到比率 R，我们还要同时考虑中央政府向地方政府 L_i 配置转移支付资金时地方政府 L_i 所面临的公共财政预算限制，可以表示为式（2-23）：

$$\nu = \sum_{i=1}^{n} \nu_i = \sum_{i=1}^{n} \frac{N_i}{N} \cdot \nu_{pi} = \sum_{i=1}^{n} \rho_i \cdot \nu_{pi} \qquad (2-23)$$

其中，ν 为中央政府向所有地方政府 L_i 配置的转移支付资金总额，ν_i 为中央政府向地方政府 L_i 配置的转移支付资金，ν_{pi} 为中央政府向地方政府 L_i 配置的人均转移支付资金，N_i 表示地区 i 总人口，N 表示全国总人口，ρ_i 代表地方政府 L_i 所在辖区居民人口在全国总人口中所占比重。我们将假设条件 2 和式（2-23）代入式（2-22），得到地方政府 L_i 遵循横向均等基本原则前提下的比率 R，如式（2-24）所示。

$$\frac{\sum_{i=1}^{n} \rho_i \cdot \nu_{pi} + \sum_{i=1}^{n} \rho_i \cdot \varphi_{pi} - \sum_{i=1}^{n} \rho_i \sum_{k=1}^{n_k} \gamma_{pki} \cdot \sum_{g=1}^{n_g} \eta_{kgi} \cdot \rho_{gi}}{\sum_{i=1}^{n} \rho_i \sum_{k=1}^{n_k} \gamma_{pki} \cdot \sum_{g=1}^{n_g} \eta_{kgi} \cdot \rho_{gi}} = R \qquad (2-24)$$

其中，φ_{pi} 为地方政府 L_i 在人均税收方面的最大可接受水平，也就是所谓的地方政府 L_i 在平均税收努力程度下可以获得的人均财政能力水平，γ_{pki} 表示地方政府 L_i 提供公共服务 P_{ki} 过程中最低标准的人均单位成本。我们将式（2-24）和假设条件 2 代入式（2-23）中，可以得到中央政府向满足横向均等条件地方政府 L_i 拨款的转移支付表达式，我们可以将其定义为式（2-25），如下所示：

$$\nu_i^* = -\sum_{i=1}^{n} \varphi_i + \sum_{i=1}^{n} \sum_{k=1}^{n_k} \gamma_{ki} \cdot \sum_{g=1}^{n_g} \eta_{kgi} \cdot \rho_{gi} + \sum_{i=1}^{n} \sum_{k=1}^{n_k} \gamma_{ki} \cdot \sum_{g=1}^{n_g} \eta_{kgi} \cdot \rho_{gi} \cdot$$

$$\left[\frac{\sum_{i=1}^{n}\rho_i \cdot \nu_{pi} + \sum_{i=1}^{n}\rho_i \cdot \varphi_{pi} - \sum_{i=1}^{n}\rho_i \sum_{k=1}^{n_k}\gamma_{pki} \cdot \sum_{g=1}^{n_g}\eta_{kgi} \cdot \rho_{gi}}{\sum_{i=1}^{n}\rho_i \sum_{k=1}^{n_k}\gamma_{pki} \cdot \sum_{g=1}^{n_g}\eta_{kgi} \cdot \rho_{gi}}\right] \quad (2-25)$$

其中，ν_i^* 是中央政府向满足横向均等条件地方政府 L_i 拨款的转移支付金额。从式（2-25）中我们可以看出，在地方政府 L_i 遵循横向均等基本原则的过程中，地方政府 L_i 所获得的中央政府转移支付资金应该等于地方政府 L_i 为不同群体居民 N_{gi} 提供不同类型公共服务 P_{ki} 的最低公共财政成本，减去地方政府 L_i 可以获得的财政能力水平。各个地方政府 L_i 由此获得了提供不同类型公共服务 P_{ki} 最低公共财政支出比例条件下的全国人均公共财政资源。如果地方政府 L_i 提供不同类型公共服务 P_{ki} 最低公共财政支出高于全国平均水平，那么地方政府 L_i 将获得低于全国人均公共财政资源的转移支付拨款。相应地，如果地方政府 L_i 在提供不同类型公共服务 P_{ki} 时，最低公共财政支出低于全国平均水平，那么地方政府 L_i 将获得高于全国人均公共财政资源的转移支付拨款。更为重要的是，我们得到了地方政府 L_i 遵循横向均等基本原则向居民 N_{gi} 提供最低标准公共服务 P_{ki} 的"标准公共财政支出需求"，我们将其表示为式（2-26）：

$$SD_i^* = \sum_{i=1}^{n}\sum_{k=1}^{n_k}\gamma_{ki} \cdot \sum_{g=1}^{n_g}\eta_{kgi} \cdot \rho_{gi} \cdot \left(\frac{\sum_{i=1}^{n}\rho_i \cdot \nu_{pi}}{\sum_{i=1}^{n}\rho_i \sum_{k=1}^{n_k}\gamma_{pki} \cdot \sum_{g=1}^{n_g}\eta_{kgi} \cdot \rho_{gi}}\right) \quad (2-26)$$

将式（2-26）表示为一般的函数形式 $F_{SD}(SD_i^*)$，如式（2-27）所示：

$$F_{SD}(SD_i^*) = F_{SD}(\nu_{Pi}, \gamma_{ki}, \gamma_{pki}, \eta_{kgi}, \rho_{gi}, \rho_i) \quad (2-27)$$

从式（2-27）我们可以看出，地方政府 L_i 在遵循横向均等基本原则向居民 N_{gi} 提供最低标准公共服务 P_{ki} 的"标准公共财政支出需求"，其第一个影响因素是中央政府向地方政府 L_i 配置的人均转移支付资金 ν_{pi}；第二个影响因素是地方政府 L_i 提供公共服务 P_{ki} 的单位供给成本 γ_{ki}；第三个影响因素是地方政府 L_i 提供公共服务 P_{ki} 的人均单位供给成本 γ_{pki}；第四个影响因素是地方政府 L_i 提供公共服务 P_{ki} 的最小人均供给量 η_{kgi}；第五个影响因素是居民 N_{gi} 在地方政府 L_i 所在辖区内居民所占的人口份额

ρ_{gi}；第六个影响因素是地方政府 L_i 所在辖区居民人口在全国总人口所占比重 ρ_i。

为了进一步分析横向均等条件下地方政府 L_i 为居民 N_{gi} 提供公共服务 P_{ki} 过程中人均公共服务要素投入成本对公共服务产出数量的影响，我们对地方政府 L_i 提供公共服务 P_{ki} 的人均单位供给成本 γ_{pki} 进行进一步探讨，如式（2-28）所示：

$$\gamma_{pki} = \tilde{\gamma}_{p0} + \sum_{h=1}^{H} \tilde{\gamma}_{pkh} \cdot IF_{pkh} \qquad (2-28)$$

式（2-28）为地方政府 L_i 提供公共服务 P_{ki} 的人均单位供给成本 γ_{pki} 的影响因素，其中 $\tilde{\gamma}_{p0}$ 代表地方政府 L_i 在遵循横向均等基本原则的过程中提供公共服务 P_{ki} 的人均单位固定成本，$\tilde{\gamma}_{pkh}$ 代表地方政府 L_i 提供不同类型公共服务 P_{ki} 的人均可变供给成本，IF_{pkh} 代表不同类型公共服务 P_{ki} 的人均可变供给成本的影响因素。应该指出的是，地方政府 L_i 提供公共服务 P_{ki} 之时面临着一些固定的成本，目的是确保地方政府 L_i 对所属辖区进行行政管理和政治管理所需要的公共财政支出，在短期内不随各种类型公共服务 P_{ki} 的供应量而发生变化，因此在我们设定的模型中将 $\tilde{\gamma}_{p0}$ 视为不变的影响因素。除此以外，不同城乡和区域之间的地方政府 L_i 在提供公共服务 P_{ki} 的人均可变供给成本 $\tilde{\gamma}_{pkh}$ 会受到多方面因素的影响，诸如不同城乡和区域之间地方政府 L_i 在自然资源禀赋、税源规模与集中程度、城市化发展水平、经济社会发展等方面会有所差异，这些差异会对地方政府 L_i 在提供公共服务 P_{ki} 的人均可变供给成本 $\tilde{\gamma}_{pkh}$ 产生影响，在式（2-28）中主要表现为参数 IF_{pkh} 的影响作用。我们将式（2-28）代入式（2-25）之中，得到地方政府 L_i 提供公共服务 P_{ki} 的最小人均供给量 η_{kgi}，如式（2-29）所示。

$$\eta_{kgi} = \frac{\sum_{i=1}^{n} \rho_i \cdot (\nu_{pi} + \varphi_{pi})}{(R+1) \sum_{i=1}^{n} \rho_i \sum_{k=1}^{n_i} \left(\tilde{\gamma}_{p0} + \sum_{h=1}^{H} \tilde{\gamma}_{pkh} \cdot IF_{pkh} \right) \cdot \sum_{g=1}^{n_s} \rho_{gi}} \qquad (2-29)$$

将式（2-29）表示为一般的函数形式，如式（2-30）所示：

$$F_\eta(\eta_{kgi}) = F_\eta(\nu_{Pi}, \varphi_{pi}, \rho_i, \tilde{\gamma}_{pkh}, IF_{pkh}, \rho_{gi}) \qquad (2-30)$$

从式（2-30）我们可以看出，在地方政府 L_i 遵循横向均等基本原则的假设框架下，地方政府 L_i 提供公共服务 P_{ki} 的最小人均供给量 η_{kgi} 主要的影响因素有：第一个影响因素是中央政府向地方政府 L_i 配置的人均转移支付资金 ν_{pi}；第二个影响因素是地方政府 L_i 在平均税收努力程度下可以获得的人均财政能力水平 φ_{pi}；第三个影响因素是地方政府 L_i 所在辖区居民人口在全国总人口所占比重 ρ_i；第四个影响因素是地方政府 L_i 提供不同类型公共服务 P_{ki} 的人均可变供给成本 $\tilde{\gamma}_{pkh}$；第五个影响因素是不同类型公共服务 P_{ki} 的人均可变供给成本的影响因素 IF_{pkh}；第六个影响因素是第 g 个群体居民 N_{gi} 在地方政府 L_i 所在辖区内居民所占的人口份额 ρ_{gi}。

根据我们的前提假设，当 $k=c$ 代表地方政府 L_i 提供了基本公共文化服务所涉及的公共服务 P_{ci}。在 $k=c$ 的条件下，我们得到地方政府 L_i 基本公共文化服务 P_{ci} 的最小人均供给量 η_{cgi}，如式（2-31）所示：

$$\eta_{cgi} = \frac{\sum_{i=1}^{n} \rho_i \cdot (\nu_{pi} + \varphi_{pi})}{(R+1) \sum_{i=1}^{n} \rho_i \sum_{k=1}^{n_k} \left(\tilde{\gamma}_{p0} + \sum_{h=1}^{H} \tilde{\gamma}_{pch} \cdot IF_{pch} \right) \cdot \sum_{g=1}^{n_g} \rho_{gi}} \quad (2-31)$$

我们将式（2-31）表示为一般的函数形式，如式（2-32）所示：

$$F_\eta(\eta_{cgi}) = F_\eta(\nu_{Pi}, \varphi_{pi}, \rho_i, \tilde{\gamma}_{pch}, IF_{pch}, \rho_{gi}) \quad (2-32)$$

从式（2-32）我们可以看出，在地方政府 L_i 遵循横向均等基本原则的假设框架下，地方政府 L_i 提供基本公共文化服务 P_{ci} 的最小人均供给量 η_{cgi} 主要的影响因素为：第一个影响因素是中央政府向地方政府 L_i 配置的人均转移支付资金 ν_{pi}；第二个影响因素是地方政府 L_i 在平均税收努力程度下可以获得的人均财政能力水平 φ_{pi}；第三个影响因素是地方政府 L_i 所在辖区居民人口在全国总人口所占比重 ρ_i；第四个影响因素是地方政府 L_i 提供基本公共文化服务 P_{ci} 的人均可变供给成本 $\tilde{\gamma}_{pch}$；第五个影响因素是基本公共文化服务 P_{ci} 人均可变供给成本的影响因素 IF_{pch}；第六个影响因素是第 g 个群体居民 N_{gi} 在地方政府 L_i 所在辖区内居民所占的人口份额 ρ_{gi}。

上述理论模型得到的基本结论是：在考虑中央政府对地方政府转移支付资金配置的前提下，实现地方政府财政能力的均等化，未必能够实现基本公共文化服务的均等化，这是由于要素投入成本对基本公共文化服务供应数量会产生重要的影响。不同城乡和区域之间地方政府 L_i 在自然资源禀赋、税源规模与集中程度、城市化发展水平、经济社会发展等方面会有所差异，这些差异会对地方政府提供基本公共文化服务的成本产生影响。不可否认的是，实现了均衡的财政资源配置并非意味着实现真正意义上的基本公共文化服务均等化和标准化。毋庸置疑，单位供给成本的高低决定着地方政府提供基本公共文化服务的数量与质量，所以相等的财政资金未必能够带来等质、等量的基本公共文化服务，需要更多地考虑单位供给成本差异带来的影响。基本公共文化服务均等化所考虑的重点应该集中在全体社会成员在享用公共文化资源的权利均等与机会公平，而不应该局限在公共文化事业财政资源的均衡配置层面。综上所述，我们对于基本公共文化服务均等化的研究也要建立在个人所享用的公共服务均等的基础上，而非仅仅停留在个人获得公共财政资源均等的层面上。

第三章　基本公共文化服务均等化战略的实施效果评估

从这一章开始，我们分析基本公共文化服务均等化战略的实施效果。具体而言，我们在考虑城乡和区域二维均等的研究视角下，选择效果均等作为主要衡量标准，运用双变量泰尔指数在区域和城乡维度上的空间分解，通过优先考虑城乡维度的双变量泰尔指数层级分解、优先考虑区域维度的双变量泰尔指数层级分解，同时考虑城乡维度和区域维度的双变量泰尔指数非层级分解三种不同类型的双变量泰尔指数方法，分析不同区域之间、城乡之间各级政府提供群众艺术馆、文化馆、文化站、图书馆、博物馆、公益艺术表演团体等各项基本公共文化服务分项指标的均等化水平。与此同时，我们在本章还研究包容性视角下基本公共文化服务均等化问题，以群众文化机构为老年人、未成年人、残障人士、农民工等弱势群体组织专场文艺活动为例进行研究。具体而言，我们构建双变量泰尔指数测算不同区域和城乡之间基本公共文化服务均等化的指标体系，得到上述每个单项指标不均等程度，通过加权算术平均法分别计算出群众艺术馆、文化馆、文化站、图书馆、博物馆、公益艺术表演团体等各项二级指标，再通过加权算术平均法得到相应的一级指标。

第一节　基本公共文化服务均等化水平测量工具简介

目前在公共服务均等化领域较为接近的测量工具包括泰尔指数、基尼系数和变异系数，这三种方法最初的研究设想是为了测算不同社会阶层的收入差距问题，其测算原理同样适合于测算基本公共文化服务的不均等程度，但在实际测算过程中的侧重点有所不同。① 通过比较，泰尔指数具有明显优势：第一，与变异系数相比，泰尔指数可以实现不均等程度测量过程的传递性，强调的是传导敏感性问题；第二，与基尼系数相比，泰尔指数在测算原理方面更加侧重的是不均等的可分解性和组群一致性，强调的是按照不同组群标准衡量总体均等化程度。基于上述考虑，本书采用了泰尔指数方法进行研究。

本书采用的泰尔指数与以往的同类研究所不同的是：我们将从区域和城乡两个维度同时进行测算。这样，对基本公共文化服务均等化程度进行泰尔指数分析的过程，区域和城乡就成为两个主要的变量。依据Kam（2007）的研究成果②，双变量的泰尔指数涵盖了层级分解的双变量测算，即在测算过程以两个维度中的一个作为优先选择进行逐层分解，以及非层级分解的双变量测算，即在测算过程同时选择两个维度进行逐层分解。具体而言，我们可以采取如下三种测算手段：

第一种测算手段是优先考虑区域维度的双变量泰尔指数层级分解。

所谓优先考虑区域维度的双变量泰尔指数层级分解，主要是指利用双变量泰尔指数的分析过程中，我们对于不均等程度的研究重点，优先考虑如何从区域维度对各级政府提供的基本公共文化服务不均等程度进行层层分解，再对各个区域内部各级政府提供的基本公共文化服务不均等程度进行城乡维度的分解，通过对各个维度不均等程度进行汇总，得到基本公共文化服务的总体不均等程度。在这里，第一个层次的不均等程度可以分解为基本公共文化服务在区域之间的不均等程度和区域内部

---

① 具体而言，泰尔指数均等化测量工具主要建立在信息熵的物理学原理基础上，侧重于分析不同维度之间不均等程度对总体不均等的贡献，以及不同维度内部不均等程度对于总体不均等的贡献；基尼系数均等化测量工具则建立在洛仑兹曲线测算方法基础上，所强调的是每个维度不均等程度在全体不均等程度中所占的比重；变异系数均等化测量工具主要是基于数理统计方法测算整体不均等程度，通过衡量不同维度之间不同数值标准差与平均数相对比值得到整体的不均等程度。

② Kam, K., and Dennis P., "Non-Hierarchical Bivariate Decomposition of Theil Indexes", Centre for Efficiency and Productivity Analysis Working Paper, No. 3, 2007.

的不均等程度，第二个层次的不均等程度可以分解为各个区域内部城乡之间的不均等程度和区域内部城乡内部的不均等程度，可以被表示为式（3-1）到式（3-7）①：

$$L = B_r + W_r B_c + W_r W_c \qquad (3-1)$$

$$B_r = \sum_r \left(\frac{N_r}{N}\right) \log\left(\frac{N_r/N}{Y_r/Y}\right) \qquad (3-2)$$

$$W_r B_c = \sum_r \left(\frac{N_r}{N}\right) \left[\sum_c \left(\frac{N_{rc}}{N_r}\right) \log\left(\frac{N_{rc}/N_r}{Y_{rc}/Y_r}\right)\right] \qquad (3-3)$$

$$W_r W_c = \sum_r \sum_c \left(\frac{N_{rc}}{N}\right) \left[\sum_i \left(\frac{N_{rci}}{N_{rc}}\right) \log\left(\frac{N_{rci}/N_{rc}}{Y_{rci}/Y_{rc}}\right)\right] \qquad (3-4)$$

$$N_r = \sum_c N_{rc} \qquad (3-5)$$

$$N_{rc} = \sum_i N_{rci} \qquad (3-6)$$

$$Y_r = \sum_c Y_{rc} \qquad (3-7)$$

第二种测算手段是优先考虑城乡维度的双变量泰尔指数层级分解。

所谓优先考虑城乡维度的双变量泰尔指数层级分解，主要是指利用双变量泰尔指数的分析过程中，我们对于不均等程度的研究重点，优先考虑如何从城乡维度对各级政府提供的基本公共文化服务不均等程度进行层层分解，再对城市内部和农村内部各级政府提供的基本公共文化服务不均等程度进行区域维度分解，通过对各个维度不均等程度进行汇总，

---

① 在本章式（3-1）到式（3-18）中，各个字母代表了基本公共文化服务不同维度的不均等程度，具体而言：L 代表总体不均等程度，B_r 代表区域之间不均等程度，B_c 代表城乡之间不均等程度，$W_r W_c$ 代表区域内部城乡内部不均等程度，$W_c B_r$ 代表城乡内部区域之间的不均等程度，$W_r B_c$ 代表区域内部城乡之间的不均等程度，I_{rc} 代表区域城乡内部不均等程度的交互作用。L、B_r、B_c、$W_r W_c$、$W_c B_r$、$W_r B_c$ 六个指标的取值介于 0 到 1 之间，取值越大代表着不均等水平越高，取值越小代表着不均等水平越低。I_{rc} 用来衡量区域城乡内部两个维度交互作用对全部不均等产生的影响，当 I_{rc} 为负值时，表示测算过程 B_r 和 B_c 之间存在重叠的部分；当 I_{rc} 为正值时，表示测算过程 B_r 和 B_c 之间缺口的部分。Y 代表总体人口数量，Y_r 代表区域之间人口数量，Y_c 代表城乡之间人口数量，Y_{rc} 代表区域城乡内部人口数量，Y_{rci} 代表第 i 个区域城乡内部人口数量。N 代表基本公共文化服务供给数量，N_r 代表区域之间基本公共文化服务供给数量，N_c 代表城乡之间基本公共文化服务供给数量，N_{rc} 代表区域城乡内部基本公共文化服务供给数量，N_{rci} 代表第 i 个区域城乡内部基本公共文化服务供给数量。

得到基本公共文化服务的总体不均等程度。在这里，第一个层次的不均等程度可以分解为基本公共文化服务在城乡之间的不均等程度和城乡内部的不均等程度，第二个层次的不均等程度可以分解为城乡内部区域之间的不均等程度和城乡内部区域内部的不均等程度①，可以被表示为式（3-8）到式（3-14）：

$$L = B_c + W_c B_r + W_c W_r \qquad (3-8)$$

$$B_c = \sum_c \left(\frac{N_c}{N}\right) \log \left(\frac{N_c/N}{Y_c/Y}\right) \qquad (3-9)$$

$$W_c B_r = \sum_c \left(\frac{N_c}{N}\right) \left[\sum_r \left(\frac{N_{cr}}{N_c}\right) \log \left(\frac{N_{cr}/N_c}{Y_{cr}/Y_c}\right) \right] \qquad (3-10)$$

$$W_c W_r = \sum_c \sum_r \left(\frac{N_{cr}}{N}\right) \left[\sum_i \left(\frac{N_{cri}}{N_{cr}}\right) \log \left(\frac{N_{cri}/N_{cr}}{Y_{cri}/Y_{cr}}\right) \right] \qquad (3-11)$$

$$N_c = \sum_r N_{cr} \qquad (3-12)$$

$$N_{cr} = \sum_i N_{cri} \qquad (3-13)$$

$$Y_c = \sum_r Y_{cr} \qquad (3-14)$$

第三种测算手段是同时考虑城乡维度和区域维度的双变量泰尔指数非层级分解。

所谓同时考虑城乡维度和区域维度的双变量泰尔指数非层级分解，主要是指利用双变量泰尔指数的分析过程中，我们对于不均等程度的研究重点集中在不同区域之间、城乡之间基本公共文化服务的不均等程度，按照区域之间的不均等程度、城乡之间的不均等程度、区域内部城乡内部的不均等程度、区域城乡内部不均等程度的交互作用的顺序，对不均等程度进行层层分解，可以表示为式（3-15）到式（3-18）：

$$L = B_r + B_c + W_r W_c + I_{rc} \qquad (3-15)$$

$$I_{rc} = \sum_r \sum_c \left(\frac{N_{rc}}{N}\right) \log \left(\frac{Q_{Nrc}}{Q_{Yrc}}\right) \qquad (3-16)$$

---

① 在式（3-8）到式（3-14）中，$W_c W_r$ 代表城乡内部区域内部的不均等程度。根据不均等的分解原理，$W_r W_c$ 与 $W_c W_r$ 两个指标是相等的，即 $W_r W_c = W_c W_r$。

$$Q_{Nrc} = \frac{N_{rc}/N}{(N_r/N)(N_c/N)} \qquad (3-17)$$

$$Q_{Yrc} = \frac{Y_{rc}/Y}{(Y_r/Y)(Y_c/Y)} \qquad (3-18)$$

在具体测算过程中，我们运用优先考虑区域维度的双变量泰尔指数层级分解、优先考虑城乡维度的双变量泰尔指数层级分解，同时考虑城乡维度和区域维度的双变量泰尔指数非层级分解三种不同类型的双变量泰尔指数方法，得到每个单项指标的不均等程度，在对不同的单项指标赋予同样的权重的条件下，采用加权算术平均法将单项指标合并为二级指标，同时在合并一级指标的过程也采用加权算术平均法。需要说明的几点是：

第一，结合党的十六届五中全会、十七届六中全会的有关精神，以及《国家基本公共服务体系"十二五"规划》等文件，现阶段的基本公共文化服务不应涵盖所有领域的公共文化服务，而是要侧重于保障人民群众最低层次，同生存和发展直接相关、无差别的文化需求。很显然，我们的研究范围锁定在群众艺术馆、文化馆、文化站、图书馆、博物馆、公益艺术表演团体等类型的公共文化服务。在考虑《中国文化文物统计年鉴》统计口径的基础上，我们对公共图书馆、群众文化机构、公益艺术表演团体和公共博物馆进行测算，[①] 数据来源于2006—2015年各年度的《中国文化文物统计年鉴》。我们可以将基本公共文化服务指标体系分为一级指标、二级指标和单项指标，具体构成如表3-1所示。

---

① 对公共图书馆均等化程度的测算主要包括公共图书馆的机构数量、藏书量、有效借书证数、书刊文献外借册次、总服务人次；对群众文化机构均等化程度的测算主要包括群众艺术馆、文化馆、文化站的机构数量、组织文艺活动次数、举办艺术展览数量和举办培训班数量；对公益艺术表演团体均等化程度的测算主要包括公益文艺剧团的机构数量、专业演出人员数量、演出场次和观众数量；对公共博物馆均等化程度的测算主要包括公共博物馆的机构数量、文物藏品数量、举办文物展览数量和参观人数。

表 3-1　　　　　　　　基本公共文化服务均等化指标体系

一级指标	二级指标	单项指标
基本公共文化服务均等化指标	公共图书馆均等化指标	公共图书馆机构数量
		公共图书馆藏书量
		公共图书馆有效借书证数量
		公共图书馆书刊文献外借册次
		公共图书馆总服务人次
	群众文化机构均等化指标	群众艺术馆、文化馆、文化站机构数量
		群众艺术馆、文化馆、文化站组织文艺活动次数
		群众艺术馆、文化馆、文化站举办艺术展览数量
		群众艺术馆、文化馆、文化站举办培训班数量
	公益艺术表演团体均等化指标	公益文艺剧团机构数量
		公益文艺剧团专业演出人员数量
		公益文艺剧团演出场次
		公益文艺剧团演出观众数量
	公共博物馆均等化指标	公共博物馆机构数量
		公共博物馆文物藏品数量
		公共博物馆举办文物展览数量
		公共博物馆参观人数

　　第二，需要考虑区域和城乡维度的划分标准。从经济地理的角度，我们将中国划分为东北、华北、华东、华中、华南、西南、西北 7 大区域。具体而言，东北地区主要包括辽宁、黑龙江、吉林 3 个省份；华北地区主要包括北京、天津、河北、内蒙古、山西 5 个省市；华东地区主要包括上海、山东、江苏、安徽、江西、浙江和福建 7 个省市；华中地区主要包括湖北、湖南和河南 3 个省份；华南地区主要包括广东、广西和海南 3 个省份；西南地区包括重庆、四川、贵州、云南、西藏 5 个省市；西北地区包括陕西、甘肃、青海、宁夏、新疆 5 个省份。考虑到城乡维度的划分标准，我们将县级市以上定义为城市地区，将县级市及县级市以下定义为农村地区进行研究。①

---

① 从整个国家的城镇化进程来看，这种"一刀切"式的划分标准似乎不能与现实情况完全相符，但在受到统计资料限制的前提下，选择退而求其次的划分标准，可能是比较可行的一种研究思路。

第三，本书在测算基本公共文化服务的过程中采用的是户籍人口标准，而不是采用流动人口标准，主要基于以下考虑：流动人口一般作为常住人口的组成部分，但是不同年份对于流动人口的统计标准存在差异，导致了常住人口的统计标准在不同时期存在着不同的标准。与此同时，常住人口采用的是抽样调查的统计方法，而不同时期的调查方法、调查对象、调查目的等都是不一样的，因此采用常住人口进行计算具有不可比较性。本书的人口测算数据来源于2006—2015年的《中国人口与就业统计年鉴》。

第二节　区域城乡视角下基本公共文化服务均等化水平测算

一　公共图书馆均等化水平

表3-2通过区域维度优先双变量泰尔指数层级分解得到了2005—2014年公共图书馆均等化水平。[①] 加权平均后的指标 $PL(L)$ 从2005年的0.1213逐渐上升到2014年的0.1593，上升幅度为31.33%，表明总体均等化水平处于逐年下降趋势。从总体不均等构成情况来看，指标 $PL(Br)$、$PL(WrBc)$ 和 $PL(WrWc)$ 均值占总体不均等指标 $PL(L)$ 均值比重为22.84%、27.84%和49.32%，表明 $PL(WrWc)$ 是指标 $PL(L)$ 最主要的组成部分。从各项指标情况来看：指标 $PL(Br)$ 从2005年的0.0224逐渐上升到2014年0.0488，上升幅度117.86%，表明区域之间均等化水平处于逐年下降的趋势；指标 $PL(WrBc)$ 从2005年的0.0344逐渐上升到2014年的0.0397，上升幅度为15.41%，表明区域内部城乡之间均等化水平呈现出逐年下降趋势；指标 $PL(WrWc)$ 从2005年的0.0645逐渐上升到2014年的0.0708，上升幅度为9.77%，表明区域内部城乡内部均等化水平呈现出逐年下降趋势。从上述分指标分

---

① 数据通过对公共图书馆的机构数量、藏书量、有效借书证数量、书刊文献外借册次和总服务人次等单项指标进行加权平均得到。

表3-2 通过区域维度优先双变量层级分解得到公共图书馆均等化水平

年份 指标	2005	2006	2007	2008	2009	2010	2011	2012	2013	2014	均值	贡献率（%）
$PL(L)$	0.1213	0.1272	0.1258	0.1328	0.1369	0.1332	0.1352	0.1290	0.1465	0.1593	0.1347	100.00
$PL(Br)$	0.0224	0.0273	0.0249	0.0273	0.0276	0.0271	0.0309	0.0305	0.0407	0.0488	0.0308	22.84
$PL(WrBc)$	0.0344	0.0339	0.0340	0.0373	0.0384	0.0390	0.0401	0.0393	0.0390	0.0397	0.0375	27.84
$PL(WrBcHB)$	0.0076	0.0071	0.0071	0.0087	0.0085	0.0088	0.0082	0.0091	0.0104	0.0107	0.0086	6.40
$PL(WrBcHD)$	0.0091	0.0091	0.0086	0.0092	0.0095	0.0092	0.0097	0.0097	0.0093	0.0093	0.0093	6.89
$PL(WrBcHZ)$	0.0041	0.0041	0.0040	0.0040	0.0044	0.0053	0.0048	0.0047	0.0044	0.0047	0.0044	3.30
$PL(WrBcHN)$	0.0035	0.0038	0.0037	0.0037	0.0039	0.0041	0.0043	0.0038	0.0040	0.0037	0.0038	2.85
$PL(WrBcXN)$	0.0029	0.0027	0.0035	0.0035	0.0032	0.0036	0.0051	0.0043	0.0038	0.0035	0.0036	2.68
$PL(WrBcXB)$	0.0023	0.0024	0.0024	0.0026	0.0022	0.0027	0.0028	0.0028	0.0021	0.0026	0.0025	1.84
$PL(WrBcDB)$	0.0050	0.0047	0.0047	0.0055	0.0065	0.0052	0.0052	0.0050	0.0051	0.0051	0.0052	3.86

续表

年份 指标	2005	2006	2007	2008	2009	2010	2011	2012	2013	2014	均值	贡献率（%）
PL (W_rW_c)	0.0645	0.0660	0.0669	0.0681	0.0708	0.0671	0.0643	0.0592	0.0667	0.0708	0.0664	49.32
PL ($W_rW_c\ HBC$)	0.0067	0.0081	0.0104	0.0092	0.0088	0.0078	0.0066	0.0056	0.0063	0.0055	0.0075	5.56
PL ($W_rW_c\ HBR$)	0.0011	0.0010	0.0010	0.0007	0.0013	0.0011	0.0013	0.0012	0.0014	0.0013	0.0011	0.85
PL ($W_rW_c\ HDC$)	0.0165	0.0171	0.0176	0.0161	0.0174	0.0176	0.0158	0.0151	0.0203	0.0244	0.0178	13.20
PL ($W_rW_c\ HDR$)	0.0154	0.0157	0.0172	0.0189	0.0201	0.0187	0.0178	0.0170	0.0181	0.0217	0.0181	13.41
PL ($W_rW_c\ HZC$)	0.0011	0.0010	0.0010	0.0010	0.0003	0.0013	0.0012	0.0007	0.0003	0.0004	0.0008	0.61
PL ($W_rW_c\ HZR$)	0.0069	0.0074	0.0051	0.0068	0.0066	0.0055	0.0048	0.0041	0.0038	0.0039	0.0055	4.07
PL ($W_rW_c\ HNC$)	0.0022	0.0021	0.0013	0.0013	0.0015	0.0013	0.0007	0.0010	0.0010	0.0010	0.0013	0.99
PL ($W_rW_c\ HNR$)	0.0036	0.0037	0.0037	0.0047	0.0049	0.0045	0.0059	0.0061	0.0071	0.0056	0.0050	3.69

第三章 基本公共文化服务均等化战略的实施效果评估

续表

年份 指标	2005	2006	2007	2008	2009	2010	2011	2012	2013	2014	均值	贡献率（%）
$PL(W_rW_c\ XNC)$	0.0023	0.0020	0.0012	0.0013	0.0012	0.0016	0.0020	0.0016	0.0017	0.0018	0.0017	1.24
$PL(W_rW_c\ XNR)$	0.0039	0.0032	0.0028	0.0028	0.0030	0.0019	0.0025	0.0014	0.0009	0.0009	0.0023	1.73
$PL(W_rW_c\ XBC)$	0.0016	0.0016	0.0016	0.0017	0.0017	0.0012	0.0012	0.0010	0.0011	0.0009	0.0014	1.02
$PL(W_rW_c\ XBR)$	0.0012	0.0009	0.0014	0.0007	0.0008	0.0012	0.0013	0.0010	0.0011	0.0010	0.0011	0.79
$PL(W_rW_c\ DBC)$	0.0002	0.0008	0.0005	0.0007	0.0003	0.0015	0.0014	0.0014	0.0018	0.0009	0.0010	0.71
$PL(W_rW_c\ DBR)$	0.0016	0.0014	0.0021	0.0022	0.0030	0.0020	0.0019	0.0018	0.0019	0.0017	0.0020	1.45

注：在表3-2到表3-4中，$PL(L)$ 代表公共图书馆总体均等化水平，$PL(Br)$ 代表公共图书馆区域之间均等化水平，$PL(Bc)$ 代表公共图书馆城乡之间均等化水平，$PL(W_rW_c)$ 代表公共图书馆区域内部城乡之间均等化水平，$PL(W_cBr)$ 代表公共图书馆城乡内部区域之间均等化水平，$PL(W_cBr)$、$PL(W_rW_c)$ 和 $PL(I_{rc})$ 的各项构成指标之中，字母 HB、HD、HZ、HN、XN、XB 和 DB 分别代表的是华北地区、华东地区、华中地区、华南地区、西北地区和东北地区，字母 C 和 R 分别代表的是城市地区和农村地区。

析可知，代表区域之间均等化水平指标 $PL(Br)$ 在总体不均等各项构成指标中增长最快。

从区域内部城乡之间均等化水平指标 $PL(WrBc)$ 的构成来看，华东地区城乡之间均等化指标 $PL(WrBcHD)$ 均值、华北地区城乡之间均等化指标 $PL(WrBcHB)$ 均值和东北地区城乡之间均等化指标 $PL(WrBcDB)$ 均值占总体不均等水平指标 $PL(L)$ 均值的比重分别为 6.89%、6.40% 和 3.86%，在 $PL(WrBc)$ 各项构成指标中对总体不均等水平的贡献率最大。从增长率方面来看，华北地区城乡之间均等化指标 $PL(WrBcHB)$、西南地区城乡之间均等化指标 $PL(WrBcXN)$、西北地区城乡之间均等化指标 $PL(WrBcXB)$ 分别从 2005 年的 0.0076、0.0029 和 0.0023 增长到 2014 年的 0.0107、0.0035 和 0.0026，增长率分别为 40.79%、20.69% 和 13.04%，在 $PL(WrBc)$ 各项构成指标中增长率最快。

从区域内部城乡内部均等化水平指标 $PL(WrWc)$ 的构成来看，华东地区农村内部均等化指标 $PL(WrWc\ HDR)$、华东地区城市内部均等化指标 $PL(WrWc\ HDC)$ 和华北地区城市内部均等化指标 $PL(WrWc\ HBC)$ 在 $PL(WrWc)$ 各项构成指标中对总体不均等水平的贡献率最大，上述指标均值分别占总体不均等水平 $PL(L)$ 均值的 13.41%、13.20% 和 5.56%。从增长率方面来看，华南地区农村内部均等化指标 $PL(WrWc\ HNR)$、华东地区城市内部均等化指标 $PL(WrWc\ HDC)$、华东地区农村内部均等化指标 $PL(WrWc\ HDR)$、华北地区农村内部均等化指标 $PL(WrWc\ HBR)$、东北地区城市内部均等化指标 $PL(WrWc\ DBC)$ 和东北地区农村内部均等化指标 $PL(WrWc\ DBR)$ 处于上升趋势；而华北地区城市内部均等化指标 $PL(WrWc\ HBC)$、华中地区城市内部均等化指标 $PL(WrWc\ HZC)$、华中地区农村内部均等化指标 $PL(WrWc\ HZR)$、华南地区城市内部均等化指标 $PL(WrWc\ HNC)$、西南地区城市内部均等化指标 $PL(WrWc\ XNC)$、西南地区农村内部均等化指标 $PL(WrWc\ XNR)$、西北地区城市内部均等化指标 $PL(WrWc\ XBC)$ 和西北地区农村内部均等化指标 $PL(WrWc\ XBR)$ 则处于下降趋势。

表 3-3 通过城乡维度优先双变量泰尔指数层级分解得到了 2005—2014 年公共图书馆均等化水平。从测算结果来看，采用城乡维度优先双

表 3-3 通过城乡维度优先双变量层级分解得到公共图书馆均等化水平

指标\年份	2005	2006	2007	2008	2009	2010	2011	2012	2013	2014	均值	贡献率（%）
$PL(L)$	0.1213	0.1272	0.1258	0.1328	0.1369	0.1332	0.1352	0.1290	0.1465	0.1593	0.1347	100.00
$PL(Bc)$	0.0276	0.0282	0.0266	0.0287	0.0285	0.0301	0.0311	0.0301	0.0302	0.0292	0.0290	21.55
$PL(WcBr)$	0.0292	0.0331	0.0322	0.0359	0.0375	0.0360	0.0398	0.0398	0.0495	0.0593	0.0392	29.13
$PL(WcBrC)$	0.0108	0.0130	0.0100	0.0113	0.0113	0.0097	0.0116	0.0100	0.0167	0.0181	0.0122	9.08
$PL(WcBrR)$	0.0184	0.0201	0.0223	0.0246	0.0262	0.0263	0.0283	0.0298	0.0329	0.0412	0.0270	20.05
$PL(WrWc)$	0.0645	0.0660	0.0669	0.0681	0.0708	0.0671	0.0643	0.0592	0.0667	0.0708	0.0664	49.32
$PL(WrWc\ HBC)$	0.0067	0.0081	0.0104	0.0092	0.0088	0.0078	0.0066	0.0056	0.0063	0.0055	0.0075	5.56
$PL(WrWc\ HBR)$	0.0011	0.0010	0.0010	0.0007	0.0013	0.0011	0.0013	0.0012	0.0014	0.0013	0.0011	0.85
$PL(WrWc\ HDC)$	0.0165	0.0171	0.0176	0.0161	0.0174	0.0176	0.0158	0.0151	0.0203	0.0244	0.0178	13.20
$PL(WrWc\ HDR)$	0.0154	0.0157	0.0172	0.0189	0.0201	0.0187	0.0178	0.0170	0.0181	0.0217	0.0181	13.41
$PL(WrWc\ HZC)$	0.0011	0.0010	0.0010	0.0010	0.0003	0.0013	0.0012	0.0007	0.0003	0.0004	0.0008	0.61

续表

年份 指标	2005	2006	2007	2008	2009	2010	2011	2012	2013	2014	均值	贡献率（%）
$PL(W_TW_C\ HZR)$	0.0069	0.0074	0.0051	0.0068	0.0066	0.0055	0.0048	0.0041	0.0038	0.0039	0.0055	4.07
$PL(W_TW_C\ HNC)$	0.0022	0.0021	0.0013	0.0013	0.0015	0.0013	0.0007	0.0010	0.0010	0.0010	0.0013	0.99
$PL(W_TW_C\ HNR)$	0.0036	0.0037	0.0037	0.0047	0.0049	0.0045	0.0059	0.0061	0.0071	0.0056	0.0050	3.69
$PL(W_TW_C\ XNC)$	0.0023	0.0020	0.0012	0.0013	0.0012	0.0016	0.0020	0.0016	0.0017	0.0018	0.0017	1.24
$PL(W_TW_C\ XNR)$	0.0039	0.0032	0.0028	0.0028	0.0030	0.0019	0.0025	0.0014	0.0009	0.0009	0.0023	1.73
$PL(W_TW_C\ XBC)$	0.0016	0.0016	0.0016	0.0017	0.0017	0.0012	0.0012	0.0010	0.0011	0.0009	0.0014	1.02
$PL(W_TW_C\ XBR)$	0.0012	0.0009	0.0014	0.0007	0.0008	0.0012	0.0013	0.0010	0.0011	0.0010	0.0011	0.79
$PL(W_TW_C\ DBC)$	0.0002	0.0008	0.0005	0.0007	0.0003	0.0015	0.0014	0.0014	0.0018	0.0009	0.0010	0.71
$PL(W_TW_C\ DBR)$	0.0016	0.0014	0.0021	0.0022	0.0030	0.0020	0.0019	0.0018	0.0019	0.0017	0.0020	1.45

注：各指标含义如表 3-2 所示。

变量层级分解测算得到公共图书馆均等化水平指标 $PL(L)$，与采用区域维度优先双变量层级分解得到的计量结果是一致的，证明采用双变量泰尔指数测算公共图书馆均等化水平能够很好地解决不均等测量过程的组群一致性问题、可分解性问题和传导敏感性问题。

从总体不均等构成情况来看，指标 $PL(Bc)$、$PL(WcBr)$ 和 $PL(WrWc)$ 均值占总体不均等指标 $PL(L)$ 均值比重为 21.55%、29.13% 和 49.32%，表明指标 $PL(WrWc)$ 是指标 $PL(L)$ 最主要的组成部分。从各项指标情况来看：指标 $PL(Bc)$ 从 2005 年的 0.0276 逐渐上升到 2014 年的 0.0292，上升幅度为 5.80%，表明城乡之间均等化水平处于逐年下降的趋势；指标 $PL(WcBr)$ 从 2005 年的 0.0292 逐渐上升到 2014 年的 0.0593，上升幅度为 103.08%，表明城乡内部区域之间均等化水平处于逐年下降的趋势；指标 $PL(WrWc)$ 的增长趋势与表 3-2 得到的结果是一致的。从上述分指标分析可知，$PL(WcBr)$ 在总体不均等各项构成指标中增长最快。

从城乡内部区域之间均等化水平指标 $PL(WcBr)$ 的构成来看，指标 $PL(WcBrC)$ 均值占总体不均等指标 $PL(L)$ 均值的比重为 9.08%，指标 $PL(WcBrR)$ 均值占总体不均等指标 $PL(L)$ 均值的比重为 20.05%。具体而言，指标 $PL(WcBrC)$ 从 2005 年的 0.0108 逐渐上升到 2014 年的 0.0181，上升幅度为 67.59%，表明城市内部区域之间均等化水平处于下降趋势；指标 $PL(WcBrR)$ 从 2005 年的 0.0184 逐渐上升到 2014 年的 0.0412，上升幅度为 123.91%，表明农村内部区域之间均等化水平也处于下降趋势。上述分析可知，无论是从指标 $PL(WcBr)$ 的具体构成来看，还是从指标 $PL(WcBr)$ 各项构成指标的增长速度来看，农村内部区域之间的不均等依然是城乡内部区域之间不均等的主要构成部分。指标 $PL(WrWc)$ 的各项分项指标情况与表 3-2 得到的结果是一致的。

表 3-4 通过同时考虑城乡和区域维度双变量非层级分解得到了 2005—2014 年公共图书馆均等化水平。从测算结果来看，采用同时考虑城乡和区域维度双变量非层级分解测算得到公共图书馆均等化水平指标 $PL(L)$，与采用区域维度优先双变量泰尔指数层级分解、城乡维度优先

表 3-4 通过同时考虑城乡和区域维度双变量非层级分解得到的公共图书馆均等化水平

年份 指标	2005	2006	2007	2008	2009	2010	2011	2012	2013	2014	均值	贡献率（%）
$PL(L)$	0.1213	0.1272	0.1258	0.1328	0.1369	0.1332	0.1352	0.1290	0.1465	0.1593	0.1347	100.00
$PL(Br)$	0.0224	0.0273	0.0249	0.0273	0.0276	0.0271	0.0309	0.0305	0.0407	0.0488	0.0308	22.84
$PL(Bc)$	0.0276	0.0282	0.0266	0.0287	0.0285	0.0301	0.0311	0.0301	0.0302	0.0292	0.0290	21.55
$PL(WrWc)$	0.0645	0.0660	0.0669	0.0681	0.0708	0.0671	0.0643	0.0592	0.0667	0.0708	0.0664	49.32
$PL(Irc)$	0.0068	0.0058	0.0074	0.0086	0.0098	0.0089	0.0090	0.0092	0.0088	0.0105	0.0085	6.29
$PL(IrcHB)$	0.0045	0.0040	0.0041	0.0054	0.0054	0.0054	0.0046	0.0057	0.0070	0.0074	0.0053	3.97
$PL(IrcHD)$	0.0009	0.0008	0.0006	0.0008	0.0007	0.0005	0.0006	0.0007	0.0005	0.0006	0.0007	0.50
$PL(IrcHZ)$	-0.0006	-0.0007	-0.0005	-0.0009	-0.0001	0.0001	-0.0006	-0.0004	-0.0009	-0.0001	-0.0005	-0.35
$PL(IrcHN)$	0.0004	0.0006	0.0006	0.0005	0.0005	0.0007	0.0008	0.0003	0.0005	0.0002	0.0005	0.38
$PL(IrcXN)$	-0.0013	-0.0015	-0.0004	-0.0008	-0.0007	-0.0009	0.0004	-0.0002	-0.0008	-0.0007	-0.0007	-0.51

第三章 基本公共文化服务均等化战略的实施效果评估

续表

年份 指标	2005	2006	2007	2008	2009	2010	2011	2012	2013	2014	均值	贡献率（%）
PL($Irc XB$)	0.0004	0.0005	0.0007	0.0006	0.0006	0.0006	0.0006	0.0008	-0.0001	0.0007	0.0005	0.40
PL($Irc DB$)	0.0025	0.0021	0.0021	0.0029	0.0035	0.0026	0.0025	0.0023	0.0026	0.0025	0.0026	1.90
PL($Irc C$)	0.0069	0.0070	0.0052	0.0062	0.0059	0.0044	0.0048	0.0036	0.0058	0.0035	0.0053	3.96
PL($Irc R$)	-0.0001	-0.0013	0.0022	0.0024	0.0039	0.0045	0.0042	0.0057	0.0030	0.0069	0.0031	2.33
PL($Irc HBC$)	-0.0063	-0.0060	-0.0061	-0.0066	-0.0074	-0.0065	-0.0062	-0.0066	-0.0069	-0.0073	-0.0066	-4.90
PL($Irc HBR$)	0.0107	0.0100	0.0102	0.0120	0.0128	0.0119	0.0108	0.0124	0.0139	0.0147	0.0119	8.86
PL($Irc HDC$)	0.0061	0.0081	0.0066	0.0064	0.0068	0.0076	0.0091	0.0099	0.0068	0.0079	0.0075	5.60
PL($Irc HDR$)	-0.0053	-0.0073	-0.0060	-0.0056	-0.0061	-0.0072	-0.0085	-0.0092	-0.0063	-0.0073	-0.0069	-5.10
PL($Irc HZC$)	0.0024	0.0014	0.0007	0.0021	0.0011	-0.0011	0.0018	-0.0003	0.0012	-0.0003	0.0009	0.67

续表

年份 指标	2005	2006	2007	2008	2009	2010	2011	2012	2013	2014	均值	贡献率（%）
PL(Irc HZR)	-0.0030	-0.0020	-0.0012	-0.0030	-0.0012	0.0012	-0.0025	-0.0001	-0.0020	0.0001	-0.0014	-1.02
PL(Irc HNC)	0.0030	0.0024	0.0041	0.0036	0.0036	0.0047	0.0027	0.0028	0.0034	0.0035	0.0034	2.51
PL(Irc HNR)	-0.0026	-0.0018	-0.0035	-0.0031	-0.0032	-0.0040	-0.0019	-0.0025	-0.0029	-0.0033	-0.0029	-2.13
PL(Irc XNC)	-0.0040	-0.0035	-0.0052	-0.0050	-0.0050	-0.0050	-0.0065	-0.0057	-0.0043	-0.0042	-0.0048	-3.58
PL(Irc XNR)	0.0027	0.0020	0.0048	0.0042	0.0043	0.0040	0.0069	0.0055	0.0035	0.0035	0.0041	3.07
PL(Irc XBC)	-0.0018	-0.0016	-0.0019	-0.0021	-0.0019	-0.0020	-0.0023	-0.0026	-0.0015	-0.0019	-0.0020	-1.47
PL(Irc XBR)	0.0022	0.0021	0.0026	0.0028	0.0025	0.0026	0.0029	0.0034	0.0014	0.0026	0.0025	1.87
PL(Irc DBC)	0.0074	0.0064	0.0069	0.0077	0.0086	0.0067	0.0063	0.0061	0.0071	0.0059	0.0069	5.12
PL(Irc DBR)	-0.0049	-0.0042	-0.0047	-0.0047	-0.0051	-0.0040	-0.0037	-0.0038	-0.0045	-0.0034	-0.0043	-3.21

注：各指标含义如表3-2所示。

双变量泰尔指数层级分解得到的计量结果是一致的,证明按层级分解的双变量泰尔指数分析和非层级分解的双变量泰尔指数分析的计算原理是一样的,计算过程具有严密的逻辑一致性。

从总体不均等构成情况来看,指标 $PL(Br)$、$PL(Bc)$、$PL(WrWc)$ 和 $PL(Irc)$ 均值占总体不均等指标 $PL(L)$ 均值比重分别为 22.84%、21.55%、49.32% 和 6.29%,表明指标 $PL(WrWc)$ 是指标 $PL(L)$ 最主要的组成部分。从区域城乡内部交互作用的指标 $PL(Irc)$ 的区域构成情况来看,华北地区城乡内部交互作用指标 $PL(IrcHB)$、华东地区城乡内部交互作用指标 $PL(IrcHD)$、华南地区城乡内部交互作用指标 $PL(IrcHN)$、西北地区城乡内部交互作用指标 $PL(IrcXB)$ 和东北地区城乡内部交互作用指标 $PL(IrcDB)$ 均值分别为 0.0053、0.0007、0.0005、0.0005 和 0.0026,均大于 0 的临界值,说明上述地区的城乡与区域的不均等没有受到相互间的重叠影响;华中地区城乡内部交互作用指标 $PL(IrcHZ)$ 和西南地区城乡内部交互作用指标 $PL(IrcXN)$ 均值分别为 -0.0005 和 -0.0007,均小于 0 的临界值,说明上述地区的城乡与区域的不均等受到相互间的重叠影响。

二 群众文化机构均等化水平

表 3-5 通过区域维度优先双变量泰尔指数层级分解得到了 2005—2014 年群众文化机构均等化水平。① 加权平均后的指标 $MC(L)$ 从 2005 年的 0.2013 逐渐下降到 2014 年的 0.1209,下降幅度为 39.94%,表明总体均等化水平整体上处于逐年上升趋势。从总体不均等构成情况来看,指标 $MC(Br)$、$MC(WrBc)$ 和 $MC(WrWc)$ 均值占总体不均等指标 $MC(L)$ 均值比重为 9.17%、43.11% 和 47.72%,表明指标 $MC(WrWc)$ 是指标 $MC(L)$ 最主要的组成部分。从各项指标情况来看:指标 $MC(Br)$ 从 2005 年的 0.0104 逐渐上升到 2014 年的 0.0131,

---

① 数据通过对群众文化机构的群众艺术馆、文化馆、文化站的机构数量、组织文艺活动次数、举办艺术展览数量和举办培训班数量等单项指标进行加权平均得到。

表 3-5　通过区域维度优先双变量层级分解得到群众文化机构均等化水平

年份 指标	2005	2006	2007	2008	2009	2010	2011	2012	2013	2014	均值	贡献率(%)
$MC(L)$	0.2013	0.2197	0.1697	0.1500	0.1341	0.1351	0.1175	0.1140	0.1194	0.1209	0.1482	100.00
$MC(Br)$	0.0104	0.0220	0.0169	0.0119	0.0127	0.0147	0.0108	0.0107	0.0129	0.0131	0.0136	9.17
$MC(WrBc)$	0.0881	0.0807	0.0696	0.0669	0.0595	0.0574	0.0539	0.0526	0.0551	0.0551	0.0639	43.11
$MC(WrBcHB)$	0.0038	0.0031	0.0042	0.0022	0.0029	0.0030	0.0027	0.0025	0.0025	0.0028	0.0030	2.01
$MC(WrBcHD)$	0.0249	0.0187	0.0157	0.0169	0.0152	0.0148	0.0134	0.0134	0.0130	0.0130	0.0159	10.73
$MC(WrBcHZ)$	0.0155	0.0201	0.0149	0.0129	0.0121	0.0142	0.0123	0.0111	0.0115	0.0118	0.0137	9.22
$MC(WrBcHN)$	0.0147	0.0153	0.0133	0.0136	0.0123	0.0111	0.0107	0.0107	0.0121	0.0116	0.0125	8.47
$MC(WrBcXN)$	0.0071	0.0073	0.0049	0.0046	0.0047	0.0044	0.0048	0.0045	0.0051	0.0051	0.0053	3.55
$MC(WrBcXB)$	0.0058	0.0070	0.0046	0.0063	0.0056	0.0060	0.0054	0.0054	0.0059	0.0060	0.0058	3.92
$MC(WrBcDB)$	0.0162	0.0092	0.0119	0.0103	0.0066	0.0039	0.0046	0.0050	0.0049	0.0048	0.0077	5.22

续表

年份 指标	2005	2006	2007	2008	2009	2010	2011	2012	2013	2014	均值	贡献率（%）
$MC(W_rW_c)$	0.1028	0.1170	0.0832	0.0712	0.0619	0.0630	0.0528	0.0508	0.0515	0.0527	0.0707	47.72
$MC(W_rW_c\ HBC)$	0.0113	0.0142	0.0140	0.0098	0.0107	0.0105	0.0084	0.0086	0.0091	0.0085	0.0105	7.09
$MC(W_rW_c\ HBR)$	0.0009	0.0013	0.0003	0.0003	0.0004	0.0001	0.0003	0.0003	0.0002	0.0003	0.0004	0.30
$MC(W_rW_c\ HDC)$	0.0384	0.0382	0.0321	0.0264	0.0187	0.0180	0.0179	0.0179	0.0203	0.0215	0.0249	16.83
$MC(W_rW_c\ HDR)$	0.0121	0.0190	0.0094	0.0086	0.0093	0.0078	0.0062	0.0056	0.0053	0.0047	0.0088	5.95
$MC(W_rW_c\ HZC)$	0.0064	0.0018	0.0005	0.0012	0.0006	0.0010	0.0013	0.0013	0.0012	0.0010	0.0016	1.10
$MC(W_rW_c\ HZR)$	0.0034	0.0050	0.0011	0.0011	0.0016	0.0019	0.0010	0.0009	0.0009	0.0010	0.0018	1.20
$MC(W_rW_c\ HNC)$	0.0048	0.0053	0.0065	0.0066	0.0059	0.0053	0.0046	0.0043	0.0042	0.0038	0.0051	3.46
$MC(W_rW_c\ HNR)$	0.0019	0.0025	0.0024	0.0013	0.0018	0.0013	0.0015	0.0008	0.0009	0.0020	0.0016	1.10

续表

年份 指标	2005	2006	2007	2008	2009	2010	2011	2012	2013	2014	均值	贡献率(%)
$MC(W_rW_c XNC)$	0.0050	0.0065	0.0060	0.0052	0.0050	0.0058	0.0047	0.0043	0.0041	0.0040	0.0051	3.42
$MC(W_rW_c XNR)$	0.0048	0.0062	0.0027	0.0033	0.0026	0.0028	0.0017	0.0023	0.0012	0.0012	0.0029	1.94
$MC(W_rW_c XBC)$	0.0027	0.0010	0.0008	0.0004	0.0006	0.0003	0.0006	0.0007	0.0007	0.0009	0.0009	0.59
$MC(W_rW_c XBR)$	0.0011	0.0030	0.0011	0.0013	0.0010	0.0013	0.0012	0.0012	0.0012	0.0013	0.0014	0.93
$MC(W_rW_c DBC)$	0.0083	0.0114	0.0049	0.0042	0.0032	0.0058	0.0027	0.0020	0.0014	0.0020	0.0046	3.11
$MC(W_rW_c DBR)$	0.0018	0.0016	0.0014	0.0014	0.0005	0.0010	0.0008	0.0007	0.0005	0.0004	0.0010	0.69

注：在表3-5到表3-7中，$MC(L)$、$MC(W_rB_c)$、$MC(W_cB_r)$、$MC(I_{rc})$ 代表群众文化机构总体均等化水平、$MC(B_r)$ 代表群众文化机构区域之间均等化水平、$MC(W_cB_r)$ 代表群众文化机构区域内部城乡之间均等化水平、$MC(I_{rc})$ 代表群众文化机构区域城乡内部的交互作用。在 $MC(W_rB_c)$、$MC(W_cB_r)$、$MC(W_rW_c)$ 和 $MC(I_{rc})$ 的各项构成指标之中，字母 HB、HD、HN、XN、XB 和 DB 分别代表的是华北地区、华东地区、华中地区、华南地区、西南地区、西北地区和东北地区，字母 C 和 R 分别代表的是城市地区和农村地区。

上升幅度为 25.96%，表明区域之间均等化水平处于逐年下降的趋势；指标 $MC(WrBc)$ 从 2005 年的 0.0881 逐渐下降到 2014 年的 0.0551，下降幅度为 37.46%，表明区域内部城乡之间均等化水平处于逐年上升的趋势；指标 $MC(WrWc)$ 从 2005 年的 0.1028 逐渐下降到 2014 年的 0.0527，下降幅度为 48.74%，表明区域内部城乡内部均等化水平呈现逐年上升的趋势。从上述分指标分析可知，指标 $MC(WrWc)$ 对总体不均等的改善作用最大。

从区域内部城乡之间均等化水平指标 $MC(WrBc)$ 的构成来看，华东地区城乡之间均等化指标 $MC(WrBcHD)$ 均值、华中地区城乡之间均等化指标 $MC(WrBcHZ)$ 均值和华南地区城乡之间均等化指标 $MC(WrBcHN)$ 均值占总体不均等水平指标 $MC(L)$ 均值的比重分别为 10.73%、9.22% 和 8.47%，在 $MC(WrBc)$ 各分项指标中对总体不均等水平的贡献率最大。从增长率方面来看，东北地区城乡之间均等化指标 $MC(WrBcDB)$、华东地区城乡之间均等化指标 $MC(WrBcHD)$、西南地区城乡之间均等化指标 $MC(WrBcXN)$ 分别从 2005 年的 0.0162、0.0249 和 0.0071 下降到 2014 年的 0.0048、0.0130 和 0.0051，下降幅度分别为 70.37%、47.79% 和 28.17%，在 $MC(WrBc)$ 各项构成指标中降幅最大。值得一提的是，$MC(WrBc)$ 各项构成指标仅有西北地区城乡之间均等化指标 $MC(WrBcXB)$ 出现上升趋势，其余各项构成指标均呈现出下降趋势。从区域内部城乡内部均等化水平指标 $MC(WrWc)$ 的构成来看，华东地区城市内部均等化指标 $MC(WrWc\ HDC)$、华北地区城市内部均等化指标 $MC(WrWc\ HBC)$ 和华东地区农村内部均等化指标 $MC(WrWc\ HDR)$ 在 $MC(WrWc)$ 各项构成指标中对总体不均等水平贡献率最大，占总体不均等水平的 16.83%、7.09% 和 5.95%。从增长率来看，华南地区农村内部均等化指标 $MC(WrWc\ HNR)$、西北地区农村内部均等化指标 $MC(WrWc\ XBR)$ 分别从 2005 年的 0.0019 和 0.0011 上升到 2014 年的 0.0020 和 0.0013，上升幅度分别为 5.26% 和 18.19%，在 $MC(WrWc)$ 各项构成指标处于上升趋势；华中地区城市内部均等化指标 $MC(WrWc\ HZC)$、西南地区农村内部均等化指标 $MC(WrWc\ XNR)$、东北地区城市内部均等化指标 $MC(WrWc\ DBC)$、东北地区农村内部均等化指标 $MC(WrWc\ DBR)$、华中地区农村内部均等化指标 $MC(WrWc\ HZR)$ 分别从 2005 年 0.0064、0.0048、0.0083、0.0018、0.0034 下降到 2014 年 0.0010、0.0012、0.0020、0.0004、0.0010，下降幅度为 84.38%、75.00%、75.90%、77.78% 和 70.59%，在 $MC(WrWc)$ 各项指标下降幅度最大。

表 3-6 通过城乡维度优先双变量泰尔指数层级分解得到了 2005—2014 年群众文化机构均等化水平。从测算结果来看，采用城乡维度优先双变量层级分解测算得到群众文化机构均等化水平指标 $MC(L)$，与采用区域维度优先双变量层级分解得到的计量结果是一致的，证明采用双变量泰尔指数测算群众文化机构均等化水平能够很好地解决不均等测量过程的组群一致性问题、可分解性问题和传导敏感性问题。

从总体不均等构成情况来看，指标 $MC(Bc)$、$MC(WcBr)$ 和 $MC(WrWc)$ 均值占总体不均等指标 $MC(L)$ 均值比重为 33.91%、18.37% 和 47.72%，表明指标 $MC(WrWc)$ 是指标 $MC(L)$ 最主要的组成部分。从各项指标情况来看：指标 $MC(Bc)$ 从 2005 年的 0.0696 逐渐下降到 2014 年的 0.0459，下降幅度为 34.05%，表明城乡之间均等化水平处于逐年上升的趋势；指标 $MC(WcBr)$ 从 2005 年的 0.0288 逐渐下降到 2014 年的 0.0223，下降幅度为 22.57%，表明城乡内部区域之间均等化水平处于逐年上升的趋势；指标 $MC(WrWc)$ 的增长趋势与表 3-5 得到的结果是一致的。从上述分指标分析可知，代表城乡内部区域内部均等化水平指标 $MC(WcWr)$ 在总体不均等各项构成指标中对其改善作用最大。

从城乡内部区域之间均等化水平指标 $MC(WcBr)$ 的构成来看，指标 $MC(WcBrC)$ 均值占总体不均等 $MC(L)$ 均值的比重为 13.97%，指标 $MC(WcBrR)$ 均值占总体不均等 $MC(L)$ 均值的比重为 4.40%。具体而言，指标 $MC(WcBrC)$ 从 2005 年的 0.0214 逐渐下降到 2014 年的 0.0161，下降幅度为 24.77%，表明城市内部区域之间均等化水平处于逐渐上升趋势；指标 $MC(WcBrR)$ 从 2005 年的 0.0074 逐渐下降到 2014 年的 0.0062，下降幅度为 16.22%，表明农村内部区域之间均等化水平也处于逐渐上升趋势。上述分析可知，从指标 $MC(WcBr)$ 的具体构成来看，城市内部区域之间的不均等依然是城乡内部区域之间不均等的主要构成部分，但近年来对其不均等的改善作用反倒是最大的。

表3-6 通过城乡维度优先双变量层级分解得到群众文化机构均等化水平

年份 指标	2005	2006	2007	2008	2009	2010	2011	2012	2013	2014	均值	贡献率(%)
$MC(L)$	0.2013	0.2197	0.1697	0.1500	0.1341	0.1351	0.1175	0.1140	0.1194	0.1209	0.1482	100.00
$MC(Bc)$	0.0696	0.0571	0.0499	0.0531	0.0490	0.0444	0.0451	0.0432	0.0452	0.0459	0.0502	33.91
$MC(WcBr)$	0.0288	0.0456	0.0366	0.0257	0.0232	0.0276	0.0196	0.0200	0.0228	0.0223	0.0272	18.37
$MC(WcBrC)$	0.0214	0.0350	0.0306	0.0190	0.0168	0.0222	0.0142	0.0150	0.0167	0.0161	0.0207	13.97
$MC(WcBrR)$	0.0074	0.0106	0.0060	0.0067	0.0064	0.0055	0.0054	0.0051	0.0060	0.0062	0.0065	4.40
$MC(WrWc)$	0.1028	0.1170	0.0832	0.0712	0.0619	0.0630	0.0528	0.0508	0.0515	0.0527	0.0707	47.72
$MC(WrWc\ HBC)$	0.0113	0.0142	0.0140	0.0098	0.0107	0.0105	0.0084	0.0086	0.0091	0.0085	0.0105	7.09
$MC(WrWc\ HBR)$	0.0009	0.0013	0.0003	0.0003	0.0004	0.0001	0.0003	0.0003	0.0002	0.0003	0.0004	0.30
$MC(WrWc\ HDC)$	0.0384	0.0382	0.0321	0.0264	0.0187	0.0180	0.0179	0.0179	0.0203	0.0215	0.0249	16.83
$MC(WrWc\ HDR)$	0.0121	0.0190	0.0094	0.0086	0.0093	0.0078	0.0062	0.0056	0.0053	0.0047	0.0088	5.95

续表

年份 指标	2005	2006	2007	2008	2009	2010	2011	2012	2013	2014	均值	贡献率（%）
$MC(WrWc\ HZC)$	0.0064	0.0018	0.0005	0.0012	0.0006	0.0010	0.0013	0.0013	0.0012	0.0010	0.0016	1.10
$MC(WrWc\ HZR)$	0.0034	0.0050	0.0011	0.0011	0.0016	0.0019	0.0010	0.0009	0.0009	0.0010	0.0018	1.20
$MC(WrWc\ HNC)$	0.0048	0.0053	0.0065	0.0066	0.0059	0.0053	0.0046	0.0043	0.0042	0.0038	0.0051	3.46
$MC(WrWc\ HNR)$	0.0019	0.0025	0.0024	0.0013	0.0018	0.0013	0.0015	0.0008	0.0009	0.0020	0.0016	1.10
$MC(WrWc\ XNC)$	0.0050	0.0065	0.0060	0.0052	0.0050	0.0058	0.0047	0.0043	0.0041	0.0040	0.0051	3.42
$MC(WrWc\ XNR)$	0.0048	0.0062	0.0027	0.0033	0.0026	0.0028	0.0017	0.0023	0.0012	0.0012	0.0029	1.94
$MC(WrWc\ XBC)$	0.0027	0.0010	0.0008	0.0004	0.0006	0.0003	0.0006	0.0007	0.0007	0.0009	0.0009	0.59
$MC(WrWc\ XBR)$	0.0011	0.0030	0.0011	0.0013	0.0010	0.0013	0.0012	0.0012	0.0012	0.0013	0.0014	0.93
$MC(WrWc\ DBC)$	0.0083	0.0114	0.0049	0.0042	0.0032	0.0058	0.0027	0.0020	0.0014	0.0020	0.0046	3.11

续表

年份 指标	2005	2006	2007	2008	2009	2010	2011	2012	2013	2014	均值	贡献率(%)
MC ($W_r W_c\ DBR$)	0.0018	0.0016	0.0014	0.0014	0.0005	0.0010	0.0008	0.0007	0.0005	0.0004	0.0010	0.69

注：各指标含义如表3-5所示。

表 3-7 通过同时考虑城乡和区域维度双变量非层级分解得到了 2005—2014 年群众文化机构均等化水平。

从总体不均等构成情况来看，指标 $MC(Br)$、$MC(Bc)$、$MC(WrWc)$ 和 $MC(Irc)$ 均值占总体不均等指标 $MC(L)$ 均值比重分别为 9.17%、33.91%、47.72% 和 9.20%，表明指标 $MC(WrWc)$ 是指标 $MC(L)$ 最主要的组成部分。值得注意的是，代表区域城乡内部交互作用指标 $MC(Irc)$ 均值为 0.0136，说明城乡与区域的不均等没有受到相互间的重叠影响。从区域城乡内部交互作用的指标 $MC(Irc)$ 的区域构成情况来看，华中地区城乡内部交互作用指标 $MC(IrcHZ)$、华南地区城乡内部交互作用指标 $MC(IrcHN)$、西南地区城乡内部交互作用指标 $MC(IrcXN)$ 和西北地区城乡内部交互作用指标 $MC(IrcXB)$ 均值分别为 0.0095、0.0042、0.0017 和 0.0059，均大于 0 的临界值，说明上述地区的城乡与区域的不均等受到相互间的重叠影响；华北地区城乡内部交互作用指标 $MC(IrcHB)$、华东地区城乡内部交互作用指标 $MC(IrcHD)$、东北地区城乡内部交互作用指标 $MC(IrcDB)$ 均值分别为 -0.0016、-0.0042 和 -0.0018，均小于 0 的临界值，说明上述地区的城乡与区域的不均等受到相互间的重叠影响。

三 公益艺术表演团体均等化水平

表 3-8 通过区域维度优先双变量泰尔指数层级分解得到了 2005—2014 年公益艺术表演团体均等化水平。① 加权平均后的指标 $PA(L)$ 从 2005 年的 0.1449 上升到 2014 年的 0.1956，升幅为 35%，表明总体均等化水平整体上处于稳步下降趋势。从总体不均等构成情况来看，指标 $PA(Br)$、$PA(WrBc)$ 和 $PA(WrWc)$ 均值占总体不均等指标 $PA(L)$ 均值比重分别为 23.00%、30.63% 和 46.37%，表明指标 $PA(WrWc)$ 是指标 $PA(L)$ 最主要的组成部分。从各项指标情况来看，指标 $PA(Br)$ 从

---

① 数据通过对公益艺术表演团体的公益文艺剧团的机构数量、专业演出人员数量、演出场次和观众数量等单项指标进行加权平均得到。

表 3-7 通过同时考虑城乡和区域维度双变量非层级分解得到的群众文化机构均等化水平

年份 指标	2005	2006	2007	2008	2009	2010	2011	2012	2013	2014	均值	贡献率（%）
$MC(L)$	0.2013	0.2197	0.1697	0.1500	0.1341	0.1351	0.1175	0.1140	0.1194	0.1209	0.1482	100.00
$MC(Br)$	0.0104	0.0220	0.0169	0.0119	0.0127	0.0147	0.0108	0.0107	0.0129	0.0131	0.0136	9.17
$MC(Bc)$	0.0696	0.0571	0.0499	0.0531	0.0490	0.0444	0.0451	0.0432	0.0452	0.0459	0.0502	33.91
$MC(WrWc)$	0.1028	0.1170	0.0832	0.0712	0.0619	0.0630	0.0528	0.0508	0.0515	0.0527	0.0707	47.72
$MC(Irc)$	0.0184	0.0236	0.0197	0.0138	0.0105	0.0130	0.0088	0.0094	0.0099	0.0093	0.0136	9.20
$MC(IrcHB)$	-0.0028	-0.0021	-0.0004	-0.0027	-0.0016	-0.0011	-0.0014	-0.0014	-0.0015	-0.0013	-0.0016	-1.11
$MC(IrcHD)$	-0.0021	-0.0041	-0.0039	-0.0042	-0.0044	-0.0031	-0.0049	-0.0046	-0.0054	-0.0056	-0.0042	-2.86
$MC(IrcHZ)$	0.0087	0.0152	0.0105	0.0084	0.0082	0.0107	0.0087	0.0080	0.0084	0.0084	0.0095	6.43
$MC(IrcHN)$	0.0040	0.0061	0.0053	0.0050	0.0041	0.0036	0.0030	0.0032	0.0039	0.0035	0.0042	2.81
$MC(IrcXN)$	0.0013	0.0031	0.0011	0.0008	0.0014	0.0015	0.0020	0.0020	0.0022	0.0020	0.0017	1.17

续表

年份 指标	2005	2006	2007	2008	2009	2010	2011	2012	2013	2014	均值	贡献率(%)
$MC(lrcXB)$	0.0056	0.0071	0.0045	0.0062	0.0057	0.0061	0.0056	0.0056	0.0061	0.0061	0.0059	3.95
$MC(lrcDB)$	0.0037	-0.0017	0.0026	0.0003	-0.0028	-0.0047	-0.0042	-0.0034	-0.0038	-0.0038	-0.0018	-1.19
$MC(lrcC)$	0.0160	0.0254	0.0229	0.0139	0.0111	0.0165	0.0093	0.0096	0.0102	0.0096	0.0145	9.76
$MC(lrcR)$	0.0024	-0.0018	-0.0032	-0.0002	-0.0006	-0.0036	-0.0005	-0.0003	-0.0003	-0.0003	-0.0008	-0.56
$MC(lrcHBC)$	-0.0065	-0.0072	-0.0101	-0.0096	-0.0082	-0.0072	-0.0070	-0.0080	-0.0080	-0.0077	-0.0079	-5.36
$MC(lrcHBR)$	0.0037	0.0051	0.0097	0.0070	0.0066	0.0061	0.0056	0.0066	0.0065	0.0064	0.0063	4.26
$MC(lrcHDC)$	-0.0014	-0.0037	-0.0030	-0.0033	-0.0025	0.0003	-0.0035	-0.0027	-0.0039	-0.0044	-0.0028	-1.90
$MC(lrcHDR)$	-0.0006	-0.0004	-0.0009	-0.0009	-0.0020	-0.0035	-0.0014	-0.0019	-0.0014	-0.0012	-0.0014	-0.97
$MC(lrcHZC)$	0.0030	0.0174	0.0138	0.0091	0.0092	0.0138	0.0102	0.0093	0.0093	0.0096	0.0105	7.06

续表

年份 指标	2005	2006	2007	2008	2009	2010	2011	2012	2013	2014	均值	贡献率（%）
MC $(Irc\ HZR)$	0.0057	-0.0022	-0.0032	-0.0007	-0.0010	-0.0031	-0.0015	-0.0013	-0.0009	-0.0012	-0.0009	-0.63
MC $(Irc\ HNC)$	0.0085	0.0110	0.0105	0.0100	0.0086	0.0081	0.0069	0.0070	0.0085	0.0081	0.0087	5.89
MC $(Irc\ HNR)$	-0.0045	-0.0049	-0.0052	-0.0050	-0.0045	-0.0045	-0.0039	-0.0038	-0.0046	-0.0046	-0.0046	-3.08
MC $(Irc\ XNC)$	-0.0014	0.0009	-0.0008	-0.0030	-0.0021	-0.0015	-0.0012	-0.0012	-0.0007	-0.0011	-0.0012	-0.81
MC $(Irc\ XNR)$	0.0027	0.0022	0.0018	0.0038	0.0034	0.0030	0.0032	0.0032	0.0029	0.0030	0.0029	1.98
MC $(Irc\ XBC)$	0.0043	0.0065	0.0043	0.0060	0.0054	0.0064	0.0054	0.0055	0.0060	0.0060	0.0056	3.76
MC $(Irc\ XBR)$	0.0013	0.0006	0.0003	0.0002	0.0003	-0.0003	0.0003	0.0001	0.0002	0.00001	0.0003	0.19
MC $(Irc\ DBC)$	0.0095	0.0004	0.0082	0.0048	0.0006	-0.0035	-0.0015	-0.0002	-0.0009	-0.0010	0.0017	1.12
MC $(Irc\ DBR)$	-0.0058	-0.0021	-0.0056	-0.0046	-0.0034	-0.0012	-0.0028	-0.0032	-0.0029	-0.0028	-0.0034	-2.32

注：各指标含义如表3-5所示。

表3-8　通过区域维度优先双变量层级分解得到公益艺术表演团体均等化水平

年份 指标	2005	2006	2007	2008	2009	2010	2011	2012	2013	2014	均值	贡献率（%）
PA(L)	0.1449	0.1482	0.1721	0.1850	0.1683	0.1779	0.1934	0.1668	0.1849	0.1956	0.1737	100.00
PA(Br)	0.0311	0.0328	0.0364	0.0386	0.0353	0.0384	0.0471	0.0464	0.0405	0.0530	0.0400	23.00
PA(WrBc)	0.0409	0.0437	0.0483	0.0556	0.0578	0.0585	0.0548	0.0484	0.0645	0.0595	0.0532	30.63
PA(WrBcHB)	0.0071	0.0077	0.0057	0.0062	0.0050	0.0048	0.0039	0.0028	0.0009	0.0007	0.0045	2.58
PA(WrBcHD)	0.0075	0.0050	0.0118	0.0205	0.0246	0.0238	0.0245	0.0224	0.0298	0.0293	0.0199	11.47
PA(WrBcHZ)	0.0041	0.0067	0.0092	0.0071	0.0056	0.0066	0.0054	0.0058	0.0084	0.0097	0.0069	3.95
PA(WrBcHN)	0.0047	0.0050	0.0054	0.0043	0.0044	0.0033	0.0038	0.0058	0.0113	0.0093	0.0057	3.30
PA(WrBcXN)	0.0114	0.0139	0.0103	0.0121	0.0120	0.0126	0.0099	0.0068	0.0089	0.0047	0.0103	5.91
PA(WrBcXB)	0.0046	0.0041	0.0041	0.0037	0.0034	0.0032	0.0031	0.0019	0.0009	0.0013	0.0030	1.75
PA(WrBcDB)	0.0015	0.0013	0.0017	0.0018	0.0028	0.0040	0.0042	0.0027	0.0044	0.0046	0.0029	1.67

续表

年份 指标	2005	2006	2007	2008	2009	2010	2011	2012	2013	2014	均值	贡献率(%)
PA(W_rW_c)	0.0728	0.0717	0.0875	0.0907	0.0752	0.0810	0.0915	0.0720	0.0799	0.0831	0.0805	46.37
PA(W_rW_c HBC)	0.0022	0.0027	0.0037	0.0020	0.0021	0.0018	0.0020	0.0036	0.0051	0.0050	0.0030	1.74
PA(W_rW_c HBR)	0.0039	0.0036	0.0028	0.0019	0.0041	0.0041	0.0033	0.0018	0.0008	0.0009	0.0027	1.56
PA(W_rW_c HDC)	0.0099	0.0109	0.0210	0.0327	0.0179	0.0223	0.0205	0.0148	0.0157	0.0206	0.0186	10.72
PA(W_rW_c HDR)	0.0197	0.0183	0.0214	0.0211	0.0213	0.0242	0.0273	0.0160	0.0151	0.0150	0.0200	11.48
PA(W_rW_c HZC)	0.0018	0.0008	0.0021	0.0006	0.0025	0.0009	0.0025	0.0008	0.0049	0.0038	0.0020	1.18
PA(W_rW_c HZR)	0.0064	0.0044	0.0081	0.0049	0.0056	0.0032	0.0066	0.0051	0.0054	0.0049	0.0054	3.14
PA(W_rW_c HNC)	0.0031	0.0039	0.0010	0.0022	0.0009	0.0010	0.0022	0.0015	0.0012	0.0010	0.0018	1.03
PA(W_rW_c HNR)	0.0014	0.0046	0.0075	0.0026	0.0057	0.0050	0.0052	0.0137	0.0111	0.0122	0.0069	3.97

续表

年份 指标	2005	2006	2007	2008	2009	2010	2011	2012	2013	2014	均值	贡献率(%)
$PA(WrWc\ XNC)$	0.0078	0.0072	0.0040	0.0038	0.0038	0.0052	0.0044	0.0041	0.0087	0.0084	0.0057	3.30
$PA(WrWc\ XNR)$	0.0111	0.0093	0.0113	0.0125	0.0057	0.0071	0.0091	0.0052	0.0025	0.0041	0.0078	4.49
$PA(WrWc\ XBC)$	0.0006	0.0016	0.0013	0.0010	0.0009	0.0010	0.0008	0.0015	0.0008	0.0011	0.0011	0.61
$PA(WrWc\ XBR)$	0.0031	0.0030	0.0023	0.0023	0.0027	0.0025	0.0024	0.0019	0.0015	0.0007	0.0022	1.29
$PA(WrWc\ DBC)$	0.0007	0.0001	0.0005	0.0014	0.0005	0.0004	0.0008	0.0006	0.0011	0.0005	0.0006	0.37
$PA(WrWc\ DBR)$	0.0011	0.0015	0.0007	0.0018	0.0016	0.0023	0.0043	0.0014	0.0062	0.0049	0.0026	1.48

注：在表 3-8 到表 3-10 中，$PA(L)$ 代表公益艺术表演团体总体均等化水平，$PA(Br)$ 代表公益艺术表演团体区域之间均等化水平，$PA(Bc)$ 代表公益艺术表演团体区域内部城乡之间均等化水平，$PA(WrBr)$ 代表公益艺术表演团体区域内部城乡之间均等化水平，$PA(WcBr)$ 代表公益艺术表演团体区域乡内部的交互作用。在 $PA(WrBc)$、$PA(WrWc)$ 和 $PA(Irc)$ 的各项构成指标之中，字母 HB、HD、HZ、HN、XN、XB 和 DB 分别代表的是华北地区、华东地区、华中地区、华南地区、西南地区、西北地区和东北地区，字母 C 和 R 分别代表的是城市地区和农村地区。

2005年的0.0311上升到2014年的0.0530，升幅为70.42%，表明区域之间均等化水平处于稳步下降的趋势；指标 PA（$WrBc$）从2005年的0.0409上升到2014年的0.0595，升幅为45.48%，表明区域内部城乡之间均等化水平处于稳步下降的趋势；指标 PA（$WrWc$）从2005年的0.0728上升到2014年的0.0831，升幅为14.15%，表明区域内部城乡内部均等化水平处于稳步下降的趋势。从上述分指标分析可知，地区之间不均等水平指标 PA（Br）在各项构成指标中对总体不均等作用最大。

从区域内部城乡之间均等化水平指标 PA（$WrBc$）的构成来看，华东地区城乡之间均等化指标 PA（$WrBc\,HD$）均值、西南地区城乡之间均等化指标 PA（$WrBcXN$）均值和华中地区城乡之间均等化指标 PA（$WrBc\,HZ$）均值占总体不均等水平指标 PA（L）均值的比重分别为11.47%、5.91%和3.95%，在 PA（$WrBc$）各分项指标中对总体不均等水平的贡献率最大。从增长率方面来看，华东地区城乡之间均等化指标 PA（$WrBc\,HD$）、东北地区城乡之间均等化指标 PA（$WrBcDB$）、华中地区城乡之间均等化指标 PA（$WrBcHZ$）分别从2005年的0.0075、0.0015和0.0041上升到2014年的0.0293、0.0046和0.0097，上升幅度分别为290.67%、206.67%和136.59%，在 PA（$WrBc$）各项构成指标中上升幅度最大。值得一提的是，华北地区城乡之间均等化指标 PA（$WrBcHB$）、西南地区城乡之间均等化指标 PA（$WrBcXN$）、西北地区城乡之间均等化指标 PA（$WrBcXB$）均出现了不同程度的下降趋势。

从区域内部城乡内部均等化水平指标 PA（$WrWc$）的构成来看，华东地区农村内部均等化指标 PA（$WrWc\ HDR$）、华东地区城市内部均等化指标 PA（$WrWc\ HDC$）和西南地区农村内部均等化指标 PA（$WrWc\ XNR$）在 PA（$WrWc$）各项构成指标中对总体不均等水平的贡献率最大，分别占总体不均等水平11.48%、10.72%和4.49%。从增长率方面来看，华南地区农村内部均等化指标 PA（$WrWc\ HNR$）、东北地区农村内部均等化指标 PA（$WrWc\ DBR$）和华北地区城市内部均等化指标 PA（$WrWc\ HBC$），分别从2005年的0.0014、0.0011和0.0022上升到2014年的0.0122、0.0049和0.005，上升幅度分别为771.43%、345.45%和127.27%，上述指标在 PA（$WrWc$）各项构成指标上升幅度最大；华北地区农村内部均

等化指标 PA（$WrWc\ HBR$）、华南地区城市内部均等化指标 PA（$WrWc\ HNC$）、西南地区农村内部均等化指标 PA（$WrWc\ XNR$）分别从 2005 年的 0.0039、0.0031、0.0111 下降到 2014 年的 0.0009、0.0010、0.0041，下降幅度分别为 76.92%、67.74%、63.06%，上述指标在 PA（$WrWc$）各项构成指标下降幅度最大。

表 3-9 通过城乡维度优先双变量泰尔指数层级分解得到了 2005—2014 年公益艺术表演团体均等化水平。从测算结果来看，采用城乡维度优先双变量层级分解测算得到公益艺术表演团体均等化水平指标 PA（L），与采用区域维度优先双变量层级分解得到的计量结果是一致的。

从总体不均等构成情况来看，指标 PA（Bc）、PA（$WcBr$）和 PA（$WrWc$）均值占总体不均等指标 PA（L）均值比重为 18.66%、34.97% 和 46.37%，表明指标 PA（$WrWc$）是指标 PA（L）最主要的组成部分。从各项指标情况来看：指标 PA（Bc）从 2005 年的 0.0304 逐渐下降到 2014 年的 0.0303，下降幅度为 0.33%，表明城乡之间均等化水平处于上升的趋势；指标 PA（$WcBr$）从 2005 年的 0.0417 逐渐上升到 2014 年的 0.0822，上升幅度为 97.12%，表明城乡内部区域之间均等化水平处于逐年下降的趋势；指标 PA（$WrWc$）的增长趋势与表 3-8 得到的结果是一致的。从上述分指标分析可知，在各项增长指标中，指标 PA（$WcBr$）在总体不均等各项构成指标中增长最快，增长速度高于指标 PA（$WrWc$）。

从城乡内部区域之间均等化水平指标 PA（$WcBr$）的构成来看，指标 PA（$WcBrC$）均值占总体不均等 PA（L）均值的比重为 12.86%，指标 PA（$WcBrR$）均值占总体不均等 PA（L）均值的比重为 22.11%。具体而言，指标 PA（$WcBrC$）从 2005 年的 0.0107 上升到 2014 年的 0.041，升幅为 283.18%，表明城市内部区域之间均等化水平处于稳步下降趋势；指标 PA（$WcBrR$）从 2005 年的 0.031 逐渐上升到 2014 年的 0.0411，升幅为 32.6%，表明农村内部区域之间均等化水平也处于稳步下降趋势。从指标 PA（$WcBr$）的具体构成来看，农村内部区域之间的不均等依然是城乡内部区域之间不均等的主要构成部分；从指标 PA（$WcBr$）各项构成指标的增长速度来看，城市内部区域之间不均等的增长速度最快。区域内部城乡内部均等化水平指标 PA（$WrWc$）的各项分项指标情况与表 3-8 得到的结果是一致的。

表 3-9　通过城乡维度优先双变量层级分解得到公益艺术表演团体均等化水平

年份 指标	2005	2006	2007	2008	2009	2010	2011	2012	2013	2014	均值	贡献率（%）
PA（L）	0.1449	0.1482	0.1721	0.1850	0.1683	0.1779	0.1934	0.1668	0.1849	0.1956	0.1737	100.00
PA（Bc）	0.0304	0.0292	0.0339	0.0347	0.0385	0.0326	0.0356	0.0306	0.0285	0.0303	0.0324	18.66
PA（WcBr）	0.0417	0.0474	0.0508	0.0596	0.0546	0.0642	0.0664	0.0641	0.0765	0.0822	0.0608	34.97
PA（WcBrC）	0.0107	0.0138	0.0139	0.0183	0.0139	0.0211	0.0198	0.0283	0.0425	0.0410	0.0223	12.86
PA（WcBrR）	0.0310	0.0336	0.0369	0.0413	0.0407	0.0431	0.0466	0.0358	0.0340	0.0411	0.0384	22.11
PA（WrWc）	0.0728	0.0717	0.0875	0.0907	0.0752	0.0810	0.0915	0.0720	0.0799	0.0831	0.0805	46.37
PA（WrWc HBC）	0.0022	0.0027	0.0037	0.0020	0.0021	0.0018	0.0020	0.0036	0.0051	0.0050	0.0030	1.74
PA（WrWc HBR）	0.0039	0.0036	0.0028	0.0019	0.0041	0.0041	0.0033	0.0018	0.0008	0.0009	0.0027	1.56
PA（WrWc HDC）	0.0099	0.0109	0.0210	0.0327	0.0179	0.0223	0.0205	0.0148	0.0157	0.0206	0.0186	10.72
PA（WrWc HDR）	0.0197	0.0183	0.0214	0.0211	0.0213	0.0242	0.0273	0.0160	0.0151	0.0150	0.0200	11.48

续表

年份 指标	2005	2006	2007	2008	2009	2010	2011	2012	2013	2014	均值	贡献率（%）
PA $(W_rW_c\ HZC)$	0.0018	0.0008	0.0021	0.0006	0.0025	0.0009	0.0025	0.0008	0.0049	0.0038	0.0020	1.18
PA $(W_rW_c\ HZR)$	0.0064	0.0044	0.0081	0.0049	0.0056	0.0032	0.0066	0.0051	0.0054	0.0049	0.0054	3.14
PA $(W_rW_c\ HNC)$	0.0031	0.0039	0.0010	0.0022	0.0009	0.0010	0.0022	0.0015	0.0012	0.0010	0.0018	1.03
PA $(W_rW_c\ HNR)$	0.0014	0.0046	0.0075	0.0026	0.0057	0.0050	0.0052	0.0137	0.0111	0.0122	0.0069	3.97
PA $(W_rW_c\ XNC)$	0.0078	0.0072	0.0040	0.0038	0.0038	0.0052	0.0044	0.0041	0.0087	0.0084	0.0057	3.30
PA $(W_rW_c\ XNR)$	0.0111	0.0093	0.0113	0.0125	0.0057	0.0071	0.0091	0.0052	0.0025	0.0041	0.0078	4.49
PA $(W_rW_c\ XBC)$	0.0006	0.0016	0.0013	0.0010	0.0009	0.0010	0.0008	0.0015	0.0008	0.0011	0.0011	0.61
PA $(W_rW_c\ XBR)$	0.0031	0.0030	0.0023	0.0023	0.0027	0.0025	0.0024	0.0019	0.0015	0.0007	0.0022	1.29
PA $(W_rW_c\ DBC)$	0.0007	0.0001	0.0005	0.0014	0.0005	0.0004	0.0008	0.0006	0.0011	0.0005	0.0006	0.37

续表

年份 指标	2005	2006	2007	2008	2009	2010	2011	2012	2013	2014	均值	贡献率（%）
PA ($W_rW_c\ DBR$)	0.0011	0.0015	0.0007	0.0018	0.0016	0.0023	0.0043	0.0014	0.0062	0.0049	0.0026	1.48

注：各指标含义如表3-8所示。

表 3-10 通过同时考虑城乡和区域维度双变量非层级分解得到了 2005—2014 年公益艺术表演团体均等化水平。从测算结果来看,采用同时考虑城乡和区域维度双变量非层级分解测算得到公益艺术表演团体均等化水平指标 $PA(L)$,与采用区域维度优先双变量泰尔指数层级分解、城乡维度优先双变量泰尔指数层级分解得到的计量结果是一致的。

从总体不均等构成情况来看,指标 $PA(Br)$、$PA(Bc)$、$PA(WrWc)$ 和 $PA(Irc)$ 均值占总体不均等指标 $PA(L)$ 均值比重分别为 23.00%、18.66%、46.37% 和 11.97%,表明指标 $PA(WrWc)$ 是指标 $PA(L)$ 最主要的组成部分。值得注意的是,代表区域城乡内部交互作用指标 $PA(Irc)$ 均值为 0.0208,说明上述地区的城乡与区域的不均等没有受到相互间的重叠影响。从区域城乡内部交互作用的指标 $PA(Irc)$ 的区域构成情况来看,华北地区城乡内部交互作用指标 $PA(IrcHB)$、华东地区城乡内部交互作用指标 $PA(IrcHD)$、华中地区城乡内部交互作用指标 $PA(IrcHZ)$、华南地区城乡内部交互作用指标 $PA(IrcHN)$、西南地区城乡内部交互作用指标 $PA(IrcXN)$、西北地区城乡内部交互作用指标 $PA(IrcXB)$ 均值均大于 0 的临界值,说明上述地区的城乡与区域的不均等没有受到相互间的重叠影响;东北地区城乡内部交互作用指标 $PA(IrcDB)$ 均值为 -0.0016,小于 0 的临界值,说明上述地区的城乡与区域的不均等受到相互间的重叠影响。

四 公共博物馆均等化水平

表 3-11 通过区域维度优先双变量泰尔指数层级分解得到了 2005—2014 年公共博物馆均等化水平。[①] 加权平均后的指标 $PM(L)$ 从 2005 年的 0.1281 下降到 2014 年的 0.1088,降幅为 15.07%,表明总体均等化水平整体上处于稳步上升趋势。从总体不均等构成情况来看,指标 $PM(Br)$、$PM(WrBc)$ 和 $PM(WrWc)$ 均值占总体不均等指标 $PM(L)$ 均值

---

① 数据通过对公共博物馆的机构数量、文物藏品数量、举办文物展览数量和参观人数等单项指标进行加权平均得到。

表3-10 通过同时考虑城乡和区域维度双变量非层级分解得到的公益艺术表演团体均等化水平

年份 指标	2005	2006	2007	2008	2009	2010	2011	2012	2013	2014	均值	贡献率(%)
PA(L)	0.1449	0.1482	0.1721	0.1850	0.1683	0.1779	0.1934	0.1668	0.1849	0.1956	0.1737	100.00
PA(Br)	0.0311	0.0328	0.0364	0.0386	0.0353	0.0384	0.0471	0.0464	0.0405	0.0530	0.0400	23.00
PA(Bc)	0.0304	0.0292	0.0339	0.0347	0.0385	0.0326	0.0356	0.0306	0.0285	0.0303	0.0324	18.66
PA(WrWc)	0.0728	0.0717	0.0875	0.0907	0.0752	0.0810	0.0915	0.0720	0.0799	0.0831	0.0805	46.37
PA(Irc)	0.0106	0.0146	0.0144	0.0209	0.0193	0.0259	0.0192	0.0178	0.0360	0.0292	0.0208	11.97
PA(IrcHB)	0.0037	0.0043	0.0021	0.0024	0.0011	0.0015	0.0003	-0.0003	-0.0016	-0.0019	0.0012	0.67
PA(IrcHD)	-0.0017	-0.0034	0.0005	0.0099	0.0112	0.0123	0.0121	0.0113	0.0178	0.0165	0.0087	4.98
PA(IrcHZ)	-0.0010	0.0016	0.0045	0.0015	0.0008	0.0027	0.0009	0.0023	0.0066	0.0079	0.0028	1.60
PA(IrcHN)	0.0013	0.0018	0.0010	0.0001	-0.0010	-0.0014	-0.0013	0.0013	0.0059	0.0037	0.0011	0.66
PA(IrcXN)	0.0069	0.0094	0.0062	0.0072	0.0079	0.0093	0.0061	0.0039	0.0073	0.0030	0.0067	3.86

续表

年份 指标	2005	2006	2007	2008	2009	2010	2011	2012	2013	2014	均值	贡献率(%)
PA(lrcXB)	0.0026	0.0020	0.0027	0.0016	0.0021	0.0023	0.0019	0.0011	0.0013	0.0016	0.0019	1.11
PA(lrcDB)	-0.0014	-0.0012	-0.0027	-0.0018	-0.0027	-0.0008	-0.0008	-0.0018	-0.0013	-0.0016	-0.0016	-0.92
PA(lrcR)	-0.0044	-0.0030	-0.0037	0.0032	-0.0017	0.0038	-0.0019	0.0056	0.0187	0.0114	0.0028	1.62
PA(lrcC)	0.0149	0.0175	0.0181	0.0178	0.0211	0.0220	0.0212	0.0122	0.0172	0.0178	0.0180	10.35
PA(lrcHBC)	0.0026	0.0043	-0.0027	0.0012	-0.0036	-0.0024	-0.0039	-0.0058	-0.0058	-0.0059	-0.0022	-1.26
PA(lrcHBR)	0.0011	0.00001	0.0048	0.0012	0.0046	0.0039	0.0042	0.0055	0.0042	0.0040	0.0034	1.93
PA(lrcHDC)	0.0030	0.0020	0.0095	0.0203	0.0229	0.0228	0.0217	0.0229	0.0323	0.0279	0.0185	10.67
PA(lrcHDR)	-0.0047	-0.0054	-0.0090	-0.0105	-0.0117	-0.0105	-0.0096	-0.0116	-0.0145	-0.0114	-0.0099	-5.69
PA(lrcHZC)	0.0062	0.0062	0.0105	0.0060	0.0029	0.0073	0.0037	0.0050	0.0042	0.0055	0.0057	3.30

续表

年份 指标	2005	2006	2007	2008	2009	2010	2011	2012	2013	2014	均值	贡献率(%)
PA ($Irc\ HZR$)	-0.0072	-0.0046	-0.0060	-0.0045	-0.0021	-0.0046	-0.0028	-0.0026	0.0025	0.0024	-0.0030	-1.70
PA ($Irc\ HNC$)	0.0027	0.0042	0.0027	-0.0052	-0.0003	0.00001	-0.0014	0.0045	0.0108	0.0059	0.0024	1.37
PA ($Irc\ HNR$)	-0.0014	-0.0024	-0.0017	0.0054	-0.0007	-0.0014	0.0001	-0.0032	-0.0049	-0.0022	-0.0012	-0.71
PA ($Irc\ XNC$)	-0.0145	-0.0149	-0.0170	-0.0162	-0.0189	-0.0210	-0.0190	-0.0152	-0.0190	-0.0187	-0.0174	-10.03
PA ($Irc\ XNR$)	0.0214	0.0243	0.0232	0.0234	0.0268	0.0303	0.0250	0.0191	0.0262	0.0216	0.0241	13.89
PA ($Irc\ XBC$)	-0.0025	-0.0039	-0.0043	-0.0026	-0.0036	-0.0034	-0.0040	-0.0042	-0.0023	-0.0021	-0.0033	-1.89
PA ($Irc\ XBR$)	0.0051	0.0059	0.0070	0.0042	0.0057	0.0057	0.0059	0.0053	0.0036	0.0037	0.0052	3.00
PA ($Irc\ DBC$)	-0.0018	-0.0009	-0.0025	-0.0004	-0.0011	0.0005	0.0010	-0.0015	-0.0014	-0.0013	-0.0009	-0.54
PA ($Irc\ DBR$)	0.0005	-0.0003	-0.0002	-0.0013	-0.0016	-0.0013	-0.0018	-0.0003	0.0001	-0.0003	-0.0007	-0.38

注：各指标含义如表 3-8 所示。

表3-11 通过区域维度优先双变量层级分解得到公共博物馆均等化水平

年份 指标	2005	2006	2007	2008	2009	2010	2011	2012	2013	2014	均值	贡献率(%)
$PM(L)$	0.1281	0.1213	0.1598	0.1231	0.1135	0.1075	0.0982	0.1050	0.1093	0.1088	0.1175	100.00
$PM(Br)$	0.0236	0.0216	0.0320	0.0250	0.0217	0.0220	0.0208	0.0228	0.0228	0.0221	0.0234	19.95
$PM(WrBc)$	0.0348	0.0333	0.0519	0.0425	0.0415	0.0379	0.0337	0.0321	0.0304	0.0286	0.0367	31.21
$PM(WrBcHB)$	0.0058	0.0060	0.0106	0.0097	0.0092	0.0082	0.0080	0.0083	0.0082	0.0083	0.0082	7.00
$PM(WrBcHD)$	0.0111	0.0071	0.0103	0.0094	0.0093	0.0088	0.0087	0.0085	0.0081	0.0075	0.0089	7.56
$PM(WrBcHZ)$	0.0036	0.0053	0.0071	0.0070	0.0066	0.0058	0.0042	0.0041	0.0048	0.0041	0.0053	4.48
$PM(WrBcHN)$	0.0029	0.0024	0.0036	0.0033	0.0036	0.0031	0.0033	0.0023	0.0025	0.0025	0.0029	2.50
$PM(WrBcXN)$	0.0038	0.0057	0.0099	0.0066	0.0051	0.0062	0.0033	0.0030	0.0017	0.0016	0.0047	3.98
$PM(WrBcXB)$	0.0040	0.0041	0.0041	0.0031	0.0031	0.0027	0.0029	0.0020	0.0017	0.0013	0.0029	2.47
$PM(WrBcDB)$	0.0036	0.0027	0.0063	0.0034	0.0046	0.0032	0.0034	0.0039	0.0033	0.0033	0.0038	3.20

续表

年份 指标	2005	2006	2007	2008	2009	2010	2011	2012	2013	2014	均值	贡献率(%)
$PM(W_rW_c)$	0.0697	0.0664	0.0760	0.0557	0.0503	0.0476	0.0437	0.0502	0.0561	0.0581	0.0574	48.84
$PM(W_rW_c\ HBC)$	0.0059	0.0059	0.0115	0.0079	0.0073	0.0074	0.0066	0.0074	0.0053	0.0050	0.0070	5.97
$PM(W_rW_c\ HBR)$	0.0038	0.0045	0.0033	0.0030	0.0029	0.0027	0.0024	0.0026	0.0023	0.0031	0.0031	2.61
$PM(W_rW_c\ HDC)$	0.0131	0.0143	0.0110	0.0079	0.0103	0.0087	0.0094	0.0109	0.0119	0.0114	0.0109	9.26
$PM(W_rW_c\ HDR)$	0.0113	0.0125	0.0129	0.0113	0.0052	0.0053	0.0045	0.0075	0.0111	0.0087	0.0090	7.69
$PM(W_rW_c\ HZC)$	0.0091	0.0036	0.0012	0.0010	0.0012	0.0011	0.0025	0.0016	0.0014	0.0013	0.0024	2.05
$PM(W_rW_c\ HZR)$	0.0039	0.0029	0.0030	0.0036	0.0029	0.0050	0.0046	0.0055	0.0051	0.0061	0.0043	3.65
$PM(W_rW_c\ HNC)$	0.0013	0.0014	0.0014	0.0006	0.0007	0.0003	0.0004	0.0003	0.0010	0.0012	0.0008	0.72
$PM(W_rW_c\ HNR)$	0.0023	0.0031	0.0094	0.0035	0.0046	0.0046	0.0035	0.0036	0.0040	0.0062	0.0045	3.81

续表

年份 指标	2005	2006	2007	2008	2009	2010	2011	2012	2013	2014	均值	贡献率（%）
$PM(W_rW_c\ XNC)$	0.0015	0.0031	0.0022	0.0020	0.0035	0.0016	0.0012	0.0019	0.0012	0.0021	0.0020	1.72
$PM(W_rW_c\ XNR)$	0.0072	0.0064	0.0087	0.0052	0.0045	0.0050	0.0042	0.0035	0.0060	0.0064	0.0057	4.87
$PM(W_rW_c\ XBC)$	0.0024	0.0019	0.0038	0.0032	0.0010	0.0011	0.0011	0.0010	0.0011	0.0011	0.0018	1.51
$PM(W_rW_c\ XBR)$	0.0043	0.0035	0.0040	0.0032	0.0025	0.0026	0.0023	0.0030	0.0039	0.0040	0.0033	2.84
$PM(W_rW_c\ DBC)$	0.0011	0.0016	0.0011	0.0009	0.0007	0.0006	0.0001	0.0003	0.0006	0.0004	0.0008	0.65
$PM(W_rW_c\ DBR)$	0.0026	0.0018	0.0024	0.0024	0.0030	0.0014	0.0007	0.0009	0.0012	0.0012	0.0018	1.50

注：在表3-11到表3-13中，$PM(L)$代表公共博物馆总体均等化水平，$PM(Br)$代表公共博物馆区域之间均等化水平，$PM(Bc)$代表公共博物馆区域之内均等化水平，$PM(W_rBc)$代表公共博物馆区域内部城乡之间均等化水平，$PM(W_cBr)$代表公共博物馆区域之内城乡内部均等化水平，$PM(W_rW_c)$和$PM(I_{rc})$代表公共博物馆区域内部城乡内部均等化水平，$PM(I_{rc})$代表公共博物馆区域城乡内部的交互作用。在$PM(W_rBc)$、$PM(W_cBr)$、$PM(W_rW_c)$和$PM(I_{rc})$的各项构成指标之中，字母HB、HD、HZ、HN、XN、XB和DB分别代表的是华北地区、华东地区、华中地区、西南地区、西北地区和东北地区，字母C和R分别代表的是城市地区和农村地区。

比重分别为 19.95%、31.21% 和 48.84%，表明指标 $PM(WrWc)$ 是指标 $PM(L)$ 最主要的组成部分。从各项指标情况来看：指标 $PM(Br)$ 从 2005 年的 0.0236 下降到 2014 年的 0.0221，降幅为 6.36%，表明区域之间均等化水平处于稳步上升的趋势；指标 $PM(WrBc)$ 从 2005 年的 0.0348 逐渐下降到 2014 年的 0.0286，下降幅度为 17.82%，表明区域内部城乡之间均等化水平处于逐年上升的趋势；指标 $PM(WrWc)$ 从 2005 年的 0.0697 下降到 2014 年的 0.0581，降幅为 16.64%，表明区域内部城乡内部均等化水平处于稳步上升的趋势。从上述分项指标分析可知，地区内部城乡之间不均等水平指标 $PM(WrBc)$ 对总体不均等的改善在各项构成指标中作用最大。

从区域内部城乡之间均等化水平指标 $PM(WrBc)$ 的构成来看，华东地区城乡之间均等化指标 $PM(WrBcHD)$ 均值、华北地区城乡之间均等化指标 $PM(WrBcHB)$ 均值和华中地区城乡之间均等化指标 $PM(WrBcHZ)$ 均值占总体不均等水平指标 $PM(L)$ 均值的比重分别为 7.56%、7.00% 和 4.48%，在 $PL(WrBc)$ 各分项指标中对总体不均等水平的贡献率最大。从增长率方面来看，华北地区城乡之间均等化指标 $PM(WrBcHB)$、华中地区城乡之间均等化指标 $PM(WrBcHZ)$ 分别从 2005 年的 0.0058 和 0.0036 上升到 2014 年的 0.0083 和 0.0041，上升幅度分别为 43.10% 和 13.89%，在 $PM(WrBc)$ 各项构成指标中上升幅度最大；而华东地区城乡之间均等化指标 $PM(WrBcHD)$、华南地区城乡之间均等化指标 $PM(WrBcHN)$、西南地区城乡之间均等化指标 $PM(WrBcXN)$、西北地区城乡之间均等化指标 $PM(WrBcXB)$、东北地区城乡之间均等化指标 $PM(WrBcDB)$ 均出现了不同程度的下降趋势。

从区域内部城乡内部均等化水平指标 $PM(WrWc)$ 的构成来看，华东地区城市内部均等化指标 $PM(WrWc\ HDC)$、华东地区农村内部均等化指标 $PM(WrWc\ HDR)$ 和华北地区城市内部均等化指标 $PM(WrWc\ HBC)$ 在 $PM(WrWc)$ 各项构成指标中对总体不均等水平的贡献率最大，分别占总体不均等水平 9.26%、7.69% 和 5.97%。从增长率方面来看，华南地区农村内部均等化指标 $PM(WrWc\ HNR)$、华中地区农村内部均等化指标 $PM(WrWc\ HZR)$ 和西南地区城市内部均等化指标 $PM(WrWc$

XNC),分别从 2005 年的 0.0023、0.0039 和 0.0015 上升到 2014 年的 0.0062、0.0061 和 0.0021,上升幅度分别为 169.57%、56.41% 和 40.00%,上述指标在 PM($WrWc$)各项构成指标上升幅度最大;华中地区城市内部均等化指标 PM($WrWc\ HZC$)、东北地区城市内部均等化指标 PM($WrWc\ DBC$)、东北地区农村内部均等化指标 PM($WrWc\ DBR$)分别从 2005 年的 0.0091、0.0011、0.0026 下降到 2014 年的 0.0013、0.0004、0.0012,下降幅度分别为 85.71%、63.64%、53.85%,上述指标在 PM($WrWc$)各项构成指标下降幅度最大。

表 3-12 通过城乡维度优先双变量泰尔指数层级分解得到了 2005—2014 年公共博物馆均等化水平。从测算结果来看,采用城乡维度优先双变量层级分解测算得到公共博物馆均等化水平指标 PM(L),与采用区域维度优先双变量层级分解得到的计量结果是一致的。

从总体不均等构成情况来看,指标 PM(Bc)、PM($WcBr$)和 PM($WrWc$)均值占总体不均等指标 PM(L)均值比重为 27.29%、23.87% 和 48.84%,表明指标 PM($WrWc$)是指标 PM(L)最主要的组成部分。从各项指标情况来看:指标 PM(Bc)从 2005 年的 0.0320 下降到 2014 年的 0.02,降幅为 37.50%,表明城乡之间均等化水平处于上升的趋势;指标 PM($WcBr$)从 2005 年的 0.0264 上升到 2014 年的 0.0307,升幅为 16.29%,表明城乡内部区域之间均等化水平处于稳步下降的趋势;指标 PM($WrWc$)的增长趋势与表 3-11 得到的结果是一致的。从上述分指标分析可知,代表城乡内部区域之间均等化水平指标 PM($WcBr$)在总体不均等各项构成指标中呈现上升的趋势,而其余构成指标则呈现出下降趋势。

从城乡内部区域之间均等化水平指标 PM($WcBr$)的构成来看,城市内部区域之间均等化水平指标 PM($WcBrC$)均值占总体不均等 PM(L)均值的比重为 12.74%,农村内部区域之间均等化水平指标 PM($WcBrR$)均值占总体不均等 PM(L)均值的比重为 11.13%。具体而言,指标 PM($WcBrC$)从 2005 年的 0.0158 逐渐下降到 2014 年的 0.0129,下降幅度为 18.35%,表明城市内部区域之间均等化水平处于逐渐改善趋势;指标 PM($WcBrR$)从 2005 年的 0.0106 逐渐上升到 2014 年的 0.0178,

表 3-12 通过城乡维度优先双变量层级分解得到公共博物馆均等化水平

年份 指标	2005	2006	2007	2008	2009	2010	2011	2012	2013	2014	均值	贡献率（%）
$PM(L)$	0.1281	0.1213	0.1598	0.1231	0.1135	0.1075	0.0982	0.1050	0.1093	0.1088	0.1175	100.00
$PM(Bc)$	0.0320	0.0301	0.0394	0.0408	0.0371	0.0356	0.0321	0.0316	0.0219	0.0200	0.0321	27.29
$PM(WcBr)$	0.0264	0.0248	0.0445	0.0266	0.0261	0.0243	0.0224	0.0233	0.0312	0.0307	0.0280	23.87
$PM(WcBrC)$	0.0158	0.0143	0.0210	0.0174	0.0140	0.0140	0.0130	0.0137	0.0134	0.0129	0.0150	12.74
$PM(WcBrR)$	0.0106	0.0105	0.0235	0.0092	0.0121	0.0103	0.0094	0.0095	0.0179	0.0178	0.0131	11.13
$PM(WrWc)$	0.0697	0.0664	0.0760	0.0557	0.0503	0.0476	0.0437	0.0502	0.0561	0.0581	0.0574	48.84
$PM(WrWc\ HBC)$	0.0059	0.0059	0.0115	0.0079	0.0073	0.0074	0.0066	0.0074	0.0053	0.0050	0.0070	5.97
$PM(WrWc\ HBR)$	0.0038	0.0045	0.0033	0.0030	0.0029	0.0027	0.0024	0.0026	0.0023	0.0031	0.0031	2.61
$PM(WrWc\ HDC)$	0.0131	0.0143	0.0110	0.0079	0.0103	0.0087	0.0094	0.0109	0.0119	0.0114	0.0109	9.26
$PM(WrWc\ HDR)$	0.0113	0.0125	0.0129	0.0113	0.0052	0.0053	0.0045	0.0075	0.0111	0.0087	0.0090	7.69

续表

年份 指标	2005	2006	2007	2008	2009	2010	2011	2012	2013	2014	均值	贡献率（%）
PM $(WrWc\ HZC)$	0.0091	0.0036	0.0012	0.0010	0.0012	0.0011	0.0025	0.0016	0.0014	0.0013	0.0024	2.05
PM $(WrWc\ HZR)$	0.0039	0.0029	0.0030	0.0036	0.0029	0.0050	0.0046	0.0055	0.0051	0.0061	0.0043	3.65
PM $(WrWc\ HNC)$	0.0013	0.0014	0.0014	0.0006	0.0007	0.0003	0.0004	0.0003	0.0010	0.0012	0.0008	0.72
PM $(WrWc\ HNR)$	0.0023	0.0031	0.0094	0.0035	0.0046	0.0046	0.0035	0.0036	0.0040	0.0062	0.0045	3.81
PM $(WrWc\ XNC)$	0.0015	0.0031	0.0022	0.0020	0.0035	0.0016	0.0012	0.0019	0.0012	0.0021	0.0020	1.72
PM $(WrWc\ XNR)$	0.0072	0.0064	0.0087	0.0052	0.0045	0.0050	0.0042	0.0035	0.0060	0.0064	0.0057	4.87
PM $(WrWc\ XBC)$	0.0024	0.0019	0.0038	0.0032	0.0010	0.0011	0.0011	0.0010	0.0011	0.0011	0.0018	1.51
PM $(WrWc\ XBR)$	0.0043	0.0035	0.0040	0.0032	0.0025	0.0026	0.0023	0.0030	0.0039	0.0040	0.0033	2.84
PM $(WrWc\ DBC)$	0.0011	0.0016	0.0011	0.0009	0.0007	0.0006	0.0004	0.0003	0.0006	0.0004	0.0008	0.65

续表

年份 指标	2005	2006	2007	2008	2009	2010	2011	2012	2013	2014	均值	贡献率（%）
PM ($W_rW_c\,DBR$)	0.0026	0.0018	0.0024	0.0024	0.0030	0.0014	0.0007	0.0009	0.0012	0.0012	0.0018	1.50

注：各指标含义如表 3-11 所示。

上升幅度为67.92%，表明农村内部区域之间均等化水平处于逐渐下降趋势。从指标 $PM(WcBr)$ 的具体构成来看，城市内部区域之间的不均等依然是城乡内部区域之间不均等的主要构成部分；从指标 $PM(WcBr)$ 各项构成指标的增长速度来看，城市内部区域之间不均等水平的呈现出下降趋势，而农村内部区域之间不均等水平的呈现出上升趋势。区域内部城乡内部均等化水平指标 $PM(WrWc)$ 的各项分项指标情况与表3-11得到的结果是一致的。

表3-13通过同时考虑城乡和区域维度双变量非层级分解得到了2005—2014年公共博物馆均等化水平。

从总体不均等构成情况来看，指标 $PM(Br)$、$PM(Bc)$、$PM(WrWc)$ 和 $PM(Irc)$ 均值占总体不均等指标 $PM(L)$ 均值比重分别为19.95%、27.29%、48.84%和3.92%，表明指标 $PM(WrWc)$ 是指标 $PM(L)$ 最主要的组成部分。值得注意的是，代表区域城乡内部交互作用指标 $PM(Irc)$ 均值为0.0046，说明城乡与区域的不均等没有受到相互间的重叠影响。从区域城乡内部交互作用的指标 $PM(Irc)$ 的区域构成情况来看，华北地区城乡内部交互作用指标 $PM(IrcHB)$、华东地区城乡内部交互作用指标 $PM(IrcHD)$、东北地区城乡内部交互作用指标 $PM(IrcDB)$ 均值均大于0的临界值，说明上述地区的城乡与区域的不均等没有受到相互间的重叠影响；华中地区城乡内部交互作用指标 $PM(IrcHZ)$、华南地区城乡内部交互作用指标 $PM(IrcHN)$、西南地区城乡内部交互作用指标 $PM(IrcXN)$、西北地区城乡内部交互作用指标 $PM(IrcXB)$ 均值均小于0的临界值，说明上述地区的城乡与区域的不均等受到相互间的重叠影响。

五 基本公共文化服务均等化水平

表3-14通过区域维度优先双变量泰尔指数层级分解得到了2005—2014年基本公共文化服务均等化水平。[①] 加权平均后的指标 $PCS(L)$ 从

---

① 数据通过对公共图书馆、群众文化机构、公益艺术表演团体和公共博物馆各项基本公共文化服务指标进行加权平均得到。

表 3-13　通过同时考虑城乡和区域维度双变量非层级分解得到的公共博物馆均等化水平

年份 指标	2005	2006	2007	2008	2009	2010	2011	2012	2013	2014	均值	贡献率（%）
$PM(L)$	0.1281	0.1213	0.1598	0.1231	0.1135	0.1075	0.0982	0.1050	0.1093	0.1088	0.1175	100.00
$PM(Br)$	0.0236	0.0216	0.0320	0.0250	0.0217	0.0220	0.0208	0.0228	0.0228	0.0221	0.0234	19.95
$PM(Bc)$	0.0320	0.0301	0.0394	0.0408	0.0371	0.0356	0.0321	0.0316	0.0219	0.0200	0.0321	27.29
$PM(WrWc)$	0.0697	0.0664	0.0760	0.0557	0.0503	0.0476	0.0437	0.0502	0.0561	0.0581	0.0574	48.84
$PM(Irc)$	0.0028	0.0032	0.0125	0.0016	0.0044	0.0023	0.0016	0.0005	0.0084	0.0086	0.0046	3.92
$PM(IrcHB)$	0.0018	0.0021	0.0059	0.0046	0.0047	0.0039	0.0041	0.0045	0.0057	0.0060	0.0043	3.68
$PM(IrcHD)$	0.0035	0.0004	-0.0003	-0.0002	-0.0003	-0.0006	0.0003	0.0002	0.0020	0.0019	0.0007	0.60
$PM(IrcHZ)$	-0.0034	-0.0017	-0.0005	-0.0020	-0.0009	-0.0012	-0.0022	-0.0021	0.0008	0.0005	-0.0013	-1.09
$PM(IrcHN)$	0.0003	0.0001	-0.0003	-0.0001	0.0001	-0.0005	0.0001	-0.0008	0.0002	0.0003	-0.0001	-0.06
$PM(IrcXN)$	-0.0024	-0.0004	0.0033	-0.0014	-0.0014	0.0000	-0.0023	-0.0025	-0.0019	-0.0017	-0.0011	-0.91

续表

年份 指标	2005	2006	2007	2008	2009	2010	2011	2012	2013	2014	均值	贡献率(%)
$PM(IrcXB)$	0.0005	0.0006	0.0007	-0.0012	-0.0003	-0.0004	0.0001	-0.0008	0.00001	-0.0003	-0.0001	-0.09
$PM(IrcDB)$	0.0024	0.0021	0.0036	0.0020	0.0026	0.0010	0.0016	0.0020	0.0017	0.0019	0.0021	1.78
$PM(IrcC)$	0.0024	0.0014	0.0050	0.0036	0.0035	0.0019	0.0021	0.0025	0.0017	0.0017	0.0026	2.21
$PM(IrcR)$	0.0004	0.0017	0.0075	-0.0020	0.0009	0.0004	-0.0005	-0.0020	0.0067	0.0069	0.0020	1.71
$PM(IrcHBC)$	-0.0041	-0.0036	-0.0074	-0.0046	-0.0056	-0.0049	-0.0044	-0.0048	-0.0059	-0.0060	-0.0051	-4.36
$PM(IrcHBR)$	0.0059	0.0057	0.0133	0.0091	0.0103	0.0088	0.0085	0.0093	0.0115	0.0119	0.0094	8.04
$PM(IrcHDC)$	0.0015	0.0057	0.0034	0.0043	0.0045	0.0031	0.0047	0.0028	0.0006	0.0011	0.0032	2.69
$PM(IrcHDR)$	0.0021	-0.0052	-0.0037	-0.0045	-0.0048	-0.0036	-0.0044	-0.0026	0.0014	0.0008	-0.0025	-2.10
$PM(IrcHZC)$	0.0036	-0.0022	-0.0067	-0.0011	-0.0025	0.0004	0.0002	-0.0001	-0.0003	-0.0006	-0.0009	-0.80

第三章 基本公共文化服务均等化战略的实施效果评估 | 113

续表

年份 指标	2005	2006	2007	2008	2009	2010	2011	2012	2013	2014	均值	贡献率(%)
PM ($Irc\ HZR$)	-0.0069	0.0005	0.0062	-0.0009	0.0016	-0.0016	-0.0024	-0.0020	0.0010	0.0011	-0.0003	-0.29
PM ($Irc\ HNC$)	0.0009	0.0022	0.0063	0.0022	-0.0014	-0.0009	0.00001	0.0013	-0.0002	-0.0005	0.0010	0.83
PM ($Irc\ HNR$)	-0.0006	-0.0021	-0.0066	-0.0023	0.0015	0.0005	0.0001	-0.0022	0.0004	0.0009	-0.0010	-0.89
PM ($Irc\ XNC$)	-0.0001	-0.0028	0.0072	-0.0004	0.0030	0.0026	-0.0018	-0.0013	0.0018	0.0021	0.0010	0.89
PM ($Irc\ XNR$)	-0.0023	0.0024	-0.0039	-0.0010	-0.0045	-0.0026	-0.0006	-0.0012	-0.0037	-0.0038	-0.0021	-1.80
PM ($Irc\ XBC$)	-0.0021	-0.0024	-0.0044	-0.0024	-0.0026	-0.0017	-0.0015	-0.0008	-0.0001	-0.0004	-0.0018	-1.57
PM ($Irc\ XBR$)	0.0026	0.0030	0.0051	0.0012	0.0023	0.0013	0.0016	0.00001	0.0001	0.0001	0.0017	1.47
PM ($Irc\ DBC$)	0.0027	0.0046	0.0066	0.0056	0.0081	0.0034	0.0048	0.0055	0.0059	0.0059	0.0053	4.52
PM ($Irc\ DBR$)	-0.0003	-0.0025	-0.0029	-0.0036	-0.0056	-0.0024	-0.0032	-0.0034	-0.0042	-0.0041	-0.0032	-2.73

注：各指标含义如表3-11所示。

表3-14 通过区域维度优先双变量层级分解得到基本公共文化服务均等化水平

年份 指标	2005	2006	2007	2008	2009	2010	2011	2012	2013	2014	均值	贡献率（%）
$PCS(L)$	0.1489	0.1541	0.1569	0.1477	0.1382	0.1384	0.1361	0.1287	0.1400	0.1462	0.1435	100.00
$PCS(Br)$	0.0219	0.0259	0.0275	0.0257	0.0243	0.0255	0.0274	0.0276	0.0292	0.0342	0.0269	18.77
$PCS(WrBc)$	0.0495	0.0479	0.0509	0.0506	0.0493	0.0482	0.0456	0.0431	0.0472	0.0457	0.0478	33.31
$PCS(WrBcHB)$	0.0061	0.0060	0.0069	0.0067	0.0064	0.0062	0.0057	0.0057	0.0055	0.0056	0.0061	4.24
$PCS(WrBcHD)$	0.0131	0.0100	0.0116	0.0140	0.0147	0.0142	0.0141	0.0135	0.0150	0.0148	0.0135	9.40
$PCS(WrBcHZ)$	0.0068	0.0090	0.0088	0.0077	0.0072	0.0080	0.0067	0.0064	0.0073	0.0076	0.0076	5.27
$PCS(WrBcHN)$	0.0065	0.0066	0.0065	0.0062	0.0061	0.0054	0.0055	0.0056	0.0075	0.0068	0.0063	4.37
$PCS(WrBcXN)$	0.0063	0.0074	0.0072	0.0067	0.0063	0.0067	0.0058	0.0046	0.0049	0.0037	0.0060	4.15
$PCS(WrBcXB)$	0.0042	0.0044	0.0038	0.0039	0.0036	0.0037	0.0036	0.0030	0.0026	0.0028	0.0036	2.48
$PCS(WrBcDB)$	0.0066	0.0045	0.0061	0.0052	0.0052	0.0041	0.0043	0.0041	0.0044	0.0044	0.0049	3.41

第三章　基本公共文化服务均等化战略的实施效果评估 | 115

续表

年份 指标	2005	2006	2007	2008	2009	2010	2011	2012	2013	2014	均值	贡献率（%）
PCS （W_rW_c）	0.0775	0.0803	0.0784	0.0714	0.0646	0.0647	0.0631	0.0580	0.0635	0.0662	0.0688	47.92
PCS （W_rW_cHBC）	0.0065	0.0077	0.0099	0.0072	0.0072	0.0069	0.0059	0.0063	0.0064	0.0060	0.0070	4.88
PCS （W_rW_cHBR）	0.0024	0.0026	0.0019	0.0015	0.0022	0.0020	0.0018	0.0015	0.0012	0.0014	0.0018	1.28
PCS （W_rW_cHDC）	0.01947	0.0201	0.0204	0.0208	0.0161	0.0166	0.0159	0.0147	0.0170	0.0195	0.0181	12.58
PCS （W_rW_cHDR）	0.0146	0.0164	0.0152	0.0150	0.0140	0.0140	0.0140	0.0115	0.0124	0.0125	0.0140	9.73
PCS （W_rW_cHZC）	0.0046	0.0018	0.0012	0.0009	0.0012	0.0011	0.0018	0.0011	0.0020	0.0016	0.0017	1.20
PCS （W_rW_cHZR）	0.0051	0.0049	0.0043	0.0041	0.0042	0.0039	0.0043	0.0039	0.0038	0.0040	0.0042	2.96
PCS （W_rW_cHNC）	0.0028	0.0031	0.0025	0.0027	0.0023	0.0020	0.0020	0.0018	0.0018	0.0017	0.0023	1.58
PCS （W_rW_cHNR）	0.0023	0.0035	0.0058	0.0030	0.0043	0.0039	0.0040	0.0061	0.0058	0.0065	0.0045	3.13

续表

年份 指标	2005	2006	2007	2008	2009	2010	2011	2012	2013	2014	均值	贡献率（%）
$PCS(W_rW_cXNC)$	0.0042	0.0047	0.0034	0.0031	0.0034	0.0036	0.0031	0.0030	0.0039	0.0041	0.0036	2.52
$PCS(W_rW_cXNR)$	0.0068	0.0063	0.0064	0.0060	0.0039	0.0042	0.0044	0.0031	0.0026	0.0031	0.0047	3.26
$PCS(W_rW_cXBC)$	0.0018	0.0015	0.0019	0.0016	0.0011	0.0009	0.0009	0.0011	0.0009	0.0010	0.0013	0.88
$PCS(W_rW_cXBR)$	0.0024	0.0026	0.0022	0.0019	0.0018	0.0019	0.0018	0.0018	0.0019	0.0018	0.0020	1.40
$PCS(W_rW_cDBC)$	0.0026	0.0035	0.0017	0.0018	0.0012	0.0021	0.0013	0.0011	0.0012	0.0010	0.0017	1.21
$PCS(W_rW_cDBR)$	0.0018	0.0016	0.0016	0.0019	0.0020	0.0017	0.0019	0.0012	0.0025	0.0020	0.0018	1.27%

注：在表3-14到表3-16中，$PCS(L)$代表基本公共文化服务总体均等化水平，$PCS(Br)$代表基本公共文化服务区域之间均等化水平，$PCS(Bc)$代表基本公共文化服务城乡之间均等化水平，$PCS(W_rBc)$代表基本公共文化服务区域内部城乡之间均等化水平，$PCS(W_cBr)$代表基本公共文化服务区域城乡内部区域之间均等化水平，$PCS(W_rW_c)$代表基本公共文化服务区域内部城乡内部均等化水平，$PCS(Ir_c)$代表基本公共文化服务区域城乡内部的交互作用。在$PCS(W_rBc)$、$PCS(W_cBc)$、$PCS(W_rW_c)$和$PCS(Ir_c)$的各项构成指标之中，字母HB、HD、HZ、HN、XN、XB和DB分别代表的是华北地区、华东地区、华中地区、华南地区、西南地区、西北地区和东北地区，字母C和R分别代表的是城市地区和农村地区。

2005 年的 0.1489 逐渐下降到 2014 年的 0.1462，下降幅度为 1.81%，表明总体均等化水平略为改善。从总体不均等构成情况来看，指标 $PCS(Br)$、$PCS(WrBc)$ 和 $PCS(WrWc)$ 均值占总体不均等指标 $PCS(L)$ 均值比重分别为 18.77%、33.31% 和 47.92%，表明指标 $PCS(WrWc)$ 是指标 $PCS(L)$ 最主要的组成部分。从各项指标情况来看：指标 $PCS(Br)$ 从 2005 年的 0.0219 上升到 2014 年的 0.0342，升幅为 56.16%，表明区域之间均等化水平处于逐年下降的趋势；指标 $PCS(WrBc)$ 则从 2005 年的 0.0495 下降到 2014 年的 0.0457，降幅为 7.68%，表明区域内部城乡之间均等化水平处于逐年上升的趋势；指标 $PCS(WrWc)$ 从 2005 年的 0.0775 下降到 2014 年的 0.0662，降幅为 14.58%，表明区域内部城乡内部均等化水平处于逐年上升的趋势。从上述分指标分析可知，指标 $PCS(WrWc)$ 对总体不均等的改善在各项构成指标中作用最大。

从区域内部城乡之间均等化水平指标 $PCS(WrBc)$ 的构成来看，华东地区城乡之间均等化指标 $PCS(WrBcHD)$ 均值、华中地区城乡之间均等化指标 $PCS(WrBcHZ)$ 均值和华南地区城乡之间均等化指标 $PCS(WrBcHN)$ 均值占总体不均等水平指标 $PCS(L)$ 均值的比重分别为 9.40%、5.27% 和 4.37%，在 $PCS(WrBc)$ 各分项指标中对总体不均等水平的贡献率最大。从增长率方面来看，华东地区城乡之间均等化指标 $PCS(WrBcHD)$、华中地区城乡之间均等化指标 $PCS(WrBcHZ)$ 和华南地区城乡之间均等化指标 $PCS(WrBcHN)$ 分别从 2005 年的 0.0131、0.0068 和 0.0065 上升到 2014 年的 0.0148、0.0076 和 0.0068，上升幅度分别为 12.98%、11.76% 和 4.62%，在 $PCS(WrBc)$ 各项构成指标中上升幅度最大；而西南地区城乡之间均等化指标 $PCS(WrBcXN)$、西北地区城乡之间均等化指标 $PCS(WrBcXB)$、东北地区城乡之间均等化指标 $PCS(WrBcDB)$ 分别从 2005 年的 0.0063、0.0042 和 0.0066 下降到 2014 年的 0.0037、0.0028 和 0.0044，下降幅度分别为 41.27%、33.33% 和 33.33%，在 $PCS(WrBc)$ 各项构成指标中下降幅度最大。

从区域内部城乡内部均等化水平指标 $PCS(WrWc)$ 的构成来看，华东地区城市内部均等化指标 $PCS(WrWc\ HDC)$、华东地区农村内部均等化指标 $PCS(WrWc\ HDR)$ 和华北地区城市内部均等化指标 $PCS(WrWc\ HBC)$

在 $PCS(WrWc)$ 各项构成指标中对总体不均等水平的贡献率最大，分别占总体不均等水平 12.58%、9.73% 和 4.88%。从增长率方面来看，华南地区农村内部均等化指标 $PCS(WrWc\ HNR)$、东北地区农村内部均等化指标 $PCS(WrWc\ DBR)$ 和华东地区城市内部均等化指标 $PCS(WrWc\ HDC)$，分别从 2005 年的 0.0023、0.0018 和 0.01947 上升到 2014 年的 0.0065、0.0020 和 0.0195，上升幅度分别为 182.61%、11.11% 和 0.15%，上述指标在 $PCS(WrWc)$ 各项构成指标上升幅度最大；华中地区城市内部均等化指标 $PCS(WrWc\ HZC)$、东北地区城市内部均等化指标 $PCS(WrWc\ DBC)$、西南地区农村内部均等化指标 $PCS(WrWc\ XNR)$ 分别从 2005 年的 0.0046、0.0026、0.0068 下降到 2014 年的 0.0016、0.0010、0.0031，下降幅度分别为 65.22%、61.54%、54.41%，上述指标在 $PCS(WrWc)$ 各项构成指标中下降幅度最大。

表 3-15 通过城乡维度优先双变量泰尔指数层级分解得到了 2005—2014 年基本公共文化服务均等化水平。从测算结果来看，采用城乡维度优先双变量层级分解测算得到基本公共文化服务均等化水平指标 $PCS(L)$，与采用区域维度优先双变量层级分解得到的计量结果是一致的。

从总体不均等构成情况来看，指标 $PCS(Bc)$、$PCS(WcBr)$ 和 $PCS(WrWc)$ 均值占总体不均等指标 $PCS(L)$ 均值比重为 25.04%、27.04% 和 47.92%，表明指标 $PCS(WrWc)$ 是指标 $PCS(L)$ 最主要的组成部分。从各项指标情况来看，指标 $PCS(Bc)$ 从 2005 年的 0.0399 下降到 2014 年的 0.0313，降幅为 21.55%，表明城乡之间均等化水平处于上升的趋势；指标 $PCS(WcBr)$ 从 2005 年的 0.0315 上升到 2014 年的 0.0486，升幅为 54.29%，表明城乡内部区域之间均等化水平处于稳步下降的趋势；指标 $PCS(WrWc)$ 的增长趋势与表 3-14 得到的结果是一致的。从上述分指标分析可知，代表城乡内部区域之间均等化水平指标 $PCS(WcBr)$ 在总体不均等各项构成指标中呈现出增长趋势，而其余构成指标则呈现出下降趋势。

从城乡内部区域之间均等化水平指标 $PCS(WcBr)$ 的构成来看，城市内部区域之间均等化水平指标 $PCS(WcBrC)$ 均值占总体不均等 $PCS(L)$ 均值的比重为 12.23%，农村内部区域之间均等化水平指标 $PCS(WcBrR)$

表3-15 通过城乡维度优先双变量层级分解得到基本公共文化服务均等化水平

年份 指标	2005	2006	2007	2008	2009	2010	2011	2012	2013	2014	均值	贡献率（%）
$PCS(L)$	0.1489	0.1541	0.1569	0.1477	0.1382	0.1384	0.1361	0.1287	0.1400	0.1462	0.1435	100.00
$PCS(Bc)$	0.0399	0.0361	0.0374	0.0393	0.0383	0.0357	0.0360	0.0339	0.0314	0.0313	0.0359	25.04
$PCS(WcBr)$	0.0315	0.0377	0.0410	0.0370	0.0354	0.0380	0.0371	0.0368	0.0450	0.0486	0.0388	27.04
$PCS(WcBrC)$	0.0147	0.0190	0.0189	0.0165	0.0140	0.0168	0.0146	0.0167	0.0223	0.0220	0.0176	12.23
$PCS(WcBrR)$	0.0168	0.0187	0.0222	0.0205	0.0214	0.0213	0.0224	0.0201	0.0227	0.0266	0.0213	14.81
$PCS(WrWc)$	0.0775	0.0803	0.0784	0.0714	0.0646	0.0647	0.0631	0.0580	0.0635	0.0662	0.0688	47.92
$PCS(WrWc\ HBC)$	0.0065	0.0077	0.0099	0.0072	0.0072	0.0069	0.0059	0.0063	0.0064	0.0060	0.0070	4.88
$PCS(WrWc\ HBR)$	0.0024	0.0026	0.0019	0.0015	0.0022	0.0020	0.0018	0.0015	0.0012	0.0014	0.0018	1.28
$PCS(WrWc\ HDC)$	0.0195	0.0201	0.0204	0.0208	0.0161	0.0166	0.0159	0.0147	0.0170	0.0195	0.0181	12.58
$PCS(WrWc\ HDR)$	0.0146	0.0164	0.0152	0.0150	0.0140	0.0140	0.0140	0.0115	0.0124	0.0125	0.0140	9.73

续表

年份 指标	2005	2006	2007	2008	2009	2010	2011	2012	2013	2014	均值	贡献率（%）
PCS (W-Wc HZC)	0.0046	0.0018	0.0012	0.0009	0.0012	0.0011	0.0018	0.0011	0.0020	0.0016	0.0017	1.20
PCS (W-Wc HZR)	0.0051	0.0049	0.0043	0.0041	0.0042	0.0039	0.0043	0.0039	0.0038	0.0040	0.0042	2.96
PCS (W-Wc HNC)	0.0028	0.0031	0.0025	0.0027	0.0023	0.0020	0.0020	0.0018	0.0018	0.0017	0.0023	1.58
PCS (W-Wc HNR)	0.0023	0.0035	0.0058	0.0030	0.0043	0.0039	0.0040	0.0061	0.0058	0.0065	0.0045	3.13
PCS (W-Wc XNC)	0.0042	0.0047	0.0034	0.0031	0.0034	0.0036	0.0031	0.0030	0.0039	0.0041	0.0036	2.52
PCS (W-Wc XNR)	0.0068	0.0063	0.0064	0.0060	0.0039	0.0042	0.0044	0.0031	0.0026	0.0031	0.0047	3.26
PCS (W-Wc XBC)	0.0018	0.0015	0.0019	0.0016	0.0011	0.0009	0.0009	0.0011	0.0009	0.0010	0.0013	0.88
PCS (W-Wc XBR)	0.0024	0.0026	0.0022	0.0019	0.0018	0.0019	0.0018	0.0018	0.0019	0.0018	0.0020	1.40
PCS (W-Wc DBC)	0.0026	0.0035	0.0017	0.0018	0.0012	0.0021	0.0013	0.0011	0.0012	0.0010	0.0017	1.21

续表

年份 指标	2005	2006	2007	2008	2009	2010	2011	2012	2013	2014	均值	贡献率（%）
PCS ($W_rW_c\ DBR$)	0.0018	0.0016	0.0016	0.0019	0.0020	0.0017	0.0019	0.0012	0.0025	0.0020	0.0018	1.27

注：各指标含义如表3-14所示。

均值占总体不均等 $PCS(L)$ 均值的比重为 14.81%。具体而言，指标 $PCS(WcBrC)$ 从 2005 年的 0.0147 逐渐上升到 2014 年的 0.0220，上升幅度为 49.66%，表明城市内部区域之间均等化水平处于逐渐下降趋势；指标 $PCS(WcBrR)$ 从 2005 年的 0.0168 上升到 2014 年的 0.0266，升幅为 58.33%，表明农村内部区域之间均等化水平也处于逐渐下降趋势。从指标 $PCS(WcBr)$ 的具体构成来看，基本公共文化服务农村内部区域之间的不均等依然是城乡内部区域之间不均等的主要构成部分；从指标 $PCS(WcBr)$ 各项构成指标的增长速度来看，基本公共文化服务城市内部区域之间、农村内部区域之间不均等水平均呈现出下降趋势。

表 3-16 通过同时考虑城乡和区域维度双变量非层级分解得到了 2005—2014 年基本公共文化服务均等化水平。

从测算结果来看，采用同时考虑城乡和区域维度双变量非层级分解测算得到指标 $PCS(L)$，与采用区域维度优先双变量泰尔指数层级分解、城乡维度优先双变量泰尔指数层级分解得到的计量结果是一致的。从总体不均等构成情况来看，指标 $PCS(Br)$、$PCS(Bc)$、$PCS(WrWc)$ 和 $PCS(Irc)$ 均值占总体不均等指标 $PCS(L)$ 均值比重分别为 18.77%、25.04%、47.92% 和 8.27%，表明指标 $PCS(WrWc)$ 是指标 $PCS(L)$ 最主要的组成部分。值得注意的是，指标 $PCS(Irc)$ 均值为 0.0119，说明城乡与区域的不均等没有受到相互间的重叠影响。

从区域城乡内部交互作用的指标 $PCS(Irc)$ 的区域构成情况来看，华北地区城乡内部交互作用指标 $PCS(IrcHB)$、华东地区城乡内部交互作用指标 $PCS(IrcHD)$、华中地区城乡内部交互作用指标 $PCS(IrcHZ)$、华南地区城乡内部交互作用指标 $PCS(IrcHN)$、西南地区城乡内部交互作用指标 $PCS(IrcXN)$、西北地区城乡内部交互作用指标 $PCS(IrcXB)$、东北地区城乡内部交互作用指标 $PCS(IrcDB)$ 均值均大于 0 的临界值，说明上述地区的城乡与区域的不均等没有受到相互间的重叠影响。

第三章　基本公共文化服务均等化战略的实施效果评估 | 123

表 3 - 16　通过同时考虑城乡和区域维度双变量非层级分解得到的基本公共文化服务均等化水平

指标\年份	2005	2006	2007	2008	2009	2010	2011	2012	2013	2014	均值	贡献率（%）
PCS（L）	0.1489	0.1541	0.1569	0.1477	0.1382	0.1384	0.1361	0.1287	0.1400	0.1462	0.1435	100.00
PCS（Br）	0.0219	0.0259	0.0275	0.0257	0.0243	0.0255	0.0274	0.0276	0.0292	0.0342	0.0269	18.77
PCS（Bc）	0.0399	0.0361	0.0374	0.0393	0.0383	0.0357	0.0360	0.0339	0.0314	0.0313	0.0359	25.04
PCS（WrWc）	0.0775	0.0803	0.0784	0.0714	0.0646	0.0647	0.0631	0.0580	0.0635	0.0662	0.0688	47.92
PCS（Irc）	0.0096	0.0118	0.0135	0.0112	0.0110	0.0125	0.0097	0.0092	0.0158	0.0144	0.0119	8.27
PCS（IrcHB）	0.0018	0.0021	0.0029	0.0024	0.0024	0.0024	0.0019	0.0021	0.0024	0.0025	0.0023	1.60
PCS（IrcHD）	0.0002	-0.0016	-0.0008	0.0016	0.0018	0.0023	0.0021	0.0019	0.0037	0.0033	0.0014	1.01
PCS（IrcHZ）	0.0009	0.0036	0.0035	0.0017	0.0020	0.0031	0.0017	0.0020	0.0037	0.0042	0.0026	1.84
PCS（IrcHN）	0.0015	0.0021	0.0017	0.0014	0.0009	0.0006	0.0007	0.0010	0.0026	0.0019	0.0014	1.00
PCS（IrcXN）	0.0012	0.0026	0.0026	0.0015	0.0018	0.0025	0.0015	0.0008	0.0017	0.0006	0.0017	1.17

续表

年份 指标	2005	2006	2007	2008	2009	2010	2011	2012	2013	2014	均值	贡献率（%）
PCS(IrcXB)	0.0023	0.0026	0.0022	0.0018	0.0020	0.0021	0.0020	0.0017	0.0018	0.0020	0.0021	1.43
PCS(IrcDB)	0.0018	0.0003	0.0014	0.0009	0.0002	-0.0005	-0.0002	-0.0002	-0.0002	-0.0003	0.0003	0.23
PCS(IrcC)	0.0052	0.0077	0.0074	0.0067	0.0047	0.0067	0.0036	0.0053	0.0091	0.0066	0.0063	4.39
PCS(IrcR)	0.0044	0.0041	0.0061	0.0045	0.0063	0.0058	0.0061	0.0039	0.0067	0.0078	0.0056	3.88
PCS(IrcHBC)	-0.0036	-0.0031	-0.0066	-0.0049	-0.0062	-0.0052	-0.0054	-0.0063	-0.0066	-0.0067	-0.0055	-3.80
PCS(IrcHBR)	0.0053	0.0052	0.0095	0.0073	0.0086	0.0077	0.0073	0.0085	0.0090	0.0093	0.0078	5.41
PCS(IrcHDC)	0.0023	0.0030	0.0042	0.0070	0.0079	0.0085	0.0080	0.0082	0.0089	0.0081	0.0066	4.60
PCS(IrcHDR)	-0.0021	-0.0046	-0.0049	-0.0054	-0.0061	-0.0062	-0.0060	-0.0063	-0.0052	-0.0048	-0.0052	-3.60
PCS(IrcHZC)	0.0038	0.0057	0.0046	0.0040	0.0027	0.0051	0.0040	0.0035	0.0036	0.0035	0.0040	2.81

续表

年份 指标	2005	2006	2007	2008	2009	2010	2011	2012	2013	2014	均值	贡献率（%）
PCS ($Irc\ HZR$)	-0.0029	-0.0021	-0.0011	-0.0023	-0.0007	-0.0020	-0.0023	-0.0015	0.0001	0.0006	-0.0014	-0.98
PCS ($Irc\ HNC$)	0.0038	0.0049	0.0059	0.0026	0.0026	0.0030	0.0020	0.0039	0.0056	0.0043	0.0039	2.69
PCS ($Irc\ HNR$)	-0.0023	-0.0028	-0.0043	-0.0013	-0.0017	-0.0024	-0.0014	-0.0029	-0.0030	-0.0023	-0.0024	-1.69
PCS ($Irc\ XNC$)	-0.0050	-0.0051	-0.0039	-0.0061	-0.0057	-0.0062	-0.0071	-0.0059	-0.0055	-0.0055	-0.0056	-3.90
PCS ($Irc\ XNR$)	0.0061	0.0077	0.0065	0.0076	0.0075	0.0087	0.0086	0.0067	0.0072	0.0061	0.0073	5.07
PCS ($Irc\ XBC$)	-0.0006	-0.0003	-0.0016	-0.0003	-0.0007	-0.0002	-0.0006	-0.0005	0.0005	0.0004	-0.0004	-0.27
PCS ($Irc\ XBR$)	0.0028	0.0029	0.0038	0.0021	0.0027	0.0023	0.0027	0.0022	0.0013	0.0016	0.0024	1.70
PCS ($Irc\ DBC$)	0.0044	0.0026	0.0048	0.0044	0.0041	0.0018	0.0027	0.0025	0.0027	0.0024	0.0032	2.25
PCS ($Irc\ DBR$)	-0.0026	-0.0023	-0.0034	-0.0036	-0.0039	-0.0022	-0.0029	-0.0027	-0.0029	-0.0027	-0.0029	-2.02

注：各指标含义如表 3-14 所示。

第三节　包容性视角下基本公共文化
　　　　服务均等化水平测算

上述研究表明，基本公共文化服务区域之间和城乡之间的不均等不存在交叉重叠的问题，证明除区域和城乡以外还有其他影响因素。事实上，基本公共文化服务在城乡、区域和阶层之间分配失衡，弱势群体的公共文化服务供给基本处于被忽视的状态，这应该引起足够的重视。接下来，我们以群众文化机构为老年人、未成年人、残障人士、农民工等弱势群体组织专场文艺活动为例进行测算。我们在得到上述每个弱势群体单项指标不均等程度的基础上，通过加权算术平均法将群众文化机构为老年人、未成年人、残障人士、农民工等组织专场文艺活动的均等化程度进行汇总合成，得到群众文化机构为弱势群体组织专场文艺活动均等化程度的总体指标。

表 3-17 报告了 2011—2014 年群众文化机构为老年人组织专场文艺活动的总体均等化水平。[①] 加权平均后的指标 $MCAA(L)$ 从 2011 年的 0.2065 逐渐下降到 2014 年的 0.1675，下降幅度为 18.89%，表明群众文化机构为老年人组织专场文艺活动的总体均等化水平处于逐年上升趋势。从区域维度优先层级分解的研究视角来看，指标 $MCAA(Br)$、指标 $MCAA(WrBc)$、指标 $MCAA(WrWc)$ 均值占总体不均等指标 $MCAA(L)$ 均值的比例为 5.54%、53.41% 和 41.05%，指标 $MCAA(WrBc)$ 均值占总体不均等指标 $MCAA(L)$ 均值的比重超过指标 $MCAA(Br)$ 和 $MCAA(WrWc)$ 均值占总体不均等均值的比重，表明区域内部城乡之间不均等是群众文化机构为老年人组织专场文艺活动总体不均等最主要的组成部分。从城乡维度优先层级分解的角度看，指标 $MCAA(Bc)$、指标 $MCAA(WcBr)$、指标 $MCAA(WrWc)$ 均值占总体不均等指标 $MCAA(L)$ 均值的比例为 42.64%、16.31% 和 41.05%，表明指标 $MCAA(Bc)$ 是指标 $MCAA(L)$

---

① 由于统计标准存在不一致的情况，群众文化机构为老年人、未成年人、残障人士、农民工等弱势群体组织专场文艺活动的均等化水平以 2011—2014 年为例进行测算。

表 3-17　群众文化机构为老年人组织专场文艺活动均等化指标

指标＼年份	2011	2012	2013	2014	均值	贡献度（%）
MCAA（L）	0.2065	0.1977	0.1893	0.1675	0.1902	100.00
MCAA（Br）	0.0075	0.0128	0.0096	0.0122	0.0105	5.54
MCAA（Bc）	0.0774	0.0749	0.0941	0.0780	0.0811	42.64
MCAA（WrBc）	0.1067	0.1012	0.1040	0.0946	0.1016	53.41
MCAA（WcBr）	0.0368	0.0391	0.0194	0.0287	0.0310	16.31
MCAA（WrWc）	0.0923	0.0836	0.0757	0.0607	0.0781	41.05
MCAA（WrWc HBC）	0.0131	0.0078	0.0068	0.0042	0.0080	4.18
MCAA（WrWc HBR）	0.0016	0.0010	0.0013	0.0005	0.0011	0.57
MCAA（WrWc HDC）	0.0435	0.0461	0.0291	0.0231	0.0355	18.64
MCAA（WrWc HDR）	0.0100	0.0063	0.0065	0.0078	0.0076	4.02
MCAA（WrWc HZC）	0.0041	0.0045	0.0041	0.0024	0.0038	1.99
MCAA（WrWc HZR）	0.0027	0.0019	0.0013	0.0025	0.0021	1.10
MCAA（WrWc HNC）	0.0016	0.0012	0.0026	0.0006	0.0015	0.78
MCAA（WrWc HNR）	0.0009	0.0009	0.0014	0.0013	0.0011	0.59
MCAA（WrWc XNC）	0.0024	0.0034	0.0101	0.0067	0.0056	2.97
MCAA（WrWc XNR）	0.0050	0.0021	0.0029	0.0008	0.0027	1.42
MCAA（WrWc XBC）	0.0050	0.0040	0.0034	0.0059	0.0046	2.40
MCAA（WrWc XBR）	0.0018	0.0022	0.0027	0.0037	0.0026	1.36
MCAA（WrWc DBC）	0.0007	0.0019	0.0028	0.0008	0.0016	0.82
MCAA（WrWc DBR）	0.00001	0.0003	0.0006	0.0006	0.0004	0.20
MCAA（Irc）	0.0293	0.0263	0.0098	0.0165	0.0205	10.77

注：在群众文化机构组织的文艺活动中，MCAA（L）代表为老年人组织专场文艺活动总体均等化水平，MCAA（Br）代表为老年人组织专场文艺活动区域之间均等化水平，MCAA（Bc）代表为老年人组织专场文艺活动城乡之间均等化水平，MCAA（WrBc）代表为老年人组织专场文艺活动区域内部城乡之间均等化水平，MCAA（WcBr）代表为老年人组织专场文艺活动城乡内部区域之间均等化水平，MCAA（WrWc）代表为老年人组织专场文艺活动区域内部城乡内部均等化水平、MCAA（Irc）代表为老年人组织专场文艺活动区域城乡内部的交互作用。在 MCAA（WrBc）、MCAA（WcBr）、MCAA（WrWc）和 MCAA（Irc）的各项构成指标之中，字母 HB、HD、HZ、HN、XN、XB 和 DB 分别代表的是华北地区、华东地区、华中地区、华南地区、西南地区、西北地区和东北地区，字母 C 和 R 分别代表的是城市地区和农村地区。

最主要组成部分。从同时考虑城乡和区域维度双变量非层级分解的角度看，指标 MCAA（Br）、MCAA（Bc）、指标 MCAA（WrWc）和 MCAA

(Irc）均值占总体不均等指标 $MCAA$（L）均值比例为 5.54%、42.64%、41.05% 和 10.77%，表明指标 $MCAA$（Bc）是指标 $MCAA$（L）最重要的组成部分。

表 3-18 报告了 2011—2014 年群众文化机构为未成年人组织专场文艺活动的总体均等化水平。加权平均后的指标 $MCAJ$（L）从 2011 年的 0.1676 逐渐下降到 2014 年的 0.1570，下降幅度为 6.32%，表明群众文化机构为未成年人组织专场文艺活动的总体均等化水平处于上升趋势。从区域维度优先层级分解的研究视角来看，指标 $MCAJ$（Br）、指标 $MCAJ$（$WrBc$）、指标 $MCAJ$（$WrWc$）均值占总体不均等指标 $MCAJ$（L）均值的比例为 5.38%、64.29% 和 30.33%，指标 $MCAJ$（$WrBc$）均值占总体不均等指标 $MCAJ$（L）均值的比重超过指标 $MCAJ$（Br）和 $MCAJ$（$WrWc$）均值占总体不均等均值的比重，表明区域内部城乡之间不均等是群众文化机构为未成年人组织专场文艺活动总体不均等最主要的组成部分。从城乡维度优先层级分解的研究视角来看，指标 $MCAJ$（Bc）、指标 $MCAJ$（$WcBr$）、指标 $MCAJ$（$WrWc$）均值占总体不均等指标 $MCAJ$（L）均值的比例为 58.07%、11.60% 和 30.33%，指标 $MCAJ$（Bc）均值占总体不均等指标 $MCAJ$（L）均值的比重超过指标 $MCAJ$（$WcBr$）和 $MCAJ$（$WrWc$）均值占总体不均等均值的比重，表明城乡之间不均等是群众文化机构为未成年人组织专场文艺活动总体不均等最主要的组成部分。从同时考虑城乡和区域维度双变量非层级分解的研究视角来看，指标 $MCAJ$（Br）、$MCAJ$（Bc）、指标 $MCAJ$（$WrWc$）和 $MCAJ$（Irc）均值占总体不均等指标 $MCAJ$（L）均值的比例为 5.38%、58.07%、30.33% 和 6.22%，表明指标 $MCAJ$（Bc）是指标 $MCAJ$（L）最重要的组成部分。

表 3-18　群众文化机构为未成年人组织专场文艺活动均等化指标

指标＼年份	2011	2012	2013	2014	均值	贡献度（%）
$MCAJ$（L）	0.1676	0.1718	0.1548	0.1570	0.1628	100.00
$MCAJ$（Br）	0.0083	0.0091	0.0098	0.0079	0.0088	5.38
$MCAJ$（Bc）	0.0916	0.1115	0.0749	0.1001	0.0945	58.07

续表

年份 指标	2011	2012	2013	2014	均值	贡献度（%）
$MCAJ(WrBc)$	0.0990	0.1227	0.0857	0.1112	0.1047	64.29
$MCAJ(WcBr)$	0.0157	0.0203	0.0206	0.0190	0.0189	11.60
$MCAJ(WrWc)$	0.0603	0.0400	0.0593	0.0379	0.0494	30.33
$MCAJ(WrWc\ HBC)$	0.0027	0.0040	0.0022	0.0013	0.0026	1.58
$MCAJ(WrWc\ HBR)$	0.0019	0.0024	0.0023	0.0012	0.0020	1.21
$MCAJ(WrWc\ HDC)$	0.0232	0.0112	0.0295	0.0077	0.0179	11.00
$MCAJ(WrWc\ HDR)$	0.0083	0.0043	0.0053	0.0061	0.0060	3.68
$MCAJ(WrWc\ HZC)$	0.0019	0.0033	0.0033	0.0073	0.0040	2.43
$MCAJ(WrWc\ HZR)$	0.0023	0.0010	0.0024	0.0011	0.0017	1.05
$MCAJ(WrWc\ HNC)$	0.0021	0.0026	0.0013	0.0009	0.0017	1.06
$MCAJ(WrWc\ HNR)$	0.0029	0.0023	0.0016	0.0018	0.0021	1.32
$MCAJ(WrWc\ XNC)$	0.0013	0.0007	0.0025	0.0023	0.0017	1.04
$MCAJ(WrWc\ XNR)$	0.0020	0.0003	0.0009	0.0005	0.0009	0.56
$MCAJ(WrWc\ XBC)$	0.0045	0.0018	0.0015	0.0025	0.0026	1.60
$MCAJ(WrWc\ XBR)$	0.0031	0.0037	0.0033	0.0041	0.0035	2.18
$MCAJ(WrWc\ DBC)$	0.0040	0.0022	0.0026	0.0009	0.0024	1.48
$MCAJ(WrWc\ DBR)$	0.0001	0.0003	0.0005	0.0001	0.0002	0.15
$MCAJ(Irc)$	0.0074	0.0112	0.0108	0.0111	0.0101	6.22

注：在群众文化机构组织的文艺活动中，$MCAJ(L)$ 代表为未成年人组织专场文艺活动总体均等化水平，$MCAJ(Br)$ 代表为未成年人组织专场文艺活动区域之间均等化水平，$MCAJ(Bc)$ 代表为未成年人组织专场文艺活动城乡之间均等化水平，$MCAJ(WrBc)$ 代表为未成年人组织专场文艺活动区域内部城乡之间均等化水平，$MCAJ(WcBr)$ 代表为未成年人组织专场文艺活动城乡内部区域之间均等化水平，$MCAJ(WrWc)$ 代表为未成年人组织专场文艺活动区域内部城乡内部均等化水平，$MCAJ(Irc)$ 代表为未成年人组织专场文艺活动区域乡内部的交互作用。在 $MCAJ(WrBc)$、$MCAJ(WcBr)$、$MCAJ(WrWc)$ 和 $MCAJ(Irc)$ 的各项构成指标之中，字母 HB、HD、HZ、HN、XN、XB 和 DB 分别代表华北地区、华东地区、华中地区、华南地区、西南地区、西北地区和东北地区，字母 C 和 R 分别代表城市地区和农村地区。

表 3-19 报告了 2011—2014 年群众文化机构为残障人士组织专场文艺活动的总体均等化水平。加权平均后的指标 $MCAD(L)$ 从 2011 年的 0.2301 逐渐上升到 2014 年的 0.2357，上升幅度为 2.4%，表明群众文化机构为残障人士组织专场文艺活动的总体均等化水平处于逐年下降趋势。

从区域维度优先层级分解的研究视角来看，指标 $MCAD（Br）$、指标 $MCAD（WrBc）$、指标 $MCAD（WrWc）$ 均值占总体不均等指标 $MCAD（L）$ 均值的比例为 7.18%、56.93% 和 35.89%，指标 $MCAD（WrBc）$ 均值占总体不均等指标 $MCAD（L）$ 均值的比重超过指标 $MCAD（Br）$ 和 $MCAD（WrWc）$ 均值占总体不均等均值的比重，表明区域内部城乡之间不均等是群众文化机构为残障人士组织专场文艺活动总体不均等最主要的组成部分。从城乡维度优先层级分解的研究视角来看，指标 $MCAD（Bc）$、指标 $MCAD（WcBr）$、指标 $MCAD（WrWc）$ 均值占总体不均等指标 $MCAD（L）$ 均值的比例为 42.12%、21.99% 和 35.89%，指标 $MCAD（Bc）$ 均值占总体不均等指标 $MCAD（L）$ 均值的比重超过指标 $MCAD（WcBr）$ 和 $MCAD（WrWc）$ 均值占总体不均等均值的比重，表明城乡之间不均等是群众文化机构为残障人士组织专场文艺活动总体不均等最主要的组成部分。从同时考虑城乡和区域维度双变量非层级分解的研究视角来看，指标 $MCAD（Br）$、$MCAD（Bc）$、指标 $MCAD（WrWc）$ 和 $MCAD（Irc）$ 均值占总体不均等指标 $MCAD（L）$ 均值的比例为 7.18%、42.12%、35.89% 和 14.81%，表明指标 $MCAD（Bc）$ 是指标 $MCAD（L）$ 最主要的组成部分。

表 3–19   群众文化机构为残障人士组织专场文艺活动均等化指标

指标\年份	2011	2012	2013	2014	均值	贡献度（%）
$MCAD（L）$	0.2301	0.2446	0.2040	0.2357	0.2286	100.00
$MCAD（Br）$	0.0215	0.0142	0.0124	0.0175	0.0164	7.18
$MCAD（Bc）$	0.0591	0.1134	0.0909	0.1217	0.0963	42.12
$MCAD（WrBc）$	0.0920	0.1655	0.1176	0.1456	0.1302	56.93
$MCAD（WcBr）$	0.0544	0.0663	0.0390	0.0414	0.0503	21.99
$MCAD（WrWc）$	0.1166	0.0649	0.0741	0.0725	0.0820	35.89
$MCAD（WrWc\ HBC）$	0.0231	0.0223	0.0049	0.0052	0.0138	6.06
$MCAD（WrWc\ HBR）$	0.0006	0.0011	0.0020	0.0014	0.0013	0.55
$MCAD（WrWc\ HDC）$	0.0454	0.0099	0.0147	0.0148	0.0212	9.28
$MCAD（WrWc\ HDR）$	0.0165	0.0130	0.0089	0.0109	0.0124	5.41

续表

指标\年份	2011	2012	2013	2014	均值	贡献度（%）
MCAD（WrWc HZC）	0.0027	0.0020	0.0191	0.0214	0.0113	4.95
MCAD（WrWc HZR）	0.0042	0.0012	0.0009	0.0027	0.0023	0.99
MCAD（WrWc HNC）	0.0022	0.0029	0.0038	0.0028	0.0029	1.27
MCAD（WrWc HNR）	0.0036	0.0018	0.0008	0.0006	0.0017	0.74
MCAD（WrWc XNC）	0.0035	0.0009	0.0003	0.0011	0.0014	0.63
MCAD（WrWc XNR）	0.0013	0.0024	0.0018	0.0002	0.0014	0.62
MCAD（WrWc XBC）	0.0066	0.0014	0.0013	0.0053	0.0037	1.60
MCAD（WrWc XBR）	0.0010	0.0031	0.0038	0.0052	0.0033	1.44
MCAD（WrWc DBC）	0.0060	0.0012	0.0102	0.0007	0.0045	1.97
MCAD（WrWc DBR）	0.0001	0.0019	0.0014	0.0002	0.0009	0.38
MCAD（Irc）	0.0329	0.0521	0.0266	0.0239	0.0339	14.81

注：在群众文化机构组织的文艺活动中，MCAD（L）代表为残障人士组织专场文艺活动总体均等化水平，MCAD（Br）代表为残障人士组织专场文艺活动区域之间均等化水平，MCAD（Bc）代表为残障人士组织专场文艺活动城乡之间均等化水平，MCAD（WrBc）代表为残障人士组织专场文艺活动区域内部城乡之间均等化水平，MCAD（WcBr）代表为残障人士组织专场文艺活动城乡内部区域之间均等化水平，MCAD（WrWc）代表为残障人士组织专场文艺活动区域内部城乡内部均等化水平、MCAD（Irc）代表为残障人士组织专场文艺活动区域城乡内部的交互作用。在MCAD（WrBc）、MCAD（WcBr）、MCAD（WrWc）和MCAD（Irc）的各项构成指标之中，字母HB、HD、HZ、HN、XN、XB和DB分别代表华北地区、华东地区、华中地区、华南地区、西南地区、西北地区和东北地区，字母C和R分别代表城市地区和农村地区。

表3-20报告了2011—2014年群众文化机构为农民工组织专场文艺活动的总体均等化水平。加权平均后的指标MCAM（L）从2011年的0.2234逐渐上升到2014年的0.2283，上升幅度为2.19%，表明群众文化机构为农民工组织专场文艺活动的总体均等化水平处于略微下降趋势。从区域维度优先层级分解的研究视角来看，指标MCAM（Br）、指标MCAM（WrBc）、指标MCAM（WrWc）均值占总体不均等指标MCAM（L）均值的比例为5.47%、68.05%和26.48%，指标MCAM（WrBc）均值占总体不均等指标MCAM（L）均值的比重超过指标MCAM（Br）和MCAM（WrWc）均值占总体不均等均值的比重，表明区域内部城乡之间不均等是群众文化机构为农民工组织专场文艺活动总体不均等最主要的组成部分。从城乡维度优先层级分解的研究视角来看，指标MCAM（Bc）、

表 3-20　群众文化机构为农民工组织专场文艺活动均等化指标

指标＼年份	2011	2012	2013	2014	均值	贡献度（%）
MCAM（L）	0.2234	0.2538	0.2248	0.2283	0.2326	100.00
MCAM（Br）	0.0173	0.0088	0.0114	0.0133	0.0127	5.47
MCAM（Bc）	0.1162	0.1288	0.1497	0.1578	0.1381	59.38
MCAM（WrBc）	0.1342	0.1633	0.1653	0.1704	0.1583	68.05
MCAM（WcBr）	0.0353	0.0433	0.0270	0.0259	0.0329	14.14
MCAM（WrWc）	0.0719	0.0818	0.0482	0.0446	0.0616	26.48
MCAM（WrWc HBC）	0.0120	0.0082	0.0103	0.0008	0.0078	3.36
MCAM（WrWc HBR）	0.0005	0.0023	0.0029	0.0002	0.0015	0.63
MCAM（WrWc HDC）	0.0190	0.0402	0.0110	0.0109	0.0203	8.71
MCAM（WrWc HDR）	0.0103	0.0104	0.0048	0.0078	0.0083	3.58
MCAM（WrWc HZC）	0.0003	0.0020	0.0052	0.0085	0.0040	1.71
MCAM（WrWc HZR）	0.0059	0.0029	0.0015	0.0017	0.0030	1.29
MCAM（WrWc HNC）	0.0020	0.0015	0.0026	0.0003	0.0016	0.69
MCAM（WrWc HNR）	0.0031	0.0005	0.0006	0.0007	0.0012	0.53
MCAM（WrWc XNC）	0.0034	0.0009	0.0010	0.0014	0.0017	0.72
MCAM（WrWc XNR）	0.00001	0.0018	0.0006	0.0004	0.0007	0.29
MCAM（WrWc XBC）	0.0066	0.0029	0.0010	0.0032	0.0034	1.48
MCAM（WrWc XBR）	0.0050	0.0052	0.0047	0.0062	0.0053	2.27
MCAM（WrWc DBC）	0.0026	0.0011	0.0004	0.0012	0.0013	0.57
MCAM（WrWc DBR）	0.0011	0.0019	0.0016	0.0014	0.0015	0.65
MCAM（Irc）	0.0180	0.0344	0.0156	0.0126	0.0202	8.67

注：在群众文化机构组织的文化活动中，MCAM（L）代表为农民工组织专场文艺活动总体均等化水平，MCAM（Br）代表为农民工组织专场文艺活动区域之间均等化水平，MCAM（Bc）代表为农民工组织专场文艺活动城乡之间均等化水平，MCAM（WrBc）代表为农民工组织专场文艺活动区域内部城乡之间均等化水平，MCAM（WcBr）代表为农民工组织专场文艺活动城乡内部区域之间均等化水平，MCAM（WrWc）代表为农民工组织专场文艺活动区域内部城乡内部均等化水平、MCAM（Irc）代表为农民工组织专场文艺活动区域城乡内部的交互作用。在 MCAM（WrBc）、MCAM（WcBr）、MCAM（WrWc）和 MCAM（Irc）的各项构成指标之中，字母 HB、HD、HZ、HN、XN、XB 和 DB 分别代表华北地区、华东地区、华中地区、华南地区、西南地区、西北地区和东北地区，字母 C 和 R 分别代表城市地区和农村地区。

指标 MCAM（WcBr）、指标 MCAM（WrWc）均值占总体不均等指标 MCAM（L）均值的比例为 59.38%、14.14% 和 26.48%，表明指标 MCAM（Bc）

是指标 $MCAM(L)$ 最主要的组成部分。从同时考虑城乡和区域维度双变量非层级分解的研究视角来看，指标 $MCAM(Br)$、$MCAM(Bc)$、指标 $MCAM(WrWc)$ 和 $MCAM(Irc)$ 均值占总体不均等指标 $MCAM(L)$ 均值的比例为 5.47%、59.38%、26.48% 和 8.67%，表明指标 $MCAM(Bc)$ 是指标 $MCAM(L)$ 最重要的组成部分。

表 3-21 报告了 2011—2014 年群众文化机构为弱势群体组织专场文艺活动的总体均等化水平。加权平均后的指标 $MCA(L)$ 从 2011 年的 0.2069 逐渐下降到 2014 年的 0.1971，下降幅度为 4.74%，表明群众文化机构为弱势群体组织专场文艺活动的总体均等化水平处于逐年上升趋势。从区域维度优先层级分解的研究视角来看，指标 $MCA(Br)$、指标 $MCA(WrBc)$、指标 $MCA(WrWc)$ 均值占总体不均等指标 $MCA(L)$ 均值的比例为 5.95%、60.75% 和 33.3%，指标 $MCA(WrBc)$ 均值占总体不均等指标 $MCA(L)$ 均值的比重超过指标 $MCA(Br)$ 和 $MCA(WrWc)$ 均值占总体不均等均值的比重，表明区域内部城乡之间不均等是群众文化机构为弱势群体组织专场文艺活动总体不均等最主要的组成部分。从城乡维度优先层级分解的研究视角来看，指标 $MCA(Bc)$、指标 $MCA(WcBr)$、指标 $MCA(WrWc)$ 均值占总体不均等指标 $MCA(L)$ 均值的比例为 50.36%、16.34% 和 33.3%，表明指标 $MCA(Bc)$ 是指标 $MCA(L)$ 最主要的组成部分。从同时考虑城乡和区域维度双变量非层级分解的研究视角来看，指标 $MCA(Br)$、$MCA(Bc)$、指标 $MCA(WrWc)$ 和 $MCA(Irc)$ 均值占总体不均等指标 $MCA(L)$ 均值的比例为 5.95%、50.36%、33.3% 和 10.39%，表明指标 $MCA(Bc)$ 是指标 $MCA(L)$ 最主要的组成部分。

表 3-21　群众文化机构为弱势群体组织专场文艺活动均等化指标

指标＼年份	2011	2012	2013	2014	均值	贡献度（%）
$MCA(L)$	0.2069	0.2170	0.1932	0.1971	0.2036	100.00
$MCA(Br)$	0.0136	0.0112	0.0108	0.0127	0.0121	5.95
$MCA(Bc)$	0.0861	0.1071	0.1024	0.1144	0.1025	50.36

续表

指标 \ 年份	2011	2012	2013	2014	均值	贡献度（%）
$MCA(WrBc)$	0.1080	0.1382	0.1181	0.1304	0.1237	60.75
$MCA(WcBr)$	0.0355	0.0422	0.0265	0.0288	0.0333	16.34
$MCA(WrWc)$	0.0853	0.0676	0.0643	0.0539	0.0678	33.30
$MCA(WrWc\ HBC)$	0.0127	0.0106	0.0061	0.0029	0.0080	3.95
$MCA(WrWc\ HBR)$	0.0011	0.0017	0.0021	0.0009	0.0014	0.71
$MCA(WrWc\ HDC)$	0.0328	0.0268	0.0211	0.0141	0.0237	11.65
$MCA(WrWc\ HDR)$	0.0113	0.0085	0.0064	0.0081	0.0086	4.22
$MCA(WrWc\ HZC)$	0.0023	0.0030	0.0079	0.0099	0.0058	2.83
$MCA(WrWc\ HZR)$	0.0038	0.0017	0.0015	0.0020	0.0023	1.11
$MCA(WrWc\ HNC)$	0.0019	0.0020	0.0026	0.0011	0.0019	0.95
$MCA(WrWc\ HNR)$	0.0026	0.0014	0.0011	0.0011	0.0015	0.76
$MCA(WrWc\ XNC)$	0.0026	0.0015	0.0035	0.0029	0.0026	1.29
$MCA(WrWc\ XNR)$	0.0021	0.0016	0.0016	0.0005	0.0014	0.70
$MCA(WrWc\ XBC)$	0.0057	0.0026	0.0018	0.0042	0.0036	1.75
$MCA(WrWc\ XBR)$	0.0027	0.0035	0.0036	0.0048	0.0037	1.81
$MCA(WrWc\ DBC)$	0.0033	0.0016	0.0040	0.0009	0.0024	1.20
$MCA(WrWc\ DBR)$	0.0003	0.0011	0.0010	0.0006	0.0008	0.37
$MCA(Irc)$	0.0219	0.0310	0.0157	0.0160	0.0212	10.39

注：在群众文化机构组织的文艺活动中，$MCA(L)$代表为弱势群体组织专场文艺活动总体均等化水平，$MCA(Br)$代表为弱势群体组织专场文艺活动区域之间均等化水平，$MCA(Bc)$代表为弱势群体组织专场文艺活动城乡之间均等化水平，$MCA(WrBc)$代表为弱势群体组织专场文艺活动区域内城乡之间均等化水平，$MCA(WcBr)$代表为弱势群体组织专场文艺活动城乡内部区域之间均等化水平，$MCA(WrWc)$代表为弱势群体组织专场文艺活动区域内部城乡内部均等化水平、$MCA(Irc)$代表为弱势群体组织专场文艺活动区域城乡内部交互作用。在$MCA(WrBc)$、$MCA(WcBr)$、$MCA(WrWc)$和$MCA(Irc)$的各项构成指标之中，字母HB、HD、HZ、HN、XN、XB和DB分别代表华北地区、华东地区、华中地区、华南地区、西南地区、西北地区和东北地区，字母C和R分别代表城市地区和农村地区。

第四章　政府潜在财政能力与基本公共文化服务均衡供给

从这一章开始，我们对委托—代理视角下地方政府提供基本公共文化服务激励约束问题进行研究。

众所周知，我国基本公共文化服务基本上采取单一型的政府供给模式，地方政府作为基本公共文化服务最为重要的提供者，在现代公共文化服务体系的构建过程中发挥着极为重要的作用。中央政府只有在委托地方政府提供公共服务的前提条件下，才能够实现基本公共文化服务的均等化和标准化，所以需要设计合理的委托—代理机制促使地方政府贡献最优的努力程度，推动整个国家的基本公共文化服务均等化战略的实现。

接下来需要讨论的是如何运用代表性收入方法测算地方政府的潜在财政能力。我们首先计算出全国第一产业、第二产业、第三产业的平均代表性税率，以及全国一般公共预算非税收入平均征收率，再利用各个产业全国代表性平均税率乘以各级政府第一产业、第二产业、第三产业税基，得到各级政府第一产业、第二产业、第三产业潜在税收收入，同时通过全国一般公共预算非税收入平均征收率乘以各级政府国民生产总值，得到一般公共预算非税潜在财政收入，最后汇总得到各级地方政府潜在税收收入。

在完成地方政府潜在财政能力测算的基础上，我们将进一步研究潜在财政能力对地方政府提供群众艺术馆、文化馆、文化站、图书馆、博物馆、公益艺术表演团体等基本公共文化服务供给可及性的影响，具体而言：我们在同时考虑城乡和区域二维均等的研究视角下，构造出地方政府潜在财政能力影响群众艺术馆、文化馆、文化站、图书馆、博物馆、公益艺术表演团体供给可及性的测算指标，分析地方政府提供群众艺术馆、文化馆、文化站、图书馆、博物馆、公益艺术表演团体各项基本公共文化服务供给的可及性。

通过本章的研究发现，中央政府对地方政府的政绩考核机制需要加大公共文化的考核比重，改变长期以来以GDP增长为核心的政绩考核体系和地方官员的政治晋升机制，同时地方政府在政府偏好选择上要遵循福利经济学的均衡与公正原则，将公共财政资源分配更多地集中于社会公共文化领域，促进经济增长与文化建设的协调发展，减少社会矛盾的积累与激化，进一步提高整体社会的稳定性。

第一节　委托—代理视角下地方政府提供基本公共文化服务财政激励

众所周知，自党的十六大以来国家将构建现代公共文化服务体系作为改善民生的重要举措，根本目的在于让人民群众能够均等地分享社会文化事业发展的成果，而目前基本公共文化服务采用的是单一型政府供给模式，地方政府作为基本公共文化服务最为重要的提供者之一，在构建现代公共文化服务体系的过程中发挥着极为重要的作用。中央政府只有在委托地方政府提供公共服务的前提条件下，才能够实现基本公共文化服务的均等化和标准化，所以需要设计出合理的委托—代理机制促使地方政府贡献最优的努力程度，才能推动整个国家的基本公共文化服务均等化战略的实现。

西方的财政联邦制理论认为，上级政府和下级政府在推动某些具体执政理念或实现重大战略目标过程中的关系可以概括为"委托—代理"关系，也就是说上级政府在履行某项具体重大战略时，可以作为委托人通过对下级政府设计出科学合理的政绩考核体系，激励下级政府也就是代理人贡献出自身最优的努力水平，实现上级政府的某些具体施政理念，或实现自身的某些重大战略目标，但同样值得我们关注的是：作为委托人的上级政府，应该如何界定科学合理的政绩考核体系？上级政府对下级政府的具体政绩考核过程中，应该如何权衡上级政府和下级政府之间的利益关系？应该设计怎样的政绩考核体制，使得上级政府能够有效地激励下级政府增加基本公共文化服务供给，推动基本公共文化服务的均等化和标准化战略？这些问题都是需要我们重点关注的。

从各国学者对于公共服务均等化的研究可以判断，理论界对公共服务均等化领域进行大量的研究，得到相对比较统一的观点是：在考虑居民获得的公共服务收益和所承担的税收负担的前提下，具有相似情况的居民能够获得大致均等的财政剩余，这种均衡性不会由于居民所住区域的不同而存在较大的差异。在这种理念的指导下，公共服务均等化作为各国政府在公共服务供给过程中的一个重要标准，要求不同区域的地方政府要确保以相类似的财政成本，提供服务质量、服务标准大致相似的公共服务，从国家层面上制定统一的标准确保各地的居民享用到均等化的公共服务。

但值得注意的是，由于各级地方政府客观上在自然资源禀赋、税源规模和集中程度、城市化发展程度方面存在较大差异，导致不同区域和城乡之间各级地方政府在财政能力上存在较大差异，进而影响到各级地方政府公共文化产品的供给数量和供给质量，地方政府对此往往通过实施均等化的转移支付制度来均衡不同区域地方政府的财政能力差距。这种研究思路存在的一个重要前提假设是：实现公共服务均等化的关键所在就是保障同一层级的地方政府之间实现财政能力的均等化。按照这种研究思路，我们似乎能够得到以下结论：实现不同区域和城乡之间基本公共文化服务在财政资源上的均衡配置，基本上可以实现同一层面不同政府之间真正意义上的基本公共文化服务均等化。

无可非议的是，这种研究思路不可避免地会存在一定的局限性：在公共服务均等化的执政理念下，上级政府由于均衡下级政府财政能力的需要，通过均等化转移支付制度均衡下级政府之间的财力差距，财政能力弱小地方政府可能由于过度依赖上级政府的转移支付资金，减少自身征收税收收入和非税收入的积极性，使得财政能力弱小的下级政府实际可以征收的财政收入进一步锐减，弱化这种类型的下级政府通过自身的财政努力履行公共服务供给职责的积极性，造成转移支付资金配置过程中各级地方政府的"逆向激励"现象。

上述研究表明，作为委托人的上级政府要如何制定科学合理的政绩考核体系，通过政绩考核约束提高下级政府提供基本公共文化服务的积极性，增加基本公共文化服务的有效供给，在实现基本公共文化服务均等化、标准化战略过程中显得至关重要。此后西方学者在研究公共服务均等化过程中，对于基层政府提供公共服务的财政能力问题的研究不再是西方理论界所关注的重点，学者们更加侧重于通过"委托—代理"关系来研究上级政府和下级政府之间的公共服务供给问题，即上级政府通过制定科学合理的政绩考核体系，激励下级政府的财政努力的积极性，使其拥有足够的财政能力提供相应的公共服务，达到地方公共财政资源和公共服务供给的最优配置。

近些年来，中国政府所推行公共服务均等化模式更倾向于财力均等标准（王伟同，2012），但遗憾的是，实现了各级地方政府的财政均等，未能在中央政府和地方政府之间形成一种科学合理的政绩考核体制，而中央政府也不能通过政绩考核体制提高地方政府提供公共服务的积极性，极大地降低了公共服务供给的可及性，这样的现状决定了国内学术界对公共服务供给的研究也必然集中到如何提高地方政府提供公共服务积极性和公共服务供给可及性方面。通过对主要研究文献的梳理，理论界的研究可以集中为以下三类观点。

一是政府财政能力的视角。一些学者（陈旭佳，2015；曾红颖，2012；汤学兵，2009）认为在现有公共服务主要依靠地方政府实现本辖区范围自我供给的前提下，中国长期以来存在的各级地方政府在自然资源禀赋、税源规模和集中程度、城市化发展程度方面存在较大差异，客观上导致不同区域和城乡之间各级地方政府的财政能力差距，影响到各级地方政府公共文化产品的供给数量和供给质量，降低了公共服务供给的可及性。

二是中国式财政分权的视角。有学者（傅勇等，2007；谭志雄等，2015）认为，现有地方性公共财政结构普遍存在"重基本建设、轻人力资本投资和公共服务"的特征，而以政绩考核为核心的标杆式竞争导致地方政府对公共财政资源不同领域存在配置差异，客观上造成地方政府将公共财政资源配置到不同领域公共服务领域的差异，从而造成不同类型公共服务的可及性存在差异。以此为前提的政策取向自然是在保证地方政府适度积极的前提下,引导地方政府向公共型财政转变。

三是福利经济学的视角。乔宝云等(2005)认为由于公共服务供给成本差异导致教育类公共服务在不同区域之间的供给失衡,降低教育类公共服务的可及性,这将毫无置疑地降低整个社会的福利水平。吕炜等(2010)认为由于各地公共服务供给成本存在较大差距,导致不同地区的地方政府无法提供均等化的公共服务,这将对居民福利水平产生较大影响。

可以判断的是,虽然一些学者对如何提高地方政府公共服务供给的积极性进行了大量的研究,但学者们始终没有将这一概念运用到基本公共文化服务供给领域,特别是在基于上级政府和下级政府客观存在"委托—代理"关系前提下进行深入研究,没有在理论分析的层面上分析如何提高地方政府公共服务供给的积极性和公共服务供给的可及性问题。毋庸置疑的是,中央政府只有在委托地方政府提供公共服务的前提条件下,才能够实现基本公共文化服务的均等化和标准化,所以需要设计合理的委托代理机制促使地方政府贡献最优的努力程度,推动整个国家的基本公共文化服务均等化战略的实现,可作为基本公共文化服务研究下一步拓展的一个重要领域。

一般而言,上级政府和下级政府在履行政府基本公共文化服务职责过程中的关系可以概括为"委托—代理"关系,也就是说上级政府在推动某些具体执政理念或实现重大战略目标时,可作为委托人通过对下级政府设计出科学合理的政绩考核体系,激励下级政府也就是代理人贡献出自身最优努力水平,实现上级政府某些具体执政理念和施政方针。从激励经济学的视角来看,上级政府设计政绩考核机制的侧重点主要在于:

第一是上级政府和下级政府在具体战略的实施过程中,双方对于具体战略资源的投入、实施效果和绩效评估等方面在信息获取上具有不对称性。相对于上级政府而言,下级政府更加了解自身在战略实施过程中的实际努力程度。与此同时,下级政府在向上级政府汇报战略实施过程时也可能会隐含某些关键信息,但上级政府对下级政府的这种行为却无法全部知悉,也不能针对这一事项对下级政府进行有效地监督和管理,因此上级政府无法对重大战略实施效果进行科学和客观的评价。正是由于上级政府对下级政府行为在信息获取上的不完整性，上级政府和下级政府之间客观上存在着信息不对称问题。

第二是上级政府和下级政府在政策目标的选择方面，两者客观上存在着不一致的问题，主要体现为：上级政府侧重的是自身所制定的某些具体执政理念或重大战略目标的实现，而这种执政理念或战略目标很大程度上是出于自身的考虑而制定的，一般而言所解决的是重大社会现实问题，如在所管辖范围内解决生态环境恶化、社会发展失衡、收入差距过大等问题。但下级政府所考虑的侧重点有所不同：下级政府更加侧重于如何在上级政府制定的政绩考核体制中获得更大的政绩，便于下级政府官员在这种以政绩考核为核心的体制中获胜，因此在具体战略的实施中几乎将所有的公共财政资源配置到有利于政绩考核的领域中，但是这公共财政资源的配置倾向在某种程度上又未能完全符合上级政府的某些具体执政理念或重大战略目标的实现，因此在上级政府和下级政府之间也不可避免地会存在政策目标选择的非一致性问题。

针对上述两个问题，上级政府在设计政绩考核机制的时候需要重点考虑的是以下两个约束条件。

第一个约束条件是"激励相容约束"，也就是说上级政府如何通过所设计的政绩考核体制促使下级政府贡献出自身最大的努力程度，使下级政府的政府行为能够围绕上级政府的某些具体执政理念或重大战略目标来展开，从而保证上级政府的执政理念和下级政府两者之间的具体行为存在一致性。

第二个约束条件是"参与约束"，就是上级政府应该如何提高下级政府参与政绩考核的积极性，使得下级政府能够积极主动地参与上级政府的重大战略决策实施过程，促使下级政府在政策执行过程中实现最大限度的自愿性和主动性，而不是被动地去参与上级政府某些战略的具体实施。

显而易见，上级政府在设计政绩考核机制的过程中，需要在考虑"激励相容约束"和"参与约束"两个条件的前提下，提高地方政府提供基本公共文化服务的积极性和基本公共文化服务供给的可及性问题。

基于这种理论假设，我们假设在基本公共文化服务的供给过程中，上级政府能够观察到下级政府基本公共文化服务供给的可及性的情况下，上级政府对下级政府的激励约束机制可表示为：

$$\max \int U\{\gamma(\delta,\eta) - T[\gamma(\delta,\eta)]\} g(\eta) d\eta \quad (4-1)$$

$$\text{s.t.} \int v\{T[(\gamma(\delta,\eta)]\} g(\eta) d\eta - c(\delta) \geq \bar{v} \quad (4-2)$$

式（4-1）、式（4-2）中，δ 代表上级政府所观察到的下级政府提供基本公共文化服务的可及程度，η 代表影响下级政府提供基本公共文化服务过程的某些外生变量，这些外生变量的密度函数可以表示为 $g(\eta)$。通过上述分析可知，下级政府在基本公共文化服务供给过程的可及程度 δ，以及下级政府提供基本公共文化服务的外生变量 η，这两个变量共同决定上级政府在推动基本公共文化服务均等化、标准化这项重要战略任务过程中所获得的收益 $\gamma(\delta,\eta)$。

假设上级政府观察到的下级政府提供基本公共文化服务的可及程度越低，越不利于上级政府实现自身的基本公共文化服务均等化、标准化战略，所以上级政府对此的期望收益值也就越低。按照这种理论分析，我们将 γ 设定为 δ 的递增凹函数。另外，我们将 $T(\gamma)$ 定义为上级政府对下级政府推动基本公共文化服务均等化、标准化这项重要战略任务的政绩考核机制，上级政府将根据推动重要战略任务过程中所获得的收益 γ 实现情况对下级政府进行奖励或惩罚。

进一步而言，$\bar{v}$ 代表的是下级政府在不接受合同的情况下所能够享用到的最大期望效用，$c(\delta)$ 代表的是下级政府在执行上级政府某项重要战略任务的代理成本，$c'>0$ 表示上级政府观察到的基本公共文化服务可及程度较低。综上所述，上级政府的效用函数可表示为 $U[\gamma - T(\gamma)]$，下级政府的效用函数可表示为 $v[T(\gamma)] - c(\delta)$。我们根据以上的前提假设，可以构造出相对应的拉格朗日函数，如式（4-3）所示。

$$L[\delta, T(\gamma)] = \int U\{\gamma(\delta,\eta) - T[\gamma(\delta,\eta)]\} g(\eta) d\eta +$$
$$\lambda \left\{ \int v\{T[\gamma(\delta,\eta)]\} g(\eta) d\eta - c(\delta) - \bar{v} \right\} \quad (4-3)$$

式（4-3）针对 $T(\gamma)$ 和 δ 最优一阶条件分别是式（4-4）和式

(4-5)，如下所示。

$$\frac{U'\left[\gamma - T^*(\gamma)\right]}{v'\left[T^*(\gamma)\right]} = \lambda \qquad (4-4)$$

$$E\left[U'\frac{\partial \gamma}{\partial \delta} - \lambda \frac{\partial c}{\partial \delta}\right] = 0 \qquad (4-5)$$

从式（4-4）的表达可以看出，其主要含义在于上级政府与下级政府的边际效用之比等同于一个常数，这意味着上级政府对下级政府最优政绩考核机制设计应该为 $T^*(\gamma)$。从式（4-5）的表达可以看出，拉格朗日函数第二个最优条件意味着下级政府努力的期望边际收益等于期望边际成本。进一步说，如果上级政府所观察到的下级政府提供基本公共文化服务的可及程度 δ，那么拉格朗日函数的帕累托最优是可以达到的，最优努力水平为满足式（4-5）的 δ^*。按照上述的研究结论，我们可将上级政府和下级政府之间在推动某些具体执政理念或实现重大战略目标时最优合同的条件表达如下：

条件1：当 $\delta = \delta^*$ 时，$T = T^*(\gamma) = T^*\left[\gamma(\delta^*, \eta)\right]$

条件2：当 $\delta < \delta^*$ 时，$T = T'$

条件1的含义是：上级政府在推动某些具体执政理念或实现重大战略目标时，作为委托人要求下级政府选择 δ^*；如果上级政府观测到下级政府提供的基本公共文化服务可及程度 $\delta = \delta^*$，上级政府会根据 $T^*(\gamma(\delta^*, \eta))$ 来奖励下级政府。

条件2的含义是：上级政府在推动某些具体执政理念或实现重大战略目标时，如果下级政府提供的基本公共文化服务可及程度 $\delta < \delta^*$，下级政府得到的收益就只能是 T' 的部分。因此，只要 T' 足够小，下级政府提供的基本公共文化服务可及程度就不会选择 $\delta < \delta^*$。

上述研究表明，在确保上级政府能够观察到下级政府提供基本公共文化服务的积极性和基本公共文化服务供给可及性的前提下，上级政府可以通过委托—代理的模式实现基本公共文化服务在各级政府之间的供给可及性问题，这在理论上是可以实现的。

第二节　潜在财力标准下地方政府财政能力的具体构成及测算

　　前文从委托—代理的视角研究上级政府和下级政府提供基本公共文化服务的激励约束问题。但事实上，基本公共文化服务均等化水平在很大程度上受到提供基本公共文化服务基层政府的财政能力约束，而不同城乡和区域之间各级政府的财政能力约束很大程度上又取决于国家发展战略的变化。在基本公共文化服务主要依靠辖区内的地方政府实现自我供给的模式下，各级地方政府的财政能力在城乡之间、区域之间的非均衡性，是造成基本公共文化服务非均衡供给的客观约束条件之一。

　　为了实现基本公共文化服务在区域之间、城乡之间的均衡供给，上级政府可以利用手中掌握的财政能力，通过均等化转移支付制度的安排，进一步弥补边远地区甚至是落后地区基层政府的财力缺口问题，但是受制于整个国家财政能力弱小的客观现实，在很大程度上难以实现基本公共文化服务均等化。更为重要的是，基本公共文化服务的非均衡供给不能体现出基本公共文化服务供给过程的机会均等原则，弱势群体的正当权利不能得到应有的保障，在理论上也削弱了中央政府和地方政府的执政能力，不利于经济社会发展的繁荣与稳定，也不利于党的十八届五中全会所提出的共享理念的实现。

　　考察财政能力的具体构成首要要考虑的主要问题是如何界定地方政府财政能力范围。纵观学界研究地方政府财政能力领域的参考文献，对地方政府财政能力的研究遵循以下脉络：相当多的研究将地方政府提供公共服务的财力标准等同于地方政府实际取得的财政收入，但是这种研究思路隐含的一个前提假设是：地方政府在公共服务供给过程中体现的财政能力主要是指在平均税收努力条件下从自身税源中取得潜在收入的能力，而非现实中地方政府财政收入的汲取能力（Boex & Martinez-Vazquez，2005）。

　　显而易见，这种研究思路没有考虑到潜在财力和实际财力的本质区别。一些学者对此进行深入探讨，得到比较一致的结论是：在自身资源禀赋、经济发展阶段、人口资源状况等条件大致相似的情况下,地方政府拥有的潜在财力基本上也是大致相同的,但这些地方政府在现实中所获取的实际财政能力却大不相同。之所以会出现这种现象,很大程度上是由于地方政府实际征税努力水平的差异所致:实际征税努力水平较高的地方政府,一般而言拥有较高的实际财政财力;而实际征税努力水平较低的地方政府,往往拥有较低水平的实际财政财力(Manvel,1971)。

财政能力作为地方政府合法性和稳固性的根基所在,在很大程度上集中体现为公共财政资源的汲取能力和配置能力,如果公共财政能力在资源配置上未能有效满足辖区居民的有效需求,势必将降低地方政府财政能力转化的有效性。可以指出的是,在衡量基本公共文化服务供给过程的财力标准选择上,使用潜在财力标准在理论上更具有其合理性,这是由于:其一,潜在财力考虑的是在给定经济发展水平和税收制度下,一个地区可用于公共服务供给的财力,这种财力的差异直接与各地区税基相关(王伟同,2012)。其二,在地方政府无法保证公共服务供给的前提下,中央政府对地方政府实施均等化转移支付,如果按照实际财力标准确定转移支付的资金规模,可能会导致实际财政努力程度较低的下级政府反而获得上级政府更多的转移支付资金,不但违背了财政均等化的基本理念,也不利于提高下级政府的财政努力程度(陈旭佳,2014)。其三,如果以实际收入作为均等化转移支付制度设计中地方政府财政能力的测算依据,可能会导致地方政府由于过度依赖中央政府的转移支付资金而降低财政努力程度而采取的策略行为,造成地方性公共服务供给过程的"逆向激励"(王雍军,2006)。

从上述分析可以看出,大多数学者对基本公共文化服务均等化的研究采用的是实际财力标准(曹爱军,2009;王列生、郭全中、肖庆,2009;张桂琳,2009;王晓洁,2012;王洛忠、李帆,2013;方堃、冷向明,2013;马雪松,2013;冯佳,2015),但采用潜在财力标准的文献则相对较少,有的学者虽然也提出潜在财政收入能力的概念,但在理论解释上仍存在歧义且未能说明它的测算方法。应该指出的是,假设我们的研究仅仅集中在从实际财政能力的角度去研究地方政府的财政能力,则忽略了地方政府由于自身资源禀赋、经济发展阶段、人口资源状况、所处区域位置等客观原因所导致的潜在财政能力差距问题,不利于深入分析地方政府间由于客观因素所导致的财政能力差异,而且从理论上考虑对地方政府财政能力的研究也是不完整的。

为了研究不同区域之间、城乡之间地方政府的潜在财政能力,我们对地方政府潜在财政能力水平进行测算。我们将地方政府潜在财政能力划分为第一产业、第二产业、第三产业的标准税收收入能力,以及一般公共预算非税收入能力。我们首先计算出全国第一产业、第二产业、第三产业的平均代表性税率,以及全国一般公共预算非税收入平均征收率,再利用各个产业全国代表性平均税率乘以各级政府第一产业、第二产业、第三产业税基,得到各级政府第一产业、第二产业、第三产业潜在税收收入,同时通过全国一般公共预算非税收入平均征收率乘以各级政府国民生产总值,得到一般公共预算非税潜在财政收入,最后汇总得到各级地方政府潜在税收收入。按照我国现有的税收法律制度,我们可以将各级政府的潜在税收收入均分为 15 项潜在税收收入能力,具体包括:潜在增值税收入能力、潜在营业税收入能力、潜在企业所得税收入能力、潜在个人所得税收入能力、潜在资源税收入能力、潜在城市维护建设税收入能力、潜在房产税收入能力、潜在印花税收入能力、潜在城镇土地使用税收入能力、潜在土地增值税收入能力、潜在契税收入能力、潜在公共预算非税收入和其他潜在税收收入能力。

我们将潜在财政能力的具体测算过程表示为:

第一,测算全国第一产业、第二产业、第三产业的平均代表性税率,以及全国一般公共预算非税收入平均征收率。根据潜在财政能力的基本测算原理,我们将算式表示为式 (4-6)、式 (4-7)、式 (4-8) 和式 (4-9):

$$\tau_{PI} = TRPI/TBPI \qquad (4-6)$$

式 (4-6) 中,τ_{PI} 代表的是全国第一产业的平均代表性税率,$TRPI$ 代表的是第一产业税收收入,$TBPI$ 代表的是第一产业的税基。其中,第一产业税收收入涵盖了包括国内增值税、国内消费税、营业税、内资企业所得税、外资企业所得税、个人所得税、城市维护建设税、房产税、印花税、城镇土地使用税、土地增值税、车辆购置税、车船税、耕地占用税、契税和其他各税等各项收入。

$$\tau_{SI} = TRSI/TBSI \tag{4-7}$$

式（4-7）中，τ_{SI}代表的是全国第二产业的平均代表性税率，$TRSI$代表的是第二产业税收收入，$TBSI$代表的是第二产业的税基。①

$$\tau_{TI} = TRTI/TBTI \tag{4-8}$$

式（4-8）中，τ_{TI}代表的是全国第三产业的平均代表性税率，$TRTI$代表的是第三产业税收收入，$TBTI$代表的是第三产业的税基。②

$$\tau_{NTR} = NTR/TB \tag{4-9}$$

式（4-9）中，τ_{NTR}代表全国一般公共预算非税收入平均征收率，NTR代表一般公共预算非税收入，TB代表一般公共预算非税收入的征收基础。根据2010年6月财政部下发的《关于将按预算外资金管理的收入纳入预算管理的通知》（财预〔2010〕88号）文件精神，从2011年1月1日起将按预算外资金管理的收入（含以前年度欠缴及未缴财政专户的资金和财政专户结余资金）全部纳入预算管理，因此本章对一般公共预算非税收入的研究范围界定在2011—2014年。

---

① 第二产业税收收入涵盖了采矿业（包括煤炭开采和洗选业、石油和天然气开采业、黑色金属矿采选业、有色金属矿采选业、非金属矿采选业和其他采矿业），制造业（包括农副食品加工业，食品制造业，酒、饮料和精制茶制造业，烟草制品业，纺织业，纺织服装、服饰业，皮革、毛皮、羽毛及其制品和制鞋业，木材加工和木竹藤棕草制品业、家具制造业、造纸和纸制品业、印刷和记录媒介复制业、文教、工美、体育和娱乐用品制造业，石油加工、炼焦和核燃料加工业、化学原料和化学制品制造业，医药制造业，化学纤维制造业，橡胶和塑料制品业，非金属矿物制品业，黑色金属冶炼和压延加工业，有色金属冶炼和压延加工业，金属制品业，通用设备制造业，专用设备制造业，汽车制造业，铁路、船舶、航空航天和其他运输设备制造业，电气机械和器材制造业，计算机、通信和其他电子设备制造业，仪表仪器制造业和其他制造业），电力、热力、燃气及水的生产和供应业（包括电力、热力生产和供应业，燃气生产和供应业和水的生产和供应业），建筑业（包括房屋建筑业、土木工程建筑业、建筑安装业、建筑装饰和其他建筑业）等行业的国地税税收收入总额。其中，国地税税收收入范围与第一产业的相同。

② 第三产业税收收入涵盖了批发和零售业（包括烟草制品批发、煤炭及制品批发、石油及其制品批发、汽车及零配件批发等行业），交通运输、仓储和邮政业（包括交通运输业、仓储业、邮政业等行业），卫生和社会工作，租赁和商务服务业，住宿和餐饮业，教育，信息传输、软件和信息技术服务业（包括电信、广播电视和卫星传输服务业，互联网和相关服务，软件和信息技术服务业），居民服务、修理和其他服务业，金融业（包括银行、金融租赁、资本市场服务、保险业和其他金融业），房地产业，科学研究和技术服务业，公共管理、社会保障和社会组织，文化、体育和娱乐业（包括广播、电视、电影和影视录音制作业，新闻和出版业，娱乐业、体育等行业）和其他行业的国地税税收收入总额。其中，国地税税收收入范围与第一产业的相同。

我们在计算得到全国第一产业、第二产业、第三产业的平均代表性税率，以及全国一般公共预算非税收入平均征收率的基础上，利用全国各个产业平均代表性税率乘以各级政府第一产业、第二产业、第三产业税基，得到各级政府第一产业、第二产业、第三产业的潜在税收收入，并通过全国一般公共预算非税收入平均征收率乘以各级政府国民生产总值，得到一般公共预算非税潜在财政收入，整个计算过程可表示为式（4-10）、式（4-11）、式（4-12）和式（4-13）：

$$PFRPI_i = \tau_{PI} * TBPI_i \qquad (4-10)$$

式（4-10）中，$PFRPI_i$ 代表的是地方政府 i 第一产业的潜在财政收入，$TBPI_i$ 代表的是地方政府 i 第一产业的税基。

$$PFRSI_i = \tau_{SI} * TBSI_i \qquad (4-11)$$

式（4-11）中，$PFRSI_i$ 代表的是地方政府 i 第二产业的潜在财政收入，$TBSI_i$ 代表的是地方政府 i 第二产业的税基。

$$PFRTI_i = \tau_{TI} * TBTI_i \qquad (4-12)$$

式（4-12）中，$PFRTI_i$ 代表的是地方政府 i 第三产业的潜在财政收入，$TBTI_i$ 代表的是地方政府 i 第三产业的税基。

$$PFRNTR_i = \tau_{NTR} * TBNTR_i \qquad (4-13)$$

式（4-13）中，$PFRNTR_i$ 代表的是地方政府 i 公共预算非税收入的潜在财政收入，$TBNTR_i$ 代表的是地方政府 i 公共预算非税收入的征收基础。

最后，我们将各个地方政府 i 的潜在财政收入进行汇总，得到地方政府 i 的潜在财政收入，可表示为式（4-14）：

$$PFRN_i = PFRPI_i + PFRSI_i + PFRTI_i + PFRNTR_i \qquad (4-14)$$

式（4-14）中，$PFRN_i$ 代表的是地方政府 i 潜在的财政收入。根据《中国城市统计年鉴》《中国税务年鉴》《中国统计年鉴》等各项数据的整理，再根据上述式（4-6）到式（4-14）的计算，我们测算出全国省级地方政府城市地区和农村地区潜在的财政能力[①]，计算结果如表4-1到表4-4所示。

---

① 限于数据可得性，本书在研究潜在财政能力时暂不考虑西藏、香港、澳门、台湾等地区。

表 4-1　　地方政府潜在财政能力测算（2011）　　单位：万元

地区	第一产业潜在财力	所占比重（%）	第二产业潜在财力	所占比重（%）	第三产业潜在财力	所占比重（%）	非税潜在财力	所占比重（%）	潜在财力
北京市	2325	0.01	8471229	21.02	27887703	69.19	3942797	9.78	40304053
天津市	2715	0.01	13383064	47.96	11773845	42.20	2743201	9.83	27902825
河北省	50129	0.09	29807570	54.27	19092635	34.76	5970885	10.87	54921219
城市地区	40724	0.10	21847397	52.66	15050470	36.28	4546696	10.96	41485288
农村地区	9406	0.07	7960172	59.25	4042165	30.08	1424189	10.60	13435932
山西省	10880	0.04	14494364	54.83	9224827	34.90	2704793	10.23	26434863
城市地区	9516	0.04	12252391	53.65	8236070	36.07	2338088	10.24	22836066
农村地区	1363	0.04	2241973	62.30	988757	27.47	366704	10.19	3598797
内蒙古自治区	19781	0.06	17258685	52.34	12243235	37.13	3453301	10.47	32975002
城市地区	17646	0.06	15856764	52.40	11224879	37.09	3162707	10.45	30261996
农村地区	2135	0.08	1401921	51.67	1018356	37.54	290595	10.71	2713006
辽宁省	33749	0.06	29917188	52.26	21305013	37.22	5987264	10.46	57243214
城市地区	20654	0.05	21944452	50.52	16995440	39.12	4480398	10.31	43440944
农村地区	13096	0.09	7972736	57.76	4309573	31.22	1506866	10.92	13802271
吉林省	21710	0.09	12667355	51.82	9104742	37.25	2650076	10.84	24443882
城市地区	11807	0.07	9167950	53.03	6278224	36.32	1828947	10.58	17286927
农村地区	9902	0.14	3499405	48.90	2826518	39.49	821129	11.47	7156955
黑龙江省	36690	0.12	15527800	52.76	10538932	35.81	3324870	11.30	29428292
城市地区	25379	0.10	13664816	55.05	8399569	33.84	2733432	11.01	24823196
农村地区	11312	0.25	1862984	40.45	2139363	46.46	591438	12.84	4605096
上海市	2125	0.00	17896632	37.53	25136241	52.71	4656967	9.76	47691965
江苏省	46208	0.04	58177303	49.44	47434241	40.31	12011984	10.21	117669737
城市地区	29569	0.04	33912526	47.23	30515329	42.50	7347644	10.23	71805068
农村地区	16639	0.04	24264777	52.91	16918912	36.89	4664340	10.17	45864668
浙江省	26748	0.04	37295988	49.21	30762229	40.59	7697619	10.16	75782584
城市地区	16599	0.03	24803376	47.35	22270994	42.51	5297865	10.11	52388233
农村地区	10148	0.04	12492513	53.40	8491235	36.30	2400354	10.26	23394351
安徽省	33967	0.10	19483559	56.21	11346655	32.73	3798063	10.96	34662244

续表

地区	第一产业潜在财力	所占比重（%）	第二产业潜在财力	所占比重（%）	第三产业潜在财力	所占比重（%）	非税潜在财力	所占比重（%）	潜在财力
城市地区	31739	0.10	18336384	55.92	10834772	33.04	3587994	10.94	32790890
农村地区	2227	0.12	1147174	61.30	511883	27.35	210069	11.23	1871354
福建省	27644	0.07	20870873	51.59	15279329	37.77	4280468	10.58	40458314
城市地区	20600	0.07	14672966	49.42	11850420	39.91	3145263	10.59	29689249
农村地区	7044	0.07	6197907	57.55	3428909	31.84	1135204	10.54	10769064
江西省	22368	0.09	14970349	57.90	8066956	31.20	2795072	10.81	25854744
城市地区	19012	0.08	12975014	57.51	7135692	31.63	2432674	10.78	22562391
农村地区	3356	0.10	1995335	60.61	931264	28.29	362398	11.01	3292353
山东省	62236	0.06	56080709	52.34	39801842	37.15	11194130	10.45	107138916
城市地区	40906	0.05	37799136	50.78	28448759	38.22	8143742	10.94	74432543
农村地区	21329	0.07	18281573	55.90	11353083	34.71	3050388	9.33	32706373
河南省	59805	0.10	34909725	58.93	17756802	29.97	6513371	10.99	59239704
城市地区	51058	0.12	24344009	55.85	14307100	32.83	4882268	11.20	43584434
农村地区	8747	0.06	10565716	67.49	3449703	22.04	1631104	10.42	15655270
湖北省	35718	0.09	21313817	51.43	15617396	37.68	4479014	10.81	41445945
城市地区	19944	0.06	15738765	50.00	12409100	39.42	3310120	10.52	31477929
农村地区	15774	0.16	5575052	55.93	3208297	32.19	1168894	11.73	9968016
湖南省	41092	0.09	23407789	53.02	15890251	35.99	4809950	10.89	44149083
城市地区	33455	0.09	19272467	51.79	13869258	37.27	4039387	10.85	37214566
农村地区	7637	0.11	4135323	59.63	2020994	29.14	770564	11.11	6934517
广东省	45298	0.04	59157072	47.07	53706356	42.73	12778867	10.17	125687593
城市地区	29711	0.03	53366690	46.64	49534981	43.29	11485913	10.04	114417295
农村地区	15587	0.14	5790382	51.38	4171375	37.01	1292954	11.47	11270298
广西壮族自治区	34985	0.14	12462229	51.23	9019611	37.08	2807755	11.54	24324881
城市地区	32349	0.14	11556901	50.81	8533717	37.52	2620627	11.52	22743594
农村地区	2636	0.17	905328	57.25	486194	30.75	187129	11.83	1581286
海南省	11226	0.23	1612946	33.54	2575275	53.54	610221	12.69	4809667
城市地区	6780	0.18	1258024	33.49	2040014	54.31	451180	12.01	3755998

续表

地区	第一产业潜在财力	所占比重（%）	第二产业潜在财力	所占比重（%）	第三产业潜在财力	所占比重（%）	非税潜在财力	所占比重（%）	潜在财力
农村地区	4446	0.42	354922	33.68	535261	50.80	159042	15.09	1053670
重庆市	14390	0.06	12513695	54.10	8175164	35.34	2428807	10.50	23132056
四川省	45113	0.10	24309162	54.31	15487909	34.60	4920839	10.99	44763024
城市地区	38786	0.10	21457578	54.11	13812770	34.83	4344085	10.96	39653218
农村地区	6328	0.12	2851584	55.81	1675139	32.78	576754	11.29	5109806
贵州省	12368	0.10	5268926	41.74	5958836	47.20	1383294	10.96	12623424
城市地区	11210	0.10	4331862	40.56	5156082	48.28	1179758	11.05	10678910
农村地区	1158	0.06	937065	48.19	802754	41.28	203536	10.47	1944513
云南省	23975	0.13	9009403	48.13	7561717	40.40	2123023	11.34	18718118
城市地区	20926	0.14	7337993	47.38	6357180	41.05	1770410	11.43	15486509
农村地区	3049	0.09	1671410	51.72	1204537	37.27	352613	10.91	3231609
陕西省	170	0.03	169760	31.82	309565	58.03	53960	10.12	533455
城市地区	20693	0.07	15665630	54.99	9772116	34.30	3029628	10.63	28488068
农村地区	20131	0.07	15113903	54.73	9543724	34.56	2937759	10.64	27615517
甘肃省	562	0.06	551727	63.23	228392	26.18	91869	10.53	872550
城市地区	11550	0.10	5698473	51.67	4099858	37.18	1217876	11.04	11027757
农村地区	11162	0.11	5440979	51.91	3869717	36.92	1159927	11.07	10481785
青海省	388	0.07	257494	47.16	230141	42.15	57949	10.61	545972
城市地区	2647	0.07	2119968	56.72	1218521	32.60	396591	10.61	3737727
农村地区	2572	0.08	1640216	54.02	1065780	35.10	327533	10.79	3036101
宁夏回族自治区	75	0.01	479752	68.38	152741	21.77	69058	9.84	701626
城市地区	3136	0.07	2429013	51.26	1806103	38.12	499958	10.55	4738209
农村地区	2773	0.07	1847094	46.62	1691983	42.71	419974	10.60	3961824
新疆维吾尔自治区	363	0.05	581919	74.95	114120	14.70	79984	10.30	776386
城市地区	19398	0.14	7426639	53.50	4840156	34.87	1595015	11.49	13881208
农村地区	13592	0.15	4811092	53.83	3072421	34.37	1041103	11.65	8938207

表4-2　　　　　地方政府潜在财政能力测算（2012）　　　　　单位：万元

地区	第一产业潜在财力	所占比重（%）	第二产业潜在财力	所占比重（%）	第三产业潜在财力	所占比重（%）	非税潜在财力	所占比重（%）	潜在财力
北京市	3451	0.01	9457693	20.06	32937923	69.88	4737069	10.05	47136137
天津市	3941	0.01	15527894	46.29	14598158	43.52	3416177	10.18	33546169
河北省	74301	0.12	33169864	52.77	22513152	35.81	7103646	11.30	62860963
城市地区	60421	0.13	24076025	51.03	17665652	37.44	5376615	11.40	47178713
农村地区	13880	0.09	9093839	57.99	4847500	30.91	1727031	11.01	15682250
山西省	15996	0.05	16353892	53.21	11099647	36.12	3264386	10.62	30733920
城市地区	13983	0.05	13917027	52.08	9955216	37.25	2838265	10.62	26724491
农村地区	2013	0.05	2436865	60.78	1144430	28.54	426121	10.63	4009429
内蒙古自治区	29582	0.07	20714876	52.04	14743482	37.04	4317555	10.85	39805495
城市地区	26362	0.07	18953145	52.04	13496435	37.06	3942991	10.83	36418932
农村地区	3220	0.10	1761731	52.02	1247047	36.82	374565	11.06	3386563
辽宁省	51962	0.08	34072884	50.98	25443819	38.07	7271015	10.88	66839681
城市地区	31855	0.06	24829291	49.07	20318372	40.15	5424595	10.72	50604114
农村地区	20107	0.12	9243593	56.93	5125447	31.57	1846420	11.37	16235567
吉林省	32263	0.11	14674346	50.24	11226864	38.44	3274650	11.21	29208124
城市地区	15009	0.08	10298231	51.80	7410185	37.27	2158457	10.86	19881882
农村地区	17254	0.19	4376115	46.92	3816679	40.92	1116193	11.97	9326242
黑龙江省	58002	0.17	16724749	50.44	12439408	37.51	3938608	11.88	33160767
城市地区	44704	0.16	14518373	51.78	10212684	36.42	3261988	11.63	28037748
农村地区	13298	0.26	2206377	43.07	2226724	43.47	676620	13.21	5123018
上海市	2922	0.01	18303639	34.50	29394323	55.41	5347059	10.08	53047942
江苏省	69443	0.05	66161158	47.37	58654453	42.00	14772876	10.58	139657930
城市地区	45259	0.05	40779546	45.62	39105674	43.75	9458560	10.58	89389039
农村地区	24184	0.05	25381612	50.49	19548779	38.89	5314316	10.57	50268891
浙江省	38485	0.04	40793943	46.80	37160041	42.63	9168142	10.52	87160611
城市地区	23797	0.04	27173511	44.97	26901117	44.52	6322073	10.46	60420498
农村地区	14688	0.05	13620432	50.94	10258924	38.37	2846069	10.64	26740113
安徽省	50059	0.12	22655286	55.03	13793163	33.50	4669772	11.34	41168279

续表

地区	第一产业潜在财力	所占比重（%）	第二产业潜在财力	所占比重（%）	第三产业潜在财力	所占比重（%）	非税潜在财力	所占比重（%）	潜在财力
城市地区	46743	0.12	21262715	54.66	13185741	33.90	4406415	11.33	38901614
农村地区	3316	0.15	1392571	61.44	607422	26.80	263356	11.62	2266665
福建省	41115	0.09	24021659	50.27	18487499	38.69	5238203	10.96	47788475
城市地区	30553	0.09	16831824	48.01	14350551	40.93	3844051	10.97	35056979
农村地区	10561	0.08	7189835	56.47	4136947	32.49	1394152	10.95	12731496
江西省	33023	0.11	16708432	54.56	10453452	34.13	3430308	11.20	30625216
城市地区	28099	0.11	14320310	53.85	9273676	34.87	2972270	11.18	26594354
农村地区	4925	0.12	2388122	59.25	1179776	29.27	458038	11.36	4030861
山东省	89095	0.07	62665863	50.25	48463570	38.86	13481443	10.81	124699972
城市地区	57452	0.07	42860370	49.09	35013100	40.10	9385701	10.75	87316623
农村地区	31643	0.08	19805493	52.98	13450470	35.98	4095743	10.96	37383349
河南省	86178	0.13	38452191	56.61	21643240	31.86	7744752	11.40	67926361
城市地区	73451	0.15	26866052	53.58	17392647	34.68	5813280	11.59	50145430
农村地区	12727	0.07	11586139	65.16	4250592	23.91	1931472	10.86	17780931
湖北省	58106	0.11	25704736	50.80	19137942	37.82	5696999	11.26	50597782
城市地区	33403	0.09	18645664	49.08	15141748	39.86	4170141	10.98	37990956
农村地区	24703	0.20	7059072	55.99	3996194	31.70	1526858	12.11	12606826
湖南省	59846	0.11	27574165	51.72	19686085	36.93	5989892	11.24	53309988
城市地区	48675	0.11	22745352	50.50	17210068	38.21	5039792	11.19	45043887
农村地区	11171	0.14	4828813	58.42	2476017	29.95	950100	11.49	8266101
广东省	65464	0.05	64840489	45.15	63593016	44.28	15119897	10.53	143618865
城市地区	41231	0.03	58453554	44.73	58622031	44.86	13567690	10.38	130684507
农村地区	24232	0.19	6386934	49.38	4970985	38.43	1552207	12.00	12934358
广西壮族自治区	50534	0.18	14317873	49.89	10916914	38.04	3411367	11.89	28696688
城市地区	46684	0.17	13323786	49.54	10336336	38.43	3190115	11.86	26896922
农村地区	3849	0.21	994087	55.23	580579	32.26	221252	12.29	1799767
海南省	16348	0.28	1872769	31.88	3228886	54.96	756489	12.88	5874492
城市地区	9709	0.21	1438617	31.38	2577873	56.22	558986	12.19	4585186

续表

地区	第一产业潜在财力	所占比重(%)	第二产业潜在财力	所占比重(%)	第三产业潜在财力	所占比重(%)	非税潜在财力	所占比重(%)	潜在财力
农村地区	6639	0.51	434152	33.67	651012	50.49	197502	15.32	1289306
重庆市	21603	0.08	13923853	50.09	10828427	38.96	3022924	10.88	27796807
四川省	67024	0.12	29280488	53.47	19196430	35.06	6212192	11.35	54756134
城市地区	57749	0.12	25853903	53.27	17135948	35.31	5489077	11.31	48536677
农村地区	9275	0.15	3426585	55.09	2060482	33.13	723115	11.63	6219458
贵州省	20451	0.13	6187778	39.02	7846911	49.48	1802213	11.37	15857354
城市地区	18617	0.14	4967291	37.27	6813074	51.12	1528611	11.47	13327593
农村地区	1834	0.07	1220487	48.25	1033837	40.87	273602	10.82	2529761
云南省	38020	0.16	10297700	44.25	10206557	43.85	2731537	11.74	23273815
城市地区	33190	0.17	8278045	42.90	8703456	45.11	2280926	11.82	19295617
农村地区	4830	0.12	2019655	50.77	1503102	37.78	450611	11.33	3978198
陕西省	249	0.04	211256	31.88	382268	57.68	68922	10.40	662694
城市地区	31340	0.09	18791935	54.47	11875268	34.42	3803798	11.02	34502341
农村地区	30445	0.09	18101739	54.15	11608121	34.73	3685622	11.03	33425927
甘肃省	896	0.08	690196	64.12	267147	24.82	118176	10.98	1076414
城市地区	17932	0.14	6060103	46.46	5467411	41.92	1496996	11.48	13042442
农村地区	17334	0.14	5767934	46.54	5181527	41.81	1425446	11.50	12392241
青海省	598	0.09	292169	44.94	285884	43.97	71550	11.00	650201
城市地区	4063	0.09	2544609	56.15	1483588	32.74	499301	11.02	4531561
农村地区	3939	0.11	1955516	53.40	1292934	35.30	409925	11.19	3662314
宁夏回族自治区	124	0.01	589093	67.77	190655	21.93	89375	10.28	869247
城市地区	4599	0.08	2699805	47.76	2332059	41.25	616433	10.90	5652896
农村地区	4072	0.09	2017357	42.56	2200602	46.42	518308	10.93	4740340
新疆维吾尔自治区	527	0.06	682448	74.78	131457	14.41	98125	10.75	912557
城市地区	30345	0.18	8297512	49.67	6382502	38.21	1995125	11.94	16705484
农村地区	21501	0.20	5189610	48.63	4163689	39.02	1295807	12.14	10670607

表4-3　　　　　　　　地方政府潜在财政能力测算（2013）　　　　单位：万元

地区	第一产业潜在财力	所占比重（%）	第二产业潜在财力	所占比重（%）	第三产业潜在财力	所占比重（%）	非税潜在财力	所占比重（%）	潜在财力
北京市	4564	0.01	9887607	19.34	36052422	70.51	5183379	10.14	51127973
天津市	5309	0.01	16531232	44.72	16611104	44.93	3819684	10.33	36967329
河北省	95985	0.15	33509058	51.05	24502654	37.33	7532818	11.48	65640515
城市地区	78152	0.16	24102077	49.14	19192499	39.13	5677325	11.57	49050054
农村地区	17833	0.11	9406981	56.70	5310155	32.01	1855492	11.18	16590461
山西省	21804	0.07	15712241	50.62	11942091	38.47	3363446	10.84	31039581
城市地区	19200	0.07	13391947	49.53	10696583	39.56	2929794	10.84	27037523
农村地区	2604	0.07	2320294	57.98	1245508	31.12	433652	10.84	4002058
内蒙古自治区	40021	0.10	20204171	48.49	16824603	40.38	4600218	11.04	41669013
城市地区	35743	0.09	18351193	48.26	15447345	40.62	4190901	11.02	38025181
农村地区	4279	0.12	1852978	50.85	1377258	37.80	409317	11.23	3643832
辽宁省	67371	0.09	35782857	49.85	28019081	39.03	7917709	11.03	71787018
城市地区	42096	0.08	26117806	47.85	22486188	41.20	5937258	10.88	54583348
农村地区	25276	0.15	9665051	56.18	5532893	32.16	1980450	11.51	17203669
吉林省	41464	0.13	15838416	49.85	12290266	38.68	3601989	11.34	31772136
城市地区	20791	0.10	11124160	51.20	8182309	37.66	2401638	11.05	21728896
农村地区	20674	0.21	4714257	46.94	4107958	40.90	1200351	11.95	10043239
黑龙江省	76982	0.22	16817242	47.75	14076008	39.97	4248173	12.06	35218406
城市地区	53217	0.19	14084421	49.23	11099023	38.79	3375490	11.80	28612151
农村地区	23765	0.36	2732821	41.37	2976986	45.06	872683	13.21	6606255
上海市	3655	0.01	18235682	32.37	32345171	57.42	5741988	10.19	56326496
江苏省	93091	0.06	69423075	45.77	65872104	43.43	16278683	10.73	151666953
城市地区	63917	0.06	43603472	44.30	44182092	44.88	10586079	10.75	98435561
农村地区	29174	0.05	25819602	48.50	21690013	40.75	5692604	10.69	53231392
浙江省	49357	0.05	42321209	45.28	41139437	44.01	9961627	10.66	93471630
城市地区	30652	0.05	28079059	43.39	29746561	45.96	6860081	10.60	64716353
农村地区	18705	0.07	14242158	49.53	11392875	39.62	3101545	10.79	28755277
安徽省	65824	0.15	24238030	53.93	15470890	34.43	5165840	11.49	44940584

续表

地区	第一产业潜在财力	所占比重（%）	第二产业潜在财力	所占比重（%）	第三产业潜在财力	所占比重（%）	非税潜在财力	所占比重（%）	潜在财力
城市地区	61438	0.14	22743159	53.54	14801907	34.84	4875669	11.48	42482173
农村地区	4386	0.18	1494871	60.81	668983	27.21	290171	11.80	2458411
福建省	54889	0.11	25721937	49.39	20506876	39.38	5793408	11.12	52077109
城市地区	41306	0.11	17816286	46.82	15956465	41.93	4237585	11.14	38051642
农村地区	13583	0.10	7905651	56.37	4550411	32.44	1555822	11.09	14025467
江西省	43153	0.13	17625086	52.40	12154586	36.14	3811974	11.33	33634799
城市地区	36736	0.13	15120687	51.73	10769588	36.84	3305426	11.31	29232437
农村地区	6417	0.15	2504399	56.89	1384998	31.46	506548	11.51	4402362
山东省	121183	0.09	64800436	48.25	54612808	40.67	14757058	10.99	134291485
城市地区	79343	0.08	44284624	47.18	39244502	41.81	10264138	10.93	93872606
农村地区	41840	0.10	20515813	50.76	15368306	38.02	4492920	11.12	40418879
河南省	113903	0.15	40713507	55.29	24283722	32.98	8520498	11.57	73631631
城市地区	97171	0.18	28808886	52.44	19578844	35.64	6450008	11.74	54934910
农村地区	16733	0.09	11904621	63.67	4704878	25.16	2070490	11.07	18696721
湖北省	78146	0.14	28255760	50.15	21581097	38.30	6427203	11.41	56342206
城市地区	45917	0.11	20309682	48.40	16929389	40.34	4679710	11.15	41964698
农村地区	32229	0.22	7946078	55.27	4651708	32.35	1747493	12.15	14377508
湖南省	78173	0.13	29527090	50.21	22520705	38.30	6680025	11.36	58805993
城市地区	63570	0.13	24257061	48.86	19711597	39.70	5615378	11.31	49647606
农村地区	14602	0.16	5270030	57.54	2809108	30.67	1064648	11.62	9158388
广东省	85943	0.06	66850267	43.16	71423088	46.11	16523598	10.67	154882896
城市地区	55578	0.04	59802662	42.61	65700316	46.82	14780457	10.53	140339012
农村地区	30366	0.21	7047604	48.46	5722772	39.35	1743142	11.99	14543884
广西壮族自治区	67145	0.21	15759240	49.96	11926070	37.80	3794154	12.03	31546609
城市地区	62049	0.21	14664897	49.59	11294533	38.20	3548300	12.00	29569778
农村地区	5096	0.26	1094343	55.36	631537	31.95	245855	12.44	1976831
海南省	21333	0.33	1979305	30.50	3653554	56.29	836350	12.89	6490542
城市地区	12891	0.26	1519401	30.16	2887527	57.31	618329	12.27	5038149

续表

地区	第一产业潜在财力	所占比重（%）	第二产业潜在财力	所占比重（%）	第三产业潜在财力	所占比重（%）	非税潜在财力	所占比重（%）	潜在财力
农村地区	8442	0.58	459903	31.67	766027	52.74	218021	15.01	1452393
重庆市	28269	0.09	14534203	47.54	12645196	41.36	3364233	11.00	30571901
四川省	86264	0.14	31343311	52.17	21764782	36.23	6884591	11.46	60078948
城市地区	74152	0.14	27618137	51.88	19465404	36.56	6080501	11.42	53238194
农村地区	12112	0.18	3725175	54.46	2299378	33.61	804090	11.75	6840755
贵州省	29020	0.16	7368695	39.81	8983022	48.53	2128258	11.50	18508996
城市地区	26506	0.17	5964425	38.40	7739685	49.83	1802886	11.61	15533661
农村地区	2515	0.08	1404270	47.20	1243177	41.78	325373	10.94	2975335
云南省	53451	0.20	11194502	42.82	11782572	45.06	3115496	11.92	26146020
城市地区	46420	0.22	8686330	40.94	9933819	46.82	2551480	12.03	21218049
农村地区	7031	0.14	2508172	50.90	1848753	37.52	564016	11.45	4927972
陕西省	331	0.04	244339	31.64	446438	57.82	81036	10.49	772145
城市地区	42837	0.11	20693059	53.98	13306907	34.71	4295291	11.20	38338095
农村地区	41674	0.11	19865603	53.59	13006446	35.09	4154315	11.21	37068038
甘肃省	1163	0.09	827456	65.15	300461	23.66	140976	11.10	1270056
城市地区	24800	0.17	6408450	44.89	6176904	43.27	1666076	11.67	14276231
农村地区	23902	0.18	6098594	45.00	5845058	43.13	1584688	11.69	13552241
青海省	898	0.12	309857	42.80	331846	45.84	81388	11.24	723989
城市地区	5854	0.12	2735824	55.18	1657896	33.44	558473	11.26	4958048
农村地区	5645	0.14	2112529	52.45	1449278	35.98	460516	11.43	4027968
宁夏回族自治区	210	0.02	623295	67.02	208618	22.43	97957	10.53	930079
城市地区	6288	0.10	2873603	46.70	2591240	42.11	681810	11.08	6152941
农村地区	5608	0.11	2119460	41.26	2440560	47.52	570475	11.11	5135803
新疆维吾尔自治区	680	0.07	754443	74.17	150680	14.81	111335	10.95	1017138
城市地区	41738	0.22	8973193	48.02	7409591	39.65	2262015	12.11	18686536
农村地区	31599	0.26	5667624	47.11	4836362	40.20	1495361	12.43	12030947

表 4-4　　　　　地方政府潜在财政能力测算 (2014)　　　　单位：万元

地区	第一产业潜在财力	所占比重(%)	第二产业潜在财力	所占比重(%)	第三产业潜在财力	所占比重(%)	非税潜在财力	所占比重(%)	潜在财力
北京市	5592	0.01	10051987	18.88	37577599	70.58	5609235	10.53	53244414
天津市	7037	0.02	17173379	44.20	17536715	45.14	4135613	10.64	38852744
河北省	121612	0.18	32769771	49.66	25334388	38.39	7759467	11.76	65985238
城市地区	102133	0.20	24815305	48.26	20405314	39.69	6093497	11.85	51416249
农村地区	19480	0.13	7954466	54.60	4929074	33.83	1665969	11.44	14568989
山西省	27962	0.09	14108849	46.88	12605478	41.88	3354825	11.15	30097115
城市地区	24556	0.09	12046314	45.59	11409529	43.18	2944781	11.14	26425180
农村地区	3406	0.09	2062535	56.17	1195949	32.57	410044	11.17	3671935
内蒙古自治区	50153	0.12	19701431	46.82	17563496	41.74	4763700	11.32	42078780
城市地区	44533	0.12	17995808	46.89	15999249	41.69	4336586	11.30	38376175
农村地区	5620	0.15	1705623	46.07	1564247	42.25	427114	11.54	3702604
辽宁省	81481	0.12	31736060	47.12	27900653	41.43	7633254	11.33	67351448
城市地区	49882	0.09	24045591	45.04	23339914	43.72	5950368	11.15	53385755
农村地区	31599	0.23	7690469	55.07	4560739	32.66	1682886	12.05	13965693
吉林省	50969	0.17	15211296	49.54	11869652	38.66	3573380	11.64	30705298
城市地区	26112	0.12	10865020	50.91	8027233	37.61	2422463	11.35	21340829
农村地区	24857	0.27	4346276	46.41	3842419	41.03	1150917	12.29	9364469
黑龙江省	98222	0.29	15008598	44.60	14351067	42.65	4193471	12.46	33651358
城市地区	66659	0.25	12259009	45.51	11333375	42.07	3277935	12.17	26936977
农村地区	31564	0.47	2749588	40.95	3017691	44.94	915537	13.64	6714380
上海市	4366	0.01	18063691	30.73	34524817	58.73	6197451	10.54	58790325
江苏省	117246	0.07	70728295	44.33	71135648	44.58	17569723	11.01	159550913
城市地区	78418	0.07	44601544	42.43	48869641	46.49	11579987	11.01	105129591
农村地区	38828	0.07	26126751	48.01	22266007	40.91	5989736	11.01	54421322
浙江省	61258	0.06	43030487	44.24	43528323	44.75	10642581	10.94	97262649
城市地区	39605	0.06	29378961	42.56	32087008	46.48	7525051	10.90	69030625
农村地区	21654	0.08	13651526	48.35	11441315	40.53	3117530	11.04	28232025
安徽省	83194	0.17	25384005	53.15	16702426	34.97	5587798	11.70	47757423

续表

地区	第一产业潜在财力	所占比重(%)	第二产业潜在财力	所占比重(%)	第三产业潜在财力	所占比重(%)	非税潜在财力	所占比重(%)	潜在财力
城市地区	77606	0.17	23839533	52.74	16006534	35.41	5281134	11.68	45204807
农村地区	5587	0.22	1544472	60.51	695892	27.26	306664	12.01	2552616
福建省	70409	0.13	27548437	49.59	21613949	38.91	6320492	11.38	55553286
城市地区	52451	0.13	19033707	46.90	16878511	41.59	4621882	11.39	40586552
农村地区	17957	0.12	8514729	56.89	4735438	31.64	1698610	11.35	14966735
江西省	56392	0.16	18694048	52.30	12852994	35.96	4142742	11.59	35746175
城市地区	48803	0.16	16232953	51.67	11500907	36.61	3635669	11.57	31418332
农村地区	7589	0.18	2461095	56.87	1352087	31.24	507073	11.72	4327844
山东省	153970	0.11	65908681	47.24	57754440	41.39	15715870	11.26	139532961
城市地区	103398	0.10	46230865	46.12	42672872	42.57	11240618	11.21	100247753
农村地区	50572	0.13	19677817	50.09	15081568	38.39	4475252	11.39	39285208
河南省	145580	0.19	40135884	51.75	28133767	36.28	9141434	11.79	77556666
城市地区	124005	0.21	28985632	49.79	22150930	38.05	6957065	11.95	58217633
农村地区	21575	0.11	11150252	57.66	5982837	30.94	2184369	11.30	19339033
湖北省	101286	0.17	30145583	49.97	23051878	38.21	7028921	11.65	60327668
城市地区	59105	0.13	21544565	48.12	18063969	40.34	5108451	11.41	44776090
农村地区	42181	0.27	8601018	55.31	4987909	32.07	1920470	12.35	15551578
湖南省	103142	0.17	31011387	49.65	24075816	38.55	7264985	11.63	62455331
城市地区	83732	0.16	25385123	48.26	21037101	39.99	6096349	11.59	52602304
农村地区	19410	0.20	5626264	57.10	3038716	30.84	1168636	11.86	9853026
广东省	110695	0.07	69316986	42.67	75211779	46.29	17826902	10.97	162466363
城市地区	72762	0.05	61800556	42.02	69258682	47.09	15955048	10.85	147087047
农村地区	37933	0.25	7516430	48.87	5953098	38.71	1871854	12.17	15379315
广西壮族自治区	86345	0.25	16628845	48.67	13280033	38.87	4171756	12.21	34166980
城市地区	79812	0.25	15483315	48.28	12602240	39.29	3907523	12.18	32072890
农村地区	6533	0.31	1145530	54.70	677793	32.37	264233	12.62	2094090
海南省	28302	0.41	1933663	27.67	4105621	58.75	920562	13.17	6988148
城市地区	17117	0.31	1484902	27.13	3283371	59.99	687381	12.56	5472771

续表

地区	第一产业潜在财力	所占比重(%)	第二产业潜在财力	所占比重(%)	第三产业潜在财力	所占比重(%)	非税潜在财力	所占比重(%)	潜在财力
农村地区	11185	0.74	448761	29.61	822250	54.26	233181	15.39	1515377
重庆市	37094	0.11	14438937	43.35	15078706	45.27	3750547	11.26	33305283
四川省	110300	0.17	32841783	51.59	23260585	36.54	7441630	11.69	63654297
城市地区	94762	0.17	28748658	51.12	20842113	37.06	6556612	11.66	56242145
农村地区	15537	0.21	4093125	55.22	2418471	32.63	885018	11.94	7412151
贵州省	44585	0.22	8507260	41.88	9330339	45.93	2432680	11.97	20314865
城市地区	40667	0.24	6935776	41.00	7892529	46.65	2049035	12.11	16918007
农村地区	3918	0.12	1571484	46.26	1437810	42.33	383645	11.29	3396857
云南省	69604	0.25	11680040	42.25	12523921	45.31	3369773	12.19	27643338
城市地区	60459	0.27	9179886	40.58	10599692	46.86	2779775	12.29	22619812
农村地区	9145	0.18	2500154	49.77	1924229	38.30	589998	11.74	5023526
陕西省	452	0.05	282518	33.57	467291	55.52	91367	10.86	841628
城市地区	54340	0.13	20997529	52.11	14634843	36.32	4608551	11.44	40295262
农村地区	52809	0.14	20157221	51.70	14316070	36.72	4460019	11.44	38986120
甘肃省	1531	0.12	840308	64.19	318772	24.35	148531	11.35	1309142
城市地区	31489	0.21	6467937	42.84	6801667	45.05	1797428	11.90	15098522
农村地区	30510	0.21	6197499	43.12	6430939	44.74	1714772	11.93	14373720
青海省	979	0.14	270438	37.31	370728	51.15	82657	11.40	724801
城市地区	7548	0.14	2724647	51.75	1927946	36.62	605111	11.49	5265252
农村地区	7071	0.16	2205979	49.69	1711349	38.55	514642	11.59	4439041
宁夏回族自治区	477	0.06	518668	62.78	216597	26.22	90470	10.95	826211
城市地区	7580	0.12	2970153	46.44	2694193	42.13	723703	11.32	6395629
农村地区	6727	0.13	2149990	40.52	2546665	48.00	602592	11.36	5305974
新疆维吾尔自治区	853	0.08	820163	75.27	147529	13.54	121110	11.11	1089654
城市地区	53784	0.27	8685850	43.96	8582692	43.44	2436123	12.33	19758448
农村地区	39206	0.32	4787643	39.63	5722912	47.38	1530148	12.67	12079909

从表 4-1 到表 4-4 我们得到全国省级地方政府城市地区和农村地区潜在的财政能力，接下来根据第三章的研究思路，我们在考虑城乡和区域二维均等的研究视角下，选择效果均等作为主要衡量标准，运用双变量泰尔指数在区域和城乡维度上的空间分解，通过优先考虑城乡维度的双变量泰尔指数层级分析、优先考虑区域维度的双变量泰尔指数层级分析，同时考虑城乡维度和区域维度的双变量泰尔指数的非层级分析三种不同类型的双变量泰尔指数方法，分析不同区域之间、城乡之间各级政府潜在财力的均等化水平，结果如表 4-5 所示[①]。

表 4-5 报告了 2011—2014 年省级地方政府潜在财政能力的总体均等化水平。[②] 加权平均后的指标 $PFR(L)$ 从 2011 年 0.2756 逐渐下降到 2014 年的 0.2645，下降幅度为 4.18%，表明省级地方政府潜在财政能力的总体均等化水平处于逐年上升趋势。从区域维度优先层级分解的研究视角来看，指标 $PFR(Br)$、指标 $PFR(WrBc)$、指标 $PFR(WrWc)$ 均值占总体不均等指标 $PFR(L)$ 均值的比例为 8.79%、56.34% 和 34.86%，表明指标 $PFR(WrBc)$ 是指标 $PFR(L)$ 最主要的组成部分。从城乡维度优先层级分解的角度看，指标 $PFR(Bc)$、指标 $PFR(WcBr)$、指标 $PFR(WrWc)$ 均值占总体不均等指标 $PFR(L)$ 均值的比例为 42.34%、22.8% 和 34.86%，指标 $PFR(Bc)$ 均值占总体不均等指标 $PFR(L)$ 均值比重超过指标 $PFR(WcBr)$ 和 $PFR(WrWc)$ 均值占总体不均等的比重，表明城乡之间不均等是省级地方政府潜在财政能力总体不均等的最主要组成部分。从区域城乡非层级分解的角度看，指标 $PFR(Br)$、$PFR(Bc)$、指标 $PFR(WrWc)$ 和 $PFR(Irc)$ 均值占总体不均等指标 $PFR(L)$ 均值比例为 8.79%、42.34%、34.86% 和 14.01%，表明指标 $PFR(Bc)$ 是指标 $PFR(L)$ 最重要的组成部分。

---

① 测算的人口数据来源于各年度的《中国人口与就业统计年鉴》。
② 根据 2010 年 6 月财政部下发的《关于将按预算外资金管理的收入纳入预算管理的通知》（财预〔2010〕88 号）文件精神，从 2011 年 1 月 1 日起将按预算外资金管理的收入（含以前年度欠缴及未缴财政专户的资金和财政专户结余资金）全部纳入预算管理，因此本章对一般公共预算非税收入的研究范围界定在 2011—2014 年。

表 4-5　地方政府潜在财政能力均等化水平的总体测算（2011—2014）

指标 \ 年份	2011	2012	2013	2014	均值	贡献度（%）
PFR（L）	0.2756	0.2696	0.2640	0.2645	0.2684	100.00
PFR（Br）	0.0268	0.0243	0.0226	0.0207	0.0236	8.79
PFR（Bc）	0.1119	0.1136	0.1117	0.1174	0.1136	42.34
PFR（WrBc）	0.1522	0.1526	0.1488	0.1514	0.1512	56.34
PFR（WcBr）	0.0672	0.0632	0.0597	0.0547	0.0612	22.80
PFR（WrWc）	0.0965	0.0928	0.0926	0.0924	0.0936	34.86
PFR（WrWc HBC）	0.0014	0.0015	0.0017	0.0017	0.0016	0.59
PFR（WrWc HBR）	0.0009	0.0008	0.0009	0.0007	0.0008	0.31
PFR（WrWc HDC）	0.0021	0.0018	0.0016	0.0015	0.0017	0.65
PFR（WrWc HDR）	0.0462	0.0429	0.0435	0.0430	0.0439	16.36
PFR（WrWc HZC）	0.0010	0.0009	0.0009	0.0009	0.0009	0.35
PFR（WrWc HZR）	0.0033	0.0036	0.0039	0.0044	0.0038	1.42
PFR（WrWc HNC）	0.0089	0.0087	0.0087	0.0077	0.0085	3.16
PFR（WrWc HNR）	0.0149	0.0142	0.0145	0.0156	0.0148	5.51
PFR（WrWc XNC）	0.0011	0.0012	0.0011	0.0009	0.0011	0.39
PFR（WrWc XNR）	0.0005	0.0004	0.0005	0.0003	0.0004	0.15
PFR（WrWc XBC）	0.0005	0.0005	0.0006	0.0006	0.0006	0.21
PFR（WrWc XBR）	0.0125	0.0124	0.0120	0.0129	0.0125	4.64
PFR（WrWc DBC）	0.0004	0.0004	0.0004	0.0004	0.0004	0.16
PFR（WrWc DBR）	0.0029	0.0033	0.0024	0.0017	0.0026	0.96
PFR（Irc）	0.0404	0.0389	0.0371	0.0340	0.0376	14.01

注：PFR（L）代表省级地方政府潜在财政能力总体均等化水平，PFR（Br）代表省级地方政府潜在财政能力区域之间均等化水平，PFR（Bc）代表省级地方政府潜在财政能力均等化水平，PFR（WrBc）代表省级地方政府潜在财政能力区域内部城乡之间均等化水平，PFR（WcBr）代表省级地方政府潜在财政能力城乡内部区域之间均等化水平，PFR（WrWc）代表省级地方政府潜在财政能力区域内部城乡内部均等化水平、PFR（Irc）代表省级地方政府潜在财政能力区域城乡内部的交互作用。在 PFR（WrBc）、PFR（WcBr）、PFR（WrWc）和 PFR（Irc）的各项构成指标之中，字母 HB、HD、HZ、HN、XN、XB 和 DB 分别代表华北地区、华东地区、华中地区、华南地区、西南地区、西北地区和东北地区，字母 C 和 R 分别代表城市地区和农村地区。

从区域城乡内部均等化水平指标 PFR（WrWc）的构成来看，华东地区农村内部均等化指标 PFR（WrWc HDR）、华南地区农村内部均等化指标 PFR（WrWc HNR）和西北地区农村内部均等化指标 PFR（WrWc XBR）在 PFR（WrWc）各项构成指标中对总体不均等水平的贡献率最大，分别占总体不均等水平的 16.36%、5.51% 和 4.64%。从增长率方面来看，华中地区农村内部均等化指标 PFR（WrWc HZR）、华北地区城市内部均等化指标 PFR（WrWc HBC）和东北地区城市内部均等化指标 PFR（WrWc DBC）上升幅度分别为 25.36%、20.82% 和 12.9%，上述指标在 PFR（WrWc）各项构成指标中上升幅度最大；西南地区农村内部均等化指标 PFR（WrWc XNR）、东北地区农村内部均等化指标 PFR（WrWc DBR）、华东地区城市内部均等化指标 PFR（WrWc HDC）下降幅度分别为 103.51%、77.35%、33.01%，上述指标在 PFR（WrWc）各项构成指标中下降幅度最大。指标 PFR（Irc）均值为 0.0376，说明城乡与区域的不均等没有受到相互间的重叠影响。

第三节　潜在财力标准下地方政府基本公共文化服务供给的可及性

第二节我们完成了地方政府潜在财力的具体测算，接下来需要解决的问题是潜在财力对地方政府提供群众艺术馆、文化馆、文化站、图书馆、博物馆、公益艺术表演团体等各项基本公共文化服务供给可及性产生的影响。

虽然党的十六届五中全会提出实现公共服务均等化的目标，但时至今日也并未形成令人满意的体制安排。长期以来公共服务在城乡区域之间呈现出一种非均衡的供给格局（田发、周武星，2016；李一花、张冬玉、李雪妍，2015；储德银、赵飞，2013；贾俊雪、高立、秦聪，2012），这样的事实决定了学术界必然将研究的重点放在公共服务的供给机制上，主要集中在如下三个方面。

一是公平与效率关系问题。Barkely（1974）第一次对公共服务供给中存在的公平与效率冲突问题进行了全面的论述。他认为，与城市相比，农村公共服务供给不足，原因在于将公共资源投入城市要比投入农村产生的效率高；然而，公共服务在城乡之间的非均衡供给违背了福利经济学的公平原则，这样就产生了效率与公平的矛盾。应该说，Barkely 对公共服务供给问题的研究具有开创性的贡献,他的观点对于我们研究地方性公共服务供给机制具有启示意义。

二是公共服务的公共治理。Ostrom 等(1993)对发展中国家不同区域和城乡之间的基础设施建设问题进行深入研究,提出了公共服务供给多中心治理的理论。Luo 等(2007)通过分析中国农村 2400 个村庄的调查数据得出结论,村庄直接选举导致了农村公共服务供给的增加。温莹莹(2013)认为由于历史和宗族因素而形成的非正式治理制度,对农村地区公共服务自我供给有积极影响。可以看出,这些学者关注的是如何以合理的方式提供公共服务。

三是公共服务与贫困的关系。Brown 和 Park(2002)对中国 6 个省份贫困县的调查显示,贫困是制约农村教育可及性的重要因素。Yang(2004)则利用四川省的数据证明了增加对农民的教育培训投入有利于帮助他们摆脱贫困。Heerink 等(2009)通过实证研究发现,中国地方政府增加对水土保护的投资,不仅是服务于环境保护的目标,而且有助于生态保护区的经济发展和减少贫困。可以看到的是,有些学者也开始关注公共服务供给可及性问题,但在理论解释上仍存在歧义,而且将这一概念运用到基本公共文化服务领域的研究更是少之又少。

针对公共服务供给机制的研究,国内外已有的成果都存在可供提升和改进的空间。首先,现有文献的研究大多是围绕公共服务领域供给可及性的研究,较少有学者将可及性运用到基本公共文化服务领域,没有建立完整的分析框架进行深入研究,在理论剖析层面仍有待加强。其次,现有的研究文献并没有同时考虑城乡和区域二维均等的研究视角,极大地降低了对现实的解释能力。最后,无论是国内的研究还是国外的研究,都没有在效果均等的研究框架下进行深入研究,即使学者认识到了这一问题,也尚未提出合理的研究框架。

基于上述考虑,本书采用效果均等的衡量标准,建立各级地方政府提供群众艺术馆、文化馆、文化站、图书馆、博物馆、公益艺术表演团体等各项基本公共文化服务可及性的指标体系,判断不同区域和城乡之间居民所享用的基本公共文化服务在供给上是否可及的问题,而对于这一问题的研究无疑具有重要的现实意义。

依据上文 Kam 的研究成果,我们在建立双变量的泰尔指数模型分析的基础上,采用效果均等的衡量标准构造出地方政府潜在财政能力影响基本公共文化服务可及性的测算指标。与第三章的具体界定相类似,基本公共文化服务可及性的测算范围包括了群众艺术馆、文化馆、文化站、图书馆、博物馆、公益艺术表演团体等各项基本公共文化服务的可及性。①

我们构建测算可及性的指标体系,通过实证分析得到上述每个单项指标可及性程度,通过加权算术平均法分别计算出群众艺术馆、文化馆、文化站、图书馆、博物馆、公益艺术表演团体等各项二级指标的可及性,再通过相似方法得到一级指标的可及性。② 具体步骤如下。

第一步,建立测算地方政府潜在财政能力影响公共图书馆供给可及性指标,如表4-6所示。

表4-6　地方政府潜在财政能力影响公共图书馆供给可及性的测算指标

序号	指标	指标含义
1	$IPL(L) = [PL(L)/PFR(L)]_{t+1}^{t}$	$IPL(L)$ 代表地方政府潜在财政能力影响公共图书馆供给的可及性,$PL(L)$ 代表公共图书馆的总体均等化程度,$PFR(L)$ 指标含义如表4-5所示。
2	$IPL(Br) = [PL(Br)/PFR(Br)]_{t+1}^{t}$	$IPL(Br)$ 代表区域之间地方政府潜在财政能力影响公共图书馆供给的可及性,$PL(Br)$ 代表区域之间公共图书馆的均等化程度,$PFR(Br)$ 指标含义如表4-5所示。
3	$IPL(Bc) = [PL(Bc)/PFR(Bc)]_{t+1}^{t}$	$IPL(Bc)$ 代表城乡之间地方政府潜在财政能力影响公共图书馆供给的可及性,$PL(Bc)$ 代表城乡之间公共图书馆的均等化程度,$PFR(Bc)$ 指标含义如表4-5所示。
4	$IPL(WrBc) = [PL(WrBc)/PFR(WrBc)]_{t+1}^{t}$	$IPL(WrBc)$ 代表区域内部城乡之间地方政府潜在财政能力影响公共图书馆供给的可及性,$PL(WrBc)$ 代表区域内部城乡之间公共图书馆的均等化程度,$PFR(WrBc)$ 指标含义如表4-5所示。

① 具体而言,公共图书馆可及性的测算范围涵盖公共图书馆的机构数量、书藏量、有效借书证数、书刊文献外借册次、总服务人次的可及性;群众文化机构可及性的测算范围涵盖公共群众艺术馆、文化馆、文化站的机构数量、组织文艺活动次数、举办艺术展览数量和举办培训班数量的可及性;公益艺术表演团体可及性的测算范围涵盖文艺剧团的机构数量、专业演出人员数量、演出场次和观众数量的可及性;公共博物馆可及性的测算范围涵盖公共博物馆的机构数量、文物藏品数量、举办文物展览数量和参观人数的可及性。

② 测算的人口数据来源于各年度的《中国人口与就业统计年鉴》。

第四章　政府潜在财政能力与基本公共文化服务均衡供给 | 165

续表

序号	指标	指标含义
5	$IPL(WcBr)$ $=[PL(WcBr)/PFR(WcBr)]_{t+1}^{t}$	$IPL(WcBr)$ 代表城乡内部区域之间地方政府潜在财政能力影响公共图书馆供给的可及性，$PL(WcBr)$ 代表城乡内部区域之间公共图书馆的均等化程度，$PFR(WcBr)$ 指标含义如表4-5所示。
6	$IPL(WrWc)$ $=[PL(WrWc)/PFR(WrWc)]_{t+1}^{t}$	$IPL(WrWc)$ 代表区域内部城乡内部地方政府潜在财政能力影响公共图书馆供给的可及性，$PL(WrWc)$ 代表区域内部城乡内部公共图书馆的均等化程度，$PFR(WrWc)$ 指标含义如表4-5所示。
7	$IPL(WrWc\ HBC)$ $=[PL(WrWc\ HBC)/PFR(WrWc\ HBC)]_{t+1}^{t}$	$IPL(WrWc\ HBC)$ 代表华北地区城市内部地方政府潜在财政能力影响公共图书馆供给的可及性，$PL(WrWc\ HBC)$ 代表华北地区城市内部公共图书馆的均等化程度，$PFR(WrWc\ HBC)$ 指标含义如表4-5所示。
8	$IPL(WrWc\ HBR)$ $=[PL(WrWc\ HBR)/PFR(WrWc\ HBR)]_{t+1}^{t}$	$IPL(WrWc\ HBR)$ 代表华北地区农村内部地方政府潜在财政能力影响公共图书馆供给的可及性，$PL(WrWc\ HBR)$ 代表华北地区农村内部公共图书馆的均等化程度，$PFR(WrWc\ HBR)$ 指标含义如表4-5所示。
9	$IPL(WrWc\ HDC)$ $=[PL(WrWc\ HDC)/PFR(WrWc\ HDC)]_{t+1}^{t}$	$IPL(WrWc\ HDC)$ 代表华东地区城市内部地方政府潜在财政能力影响公共图书馆供给的可及性，$PL(WrWc\ HDC)$ 代表华东地区城市内部公共图书馆的均等化程度，$PFR(WrWc\ HDC)$ 指标含义如表4-5所示。
10	$IPL(WrWc\ HDR)$ $=[PL(WrWc\ HDR)/PFR(WrWc\ HDR)]_{t+1}^{t}$	$IPL(WrWc\ HDR)$ 代表华东地区农村内部地方政府潜在财政能力影响公共图书馆供给的可及性，$PL(WrWc\ HDR)$ 代表华东地区农村内部公共图书馆的均等化程度，$PFR(WrWc\ HDR)$ 指标含义如表4-5所示。
11	$IPL(WrWc\ HZC)$ $=[PL(WrWc\ HZC)/PFR(WrWc\ HZC)]_{t+1}^{t}$	$IPL(WrWc\ HZC)$ 代表华中地区城市内部地方政府潜在财政能力影响公共图书馆供给的可及性，$PL(WrWc\ HZC)$ 代表华中地区城市内部公共图书馆的均等化程度，$PFR(WrWc\ HZC)$ 指标含义如表4-5所示。
12	$IPL(WrWc\ HZR)$ $=[PL(WrWc\ HZR)/PFR(WrWc\ HZR)]_{t+1}^{t}$	$IPL(WrWc\ HZR)$ 代表华中地区农村内部地方政府潜在财政能力影响公共图书馆供给的可及性，$PL(WrWc\ HZR)$ 代表华中地区农村内部公共图书馆的均等化程度，$PFR(WrWc\ HZR)$ 指标含义如表4-5所示。
13	$IPL(WrWc\ HNC)$ $=[PL(WrWc\ HNC)/PFR(WrWc\ HNC)]_{t+1}^{t}$	$IPL(WrWc\ HNC)$ 代表华南地区城市内部地方政府潜在财政能力影响公共图书馆供给的可及性，$PL(WrWc\ HNC)$ 代表华南地区城市内部公共图书馆的均等化程度，$PFR(WrWc\ HNC)$ 指标含义如表4-5所示。

续表

序号	指标	指标含义
14	$IPL\ (WrWc\ HNR)$ $=[PL\ (WrWc\ HNR)/$ $PFR\ (WrWc\ HNR)]_{t+1}^{t}$	$IPL\ (WrWc\ HNR)$ 代表华南地区农村内部地方政府潜在财政能力影响公共图书馆供给的可及性，$PL\ (WrWc\ HNR)$ 代表华南地区农村内部公共图书馆的均等化程度，$PFR\ (WrWc\ HNR)$ 指标含义如表4-5所示。
15	$IPL\ (WrWc\ XNC)$ $=[PL\ (WrWc\ XNC)/$ $PFR\ (WrWc\ XNC)]_{t+1}^{t}$	$IPL\ (WrWc\ XNC)$ 代表西南地区城市内部地方政府潜在财政能力影响公共图书馆供给的可及性，$PL\ (WrWc\ XNC)$ 代表西南地区城市内部公共图书馆的均等化程度，$PFR\ (WrWc\ XNC)$ 指标含义如表4-5所示。
16	$IPL\ (WrWc\ XNR)$ $=[PL\ (WrWc\ XNR)/$ $PFR\ (WrWc\ XNR)]_{t+1}^{t}$	$IPL\ (WrWc\ XNR)$ 代表西南地区农村内部地方政府潜在财政能力影响公共图书馆供给的可及性，$PL\ (WrWc\ XNR)$ 代表西南地区农村内部公共图书馆的均等化程度，$PFR\ (WrWc\ XNR)$ 指标含义如表4-5所示。
17	$IPL\ (WrWc\ XBC)$ $=[PL\ (WrWc\ XBC)/$ $PFR\ (WrWc\ XBC)]_{t+1}^{t}$	$IPL\ (WrWc\ XBC)$ 代表西北地区城市内部地方政府潜在财政能力影响公共图书馆供给的可及性，$PL\ (WrWc\ XBC)$ 代表西北地区城市内部公共图书馆的均等化程度，$PFR\ (WrWc\ XBC)$ 指标含义如表4-5所示。
18	$IPL\ (WrWc\ XBR)$ $=[PL\ (WrWc\ XBR)/$ $PFR\ (WrWc\ XBR)]_{t+1}^{t}$	$IPL\ (WrWc\ XBR)$ 代表西北地区农村内部地方政府潜在财政能力影响公共图书馆供给的可及性，$PL\ (WrWc\ XBR)$ 代表西北地区农村内部公共图书馆的均等化程度，$PFR\ (WrWc\ XBR)$ 指标含义如表4-5所示。
19	$IPL\ (WrWc\ DBC)$ $=[PL\ (WrWc\ DBC)/$ $PFR\ (WrWc\ DBC)]_{t+1}^{t}$	$IPL\ (WrWc\ DBC)$ 代表东北地区城市内部地方政府潜在财政能力影响公共图书馆供给的可及性，$PL\ (WrWc\ DBC)$ 代表东北地区城市内部公共图书馆的均等化程度，$PFR\ (WrWc\ DBC)$ 指标含义如表4-5所示。
20	$IPL\ (WrWc\ DBR)$ $=[PL\ (WrWc\ DBR)/$ $PFR\ (WrWc\ DBR)]_{t+1}^{t}$	$IPL\ (WrWc\ DBR)$ 代表东北地区农村内部地方政府潜在财政能力影响公共图书馆供给的可及性，$PL\ (WrWc\ DBR)$ 代表东北地区农村内部公共图书馆的均等化程度，$PFR\ (WrWc\ DBR)$ 指标含义如表4-5所示。
21	$IPL\ (Irc)$ $=[PL\ (Irc)/$ $PFR\ (Irc)]_{t+1}^{t}$	$IPL\ (Irc)$ 代表地方政府潜在财政能力*区域城乡内部交互作用影响公共图书馆供给的可及性，$PL\ (Irc)$ 代表公共图书馆区域城乡内部交互作用，$PFR\ (Irc)$ 指标含义如表4-5所示。

注：表中边际可及性测算指标若测算结果大于1，表示地方政府潜在财政能力对公共图书馆可及效应不显著，数值越大代表着显著性越低；表中边际可及性测算指标若测算结果小于1，表示地方政府潜在财政能力对公共图书馆可及效应较为显著，数值越小代表着显著性越高。在$IPL\ (WrWc)$的各项构成指标之中，字母HB、HD、HZ、HN、XN、XB和DB分别代表华北地区、华东地区、华中地区、华南地区、西南地区、西北地区和东北地区，字母C和R分别代表城市地区和农村地区。

第二步，建立测算地方政府潜在财政能力影响群众文化机构供给可及性指标，如表 4-7 所示。

表 4-7　地方政府潜在财政能力影响群众文化机构供给可及性的测算指标

序号	指标	指标含义
1	$IMC(L)$ $=[MC(L)/PFR(L)]_{t+1}^{t}$	$IMC(L)$ 代表地方政府潜在财政能力影响群众文化机构供给的可及性，$MC(L)$ 代表群众文化机构的总体均等化程度，$PFR(L)$ 指标含义如表 4-5 所示。
2	$IMC(Br)$ $=[MC(Br)/PFR(Br)]_{t+1}^{t}$	$IMC(Br)$ 代表区域之间地方政府潜在财政能力影响群众文化机构供给的可及性，$MC(Br)$ 代表区域之间群众文化机构的均等化程度，$PFR(Br)$ 指标含义如表 4-5 所示。
3	$IMC(Bc)$ $=[MC(Bc)/PFR(Bc)]_{t+1}^{t}$	$IMC(Bc)$ 代表城乡之间地方政府潜在财政能力影响群众文化机构供给的可及性，$MC(Bc)$ 代表城乡之间群众文化机构的均等化程度，$PFR(Bc)$ 指标含义如表 4-5 所示。
4	$IMC(WrBc)$ $=[MC(WrBc)/PFR(WrBc)]_{t+1}^{t}$	$IMC(WrBc)$ 代表区域内部城乡之间地方政府潜在财政能力影响群众文化机构供给的可及性，$MC(WrBc)$ 代表区域内部城乡之间群众文化机构的均等化程度，$PFR(WrBc)$ 指标含义如表 4-5 所示。
5	$IMC(WcBr)$ $=[MC(WcBr)/PFR(WcBr)]_{t+1}^{t}$	$IMC(WcBr)$ 代表城乡内部区域之间地方政府潜在财政能力影响群众文化机构供给的可及性，$MC(WcBr)$ 代表城乡内部区域之间群众文化机构的均等化程度，$PFR(WcBr)$ 指标含义如表 4-5 所示。
6	$IMC(WrWc)$ $=[MC(WrWc)/PFR(WrWc)]_{t+1}^{t}$	$IMC(WrWc)$ 代表区域内部城乡内部地方政府潜在财政能力影响群众文化机构供给的可及性，$MC(WrWc)$ 代表区域内部城乡内部群众文化机构的均等化程度，$PFR(WrWc)$ 指标含义如表 4-5 所示。
7	$IMC(WrWc\ HBC)$ $=[MC(WrWc\ HBC)/PFR(WrWc\ HBC)]_{t+1}^{t}$	$IMC(WrWc\ HBC)$ 代表华北地区城市内部地方政府潜在财政能力影响群众文化机构供给的可及性，$MC(WrWc\ HBC)$ 代表华北地区城市内部群众文化机构的均等化程度，$PFR(WrWc\ HBC)$ 指标含义如表 4-5 所示。
8	$IMC(WrWc\ HBR)$ $=[MC(WrWc\ HBR)/PFR(WrWc\ HBR)]_{t+1}^{t}$	$IMC(WrWc\ HBR)$ 代表华北地区农村内部地方政府潜在财政能力影响群众文化机构供给的可及性，$MC(WrWc\ HBR)$ 代表华北地区农村内部群众文化机构的均等化程度，$PFR(WrWc\ HBR)$ 指标含义如表 4-5 所示。
9	$IMC(WrWc\ HDC)$ $=[MC(WrWc\ HDC)/PFR(WrWc\ HDC)]_{t+1}^{t}$	$IMC(WrWc\ HDC)$ 代表华东地区城市内部地方政府潜在财政能力影响群众文化机构供给的可及性，$MC(WrWc\ HDC)$ 代表华东地区城市内部群众文化机构的均等化程度，$PFR(WrWc\ HDC)$ 指标含义如表 4-5 所示。

续表

序号	指标	指标含义
10	$IMC(WrWc\ HDR)$ $=[MC(WrWc\ HDR)/$ $PFR(WrWc\ HDR)]_{t+1}^{t}$	$IMC(WrWc\ HDR)$ 代表华东地区农村内部地方政府潜在财政能力影响群众文化机构供给的可及性，$MC(WrWc\ HDR)$ 代表华东地区农村内部群众文化机构的均等化程度，$PFR(WrWc\ HDR)$ 指标含义如表4-5所示。
11	$IMC(WrWc\ HZC)$ $=[MC(WrWc\ HZC)/$ $PFR(WrWc\ HZC)]_{t+1}^{t}$	$IMC(WrWc\ HZC)$ 代表华中地区城市内部地方政府潜在财政能力影响群众文化机构供给的可及性，$MC(WrWc\ HZC)$ 代表华中地区城市内部群众文化机构的均等化程度，$PFR(WrWc\ HZC)$ 指标含义如表4-5所示。
12	$IMC(WrWc\ HZR)$ $=[MC(WrWc\ HZR)/$ $PFR(WrWc\ HZR)]_{t+1}^{t}$	$IMC(WrWc\ HZR)$ 代表华中地区农村内部地方政府潜在财政能力影响群众文化机构供给的可及性，$MC(WrWc\ HZR)$ 代表华中地区农村内部群众文化机构的均等化程度，$PFR(WrWc\ HZR)$ 指标含义如表4-5所示。
13	$IMC(WrWc\ HNC)$ $=[MC(WrWc\ HNC)/$ $PFR(WrWc\ HNC)]_{t+1}^{t}$	$IMC(WrWc\ HNC)$ 代表华南地区城市内部地方政府潜在财政能力影响群众文化机构供给的可及性，$MC(WrWc\ HNC)$ 代表华南地区城市内部群众文化机构的均等化程度，$PFR(WrWc\ HNC)$ 指标含义如表4-5所示。
14	$IMC(WrWc\ HNR)$ $=[MC(WrWc\ HNR)/$ $PFR(WrWc\ HNR)]_{t+1}^{t}$	$IMC(WrWc\ HNR)$ 代表华南地区农村内部地方政府潜在财政能力影响群众文化机构供给的可及性，$MC(WrWc\ HNR)$ 代表华南地区农村内部群众文化机构的均等化程度，$PFR(WrWc\ HNR)$ 指标含义如表4-5所示。
15	$IMC(WrWc\ XNC)$ $=[MC(WrWc\ XNC)/$ $PFR(WrWc\ XNC)]_{t+1}^{t}$	$IMC(WrWc\ XNC)$ 代表西南地区城市内部地方政府潜在财政能力影响群众文化机构供给的可及性，$MC(WrWc\ XNC)$ 代表西南地区城市内部群众文化机构的均等化程度，$PFR(WrWc\ XNC)$ 指标含义如表4-5所示。
16	$IMC(WrWc\ XNR)$ $=[MC(WrWc\ XNR)/$ $PFR(WrWc\ XNR)]_{t+1}^{t}$	$IMC(WrWc\ XNR)$ 代表西南地区农村内部地方政府潜在财政能力影响群众文化机构供给的可及性，$MC(WrWc\ XNR)$ 代表西南地区农村内部群众文化机构的均等化程度，$PFR(WrWc\ XNR)$ 指标含义如表4-5所示。
17	$IMC(WrWc\ XBC)$ $=[MC(WrWc\ XBC)/$ $PFR(WrWc\ XBC)]_{t+1}^{t}$	$IMC(WrWc\ XBC)$ 代表西北地区城市内部地方政府潜在财政能力影响群众文化机构供给的可及性，$MC(WrWc\ XBC)$ 代表西北地区城市内部群众文化机构的均等化程度，$PFR(WrWc\ XBC)$ 指标含义如表4-5所示。
18	$IMC(WrWc\ XBR)$ $=[MC(WrWc\ XBR)/$ $PFR(WrWc\ XBR)]_{t+1}^{t}$	$IMC(WrWc\ XBR)$ 代表西北地区农村内部地方政府潜在财政能力影响群众文化机构供给的可及性，$MC(WrWc\ XBR)$ 代表西北地区农村内部群众文化机构的均等化程度，$PFR(WrWc\ XBR)$ 指标含义如表4-5所示。

续表

序号	指标	指标含义
19	$IMC\ (WrWc\ DBC)$ $=[MC\ (WrWc\ DBC)/$ $PFR\ (WrWc\ DBC)]_{t+1}^{t}$	$IMC\ (WrWc\ DBC)$ 代表东北地区城市内部地方政府潜在财政能力影响群众文化机构供给的可及性，$MC\ (WrWc\ DBC)$ 代表东北地区城市内部群众文化机构的均等化程度，$PFR\ (WrWc\ DBC)$ 指标含义如表4-5所示。
20	$IMC\ (WrWc\ DBR)$ $=[MC\ (WrWc\ DBR)/$ $PFR\ (WrWc\ DBR)]_{t+1}^{t}$	$IMC\ (WrWc\ DBR)$ 代表东北地区农村内部地方政府潜在财政能力影响群众文化机构供给的可及性，$MC\ (WrWc\ DBR)$ 代表东北地区农村内部群众文化机构的均等化程度，$PFR\ (WrWc\ DBR)$ 指标含义如表4-5所示。
21	$IMC\ (Irc)$ $=[MC\ (Irc)/$ $PFR\ (Irc)]_{t+1}^{t}$	$IMC\ (Irc)$ 代表地方政府潜在财政能力区域城乡内部交互作用影响群众文化机构供给的可及性，$MC\ (Irc)$ 代表群众文化机构区域城乡内部交互作用，$PFR\ (Irc)$ 指标含义如表4-5所示。

注：表中边际可及性测算指标若计算结果大于1，表示地方政府潜在财政能力对群众文化机构可及效应不显著，数值越大代表着显著性越低；表中边际可及性测算指标若计算结果小于1，表示地方政府潜在财政能力对群众文化机构可及效应较为显著，数值越小代表着显著性越高。在 $IMC\ (WrWc)$ 的各项构成指标之中，字母 HB、HD、HZ、HN、XN、XB 和 DB 分别代表华北地区、华东地区、华中地区、华南地区、西南地区、西北地区和东北地区，字母 C 和 R 分别代表城市地区和农村地区。

第三步，建立测算地方政府潜在财政能力影响公益艺术表演团体供给可及性指标，如表4-8所示。

表4-8　地方政府潜在财政能力影响公益艺术表演团体供给可及性的测算指标

序号	指标	指标含义
1	$IPA\ (L)$ $=[PA\ (L)/$ $PFR\ (L)]_{t+1}^{t}$	$IPA\ (L)$ 代表地方政府潜在财政能力影响公益艺术表演团体供给的可及性，$PA\ (L)$ 代表公益艺术表演团体的总体均等化程度，$PFR\ (L)$ 指标含义如表4-5所示。
2	$IPA\ (Br)$ $=[PA\ (Br)/$ $PFR\ (Br)]_{t+1}^{t}$	$IPA\ (Br)$ 代表区域之间地方政府潜在财政能力影响公益艺术表演团体供给的可及性，$PA\ (Br)$ 代表区域之间公益艺术表演团体的均等化程度，$PFR\ (Br)$ 指标含义如表4-5所示。
3	$IPA\ (Bc)$ $=[PA\ (Bc)/$ $PFR\ (Bc)]_{t+1}^{t}$	$IPA\ (Bc)$ 代表城乡之间地方政府潜在财政能力影响公益艺术表演团体供给的可及性，$PA\ (Bc)$ 代表城乡之间公益艺术表演团体的均等化程度，$PFR\ (Bc)$ 指标含义如表4-5所示。
4	$IPA\ (WrBc)$ $=[PA\ (WrBc)/$ $PFR\ (WrBc)]_{t+1}^{t}$	$IPA\ (WrBc)$ 代表区域内部城乡之间地方政府潜在财政能力影响公益艺术表演团体供给的可及性，$PA\ (WrBc)$ 代表区域内部城乡之间公益艺术表演团体的均等化程度，$PFR\ (WrBc)$ 指标含义如表4-5所示。

续表

序号	指标	指标含义
5	$IPA(WcBr)$ $=[PA(WcBr)/$ $PFR(WcBr)]_{t+1}^{t}$	$IPA(WcBr)$ 代表城乡内部区域之间地方政府潜在财政能力影响公益艺术表演团体供给的可及性，$PA(WcBr)$ 代表城乡内部区域之间公益艺术表演团体的均等化程度，$PFR(WcBr)$ 指标含义如表 4-5 所示。
6	$IPA(WrWc)$ $=[PA(WrWc)/$ $PFR(WrWc)]_{t+1}^{t}$	$IPA(WrWc)$ 代表区域内部城乡内部地方政府潜在财政能力影响公益艺术表演团体供给的可及性，$PA(WrWc)$ 代表区域内部城乡内部公益艺术表演团体的均等化程度，$PFR(WrWc)$ 指标含义如表 4-5 所示。
7	$IPA(WrWc\ HBC)$ $=[PA(WrWc\ HBC)/$ $PFR(WrWc\ HBC)]_{t+1}^{t}$	$IPA(WrWc\ HBC)$ 代表华北地区城市内部地方政府潜在财政能力影响公益艺术表演团体供给的可及性，$PA(WrWc\ HBC)$ 代表华北地区城市内部公益艺术表演团体的均等化程度，$PFR(WrWc\ HBC)$ 指标含义如表 4-5 所示。
8	$IPA(WrWc\ HBR)$ $=[PA(WrWc\ HBR)/$ $PFR(WrWc\ HBR)]_{t+1}^{t}$	$IPA(WrWc\ HBR)$ 代表华北地区农村内部地方政府潜在财政能力影响公益艺术表演团体供给的可及性，$PA(WrWc\ HBR)$ 代表华北地区农村内部公益艺术表演团体的均等化程度，$PFR(WrWc\ HBR)$ 指标含义如表 4-5 所示。
9	$IPA(WrWc\ HDC)$ $=[PA(WrWc\ HDC)/$ $PFR(WrWc\ HDC)]_{t+1}^{t}$	$IPA(WrWc\ HDC)$ 代表华东地区城市内部地方政府潜在财政能力影响公益艺术表演团体供给的可及性，$PA(WrWc\ HDC)$ 代表华东地区城市内部公益艺术表演团体的均等化程度，$PFR(WrWc\ HDC)$ 指标含义如表 4-5 所示。
10	$IPA(WrWc\ HDR)$ $=[PA(WrWc\ HDR)/$ $PFR(WrWc\ HDR)]_{t+1}^{t}$	$IPA(WrWc\ HDR)$ 代表华东地区农村内部地方政府潜在财政能力影响公益艺术表演团体供给的可及性，$PA(WrWc\ HDR)$ 代表华东地区农村内部公益艺术表演团体的均等化程度，$PFR(WrWc\ HDR)$ 指标含义如表 4-5 所示。
11	$IPA(WrWc\ HZC)$ $=[PA(WrWc\ HZC)/$ $PFR(WrWc\ HZC)]_{t+1}^{t}$	$IPA(WrWc\ HZC)$ 代表华中地区城市内部地方政府潜在财政能力影响公益艺术表演团体供给的可及性，$PA(WrWc\ HZC)$ 代表华中地区城市内部公益艺术表演团体的均等化程度，$PFR(WrWc\ HZC)$ 指标含义如表 4-5 所示。
12	$IPA(WrWc\ HZR)$ $=[PA(WrWc\ HZR)/$ $PFR(WrWc\ HZR)]_{t+1}^{t}$	$IPA(WrWc\ HZR)$ 代表华中地区农村内部地方政府潜在财政能力影响公益艺术表演团体供给的可及性，$PA(WrWc\ HZR)$ 代表华中地区农村内部公益艺术表演团体的均等化程度，$PFR(WrWc\ HZR)$ 指标含义如表 4-5 所示。
13	$IPA(WrWc\ HNC)$ $=[PA(WrWc\ HNC)/$ $PFR(WrWc\ HNC)]_{t+1}^{t}$	$IPA(WrWc\ HNC)$ 代表华南地区城市内部地方政府潜在财政能力影响公益艺术表演团体供给的可及性，$PA(WrWc\ HNC)$ 代表华南地区城市内部公益艺术表演团体的均等化程度，$PFR(WrWc\ HNC)$ 指标含义如表 4-5 所示。

第四章　政府潜在财政能力与基本公共文化服务均衡供给 | 171

续表

序号	指标	指标含义
14	$IPA(WrWc\ HNR)$ $=[PA(WrWc\ HNR)/$ $PFR(WrWc\ HNR)]_{t+1}^{t}$	$IPA(WrWc\ HNR)$ 代表华南地区农村内部地方政府潜在财政能力影响公益艺术表演团体供给的可及性，$PA(WrWc\ HNR)$ 代表华南地区农村内部公益艺术表演团体的均等化程度，$PFR(WrWc\ HNR)$ 指标含义如表 4-5 所示。
15	$IPA(WrWc\ XNC)$ $=[PA(WrWc\ XNC)/$ $PFR(WrWc\ XNC)]_{t+1}^{t}$	$IPA(WrWc\ XNC)$ 代表西南地区城市内部地方政府潜在财政能力影响公益艺术表演团体供给的可及性，$PA(WrWc\ XNC)$ 代表西南地区城市内部公益艺术表演团体的均等化程度，$PFR(WrWc\ XNC)$ 指标含义如表 4-5 所示。
16	$IPA(WrWc\ XNR)$ $=[PA(WrWc\ XNR)/$ $PFR(WrWc\ XNR)]_{t+1}^{t}$	$IPA(WrWc\ XNR)$ 代表西南地区农村内部地方政府潜在财政能力影响公益艺术表演团体供给的可及性，$PA(WrWc\ XNR)$ 代表西南地区农村内部公益艺术表演团体的均等化程度，$PFR(WrWc\ XNR)$ 指标含义如表 4-5 所示。
17	$IPA(WrWc\ XBC)$ $=[PA(WrWc\ XBC)/$ $PFR(WrWc\ XBC)]_{t+1}^{t}$	$IPA(WrWc\ XBC)$ 代表西北地区城市内部地方政府潜在财政能力影响公益艺术表演团体供给的可及性，$PA(WrWc\ XBC)$ 代表西北地区城市内部公益艺术表演团体的均等化程度，$PFR(WrWc\ XBC)$ 指标含义如表 4-5 所示。
18	$IPA(WrWc\ XBR)$ $=[PA(WrWc\ XBR)/$ $PFR(WrWc\ XBR)]_{t+1}^{t}$	$IPA(WrWc\ XBR)$ 代表西北地区农村内部地方政府潜在财政能力影响公益艺术表演团体供给的可及性，$PA(WrWc\ XBR)$ 代表西北地区农村内部公益艺术表演团体的均等化程度，$PFR(WrWc\ XBR)$ 指标含义如表 4-5 所示。
19	$IPA(WrWc\ DBC)$ $=[PA(WrWc\ DBC)/$ $PFR(WrWc\ DBC)]_{t+1}^{t}$	$IPA(WrWc\ DBC)$ 代表东北地区城市内部地方政府潜在财政能力影响公益艺术表演团体供给的可及性，$PA(WrWc\ DBC)$ 代表东北地区城市内部公益艺术表演团体的均等化程度，$PFR(WrWc\ DBC)$ 指标含义如表 4-5 所示。
20	$IPA(WrWc\ DBR)$ $=[PA(WrWc\ DBR)/$ $PFR(WrWc\ DBR)]_{t+1}^{t}$	$IPA(WrWc\ DBR)$ 代表东北地区农村内部地方政府潜在财政能力影响公益艺术表演团体供给的可及性，$PA(WrWc\ DBR)$ 代表东北地区农村内部公益艺术表演团体的均等化程度，$PFR(WrWc\ DBR)$ 指标含义如表 4-5 所示。
21	$IPA(Irc)$ $=[PA(Irc)/$ $PFR(Irc)]_{t+1}^{t}$	$IPA(Irc)$ 代表地方政府潜在财政能力区域城乡内部交互作用影响公益艺术表演团体供给的可及性，$PA(Irc)$ 代表公益艺术表演团体区域城乡内部交互作用，$PFR(Irc)$ 指标含义如表 4-5 所示。

注：表中边际可及性测算指标若测算结果大于 1，表示地方政府潜在财政能力对公益艺术表演团体可及效应不显著，数值越大代表着显著性越低；表中边际可及性测算指标若测算结果小于 1，表示地方政府潜在财政能力对公益艺术表演团体可及效应较为显著，数值越小代表着显著性越高。在 $IPA(WrWc)$ 的各项构成指标之中，字母 HB、HD、HZ、HN、XN、XB 和 DB 分别代表华北地区、华东地区、华中地区、华南地区、西南地区、西北地区和东北地区，字母 C 和 R 分别代表城市地区和农村地区。

第四步,建立测算地方政府潜在财政能力影响公共博物馆供给可及性指标,如表4-9所示。

表4-9 地方政府潜在财政能力影响公共博物馆供给可及性的测算指标

序号	指标	指标含义
1	$IPM(L)$ $=[PM(L)/$ $PFR(L)]_{t+1}^{t}$	$IPM(L)$ 代表地方政府潜在财政能力影响公共博物馆供给的可及性,$PM(L)$ 代表公共博物馆的总体均等化程度,$PFR(L)$ 指标含义如表4-5所示。
2	$IPM(Br)$ $=[PM(Br)/$ $PFR(Br)]_{t+1}^{t}$	$IPM(Br)$ 代表区域之间地方政府潜在财政能力影响公共博物馆供给的可及性,$PM(Br)$ 代表区域之间公共博物馆的均等化程度,$PFR(Br)$ 指标含义如表4-5所示。
3	$IPM(Bc)$ $=[PM(Bc)/$ $PFR(Bc)]_{t+1}^{t}$	$IPM(Bc)$ 代表城乡之间地方政府潜在财政能力影响公共博物馆供给的可及性,$PM(Bc)$ 代表城乡之间公共博物馆的均等化程度,$PFR(Bc)$ 指标含义如表4-5所示。
4	$IPM(WrBc)$ $=[PM(WrBc)/$ $PFR(WrBc)]_{t+1}^{t}$	$IPM(WrBc)$ 代表区域内部城乡之间地方政府潜在财政能力影响公共博物馆供给的可及性,$PM(WrBc)$ 代表区域内部城乡之间公共博物馆的均等化程度,$PFR(WrBc)$ 指标含义如表4-5所示。
5	$IPM(WcBr)$ $=[PM(WcBr)/$ $PFR(WcBr)]_{t+1}^{t}$	$IPM(WcBr)$ 代表城乡内部区域之间地方政府潜在财政能力影响公共博物馆供给的可及性,$PM(WcBr)$ 代表城乡内部区域之间公共博物馆的均等化程度,$PFR(WcBr)$ 指标含义如表4-5所示。
6	$IPM(WrWc)$ $=[PM(WrWc)/$ $PFR(WrWc)]_{t+1}^{t}$	$IPM(WrWc)$ 代表区域内部城乡内部地方政府潜在财政能力影响公共博物馆供给的可及性,$PM(WrWc)$ 代表区域内部城乡内部公共博物馆的均等化程度,$PFR(WrWc)$ 指标含义如表4-5所示。
7	$IPM(WrWc\ HBC)$ $=[PM(WrWc\ HBC)/$ $PFR(WrWc\ HBC)]_{t+1}^{t}$	$IPM(WrWc\ HBC)$ 代表华北地区城市内部地方政府潜在财政能力影响公共博物馆供给的可及性,$PM(WrWc\ HBC)$ 代表华北地区城市内部公共博物馆的均等化程度,$PFR(WrWc\ HBC)$ 指标含义如表4-5所示。
8	$IPM(WrWc\ HBR)$ $=[PM(WrWc\ HBR)/$ $PFR(WrWc\ HBR)]_{t+1}^{t}$	$IPM(WrWc\ HBR)$ 代表华北地区农村内部地方政府潜在财政能力影响公共博物馆供给的可及性,$PM(WrWc\ HBR)$ 代表华北地区农村内部公共博物馆的均等化程度,$PFR(WrWc\ HBR)$ 指标含义如表4-5所示。
9	$IPM(WrWc\ HDC)$ $=[PM(WrWc\ HDC)/$ $PFR(WrWc\ HDC)]_{t+1}^{t}$	$IPM(WrWc\ HDC)$ 代表华东地区城市内部地方政府潜在财政能力影响公共博物馆供给的可及性,$PM(WrWc\ HDC)$ 代表华东地区城市内部公共博物馆的均等化程度,$PFR(WrWc\ HDC)$ 指标含义如表4-5所示。

续表

序号	指标	指标含义
10	$IPM\ (WrWc\ HDR)$ $=[PM\ (WrWc\ HDR)/$ $PFR\ (WrWc\ HDR)]_{t+1}^{t}$	$IPM\ (WrWc\ HDR)$ 代表华东地区农村内部地方政府潜在财政能力影响公共博物馆供给的可及性，$PM\ (WrWc\ HDR)$ 代表华东地区农村内部公共博物馆的均等化程度，$PFR\ (WrWc\ HDR)$ 指标含义如表 4-5 所示。
11	$IPM\ (WrWc\ HZC)$ $=[PM\ (WrWc\ HZC)/$ $PFR\ (WrWc\ HZC)]_{t+1}^{t}$	$IPM\ (WrWc\ HZC)$ 代表华中地区城市内部地方政府潜在财政能力影响公共博物馆供给的可及性，$PM\ (WrWc\ HZC)$ 代表华中地区城市内部公共博物馆的均等化程度，$PFR\ (WrWc\ HZC)$ 指标含义如表 4-5 所示。
12	$IPM\ (WrWc\ HZR)$ $=[PM\ (WrWc\ HZR)/$ $PFR\ (WrWc\ HZR)]_{t+1}^{t}$	$IPM\ (WrWc\ HZR)$ 代表华中地区农村内部地方政府潜在财政能力影响公共博物馆供给的可及性，$PM\ (WrWc\ HZR)$ 代表华中地区农村内部公共博物馆的均等化程度，$PFR\ (WrWc\ HZR)$ 指标含义如表 4-5 所示。
13	$IPM\ (WrWc\ HNC)$ $=[PM\ (WrWc\ HNC)/$ $PFR\ (WrWc\ HNC)]_{t+1}^{t}$	$IPM\ (WrWc\ HNC)$ 代表华南地区城市内部地方政府潜在财政能力影响公共博物馆供给的可及性，$PM\ (WrWc\ HNC)$ 代表华南地区城市内部公共博物馆的均等化程度，$PFR\ (WrWc\ HNC)$ 指标含义如表 4-5 所示。
14	$IPM\ (WrWc\ HNR)$ $=[PM\ (WrWc\ HNR)/$ $PFR\ (WrWc\ HNR)]_{t+1}^{t}$	$IPM\ (WrWc\ HNR)$ 代表华南地区农村内部地方政府潜在财政能力影响公共博物馆供给的可及性，$PM\ (WrWc\ HNR)$ 代表华南地区农村内部公共博物馆的均等化程度，$PFR\ (WrWc\ HNR)$ 指标含义如表 4-5 所示。
15	$IPM\ (WrWc\ XNC)$ $=[PM\ (WrWc\ XNC)/$ $PFR\ (WrWc\ XNC)]_{t+1}^{t}$	$IPM\ (WrWc\ XNC)$ 代表西南地区城市内部地方政府潜在财政能力影响公共博物馆供给的可及性，$PM\ (WrWc\ XNC)$ 代表西南地区城市内部公共博物馆的均等化程度，$PFR\ (WrWc\ XNC)$ 指标含义如表 4-5 所示。
16	$IPM\ (WrWc\ XNR)$ $=[PM\ (WrWc\ XNR)/$ $PFR\ (WrWc\ XNR)]_{t+1}^{t}$	$IPM\ (WrWc\ XNR)$ 代表西南地区农村内部地方政府潜在财政能力影响公共博物馆供给的可及性，$PM\ (WrWc\ XNR)$ 代表西南地区农村内部公共博物馆的均等化程度，$PFR\ (WrWc\ XNR)$ 指标含义如表 4-5 所示。
17	$IPM\ (WrWc\ XBC)$ $=[PM\ (WrWc\ XBC)/$ $PFR\ (WrWc\ XBC)]_{t+1}^{t}$	$IPM\ (WrWc\ XBC)$ 代表西北地区城市内部地方政府潜在财政能力影响公共博物馆供给的可及性，$PM\ (WrWc\ XBC)$ 代表西北地区城市内部公共博物馆的均等化程度，$PFR\ (WrWc\ XBC)$ 指标含义如表 4-5 所示。
18	$IPM\ (WrWc\ XBR)$ $=[PM\ (WrWc\ XBR)/$ $PFR\ (WrWc\ XBR)]_{t+1}^{t}$	$IPM\ (WrWc\ XBR)$ 代表西北地区农村内部地方政府潜在财政能力影响公共博物馆供给的可及性，$PM\ (WrWc\ XBR)$ 代表西北地区农村内部公共博物馆的均等化程度，$PFR\ (WrWc\ XBR)$ 指标含义如表 4-5 所示。

续表

序号	指标	指标含义
19	$IPM\ (WrWc\ DBC)$ $=[PM\ (WrWc\ DBC)/$ $PFR\ (WrWc\ DBC)]_{t+1}^{t}$	$IPM\ (WrWc\ DBC)$ 代表东北地区城市内部地方政府潜在财政能力影响公共博物馆供给的可及性，$PM\ (WrWc\ DBC)$ 代表东北地区城市内部公共博物馆的均等化程度，$PFR\ (WrWc\ DBC)$ 指标含义如表4-5所示。
20	$IPM\ (WrWc\ DBR)$ $=[PM\ (WrWc\ DBR)/$ $PFR\ (WrWc\ DBR)]_{t+1}^{t}$	$IPM\ (WrWc\ DBR)$ 代表东北地区农村内部地方政府潜在财政能力影响公共博物馆供给的可及性，$PM\ (WrWc\ DBR)$ 代表东北地区农村内部公共博物馆的均等化程度，$PFR\ (WrWc\ DBR)$ 指标含义如表4-5所示。
21	$IPM\ (Irc)$ $=[PM\ (Irc)/$ $PFR\ (Irc)]_{t+1}^{t}$	$IPM\ (Irc)$ 代表地方政府潜在财政能力区域城乡内部交互作用影响公共博物馆供给的可及性，$PM\ (Irc)$ 代表公共博物馆区域城乡内部交互作用，$PFR\ (Irc)$ 指标含义如表4-5所示。

注：表中边际可及性测算指标若测算结果大于1，表示地方政府潜在财政能力对公共博物馆可及效应不显著，数值越大代表着显著性越低；表中边际可及性测算指标若测算结果小于1，表示地方政府潜在财政能力对公共博物馆可及效应较为显著，数值越小代表着显著性越高。在 $IPM\ (WrWc)$ 的各项构成指标之中，字母 HB、HD、HZ、HN、XN、XB 和 DB 分别代表华北地区、华东地区、华中地区、华南地区、西南地区、西北地区和东北地区，字母 C 和 R 分别代表城市地区和农村地区。

第五步，建立测算地方政府潜在财政能力影响基本公共文化服务供给可及性指标，如表4-10所示：

表4-10　地方政府潜在财政能力影响基本公共文化服务供给可及性的测算指标

序号	指标	指标含义
1	$IPCS\ (L)$ $=[PCS\ (L)/$ $PFR\ (L)]_{t+1}^{t}$	$IPCS\ (L)$ 代表地方政府潜在财政能力影响基本公共文化服务供给的可及性，$PCS\ (L)$ 代表基本公共文化服务的总体均等化程度，$PFR\ (L)$ 指标含义如表4-5所示。
2	$IPCS\ (Br)$ $=[PCS\ (Br)/$ $PFR\ (Br)]_{t+1}^{t}$	$IPCS\ (Br)$ 代表区域之间地方政府潜在财政能力影响基本公共文化服务供给的可及性，$PCS\ (Br)$ 代表区域之间基本公共文化服务的均等化程度，$PFR\ (Br)$ 指标含义如表4-5所示。
3	$IPCS\ (Bc)$ $=[PCS\ (Bc)/$ $PFR\ (Bc)]_{t+1}^{t}$	$IPCS\ (Bc)$ 代表城乡之间地方政府潜在财政能力影响基本公共文化服务供给的可及性，$PCS\ (Bc)$ 代表城乡之间基本公共文化服务的均等化程度，$PFR\ (Bc)$ 指标含义如表4-5所示。
4	$IPCS\ (WrBc)$ $=[PCS\ (WrBc)/$ $PFR\ (WrBc)]_{t+1}^{t}$	$IPCS\ (WrBc)$ 代表区域内部城乡之间地方政府潜在财政能力影响基本公共文化服务供给的可及性，$PCS\ (WrBc)$ 代表区域内部城乡之间基本公共文化服务的均等化程度，$PFR\ (WrBc)$ 指标含义如表4-5所示。

续表

序号	指标	指标含义
5	$IPCS(WcBr)$ $=[PCS(WcBr)/$ $PFR(WcBr)]_{t+1}^{t}$	$IPCS(WcBr)$ 代表城乡内部区域之间地方政府潜在财政能力影响基本公共文化服务供给的可及性，$PCS(WcBr)$ 代表城乡内部区域之间基本公共文化服务的均等化程度，$PFR(WcBr)$ 指标含义如表4-5所示。
6	$IPCS(WrWc)$ $=[PCS(WrWc)/$ $PFR(WrWc)]_{t+1}^{t}$	$IPCS(WrWc)$ 代表区域内部城乡内部地方政府潜在财政能力影响基本公共文化服务供给的可及性，$PCS(WrWc)$ 代表区域内部城乡内部基本公共文化服务的均等化程度，$PFR(WrWc)$ 指标含义如表4-5所示。
7	$IPCS(WrWc\ HBC)$ $=[PCS(WrWc\ HBC)/$ $PFR(WrWc\ HBC)]_{t+1}^{t}$	$IPCS(WrWc\ HBC)$ 代表华北地区城市内部地方政府潜在财政能力影响基本公共文化服务供给的可及性，$PCS(WrWc\ HBC)$ 代表华北地区城市内部基本公共文化服务的均等化程度，$PFR(WrWc\ HBC)$ 指标含义如表4-5所示。
8	$IPCS(WrWc\ HBR)$ $=[PCS(WrWc\ HBR)/$ $PFR(WrWc\ HBR)]_{t+1}^{t}$	$IPCS(WrWc\ HBR)$ 代表华北地区农村内部地方政府潜在财政能力影响基本公共文化服务供给的可及性，$PCS(WrWc\ HBR)$ 代表华北地区农村内部基本公共文化服务的均等化程度，$PFR(WrWc\ HBR)$ 指标含义如表4-5所示。
9	$IPCS(WrWc\ HDC)$ $=[PCS(WrWc\ HDC)/$ $PFR(WrWc\ HDC)]_{t+1}^{t}$	$IPCS(WrWc\ HDC)$ 代表华东地区城市内部地方政府潜在财政能力影响基本公共文化服务供给的可及性，$PCS(WrWc\ HDC)$ 代表华东地区城市内部基本公共文化服务的均等化程度，$PFR(WrWc\ HDC)$ 指标含义如表4-5所示。
10	$IPCS(WrWc\ HDR)$ $=[PCS(WrWc\ HDR)/$ $PFR(WrWc\ HDR)]_{t+1}^{t}$	$IPCS(WrWc\ HDR)$ 代表华东地区农村内部地方政府潜在财政能力影响基本公共文化服务供给的可及性，$PCS(WrWc\ HDR)$ 代表华东地区农村内部基本公共文化服务的均等化程度，$PFR(WrWc\ HDR)$ 指标含义如表4-5所示。
11	$IPCS(WrWc\ HZC)$ $=[PCS(WrWc\ HZC)/$ $PFR(WrWc\ HZC)]_{t+1}^{t}$	$IPCS(WrWc\ HZC)$ 代表华中地区城市内部地方政府潜在财政能力影响基本公共文化服务供给的可及性，$PCS(WrWc\ HZC)$ 代表华中地区城市内部基本公共文化服务的均等化程度，$PFR(WrWc\ HZC)$ 指标含义如表4-5所示。
12	$IPCS(WrWc\ HZR)$ $=[PCS(WrWc\ HZR)/$ $PFR(WrWc\ HZR)]_{t+1}^{t}$	$IPCS(WrWc\ HZR)$ 代表华中地区农村内部地方政府潜在财政能力影响基本公共文化服务供给的可及性，$PCS(WrWc\ HZR)$ 代表华中地区农村内部基本公共文化服务的均等化程度，$PFR(WrWc\ HZR)$ 指标含义如表4-5所示。
13	$IPCS(WrWc\ HNC)$ $=[PCS(WrWc\ HNC)/$ $PFR(WrWc\ HNC)]_{t+1}^{t}$	$IPCS(WrWc\ HNC)$ 代表华南地区城市内部地方政府潜在财政能力影响基本公共文化服务供给的可及性，$PCS(WrWc\ HNC)$ 代表华南地区城市内部基本公共文化服务的均等化程度，$PFR(WrWc\ HNC)$ 指标含义如表4-5所示。

续表

序号	指标	指标含义
14	$IPCS(WrWc\ HNR)$ $=[PCS(WrWc\ HNR)/$ $PFR(WrWc\ HNR)]_{t+1}^{t}$	$IPCS(WrWc\ HNR)$ 代表华南地区农村内部地方政府潜在财政能力影响基本公共文化服务供给的可及性,$PCS(WrWc\ HNR)$ 代表华南地区农村内部基本公共文化服务的均等化程度,$PFR(WrWc\ HNR)$ 指标含义如表4-5所示。
15	$IPCS(WrWc\ XNC)$ $=[PCS(WrWc\ XNC)/$ $PFR(WrWc\ XNC)]_{t+1}^{t}$	$IPCS(WrWc\ XNC)$ 代表西南地区城市内部地方政府潜在财政能力影响基本公共文化服务供给的可及性,$PCS(WrWc\ XNC)$ 代表西南地区城市内部基本公共文化服务的均等化程度,$PFR(WrWc\ XNC)$ 指标含义如表4-5所示。
16	$IPCS(WrWc\ XNR)$ $=[PCS(WrWc\ XNR)/$ $PFR(WrWc\ XNR)]_{t+1}^{t}$	$IPCS(WrWc\ XNR)$ 代表西南地区农村内部地方政府潜在财政能力影响基本公共文化服务供给的可及性,$PCS(WrWc\ XNR)$ 代表西南地区农村内部基本公共文化服务的均等化程度,$PFR(WrWc\ XNR)$ 指标含义如表4-5所示。
17	$IPCS(WrWc\ XBC)$ $=[PCS(WrWc\ XBC)/$ $PFR(WrWc\ XBC)]_{t+1}^{t}$	$IPCS(WrWc\ XBC)$ 代表西北地区城市内部地方政府潜在财政能力影响基本公共文化服务供给的可及性,$PCS(WrWc\ XBC)$ 代表西北地区城市内部基本公共文化服务的均等化程度,$PFR(WrWc\ XBC)$ 指标含义如表4-5所示。
18	$IPCS(WrWc\ XBR)$ $=[PCS(WrWc\ XBR)/$ $PFR(WrWc\ XBR)]_{t+1}^{t}$	$IPCS(WrWc\ XBR)$ 代表西北地区农村内部地方政府潜在财政能力影响基本公共文化服务供给的可及性,$PCS(WrWc\ XBR)$ 代表西北地区农村内部基本公共文化服务的均等化程度,$PFR(WrWc\ XBR)$ 指标含义如表4-5所示。
19	$IPCS(WrWc\ DBC)$ $=[PCS(WrWc\ DBC)/$ $PFR(WrWc\ DBC)]_{t+1}^{t}$	$IPCS(WrWc\ DBC)$ 代表东北地区城市内部地方政府潜在财政能力影响基本公共文化服务供给的可及性,$PCS(WrWc\ DBC)$ 代表东北地区城市内部基本公共文化服务的均等化程度,$PFR(WrWc\ DBC)$ 指标含义如表4-5所示。
20	$IPCS(WrWc\ DBR)$ $=[PCS(WrWc\ DBR)/$ $PFR(WrWc\ DBR)]_{t+1}^{t}$	$IPCS(WrWc\ DBR)$ 代表东北地区农村内部地方政府潜在财政能力影响基本公共文化服务供给的可及性,$PCS(WrWc\ DBR)$ 代表东北地区农村内部基本公共文化服务的均等化程度,$PFR(WrWc\ DBR)$ 指标含义如表4-5所示。
21	$IPCS(Irc)$ $=[PCS(Irc)/$ $PFR(Irc)]_{t+1}^{t}$	$IPCS(Irc)$ 代表地方政府潜在财政能力区域城乡内部交互作用影响基本公共文化服务供给的可及性,$PCS(Irc)$ 代表基本公共文化服务区域城乡内部交互作用,$PFR(Irc)$ 指标含义如表4-5所示。

注：表中边际可及性测算指标若测算结果大于1,表示地方政府潜在财政能力对基本公共文化服务可及效应不显著,数值越大代表着显著性越低；表中边际可及性测算指标若测算结果小于1,表示地方政府潜在财政能力对基本公共文化服务可及效应较为显著,数值越小代表着显著性越高。在$IPCS(WrWc)$ 的各项构成指标之中,字母HB、HD、HZ、HN、XN、XB和DB分别代表华北地区、华东地区、华中地区、华南地区、西南地区、西北地区和东北地区,字母C和R分别代表城市地区和农村地区。

表 4-11 报告了 2011—2014 年效果均等标准下地方政府潜在财政能力影响公共图书馆供给的可及效应。加权平均后的指标 $IPL(L)$ 从 2011 年到 2014 年均值为 0.5316，明显低于 1 的临界值标准，说明地方政府潜在财力能够有效地转化为公共图书馆提供的基本公共文化服务，潜在财力在影响公共图书馆供给效率方面的可及效应非常显著。

表 4-11　效果均等标准下地方政府潜在财政能力影响公共图书馆供给的可及效应（2011—2014）

指标＼年份	2011	2012	2013	2014	均值
$IPL(L)$	0.4907	0.4786	0.5547	0.6022	0.5316
$IPL(Br)$	1.1513	1.2586	1.7987	2.3567	1.6413
$IPL(Bc)$	0.2781	0.2647	0.2702	0.2488	0.2654
$IPL(WrBc)$	0.2633	0.2577	0.2621	0.2620	0.2613
$IPL(WcBr)$	0.5933	0.6293	0.8290	1.0837	0.7838
$IPL(WrWc)$	0.6659	0.6379	0.7209	0.7661	0.6977
$IPL(WrWc\ HBC)$	4.7904	3.6713	3.6751	3.1749	3.8279
$IPL(WrWc\ HBR)$	1.4453	1.4244	1.5027	1.8242	1.5491
$IPL(WrWc\ HDC)$	7.7018	8.5728	12.6160	15.7817	11.1681
$IPL(WrWc\ HDR)$	0.3860	0.3968	0.4152	0.5048	0.4257
$IPL(WrWc\ HZC)$	1.1297	0.7933	0.3676	0.3858	0.6691
$IPL(WrWc\ HZR)$	1.4607	1.1392	0.9620	0.8736	1.1089
$IPL(WrWc\ HNC)$	0.0760	0.1163	0.1153	0.1245	0.1080
$IPL(WrWc\ HNR)$	0.3963	0.4287	0.4873	0.3559	0.4170
$IPL(WrWc\ XNC)$	1.8534	1.3579	1.6322	1.8861	1.6824
$IPL(WrWc\ XNR)$	4.6251	3.7623	1.9311	3.2749	3.3984
$IPL(WrWc\ XBC)$	2.2856	1.9064	1.9192	1.6017	1.9282
$IPL(WrWc\ XBR)$	0.1048	0.0789	0.0927	0.0803	0.0892
$IPL(WrWc\ DBC)$	3.6868	3.4186	4.2637	2.0924	3.3654
$IPL(WrWc\ DBR)$	0.6288	0.5619	0.7975	1.0238	0.7530
$IPL(Irc)$	0.2225	0.2373	0.2376	0.3077	0.2513

注：$IPL(L)$ 各指标含义如表 4-5 所示。在 $IPL(WrWc)$ 各项构成指标之中，字母 HB、HD、HZ、HN、XN、XB 和 DB 分别代表华北地区、华东地区、华中地区、华南地区、西南地区、西北地区和东北地区，字母 C 和 R 分别代表城市地区和农村地区。

从区域维度优先层级分解的研究视角来看，指标 IPL（Br）、指标 IPL（WrBc）和指标 IPL（WrWc）从 2011 年到 2014 年均值分别为 1.6413、0.2613 和 0.6977，可以看出指标 IPL（Br）均值高于 1 的临界值水平，而指标 IPL（WrBc）和指标 IPL（WrWc）均值明显低于 1 的临界值水平，且从指标均值判断指标 IPL（WrBc）的可及效应与指标 IPL（WrWc）相比更为显著，说明地方政府潜在财力影响公共图书馆供给效率可及效应的提高，主要来源于区域内部城乡之间可及效应的改善。

从城乡维度优先层级分解的角度看，指标 IPL（Bc）、指标 IPL（WcBr）、指标 IPL（WrWc）从 2011 年到 2014 年均值分别为 0.2654、0.7838 和 0.6977，可以看出指标 IPL（Bc）、指标 IPL（WcBr）和指标 IPL（WrWc）均值均低于 1 的临界值水平，且从指标均值判断指标 IPL（Bc）的可及效应与指标 IPL（WcBr）和指标 IPL（WrWc）相比更为显著，说明地方政府潜在财力影响公共图书馆供给效率可及效应的提高，主要来源于城乡之间可及效应的改善。

从考虑区域城乡维度非层级分解角度看，指标 IPL（Br）、指标 IPL（Bc）、指标 IPL（WrWc）和指标 IPL（Irc）从 2011 年到 2014 年均值分别为 1.6413、0.2654、0.6977 和 0.2513，可以看出指标 IPL（Br）均值高于 1 的临界值水平，而指标 IPL（Bc）、指标 IPL（WrWc）和指标 IPL（Irc）均值明显低于 1 的临界值水平，且从指标均值判断指标 IPL（Bc）和指标 IPL（Irc）的可及效应与指标 IPL（WrWc）相比更为显著，说明地方政府潜在财力影响公共图书馆供给效率可及效应的提高，主要来源于城乡之间和城乡区域内部交互作用可及效应的改善。

从区域城乡内部可及效应指标 IPL（WrWc）的构成来看，西北地区农村内部可及效应指标 IPL（WrWc XBR）、华南地区城市内部可及效应指标 IPL（WrWc HNC）和华南地区农村内部可及效应指标 IPL（WrWc HNR）从 2011 年到 2014 年均值分别为 0.0892、0.1080 和 0.4170，从指标均值判断上述地区的可及效应在区域城乡内部所有地区中最为显著。华东地区城市内部可及效应指标 IPL（WrWc HDC）、华北地区城市内部可及效应指标 IPL（WrWc HBC）、西南地区农村内部可及效应指标 IPL（WrWc XNR）从 2011 年到 2014 年均值分别为 11.1681、3.8279 和 3.3984，

第四章 政府潜在财政能力与基本公共文化服务均衡供给

从指标均值判断上述地区可及效应在区域城乡内部所有地区中最为不显著。从上述指标分析，华东地区农村内部可及效应指标 IPL（WrWc HDR）、华南地区城市内部可及效应指标 IPL（WrWc HZC）、华南地区城市内部可及效应指标 IPL（WrWc HNC）、华南地区农村内部可及效应指标 IPL（WrWc HNR）、西北地区农村内部可及效应指标 IPL（WrWc XBR）、东北地区农村内部可及效应指标 IPL（WrWc DBR）从 2011 年到 2014 年均值均低于 1 的临界值水平，从指标均值判断说明区域城乡内部可及效应的提高，主要来源于上述区域可及效应的改善。

表 4-12 报告了 2011—2014 年效果均等标准下地方政府潜在财政能力影响群众文化机构供给的可及效应。加权平均后的指标 IMC（L）从 2011 年到 2014 年均值为 0.4396，明显低于 1 的临界值标准，说明潜在财力在影响群众文化机构供给效率方面的可及效应非常显著。

表 4-12　效果均等标准下地方政府潜在财政能力影响群众文化机构供给的可及效应（2011—2014）

指标　　　　年份	2011	2012	2013	2014	均值
IMC（L）	0.4262	0.4230	0.4522	0.4572	0.4396
IMC（Br）	0.4019	0.4403	0.5680	0.6321	0.5106
IMC（Bc）	0.4027	0.3805	0.4043	0.3906	0.3945
IMC（WrBc）	0.3537	0.3447	0.3701	0.3640	0.3581
IMC（WcBr）	0.2913	0.3170	0.3810	0.4084	0.3494
IMC（WrWc）	0.5473	0.5472	0.5558	0.5705	0.5552
IMC（WrWc HBC）	6.1227	5.6080	5.3620	4.8979	5.4977
IMC（WrWc HBR）	0.2859	0.3362	0.2613	0.4669	0.3376
IMC（WrWc HDC）	8.7115	10.1068	12.5803	13.9547	11.3383
IMC（WrWc HDR）	0.1336	0.1308	0.1230	0.1094	0.1242
IMC（WrWc HZC）	1.2392	1.3946	1.3538	1.0902	1.2694
IMC（WrWc HZR）	0.3018	0.2388	0.2314	0.2201	0.2481
IMC（WrWc HNC）	0.5160	0.4890	0.4875	0.4965	0.4973
IMC（WrWc HNR）	0.1005	0.0591	0.0648	0.1269	0.0878

续表

指标\年份	2011	2012	2013	2014	均值
IMC（WrWc XNC）	4.4088	3.7017	3.8739	4.2476	4.0580
IMC（WrWc XNR）	3.1960	6.0745	2.5810	4.4170	4.0671
IMC（WrWc XBC）	1.1375	1.2037	1.2655	1.5638	1.2926
IMC（WrWc XBR）	0.0988	0.0944	0.1026	0.1036	0.0998
IMC（WrWc DBC）	7.0766	5.0142	3.2758	4.5740	4.9852
IMC（WrWc DBR）	0.2689	0.2174	0.2238	0.2691	0.2448
IMC（Irc）	0.2179	0.2402	0.2669	0.2721	0.2493

注：IMC（L）各指标含义如表 4-5 所示。在 IMC（WrWc）各项构成指标之中，字母 HB、HD、HZ、HN、XN、XB 和 DB 分别代表华北地区、华东地区、华中地区、华南地区、西南地区、西北地区和东北地区，字母 C 和 R 分别代表城市地区和农村地区。

从区域维度优先层级分解的研究视角来看，指标 IMC（Br）、指标 IMC（WrBc）和指标 IMC（WrWc）从 2011 年到 2014 年均值分别为 0.5106、0.3581 和 0.5552，可以看出指标 IMC（Br）、指标 IMC（WrBr）和指标 IMC（WrWc）均值明显低于 1 的临界值水平，且从指标均值判断指标 IMC（WrBc）的可及效应与指标 IMC（WrWc）相比更为显著，说明地方政府潜在财力影响群众文化机构供给效率可及效应的提高，主要来源于区域内部城乡之间可及效应的改善。

从城乡维度优先层级分解的角度看，指标 IMC（Bc）、指标 IMC（WcBr）、指标 IMC（WrWc）从 2011 年到 2014 年均值分别为 0.3945、0.3494 和 0.5552，可以看出指标 IMC（Bc）、指标 IMC（WcBr）和指标 IMC（WrWc）均值均低于 1 的临界值水平，且从指标均值判断指标 IMC（WcBr）的可及效应与指标 IMC（Bc）和指标 IMC（WrWc）相比更为显著，说明地方政府潜在财力影响群众文化机构供给效率可及效应的提高，主要来源于城乡内部区域之间可及效应的改善。

从考虑区域城乡维度非层级分解角度看，指标 IMC（Br）、指标 IMC（Bc）、指标 IMC（WrWc）和指标 IMC（Irc）从 2011 年到 2014 年均值分别为 0.5106、0.3945、0.5552 和 0.2493，指标 IMC（Br）、指标 IMC（Bc）、指标 IMC（WrWc）和指标 IMC（Irc）均值明显低于 1 的临界值水

平，且从指标均值判断指标 $IMC(Bc)$ 和指标 $IMC(Irc)$ 的可及效应与指标 $IMC(WrWc)$ 相比更为显著，说明地方政府潜在财力影响群众文化机构供给效率可及效应的提高，主要来源于城乡之间和城乡区域内部交互作用可及效应的改善。

从区域城乡内部可及效应指标 $IMC(WrWc)$ 的构成来看，华南地区农村内部可及效应指标 $IMC(WrWc\ HNR)$、西北地区农村内部可及效应指标 $IMC(WrWc\ XBR)$ 和华东地区农村内部可及效应指标 $IMC(WrWc\ HDR)$ 从 2011 年到 2014 年均值分别为 0.0878、0.0998 和 0.1242，从指标均值判断上述地区的可及效应在区域城乡内部所有地区中最为显著。华东地区城市内部可及效应指标 $IMC(WrWc\ HDC)$、华北地区城市内部可及效应指标 $IMC(WrWc\ HBC)$、东北地区城市内部可及效应指标 $IMC(WrWc\ DBC)$ 从 2011 年到 2014 年均值分别为 11.3383、5.4977 和 4.9852，从指标均值判断上述地区可及效应在区域城乡内部所有地区中最为不显著。从上述指标分析，华北地区农村内部可及效应指标 $IMC(WrWc\ HBR)$、华东地区农村内部可及效应指标 $IMC(WrWc\ HDR)$、华中地区农村内部可及效应指标 $IMC(WrWc\ HZR)$、华南地区城市内部可及效应指标 $IMC(WrWc\ HNC)$、华南地区农村内部可及效应指标 $IMC(WrWc\ HNR)$、西北地区农村内部可及效应指标 $IMC(WrWc\ XBR)$、东北地区农村内部可及效应指标 $IMC(WrWc\ DBR)$ 从 2011 年到 2014 年均值均低于 1 的临界值水平，从指标均值判断说明区域城乡内部可及效应的提高，主要来源于上述区域可及效应的改善。

表 4-13 报告了 2011—2014 年效果均等标准下地方政府潜在财政能力影响公益艺术表演团体供给的可及效应。加权平均后的指标 $IPA(L)$ 从 2011 年到 2014 年均值为 0.3927，明显低于 1 的临界值标准，说明地方政府潜在财力能够有效地转化为公益艺术表演团体提供的基本公共文化服务，潜在财力在影响公益艺术表演团体供给效率方面的可及效应非常显著。

表4-13　效果均等标准下地方政府潜在财政能力影响公益艺术表演团体供给的可及效应（2011—2014）

指标＼年份	2011	2012	2013	2014	均值
IPA（L）	0.3563	0.3894	0.4139	0.4113	0.3927
IPA（Br）	0.7750	0.9388	1.0075	1.0643	0.9464
IPA（Bc）	0.2868	0.2778	0.1964	0.1706	0.2329
IPA（WrBc）	0.2215	0.2101	0.2040	0.1892	0.2062
IPA（WcBr）	0.3337	0.3683	0.5225	0.5605	0.4463
IPA（WrWc）	0.4526	0.5406	0.6060	0.6285	0.5569
IPA（WrWc HBC）	4.8219	4.8349	3.1148	2.8686	3.9101
IPA（WrWc HBR）	2.7413	3.0843	2.4760	4.4721	3.1934
IPA（WrWc HDC）	4.5749	6.1659	7.3828	7.3587	6.3706
IPA（WrWc HDR）	0.0970	0.1746	0.2557	0.2032	0.1826
IPA（WrWc HZC）	2.3782	1.7875	1.6141	1.4246	1.8011
IPA（WrWc HZR）	1.3830	1.5385	1.3044	1.3933	1.4048
IPA（WrWc HNC）	0.0408	0.0363	0.1104	0.1513	0.0847
IPA（WrWc HNR）	0.2367	0.2517	0.2739	0.3942	0.2891
IPA（WrWc XNC）	1.1444	1.6183	1.1306	2.1923	1.5214
IPA（WrWc XNR）	7.6965	9.4612	12.8359	24.1168	13.5276
IPA（WrWc XBC）	2.1542	1.9109	1.9321	1.8482	1.9613
IPA（WrWc XBR）	0.1813	0.2399	0.3272	0.3124	0.2652
IPA（WrWc DBC）	1.0496	0.8128	1.3448	0.9001	1.0268
IPA（WrWc DBR）	0.2471	0.2764	0.5097	0.6981	0.4328
IPA（Irc）	4.8219	4.8349	3.1148	2.8686	3.9101

注：IPA（L）各指标含义如表4-5所示。在IPA（WrWc）各项构成指标之中，字母HB、HD、HZ、HN、XN、XB和DB分别代表华北地区、华东地区、华中地区、华南地区、西南地区、西北地区和东北地区，字母C和R分别代表城市地区和农村地区。

从区域维度优先层级分解的研究视角来看，指标IPA（Br）、指标IPA（WrBc）和指标IPA（WrWc）从2011年到2014年均值分别为0.9464、0.2062和0.5569，可以看出指标IPA（Br）、指标IPA（WrBc）和指标IPA（WrWc）均值明显低于1的临界值水平，且从指标均值判断指标IPA

($WrBc$) 的可及效应与指标 IPA ($WrWc$) 相比更为显著,说明地方政府潜在财力影响公益艺术表演团体供给效率可及效应的提高,主要来源于区域内部城乡之间可及效应的改善。

从城乡维度优先层级分解的角度看,指标 IPA (Bc)、指标 IPA ($WcBr$)、指标 IPA ($WrWc$) 从 2011 年到 2014 年均值分别为 0.2329、0.4463 和 0.5569,可以看出指标 IPA (Bc)、指标 IPA ($WcBr$) 和指标 IPA ($WrWc$) 均值均低于 1 的临界值水平,且从指标均值判断指标 IPA (Bc) 的可及效应与指标 IPA ($WcBr$) 和指标 IPA ($WrWc$) 相比更为显著,说明地方政府潜在财力影响公益艺术表演团体供给效率可及效应的提高,主要来源于城乡之间可及效应的改善。

从考虑区域城乡维度非层级分解角度看,指标 IPA (Br)、指标 IPA (Bc)、指标 IPA ($WrWc$) 和指标 IPA (Irc) 从 2011 年到 2014 年均值分别为 0.9464、0.2329、0.5569 和 3.9101,可以看出指标 IPA (Irc) 均值高于 1 的临界值水平,而指标 IPA (Br)、指标 IPA (Bc)、指标 IPA ($WrWc$) 均值明显低于 1 的临界值水平,且从指标均值判断指标 IPA (Bc) 的可及效应与指标 IPA (Br) 和指标 IPA ($WrWc$) 相比更为显著,说明地方政府潜在财力影响公益艺术表演团体供给效率可及效应的提高,主要来源于城乡之间可及效应的改善。

从区域城乡内部可及效应指标 IPA ($WrWc$) 的构成来看,华南地区城市内部可及效应指标 IPA ($WrWc\ HNC$)、华东地区农村内部可及效应指标 IPA ($WrWc\ HDR$) 和西北地区农村内部可及效应指标 IPA ($WrWc\ XBR$) 从 2011 年到 2014 年均值分别为 0.0847、0.1826 和 0.2652,从指标均值判断上述地区的可及效应在区域城乡内部所有地区中最为显著。西南地区农村内部可及效应指标 IPA ($WrWc\ XNR$)、华东地区城市内部可及效应指标 IPA ($WrWc\ HDC$)、华北地区城市内部可及效应指标 IPA ($WrWc\ HBC$) 从 2011 年到 2014 年均值分别为 13.5276、6.3706 和 3.9101,从指标均值判断上述地区可及效应在区域城乡内部所有地区中最为不显著。从上述指标分析,华东地区农村内部可及效应指标 IPA ($WrWc\ HDR$)、华南地区城市内部可及效应指标 IPA ($WrWc\ HNC$)、华南地区农村内部可及效应指标 IPA ($WrWc\ HNR$)、西北地区农村内部可及效应指标 IPA ($WrWc\ XBR$)、东北地区农村内部可及效应指标 IPA（$WrWc\ DBR$）从 2011 年到 2014 年均值均低于 1 的临界值水平，从指标均值判断说明区域城乡内部可及效应的提高，主要来源于上述区域可及效应的改善。

表 4-14 报告了 2011—2014 年效果均等标准下地方政府潜在财政能力影响公共博物馆供给的可及效应。加权平均后的指标 IPM（L）从 2011 年到 2014 年均值为 0.6901，低于 1 的临界值标准，说明地方政府潜在财力能够有效地转化为公共博物馆提供的基本公共文化服务，潜在财力在影响公共博物馆供给效率方面的可及效应非常显著。

表 4-14　效果均等标准下地方政府潜在财政能力影响公共博物馆供给的可及效应（2011—2014）

指标＼年份	2011	2012	2013	2014	均值
IPM（L）	0.7018	0.6186	0.7004	0.7394	0.6901
IPM（Br）	1.7581	1.9110	1.7915	2.5567	2.0043
IPM（Bc）	0.3178	0.2692	0.2554	0.2581	0.2751
IPM（$WrBc$）	0.3600	0.3170	0.4336	0.3930	0.3759
IPM（$WcBr$）	0.9884	1.0148	1.2810	1.5019	1.1965
IPM（$WrWc$）	0.9475	0.7765	0.8624	0.8993	0.8714
IPM（$WrWc\ HBC$）	1.4803	2.3713	2.9766	2.8886	2.4292
IPM（$WrWc\ HBR$）	3.7379	2.1788	0.8875	1.2845	2.0222
IPM（$WrWc\ HDC$）	9.9718	8.3682	9.7104	13.3733	10.3559
IPM（$WrWc\ HDR$）	0.5922	0.3732	0.3461	0.3499	0.4154
IPM（$WrWc\ HZC$）	2.3789	0.8184	5.4817	4.0634	3.1856
IPM（$WrWc\ HZR$）	2.0159	1.4181	1.3742	1.1161	1.4811
IPM（$WrWc\ HNC$）	0.2524	0.1666	0.1365	0.1264	0.1705
IPM（$WrWc\ HNR$）	0.3474	0.9640	0.7648	0.7780	0.7135
IPM（$WrWc\ XNC$）	4.1575	3.5460	8.2023	8.9720	6.2194
IPM（$WrWc\ XNR$）	16.8812	13.9801	5.3091	15.4521	12.9056
IPM（$WrWc\ XBC$）	1.4784	2.7043	1.4426	1.8228	1.8620
IPM（$WrWc\ XBR$）	0.1948	0.1564	0.1246	0.0554	0.1328

续表

指标 \ 年份	2011	2012	2013	2014	均值
IPM (WrWc DBC)	1.9574	1.3914	2.4993	1.1342	1.7456
IPM (WrWc DBR)	1.4539	0.4180	2.5847	2.9373	1.8485
IPM (Irc)	0.4770	0.4565	0.9697	0.8589	0.6905

注：IPM (L) 各指标含义如表 4-5 所示。在 IPM (WrWc) 各项构成指标之中，字母 HB、HD、HZ、HN、XN、XB 和 DB 分别代表华北地区、华东地区、华中地区、华南地区、西南地区、西北地区和东北地区，字母 C 和 R 分别代表城市地区和农村地区。

从区域维度优先层级分解的研究视角来看，指标 IPM (Br)、指标 IPM (WrBc) 和指标 IPM (WrWc) 从 2011 年到 2014 年均值分别为 2.0043、0.3759 和 0.8714，可以看出指标 IPM (Br) 均值高于 1 的临界值水平，而指标 IPM (WrBc) 和指标 IPM (WrWc) 均值明显低于 1 的临界值水平，且从指标均值判断指标 IPM (WrBc) 的可及效应与指标 IPM (WrWc) 相比更为显著，说明地方政府潜在财力影响公共博物馆供给效率可及效应的提高，主要来源于区域内部城乡之间可及效应的改善。

从城乡维度优先层级分解的角度看，指标 IPM (Bc)、指标 IPM (WcBr)、指标 IPM (WrWc) 从 2011 年到 2014 年均值分别为 0.2751、1.1965 和 0.8714，可以看出指标 IPM (WcBr) 均值高于 1 的临界值水平，而指标 IPM (Bc) 和指标 IPM (WrWc) 均值明显低于 1 的临界值水平，且从指标均值判断指标 IPM (Bc) 的可及效应与指标 IPM (WrWc) 相比更为显著，说明地方政府潜在财力影响公共博物馆供给效率可及效应的提高，主要来源于城乡之间可及效应的改善。

从考虑区域城乡维度非层级分解角度看，指标 IPM (Br)、指标 IPM (Bc)、指标 IPM (WrWc) 和指标 IPM (Irc) 从 2011 年到 2014 年均值分别为 2.0043、0.2751、0.8714 和 0.6905，可以看出指标 IPM (Br) 均值高于 1 的临界值水平，而指标 IPM (Bc)、指标 IPM (WrWc) 和指标 IPM (Irc) 均值明显低于 1 的临界值水平，且从指标均值判断指标 IPM (Bc) 的可及效应与指标 IPM (WrWc) 相比更为显著，说明地方政府潜在财力影响公共博物馆供给效率可及效应的提高，主要来源于城乡之间可及效应的改善。

从区域城乡内部可及效应指标 IPM（WrWc）的构成来看，西北地区农村内部可及效应指标 IPM（WrWc XBR）、华南地区城市内部可及效应指标 IPM（WrWc HNC）和华东地区农村内部可及效应指标 IPM（WrWc HDR）从 2011 年到 2014 年均值分别为 0.1328、0.1705 和 0.4154，从指标均值判断上述地区的可及效应在区域城乡内部所有地区中最为显著。西南地区农村内部可及效应指标 IPM（WrWc XNR）、华东地区城市内部可及效应指标 IPM（WrWc HDC）、西南地区城市内部可及效应指标 IPM（WrWc XNC）从 2011 年到 2014 年均值分别为 12.9056、10.3559 和 6.2194，从指标均值判断上述地区可及效应在区域城乡内部所有地区中最为不显著。从上述指标分析，华东地区农村内部可及效应指标 IPM（WrWc HDR）、华南地区城市内部可及效应指标 IPM（WrWc HNC）、华南地区农村内部可及效应指标 IPM（WrWc HNR）、西北地区农村内部可及效应指标 IPM（WrWc XBR）从 2011 年到 2014 年均值均低于 1 的临界值水平，从指标均值判断说明区域城乡内部可及效应的提高，主要来源于上述区域可及效应的改善。

表 4-15 报告了 2011—2014 年效果均等标准下地方政府潜在财政能力影响基本公共文化服务供给的可及效应。加权平均后的指标 IPCS（L）从 2011 年到 2014 年均值为 0.5135，低于 1 的临界值标准，说明地方政府潜在财力能够有效地转化为基本公共文化服务，潜在财力在影响基本公共文化服务供给效率方面的可及效应非常显著。

表 4-15　效果均等标准下地方政府潜在财政能力影响基本公共文化服务供给的可及效应（2011—2014）

指标＼年份	2011	2012	2013	2014	均值
IPCS（L）	0.4938	0.4774	0.5303	0.5525	0.5135
IPCS（Br）	1.0216	1.1372	1.2914	1.6524	1.2756
IPCS（Bc）	0.3214	0.2980	0.2816	0.2670	0.2920
IPCS（WrBc）	0.2996	0.2824	0.3174	0.3021	0.3004

续表

指标\年份	2011	2012	2013	2014	均值
IPCS（WcBr）	0.5517	0.5823	0.7534	0.8887	0.6940
IPCS（WrWc）	0.6533	0.6256	0.6863	0.7161	0.6703
IPCS（WrWc HBC）	4.3038	4.1214	3.7821	3.4575	3.9162
IPCS（WrWc HBR）	2.0526	1.7559	1.2818	2.0119	1.7756
IPCS（WrWc HDC）	7.7400	8.3034	10.5724	12.6171	9.8082
IPCS（WrWc HDR）	0.3022	0.2688	0.2850	0.2918	0.2870
IPCS（WrWc HZC）	1.7815	1.1984	2.2043	1.7410	1.7313
IPCS（WrWc HZR）	1.2904	1.0837	0.9680	0.9008	1.0607
IPCS（WrWc HNC）	0.2213	0.2021	0.2124	0.2247	0.2151
IPCS（WrWc HNR）	0.2702	0.4259	0.3977	0.4137	0.3769
IPCS（WrWc XNC）	2.8910	2.5560	3.7097	4.3245	3.3703
IPCS（WrWc XNR）	8.0997	8.3195	5.6643	11.8152	8.4747
IPCS（WrWc XBC）	1.7640	1.9313	1.6398	1.7091	1.7611
IPCS（WrWc XBR）	0.1449	0.1424	0.1618	0.1379	0.1468
IPCS（WrWc DBC）	3.4426	2.6593	2.8459	2.1752	2.7807
IPCS（WrWc DBR）	0.6497	0.3685	1.0289	1.2321	0.8198
IPCS（Irc）	0.2394	0.2367	0.4253	0.4230	0.3311

注：$IPCS(L)$ 各指标含义如表 4-5 所示。在 $IPCS(WrWc)$ 各项构成指标之中，字母 HB、HD、HZ、HN、XN、XB 和 DB 分别代表华北地区、华东地区、华中地区、华南地区、西南地区、西北地区和东北地区，字母 C 和 R 分别代表城市地区和农村地区。

从区域维度优先层级分解的研究视角来看，指标 $IPCS(Br)$、指标 $IPCS(WrBc)$ 和指标 $IPCS(WrWc)$ 从 2011 年到 2014 年均值分别为 1.2756、0.3004 和 0.6703，可以看出指标 $IPCS(Br)$ 均值高于 1 的临界值水平，而指标 $IPCS(WrBc)$ 和指标 $IPCS(WrWc)$ 均值明显低于 1 的临界值水平，且从指标均值判断指标 $IPCS(WrBc)$ 的可及效应与指标 $IPCS(WrWc)$ 相比更为显著，说明地方政府潜在财力影响基本公共文化服务供给效率可及效应的提高，主要来源于区域内部城乡之间可及效应的改善。

从城乡维度优先层级分解的角度看，指标 $IPCS(Bc)$、指标 $IPCS$

（$WcBr$）、指标 $IPCS$（$WrWc$）从 2011 年到 2014 年均值分别为 0.2920、0.6940 和 0.6703，可以看出指标 $IPCS$（Bc）、指标 $IPCS$（$WcBr$）、指标 $IPCS$（$WrWc$）均值明显低于 1 的临界值水平，且从指标均值判断指标 $IPCS$（Bc）的可及效应与指标 $IPCS$（$WcBr$）和指标 $IPCS$（$WrWc$）相比更为显著，说明地方政府潜在财力影响基本公共文化服务供给效率可及效应的提高，主要来源于城乡之间可及效应的改善。

从考虑区域城乡维度非层级分解角度看，指标 $IPCS$（Br）、指标 $IPCS$（Bc）、指标 $IPCS$（$WrWc$）和指标 $IPCS$（Irc）从 2011 年到 2014 年均值分别为 1.2756、0.2920、0.6703 和 0.3311，可以看出指标 $IPCS$（Br）均值高于 1 的临界值水平，而指标 $IPCS$（Bc）、指标 $IPCS$（$WrWc$）和指标 $IPCS$（Irc）均值明显低于 1 的临界值水平，且从指标均值判断指标 $IPCS$（Bc）的可及效应与指标 $IPCS$（$WrWc$）相比更为显著，说明地方政府潜在财力影响基本公共文化服务供给效率可及效应的提高，主要来源于城乡之间可及效应的改善。

从区域城乡内部可及效应指标 $IPCS$（$WrWc$）的构成来看，西北地区农村内部可及效应指标 $IPCS$（$WrWc\ XBR$）、华南地区城市内部可及效应指标 $IPCS$（$WrWc\ HNC$）和华南地区农村内部可及效应指标 $IPCS$（$WrWc\ HNR$）从 2011 年到 2014 年均值分别为 0.1468、0.2151 和 0.3769，从指标均值判断上述地区的可及效应在区域城乡内部所有地区中最为显著。华东地区城市内部可及效应指标 $IPCS$（$WrWc\ HDC$）、西南地区农村内部可及效应指标 $IPCS$（$WrWc\ XNR$）、华北地区城市内部可及效应指标 $IPCS$（$WrWc\ HBC$）从 2011 年到 2014 年均值分别为 9.8082、8.4747 和 3.9162，从指标均值判断上述地区可及效应在区域城乡内部所有地区中最为不显著。从上述指标分析，华东地区农村内部可及效应指标 $IPCS$（$WrWc\ HDR$）、华南地区城市内部可及效应指标 $IPCS$（$WrWc\ HNC$）、华南地区农村内部可及效应指标 $IPCS$（$WrWc\ HNR$）、西北地区农村内部可及效应指标 $IPCS$（$WrWc\ XBR$）、东北地区农村内部可及效应指标 $IPCS$（$WrWc\ DBR$）从 2011 年到 2014 年均值均低于 1 的临界值水平，从指标均值判断说明区域城乡内部可及效应的提高，主要来源于上述区域可及效应的改善。

第五章　政府供给成本差异对基本公共文化服务供给的影响

从这一章开始,我们考虑地方政府供给成本差异对基本公共文化服务供给的影响。单位供给成本的高低对地方政府基本公共文化服务的供给数量与质量将起着至关重要的影响,因此基本公共文化服务均等化不应该仅仅局限在公共文化事业财政资源的配置均衡,应该更多地考虑全体社会成员享用公共文化资源的权利均等与机会公平。

事实上,我国不同地区和城乡之间经济社会发展的长期不均衡,导致经济发达地区和边远落后地区地方政府在自然资源禀赋、税源规模与集中程度、城市化发展水平、经济社会发展等方面存在较大的差异,对基本公共文化服务的供给成本产生较大的影响。无可非议的是,以个人所享用的基本公共文化服务效果均等为主的研究,更能够意识到全体社会成员享用公共文化资源的权利均等与机会公平问题,但往往也是研究基本公共服务均等化的难点所在。

在这一章,我们研究要素投入成本差异对基本公共文化服务供给数量和质量的影响,包括影响基本公共文化服务供给成本的主要因素、供给成本的均等化水平测算、地方政府供给成本差异对基本公共文化服务均衡供给影响等内容。在分析地方政府基本公共文化服务供给成本的均等化水平时,我们构建双变量泰尔指数分别测算群众艺术馆、文化馆、文化站、图书馆、博物馆、公益艺术表演团体各项基本公共文化服务供给成本的均等化水平,通过加权算术平均法计算出基本公共文化服务供给成本的总体均等化水平,分析地方政府供给成本影响群众艺术馆、文化馆、文化站、图书馆、博物馆、公益艺术表演团体等基本公共文化服务供给的边际均等效应，研究地方政府要素投入成本差异对各项基本公共文化服务供给产生的影响。研究发现，应该科学测算不同收入阶层社会民众对公共文化服务的多元需求，充分考虑不同区域和城乡之间要素投入成本差异对地方政府提供基本公共文化服务产生的影响，重点考察不同类型基本公共文化服务的要素投入成本约束，在保障和改善民生、促进社会公平正义的原则下，注重社会公众享受基本公共文化服务的权利机会均等。

第一节　基本公共文化服务供给成本差异的影响因素分析

本章我们所要考虑的问题是公共服务供给成本差异这一客观约束条件对于基本公共文化服务供给产生的影响。在国外比较早期的研究中，一些学者（Arrow & Kurz，1970）认为公共服务供给成本差异将通过公共服务供给效率这一间接变量去影响不同地区之间劳动力和生产要素的流动性。在这一思路的指引下，一些经济学家（Turnovsky & Fisher，1995）进一步研究公共服务供给成本差异对不同地区之间资本存量和劳动力市场需求产生的影响，同样得到了相似的研究结论。上述学者的研究侧重于从劳动力和生产要素的角度去分析公共服务供给成本对一个地区或国家经济社会发展所产生的影响，但这种研究思路存在的主要缺陷在于：在标杆式竞争中地方政府为吸引劳动力和生产要素所采用不同的策略行为，同样是影响公共服务供给成本差异的一个重要因素，而以上研究显然是忽略了地方政府策略行为对公共服务供给成本可能产生的影响。

此后，西方学者们更倾向于研究地方政府在标杆式竞争中为吸引劳动力和生产要素所采用的策略行为对公共服务供给成本差异的影响：Qian 和 Roland（1998）研究表明，在假设生产要素可以自由流动的情况下，地方政府为争取可移动税源而展开竞争，这将造成投资于基础设施的边际区域效应大于边际社会效益，客观上造成基础设施类和民生保障类公共服务的供给成本差异，而地方政府也会因此增加对基础设施公共财政的投入比例，同时减少对保障性公共财政的投入比例。Heine（2006）则认为，地方政府为争夺有限的经济资本，制定有利于资本所有者的财政政策，造成不同类型公共服务的供给成本差异，导致生产性财政支出比重的增加，同时造成义务教育、医疗卫生、社会保障等民生性财政支出比重的减少。上述研究分析可知，通过公共服务供给成本差异研究对不同地区之间劳动力和生产要素流动性产生的影响已经不再是西方学者的重点，国外学术界更倾向于从标杆式竞争角度研究地方政府策略行为的变化对公共服务供给成本差异产生的影响。

从国内学术界对公共服务供给成本差异的研究文献可以看出，国内学者们对公共服务供给成本差异的研究主要集中为三个方面：

一是资源禀赋差异的视角。一些学者（迟福林，2008；安体富，2007）认为各级地方政府由于在自然资源禀赋、税源规模和集中程度、城市化发展程度方面存在较大差异，客观上造成公共服务供给成本在不同地方政府之间也存在差异，而公共服务要素投入成本差异对公共服务产出数量将产生重要的影响。

二是政绩考核体制的视角。有学者（周黎安等，2004；卢洪友、田丹，2013）认为现有地方性公共财政结构普遍存在"重基本建设、轻人力资本投资和公共服务"的特征，而以政绩考核为核心的标杆式竞争导致地方政府对公共财政资源不同领域存在配置差异，客观上造成地方政府在不同领域公共服务供给成本差异。以此为前提的政策取向自然是在保证地方政府适度积极的前提下，引导地方财政向公共型财政转变。

三是福利经济学的视角。乔宝云等（2005）认为由于公共服务供给成本差异导致教育类公共服务在不同区域之间的供给失衡，这将毋庸置疑地降低整个社会的福利水平。吕炜等（2010）认为地方政府由于公共服务供给成本差异造成公共服务的非均衡供给，将对居民福利水平产生较大影响。一些学者对如何优化公共服务供给成本进行深入研究，但作为影响公共服务供给最为重要的客观约束条件之一，学者们较少将这一概念运用到基本公共文化服务供给领域，但这应该是基本公共文化服务研究中必不可少的一个重要领域。

从理论上讲，地方政府在标杆式竞争中为吸引劳动力和生产要素做出的策略性行为，势必对不同地方之间公共服务供给成本产生一定程度的影响。在这种前提假设下，公共服务供给成本是造成不同地区之间公共服务价格扭曲的重要原因之一，在不同程度上将最终影响社会福利水平的提升，同时也不利于提高居民福利水平，最终将影响到公平正义实现和社会稳定繁荣。

在提供公共服务的具体实践中，各个国家都将不同地区公共服务供给成本的差异作为制约公共服务均等化的主要约束条件之一，这是由于在地方政府提供相同质量与数量公共服务的假设条件下，供给成本较高的地方政府需要更大规模的财政资金来提供相同标准的公共服务，以弥补由于公共服务供给成本差异所带来的额外成本和供给效率损失：瑞士认为，在幅员辽阔、人口稀少的地区提供同等标准的公共服务所需要的财政成本往往较高，在测算不同地区公共服务支出需求的同时，政府制定相关政策需要重点考虑公共服务供给成本在不同地区之间存在的差异；日本认为，由于不同地方政府在地理位置、人口增长率、人口密度、城市化程度、工业化方面都会存在不同程度的差异，在不同区域地方政府配置财政资源的政策制定过程中，需要重点考虑各地公共服务供给成本存在的差异；英国认为，不同地方政府在制定公共服务供给决策的具体过程中，可以考虑建立回归分析模型测算影响不同地方政府成本的因素，各个地方政府在配置公共服务供给资金需要重点考虑地方政府提供公共服务的成本差异。

国内学术界很多学者在考虑地方政府提供公共服务供给成本差异时也提出自身的观点：楼继伟（2006）认为中央政府对地方政府配置一般性转移支付资金用于弥补地方政府在提供公共服务财力缺口的过程中，未能建立一套能够反映不同地区和城乡之间公共服务支出成本差异的指标体系。刘尚希（2008）认为我国不同地区和城乡之间各级地方政府公共服务供给的单位成本相差很大，相同规模财政资金的投入未必能够带来同等质量和数量的公共服务；而在单位供给成本相同的情况下，不同级次地方政府由于在经济社会发展和管理水平存在较大的差异，相同规模财政资金的投入也未必能够带来相同质量和数量的公共服务。胡德仁和刘亮（2010）在借鉴财政部指定的不同类别公共服务供给成本差异影响因素及相关系数的基础上，将不同地区和城乡的人口密度、人口规模、物价水平考虑到公共服务供给成本的影响因素中，用来衡量不同地区和城乡之间各级地方政府的财政能力差异。伏润民等（2010）分别从自然条件、经济条件、社会条件等方面来考虑公共服务供给的成本差异，曾红颖（2012）则考虑了城市化率、劳动力价格、行政管理、气温取暖、少数民族、海拔高度、人口结构、人口密度等因素对于公共服务供给成本的影响，方元子（2015）则研究了人口因素、经济发展、自然地理、社会环境等因素对公共服务供给成本的影响。应该指出的是，对于中国这样一个不同区域和城乡公共服务供给成本差异较大的国家，在公共服务供给过程中假设不考虑地区之间供给的差异，不但不符合基本公共服务均等化的基本理念，在具体操作过程中也会影响到公共服务供给的质量和供给数量。

总体上讲，地方政府提供公共服务的成本差异归纳起来可以分为以下四种类型：

第一是自然资源禀赋的影响。不同地区客观存在自然资源禀赋的差异，对不同地方政府提供公共服务的成本将形成显著的影响，从而在不同的地区之间形成差异化程度较高的公共服务供给成本。例如，相对于平原地区而言，在高原以及丘陵地区建设铁路、公路等重大基础设施，由于地形复杂程度和天气气候等自然条件客观上存在的差异，使得这些地区的基础设施建设单位成本要远远高于平原地区，上述地区地方政府提供基础设施类公共服务的成本将大大增加。除地形复杂程度等自然资源禀赋差异外，气候水土、海拔高度、偏远程度都是造成公共服务供给单位成本上升的主要原因，如在受雨水、冰冻和雪融影响地区，地方政府维护公路的单位成本往往要高于其他地区，而在具有喀斯特地貌的地区建设铁路等基础设施工程，地方政府的建设成本也会高于其他地区。

第二是社会发展程度的影响。相对于发达地区而言，偏远落后地区的社会发展程度往往低于东部沿海地区，这些地区地方政府在提供相同标准的公共服务，由于社会管理成本和社会环境的不同会导致公共服务供给效率的低下，从而对地方政府公共服务供给成本造成很大程度的影响。例如，在偏远落后地区基础公共文化设施在日常的使用维护过程中，由于上述地区居民受教育程度相对经济发达地区而言较低，地方政府在推广基础公共文化设施使用过程中对当地居民需要进行大量的基础文化培训，这种行为无疑增加了上述地区基础公共文化设施的维护成本。可以指出的是，一个地区的社会发展程度越高，其社会环境将更加良好有序，有利于提升公共服务运行效率和质量，节约地方政府在社会管理成本方面的投入，这将有效降低地方政府公共服务的单位供给成本。

第三是经济发展程度的影响。经济发达地区无论是物价、劳务费用、工资薪酬等相对于经济落后地区而言往往较高，这些地区在向第三方购买公共服务的过程中支付的财政成本往往较高，这是因为公共服务的供给成本是以公共服务供给当地的市场价格为基础进行核算的。由于长期以来中国不同区域和城乡之间各地经济发展水平存在较大差异，造成了不同地区和城乡之间在住房价格、物价水平、生活成本、工资薪酬等存在较大差异，因此不同地方政府在购买公共服务时所面临的成本约束也是不一样的，这对公共服务的供给成本将形成较为直接的影响。

第四是人口密度和人口规模的影响。从理论上讲，公共服务在使用过程中具有规模经济的特征：诸如基础设施类的公共服务具有建设成本相对较高而运行成本相对较低的特点，这种类型的公共服务会由于使用人数的增加而降低综合成本，因此在人口密度较高、人口规模较大的地区提供基础设施类的公共服务，相对于地广人稀的地区提供这种类型的公共服务单位成本较低，但是人口密度和人口规模的增加也可能导致诸如交通设施公共服务的运行维护成本较高，特别是由于交通拥堵导致供给成本的上升，因此需要综合考虑人口密度和人口规模对公共服务供给成本的影响。

从文献梳理可以看出，现有的研究基本忽略了要素投入、成本投入差异对于公共文化服务均等化和标准化程度的影响，未能考虑到公共服务供给成本均等化程度对公共服务实际供给数量、质量的影响，在研究视角上未能有进一步的突破，在相当程度上弱化了对基本公共文化服务均等化和标准化问题的解释能力。应该指出的是，对于中国这样一个不同区域和城乡基本公共文化服务供给成本差异较大的国家，在基本公共文化服务的供给过程中，如果我们不考虑城乡和区域之间基本公共文化服务要素投入成本的差异性，不但不符合基本公共文化服务均等化的基本理念，在具体操作过程中对其供给质量和数量也将造成一定程度的影响。

无可非议的是，以个人所享用的基本公共文化服务效果均等为主的研究，更能够意识到不同地区要素投入成本差异对基本公共文化服务供给数量与质量的影响，但往往也是研究基本公共文化服务均等化的难点所在。基于上述考虑，本章在对地方政府供给成本差异对基本公共文化服务供给影响进行系统分析的基础上，通过分析效果均等和财政均等两种不同类别的均等化模式的边际均等差异，判断公共服务供给成本差异对基本公共文化服务均等化水平的影响。

第二节　地方政府基本公共文化服务供给成本的均等化水平

上一节对基本公共文化服务供给成本差异的影响因素进行系统性分析。在这一节，我们在同时考虑城乡和区域二维均等的研究视角下，选择效果均等作为主要衡量标准，运用双变量泰尔指数在区域和城乡维度上的空间分解，通过优先考虑城乡维度的双变量泰尔指数层级分解、优先考虑区域维度的双变量泰尔指数层级分解，同时考虑城乡维度和区域维度的双变量泰尔指数非层级分解三种不同类型的双变量泰尔指数方法，分析不同区域之间、城乡之间群众艺术馆、文化馆、文化站、图书馆、博物馆、公益艺术表演团体等各项基本公共文化服务供给成本的均等化水平。[①] 测量结果如表 5-1 到表 5-5 所示。

表 5-1 报告了 2005—2014 年公共图书馆供给成本的均等化水平。加权平均后的指标 $FCPL(L)$ 从 2005 年的 0.1833 逐渐下降到 2014 年的 0.1301，下降幅度为 29.02%，表明总体均等化水平稳步上升。从区域维度优先层级分解的研究视角来看，指标 $FCPL(Br)$、指标 $FCPL(WrBc)$、

---

① 测算的人口数据来源于各年度的《中国人口与就业统计年鉴》。

表 5-1　公共图书馆供给成本的均等化水平

年份 指标	2005	2006	2007	2008	2009	2010	2011	2012	2013	2014	均值
FCPL (L)	0.1833	0.1716	0.1610	0.1564	0.1593	0.1616	0.1425	0.1425	0.1264	0.1301	0.1535
FCPL (Br)	0.0519	0.0475	0.0425	0.0314	0.0330	0.0339	0.0271	0.0306	0.0189	0.0235	0.0340
FCPL (Bc)	0.0470	0.0442	0.0358	0.0394	0.0285	0.0316	0.0284	0.0257	0.0293	0.0282	0.0338
FCPL (WrBc)	0.0887	0.0799	0.0798	0.0808	0.0879	0.0913	0.0819	0.0837	0.0731	0.0728	0.0374
FCPL (WcBr)	0.0477	0.0474	0.0454	0.0362	0.0429	0.0387	0.0322	0.0331	0.0240	0.0291	0.0377
FCPL (WrWc)	0.0887	0.0799	0.0798	0.0808	0.0879	0.0913	0.0819	0.0837	0.0731	0.0728	0.0820
FCPL (WrWc HBC)	0.0089	0.0089	0.0082	0.0081	0.0108	0.0127	0.0109	0.0080	0.0083	0.0077	0.0093
FCPL (WrWc HBR)	0.0038	0.0037	0.0042	0.0041	0.0041	0.0051	0.0055	0.0134	0.0068	0.0065	0.0057
FCPL (WrWc HDC)	0.0280	0.0251	0.0233	0.0241	0.0304	0.0272	0.0240	0.0209	0.0185	0.0194	0.0241
FCPL (WrWc HDR)	0.0249	0.0219	0.0226	0.0217	0.0184	0.0206	0.0186	0.0226	0.0183	0.0158	0.0205
FCPL (WrWc HZC)	0.00001	0.0001	0.0002	0.0006	0.0031	0.0047	0.0033	0.0010	0.0007	0.0011	0.0015
FCPL (WrWc HZR)	0.0044	0.0036	0.0034	0.0024	0.0028	0.0054	0.0033	0.0036	0.0047	0.0057	0.0039
FCPL (WrWc HNC)	0.0023	0.0003	0.0006	0.0009	0.0006	0.0005	0.0011	0.0002	0.0001	0.0002	0.0007
FCPL (WrWc HNR)	0.0078	0.0082	0.0092	0.0084	0.0076	0.0077	0.0075	0.0073	0.0086	0.0104	0.0083
FCPL (WrWc XNC)	0.0024	0.0022	0.0011	0.0039	0.0013	0.0011	0.0015	0.0002	0.0014	0.0004	0.0015
FCPL (WrWc XNR)	0.0023	0.0027	0.0020	0.0021	0.0029	0.0022	0.0021	0.0025	0.0026	0.0014	0.0023
FCPL (WrWc XBC)	0.0010	0.0006	0.0017	0.0015	0.0017	0.0013	0.0010	0.0012	0.0013	0.0012	0.0013
FCPL (WrWc XBR)	0.0007	0.0008	0.0007	0.0004	0.0002	0.0004	0.0006	0.0004	0.0004	0.0016	0.0006

续表

年份 指标	2005	2006	2007	2008	2009	2010	2011	2012	2013	2014	均值
$FCPL\ (W_rW_c\ DBC)$	0.0006	0.0006	0.0001	0.0005	0.0004	0.0009	0.0009	0.0008	0.0003	0.00004	0.0005
$FCPL\ (W_rW_c\ DBR)$	0.0016	0.0013	0.0023	0.0019	0.0036	0.0016	0.0016	0.0016	0.0012	0.0013	0.0018
$FCPL\ (Irc)$	-0.0042	-0.0001	0.0029	0.0048	0.0099	0.0048	0.0051	0.0025	0.0051	0.0056	0.0036

注：$FCPL\ (L)$ 代表地方政府公共图书馆供给成本的均等化水平，$FCPL\ (Br)$ 代表地方政府公共图书馆供给成本区域之间均等化水平，$FCPL\ (Bc)$ 代表地方政府公共图书馆供给成本城乡之间均等化水平，$FCPL\ (W_rBc)$ 代表地方政府公共图书馆供给成本区域内部城乡之间均等化水平，$FCPL\ (W_cBr)$ 代表地方政府公共图书馆供给成本城乡内部区域之间均等化水平，$FCPL\ (Irc)$ 代表地方政府公共图书馆供给成本区域城乡内部的交互作用。在 $FCPL\ (W_rBc)$、$FCPL\ (W_cWc)$、$FCPL\ (Irc)$ 的各项构成指标之中，字母 HB、HD、HZ、HN、XN、XB 和 DB 分别代表华北地区、华东地区、华中地区、华南地区、西南地区、西北地区和东北地区，字母 C 和 R 分别代表城市地区和农村地区。

指标 $FCPL(WrWc)$ 均值占总体不均等指标 $FCPL(L)$ 均值的比例为 22.17%、24.4% 和 53.43%，表明指标 $FCPL(WrWc)$ 是指标 $FCPL(L)$ 最主要的组成部分。从城乡维度优先层级分解的角度看，指标 $FCPL(Bc)$、指标 $FCPL(WcBr)$、指标 $FCPL(WrWc)$ 均值占总体不均等指标 $FCPL(L)$ 均值的比例为 22.03%、24.54% 和 53.43%，指标 $FCPL(WrWc)$ 均值占总体不均等指标 $FCPL(L)$ 均值比重超过指标 $FCPL(Bc)$ 和 $FCPL(WcBr)$ 均值占总体不均等均值的比重，表明区域内部城乡内部的不均等是地方政府公共图书馆供给成本总体不均等最主要的组成部分。从同时考虑城乡和区域维度双变量非层级分解角度看，指标 $FCPL(Br)$、$FCPL(Bc)$、指标 $FCPL(WrWc)$ 和 $FCPL(Irc)$ 均值占总体不均等指标 $FCPL(L)$ 均值比例为 22.17%、22.03%、53.43% 和 2.37%，表明指标 $FCPL(WrWc)$ 是指标 $FCPL(L)$ 最主要的组成部分。指标 $FCPL(Irc)$ 均值为 0.0036，说明城乡与区域的不均等没有受到相互间的重叠影响。

从区域内部城乡内部均等化水平指标 $FCPL(WrWc)$ 的构成来看，华东地区城市内部均等化指标 $FCPL(WrWc\ HDC)$、华东地区农村内部均等化指标 $FCPL(WrWc\ HDR)$ 和华北地区城市内部均等化指标 $FCPL(WrWc\ HBC)$ 在 $FCPL(WrWc)$ 各项构成指标中对总体不均等水平的贡献率最大，分别占总体不均等水平的 15.70%、13.36% 和 6.06%。从增长率方面来看，华中地区城市内部均等化指标 $FCPL(WrWc\ HZC)$、西北地区农村内部均等化指标 $FCPL(WrWc\ XBR)$ 和华北地区农村内部均等化指标 $FCPL(WrWc\ HBR)$ 的上升幅度分别为 1090.00%、128.57% 和 71.05%，上述指标在 $FCPL(WrWc)$ 各项构成指标中上升幅度最大；东北地区城市内部均等化指标 $FCPL(WrWc\ DBC)$、华南地区城市内部均等化指标 $FCPL(WrWc\ HNC)$、西南地区城市内部均等化指标 $FCPL(WrWc\ XNC)$ 下降幅度分别为 93.33%、91.30%、83.33%，上述指标在 $FCPL(WrWc)$ 各项构成指标中下降幅度最大。

表 5-2 报告了 2005—2014 年群众文化机构供给成本的总体均等化水平。加权平均后的指标 $FCMC(L)$ 从 2005 年的 0.1472 逐渐下降到 2014 年的 0.1265，下降幅度为 14.06%，表明总体均等化水平稳步上升。

表 5-2　群众文化机构供给成本的均等化水平

年份 指标	2005	2006	2007	2008	2009	2010	2011	2012	2013	2014	均值
FCMC（L）	0.1472	0.1377	0.1231	0.1156	0.1221	0.1325	0.1233	0.1241	0.1212	0.1265	0.1273
FCMC（Br）	0.0323	0.0313	0.0218	0.0204	0.0178	0.0218	0.0161	0.0225	0.0212	0.0201	0.0225
FCMC（Bc）	0.0129	0.0114	0.0119	0.0103	0.0130	0.0126	0.0185	0.0135	0.0108	0.0076	0.0122
FCMC（WrBc）	0.0241	0.0225	0.0225	0.0193	0.0248	0.0261	0.0299	0.0233	0.0203	0.0201	0.0233
FCMC（WcBr）	0.0435	0.0424	0.0324	0.0294	0.0296	0.0353	0.0275	0.0323	0.0307	0.0326	0.0336
FCMC（WrWc）	0.0908	0.0840	0.0788	0.0758	0.0795	0.0846	0.0773	0.0783	0.0797	0.0863	0.0815
FCMC（WrWc HBC）	0.0063	0.0060	0.0063	0.0066	0.0080	0.0089	0.0067	0.0067	0.0095	0.0110	0.0076
FCMC（WrWc HBR）	0.0015	0.0013	0.0018	0.0022	0.0019	0.0029	0.0030	0.0033	0.0043	0.0036	0.0026
FCMC（WrWc HDC）	0.0419	0.0312	0.0316	0.0311	0.0335	0.0353	0.0365	0.0334	0.0328	0.0335	0.0341
FCMC（WrWc HDR）	0.0201	0.0217	0.0211	0.0177	0.0184	0.0168	0.0137	0.0193	0.0197	0.0197	0.0188

续表

年份 指标	2005	2006	2007	2008	2009	2010	2011	2012	2013	2014	均值
$FCMC$ ($WrWc\ HZC$)	0.0006	0.0007	0.0004	0.0006	0.0004	0.0006	0.0009	0.0008	0.0004	0.0008	0.0006
$FCMC$ ($WrWc\ HZR$)	0.0016	0.0034	0.0013	0.0012	0.0023	0.0018	0.0004	0.0009	0.0013	0.0017	0.0016
$FCMC$ ($WrWc\ HNC$)	0.0035	0.0045	0.0044	0.0049	0.0036	0.0029	0.0033	0.0015	0.0006	0.0015	0.0031
$FCMC$ ($WrWc\ HNR$)	0.0084	0.0074	0.0070	0.0062	0.0054	0.0068	0.0070	0.0068	0.0061	0.0064	0.0068
$FCMC$ ($WrWc\ XNC$)	0.0011	0.0019	0.0013	0.0011	0.0009	0.0018	0.0014	0.0017	0.0015	0.0042	0.0017
$FCMC$ ($WrWc\ XNR$)	0.0015	0.0013	0.0007	0.0004	0.0003	0.0006	0.0007	0.0014	0.0012	0.0010	0.0009
$FCMC$ ($WrWc\ XBC$)	0.0019	0.0013	0.0012	0.0010	0.0011	0.0011	0.0008	0.0008	0.0008	0.0007	0.0011
$FCMC$ ($WrWc\ XBR$)	0.0016	0.0014	0.0012	0.0011	0.0017	0.0024	0.0018	0.0003	0.0003	0.0004	0.0012
$FCMC$ ($WrWc\ DBC$)	0.0001	0.00001	0.0002	0.0006	0.0005	0.0006	0.0001	0.0002	0.0002	0.0010	0.0004

续表

年份 指标	2005	2006	2007	2008	2009	2010	2011	2012	2013	2014	均值
FCMC (WrWc DBR)	0.0007	0.0018	0.0004	0.0009	0.0016	0.0019	0.0010	0.0010	0.0010	0.0009	0.0011
FCMC (Irc)	0.0112	0.0111	0.0106	0.0090	0.0118	0.0136	0.0115	0.0097	0.0095	0.0125	0.0110

注：FCMC（L）代表地方政府群众文化机构供给成本的均等化水平，FCMC（Br）代表地方政府群众文化机构供给成本区域之间均等化水平，FCMC（Bc）代表地方政府群众文化机构供给成本城乡之间均等化水平，FCMC（WrBc）代表地方政府群众文化机构供给成本区域内部城乡之间均等化水平，FCMC（WcBr）代表地方政府群众文化机构供给成本城乡内部区域之间均等化水平，FCMC（WrWc）代表地方政府群众文化机构供给成本区域内部城乡内部的均等化水平，FCMC（Irc）代表地方政府群众文化机构供给成本区域内城乡内部的交互作用。在FCMC（WrBc）、FCMC（WcBr）、FCMC（WrWc）和FCMC（Irc）的各项构成指标之中，字母HB、HD、HZ、HN、XN、XB和DB分别代表华北地区、华东地区、华中地区、华南地区、西北地区和东北地区，字母C和R分别代表城市地区和农村地区。

从区域维度优先层级分解的研究视角来看，指标 $FCMC(Br)$、指标 $FCMC(WrBc)$、指标 $FCMC(WrWc)$ 均值占总体不均等指标 $FCMC(L)$ 均值的比例为 17.69%、18.30% 和 64.01%，表明指标 $FCMC(WrWc)$ 是指标 $FCMC(L)$ 最主要的组成部分。从城乡维度优先层级分解的角度看，指标 $FCMC(Bc)$、指标 $FCMC(WcBr)$、指标 $FCMC(WrWc)$ 均值占总体不均等指标 $FCMC(L)$ 均值的比例为 9.62%、26.37% 和 64.01%，指标 $FCMC(WrWc)$ 均值占总体不均等指标 $FCMC(L)$ 均值比重超过指标 $FCMC(Bc)$ 和指标 $FCMC(WcBr)$ 均值占总体不均等均值的比重，表明区域内部城乡内部的不均等是地方政府群众文化机构供给成本总体不均等最主要的组成部分。从同时考虑城乡和区域维度双变量非层级分解角度看，指标 $FCMC(Br)$、指标 $FCMC(Bc)$、指标 $FCMC(WrWc)$ 和指标 $FCMC(Irc)$ 均值占总体不均等指标 $FCMC(L)$ 均值比例为 17.69%、9.62%、64.01% 和 8.68%，表明指标 $FCMC(WrWc)$ 是指标 $FCMC(L)$ 最主要的组成部分。

从区域内部城乡内部均等化水平指标 $FCMC(WrWc)$ 的构成来看，华东地区城市内部均等化指标 $FCMC(WrWc\ HDC)$、华东地区农村内部均等化指标 $FCMC(WrWc\ HDR)$ 和华北地区城市内部均等化指标 $FCMC(WrWc\ HBC)$ 在 $FCMC(WrWc)$ 各项构成指标中对总体不均等水平的贡献率最大，分别占总体不均等水平的 26.79%、14.77% 和 5.97%。从增长率方面来看，东北地区城市内部均等化指标 $FCMC(WrWc\ DBC)$、西南地区城市内部均等化指标 $FCMC(WrWc\ XNC)$ 和华北地区农村内部均等化指标 $FCMC(WrWc\ HBR)$ 的上升幅度分别为 900.00%、281.82% 和 140.00%，上述指标在 $FCMC(WrWc)$ 各项构成指标中上升幅度最大；西北地区农村内部均等化指标 $FCMC(WrWc\ XBR)$、西北地区城市内部均等化指标 $FCMC(WrWc\ XBC)$、华南地区城市内部均等化指标 $FCMC(WrWc\ HNC)$ 下降幅度分别为 75.00%、63.16%、57.14%，上述指标在 $FCMC(WrWc)$ 各项构成指标中下降幅度最大。

表 5-3 报告了 2005—2014 年公益艺术团体供给成本的总体均等化水平。加权平均后的指标 $FCPA(L)$ 从 2005 年的 0.2544 逐渐下降到 2014 年的 0.2264，下降幅度为 11%，表明地方政府公益艺术团体供给成本总体

表 5-3 公益艺术团体供给成本的均等化水平

年份 指标	2005	2006	2007	2008	2009	2010	2011	2012	2013	2014	均值
FCPA (L)	0.2544	0.2392	0.2259	0.2385	0.2183	0.2299	0.2396	0.1811	0.2725	0.2264	0.2326
FCPA (Br)	0.0311	0.0255	0.0287	0.0325	0.0333	0.0346	0.0322	0.0349	0.0529	0.0412	0.0347
FCPA (Bc)	0.1258	0.1319	0.1207	0.1274	0.0985	0.1052	0.1020	0.0488	0.0101	0.0700	0.0941
FCPA (WrBc)	0.1225	0.1355	0.1239	0.1307	0.1030	0.1085	0.1083	0.0602	0.0668	0.0868	0.1046
FCPA (WcBr)	0.0278	0.0290	0.0319	0.0357	0.0378	0.0379	0.0385	0.0464	0.1096	0.0579	0.0453
FCPA (WrWc)	0.1008	0.0782	0.0733	0.0753	0.0821	0.0868	0.0991	0.0859	0.1528	0.0985	0.0933
FCPA (WrWc HBC)	0.0045	0.0040	0.0043	0.0044	0.0047	0.0046	0.0035	0.0067	0.0068	0.0085	0.0052
FCPA (WrWc HBR)	0.0169	0.0196	0.0183	0.0182	0.0224	0.0226	0.0250	0.0235	0.0224	0.0147	0.0204
FCPA (WrWc HDC)	0.0057	0.0047	0.0042	0.0055	0.0061	0.0061	0.0076	0.0137	0.0088	0.0119	0.0074
FCPA (WrWc HDR)	0.0088	0.0119	0.0105	0.0118	0.0086	0.0200	0.0198	0.0122	0.0723	0.0135	0.0189
FCPA (WrWc HZC)	0.0013	0.0008	0.0004	0.0004	0.0009	0.0001	0.0000	0.0004	0.0002	0.0003	0.0005
FCPA (WrWc HZR)	0.0256	0.0068	0.0072	0.0060	0.0066	0.0070	0.0081	0.0058	0.0074	0.0048	0.0085
FCPA (WrWc HNC)	0.00003	0.00002	0.00003	0.00002	0.0003	0.0007	0.0004	0.0005	0.0008	0.0012	0.0004
FCPA (WrWc HNR)	0.0001	0.0006	0.0003	0.0004	0.0003	0.0010	0.0020	0.0095	0.0035	0.0165	0.0034
FCPA (WrWc XNC)	0.0063	0.0065	0.0063	0.0053	0.0030	0.0031	0.0041	0.0036	0.0024	0.0031	0.0044
FCPA (WrWc XNR)	0.0169	0.0107	0.0129	0.0149	0.0131	0.0100	0.0127	0.0024	0.0065	0.0090	0.0109
FCPA (WrWc XBC)	0.0009	0.0010	0.0009	0.0013	0.0012	0.0015	0.0005	0.0015	0.0019	0.0036	0.0014
FCPA (WrWc XBR)	0.0071	0.0059	0.0053	0.0038	0.0131	0.0045	0.0044	0.0049	0.0050	0.0033	0.0057

续表

指标 年份	2005	2006	2007	2008	2009	2010	2011	2012	2013	2014	均值
FCPA（WrWc DBC）	0.0005	0.0006	0.0006	0.0005	0.0008	0.0003	0.0012	0.0005	0.0001	0.0001	0.0005
FCPA（WrWc DBR）	0.0061	0.0050	0.0021	0.0027	0.0010	0.0053	0.0098	0.0007	0.0147	0.0081	0.0056
FCPA（Irc）	-0.0033	0.0035	0.0032	0.0032	0.0045	0.0033	0.0063	0.0115	0.0566	0.0167	0.0106

注：FCPA（L）代表地方政府公益艺术团体供给成本的均等化水平，FCPA（Br）代表地方政府公益艺术团体供给成本区域之间均等化水平，FCPA（Bc）代表地方政府公益艺术团体供给成本城乡之间均等化水平，FCPA（WrBc）代表地方政府公益艺术团体供给成本区域内部城乡之间均等化水平，FCPA（WcBr）代表地方政府公益艺术团体供给成本城乡内部区域之间均等化水平，FCPA（WrWc）代表地方政府公益艺术团体供给成本区域内部城乡内部均等化水平，FCPA（Irc）代表地方政府公益艺术团体供给成本城乡内部的交互作用。在FCPA（WcBr）、FCPA（WrWc）和FCPA（Irc）的各项构成指标之中，字母HB、HD、HZ、HN、XN、XB和DB分别代表华北地区、华东地区、华中地区、华南地区、西南地区、西北地区和东北地区，字母C和R分别代表城市地区和农村地区。

均等化水平处于逐年上升趋势。从区域维度优先层级分解的研究视角来看，指标 $FCPA(Br)$、指标 $FCPA(WrBc)$、指标 $FCPA(WrWc)$ 均值占总体不均等指标 $FCPA(L)$ 均值的比例为 14.92%、44.98% 和 40.10%，表明指标 $FCPA(WrBc)$ 是指标 $FCPA(L)$ 最主要的组成部分。从城乡维度优先层级分解的角度看，指标 $FCPA(Bc)$、指标 $FCPA(WcBr)$、指标 $FCPA(WrWc)$ 均值占总体不均等指标 $FCPA(L)$ 均值的比例为 40.44%、19.46% 和 40.10%，表明指标 $FCPA(Bc)$ 是指标 $FCPA(L)$ 最主要的组成部分。从同时考虑城乡和区域维度双变量非层级分解角度看，指标 $FCPA(Br)$、指标 $FCPA(Bc)$、指标 $FCPA(WrWc)$ 和指标 $FCPA(Irc)$ 均值占总体不均等指标 $FCPA(L)$ 均值比例为 14.92%、40.44%、40.10% 和 4.54%，表明指标 $FCPA(Bc)$ 是指标 $FCPA(L)$ 最主要的组成部分。指标 $FCPA(Irc)$ 的均值为 0.0106，说明城乡与区域的不均等没有受到相互间的重叠影响。

从区域内部城乡内部均等化水平指标 $FCPA(WrWc)$ 的构成来看，华北地区农村内部均等化指标 $FCPA(WrWc\ HBR)$、华东地区农村内部均等化指标 $FCPA(WrWc\ HDR)$ 和西南地区农村内部均等化指标 $FCPA(WrWc\ XNR)$ 在 $FCPA(WrWc)$ 各项构成指标中对总体不均等水平的贡献率最大，分别占总体不均等水平的 8.77%、8.13% 和 4.69%。从增长率方面来看，华南地区农村内部均等化指标 $FCPA(WrWc\ HNR)$、华南地区城市内部均等化指标 $FCPA(WrWc\ HNC)$ 和西北地区农村内部均等化指标 $FCPA(WrWc\ XBC)$ 的上升幅度分别为 16400.00%、3900.00% 和 300.00%，上述指标在 $FCPA(WrWc)$ 各项构成指标中上升幅度最大；华中地区农村内部均等化指标 $FCPA(WrWc\ HZR)$、东北地区城市内部均等化指标 $FCPA(WrWc\ DBC)$、华中地区城市内部均等化指标 $FCPA(WrWc\ HZC)$ 的下降幅度分别为 81.25%、80.00%、76.92%，上述指标在 $FCPA(WrWc)$ 各项构成指标中下降幅度最大。

表 5-4 报告了 2005—2014 年公共博物馆供给成本的总体均等化水平。加权平均后的指标 $FCPM(L)$ 从 2005 年的 0.1997 下降到 2014 年的 0.1449，降幅为 27.44%，表明总体均等化水平处于逐年上升的趋势。从区域维度优先层级分解的研究视角来看，指标 $FCPM(Br)$、指标 $FCPM(WrBc)$、

表 5-4　公共博物馆供给成本的均等化水平

年份 指标	2005	2006	2007	2008	2009	2010	2011	2012	2013	2014	均值
FCPM (L)	0.1997	0.2041	0.1718	0.1756	0.1409	0.1345	0.1272	0.1405	0.1411	0.1449	0.1580
FCPM (Br)	0.0300	0.0329	0.0327	0.0283	0.0263	0.0255	0.0350	0.0366	0.0341	0.0427	0.0324
FCPM (Bc)	0.0863	0.0998	0.0797	0.0814	0.0511	0.0445	0.0369	0.0533	0.0391	0.0346	0.0607
FCPM (WrBc)	0.0865	0.1002	0.0796	0.0798	0.0529	0.0432	0.0369	0.0547	0.0420	0.0367	0.0612
FCPM (WcBr)	0.0302	0.0333	0.0325	0.0267	0.0281	0.0242	0.0350	0.0379	0.0370	0.0448	0.0330
FCPM (WrWc)	0.0832	0.0710	0.0595	0.0675	0.0617	0.0658	0.0553	0.0493	0.0650	0.0656	0.0644
FCPM (WrWc HBC)	0.0071	0.0020	0.0011	0.0102	0.0082	0.0104	0.0050	0.0110	0.0081	0.0104	0.0074
FCPM (WrWc HBR)	0.0016	0.0029	0.0005	0.0003	0.0005	0.0010	0.0016	0.0009	0.0005	0.0020	0.0012
FCPM (WrWc HDC)	0.0209	0.0208	0.0174	0.0125	0.0163	0.0127	0.0076	0.0110	0.0131	0.0178	0.0150
FCPM (WrWc HDR)	0.0243	0.0207	0.0242	0.0275	0.0115	0.0142	0.0150	0.0119	0.0202	0.0134	0.0183
FCPM (WrWc HZC)	0.0068	0.0024	0.0004	0.0014	0.0013	0.0007	0.0036	0.0026	0.0015	0.0023	0.0023
FCPM (WrWc HZR)	0.0060	0.0017	0.0012	0.0013	0.0025	0.0023	0.0019	0.0006	0.0010	0.0028	0.0021
FCPM (WrWc HNC)	0.0009	0.0008	0.0005	0.0026	0.0002	0.0001	0.0002	0.0002	0.0009	0.0015	0.0008
FCPM (WrWc HNR)	0.0068	0.0106	0.0086	0.0047	0.0094	0.0105	0.0056	0.0018	0.0047	0.0079	0.0071
FCPM (WrWc XNC)	0.0011	0.0035	0.0007	0.0006	0.0002	0.0008	0.0004	0.0008	0.0005	0.0010	0.0009
FCPM (WrWc XNR)	0.0027	0.0031	0.0031	0.0032	0.0049	0.0093	0.0085	0.0026	0.0092	0.0019	0.0048
FCPM (WrWc XBC)	0.0025	0.0004	0.0004	0.0001	0.0005	0.0001	0.0012	0.0003	0.0004	0.0017	0.0008
FCPM (WrWc XBR)	0.0019	0.0010	0.0008	0.0014	0.0015	0.0011	0.0023	0.0021	0.0024	0.0014	0.0016

续表

指标\年份	2005	2006	2007	2008	2009	2010	2011	2012	2013	2014	均值
FCPM (WrWc DBC)	0.0004	0.0006	0.0001	0.0003	0.0002	0.0023	0.0018	0.0017	0.0005	0.0012	0.0009
FCPM (WrWc DBR)	0.0003	0.0004	0.0006	0.0014	0.0043	0.0004	0.0007	0.0018	0.0019	0.0003	0.0012
FCPM (Irc)	0.0002	0.0004	-0.0002	-0.0016	0.0018	-0.0013	0.0000	0.0013	0.0029	0.0021	0.0006

注：FCPM（L）代表地方政府公共博物馆供给成本的均等化水平，FCPM（Br）代表地方政府公共博物馆供给成本区域之间均等化水平，FCPM（Bc）代表地方政府公共博物馆供给成本城乡之间均等化水平，FCPM（WrBc）代表地方政府公共博物馆供给成本区域内部城乡间均等化水平，FCPM（WcBr）代表地方政府公共博物馆供给成本城乡内部区域之间均等化水平，FCPM（WrWc）代表地方政府公共博物馆供给成本区域内部城乡内部均等化水平，FCPM（Irc）代表地方政府公共博物馆供给成本城乡内部的交互作用。在FCPM（WrBc）、FCPM（WcBr）、FCPM（WrWc）和FCPM（Irc）的各项构成指标之中，字母HB、HD、HZ、HN、XN、XB和DB分别代表华北地区、华东地区、华中地区、华南地区、西南地区、西北地区和东北地区，字母C和R分别代表城市地区和农村地区。

指标 $FCPM(WrWc)$ 均值占总体不均等指标 $FCPM(L)$ 均值的比例为 20.5%、38.75% 和 40.75%，表明指标 $FCPM(WrWc)$ 是指标 $FCPM(L)$ 最主要的组成部分。从城乡维度优先层级分解的角度看，指标 $FCPM(Bc)$、指标 $FCPM(WcBr)$、指标 $FCPM(WrWc)$ 均值占总体不均等指标 $FCPM(L)$ 均值的比例为 38.39%、20.86% 和 40.75%，指标 $FCPM(WrWc)$ 均值占总体不均等指标 $FCPM(L)$ 均值比重超过指标 $FCPM(Bc)$ 和 $FCPM(WcBr)$ 均值占总体不均等均值的比重，表明区域内部城乡内部的不均等是地方政府公共博物馆供给成本总体不均等最主要的组成部分。从同时考虑城乡和区域维度双变量非层级分解角度看，指标 $FCPM(Br)$、$FCPM(Bc)$、$FCPM(WrWc)$ 和 $FCPM(Irc)$ 均值占总体不均等指标 $FCPM(L)$ 均值比例为 20.5%、38.39%、40.75% 和 0.36%，表明指标 $FCPM(WrWc)$ 是指标 $FCPM(L)$ 最主要的组成部分。指标 $FCPM(Irc)$ 均值为 0.0006，说明城乡与区域的不均等没有受到相互间的重叠影响。

从区域内部城乡内部均等化水平指标 $FCPM(WrWc)$ 的构成来看，华东地区农村内部均等化指标 $FCPM(WrWc\ HDR)$、华东地区城市内部均等化指标 $FCPM(WrWc\ HDC)$ 和华北地区城市内部均等化指标 $FCPM(WrWc\ HBC)$ 在 $FCPM(WrWc)$ 各项构成指标中对总体不均等水平的贡献率最大，分别占总体不均等水平的 11.58%、9.5% 和 4.68%。从增长率方面来看，东北地区城市内部均等化指标 $FCPM(WrWc\ DBC)$、华南地区城市内部均等化指标 $FCPM(WrWc\ HNC)$ 和华北地区城市内部均等化指标 $FCPM(WrWc\ HBC)$ 的上升幅度分别为 200.00%、66.67% 和 46.48%，上述指标在 $FCPM(WrWc)$ 各项构成指标中上升幅度最大；华中地区城市内部均等化指标 $FCPM(WrWc\ HZC)$、华中地区农村内部均等化指标 $FCPM(WrWc\ HZR)$、华东地区农村内部均等化指标 $FCPM(WrWc\ HDR)$ 下降幅度分别为 66.18%、53.33%、44.86%，上述指标在 $FCPM(WrWc)$ 各项构成指标中下降幅度最大。

表 5-5 报告了 2005—2014 年基本公共文化服务供给成本的总体均等化水平。加权平均后的指标 $FCPCS(L)$ 从 2005 年的 0.1962 下降到 2014 年的 0.1570，降幅为 19.98%，表明总体均等化水平处于逐年上升趋势。

表 5-5　基本公共文化服务供给成本的均等化水平

年份 指标	2005	2006	2007	2008	2009	2010	2011	2012	2013	2014	均值
FCPCS (L)	0.1962	0.1881	0.1704	0.1715	0.1602	0.1646	0.1581	0.1471	0.1653	0.1570	0.1679
FCPCS (Br)	0.0363	0.0343	0.0314	0.0282	0.0276	0.0289	0.0276	0.0312	0.0318	0.0319	0.0309
FCPCS (Bc)	0.0680	0.0718	0.0620	0.0647	0.0478	0.0485	0.0464	0.0353	0.0223	0.0351	0.0502
FCPCS (WrBc)	0.0690	0.0756	0.0662	0.0685	0.0548	0.0536	0.0522	0.0416	0.0409	0.0443	0.0566
FCPCS (WcBr)	0.0373	0.0380	0.0356	0.0320	0.0346	0.0340	0.0333	0.0374	0.0503	0.0411	0.0374
FCPCS (WrWc)	0.0909	0.0783	0.0728	0.0748	0.0778	0.0821	0.0784	0.0743	0.0926	0.0808	0.0803
FCPCS (WrWc HBC)	0.0067	0.0052	0.0050	0.0073	0.0079	0.0092	0.0065	0.0081	0.0082	0.0094	0.0074
FCPCS (WrWc HBR)	0.0060	0.0069	0.0062	0.0062	0.0072	0.0079	0.0088	0.0103	0.0085	0.0067	0.0075
FCPCS (WrWc HDC)	0.0241	0.0204	0.0191	0.0183	0.0216	0.0203	0.0189	0.0197	0.0183	0.0206	0.0202

续表

年份 指标	2005	2006	2007	2008	2009	2010	2011	2012	2013	2014	均值
$FCPCS$ ($W_TW_C\ HDR$)	0.0195	0.0190	0.0196	0.0197	0.0142	0.0179	0.0168	0.0165	0.0326	0.0156	0.0191
$FCPCS$ ($W_TW_C\ HZC$)	0.0022	0.0010	0.0003	0.0008	0.0014	0.0015	0.0020	0.0012	0.0007	0.0011	0.0012
$FCPCS$ ($W_TW_C\ HZR$)	0.0094	0.0039	0.0033	0.0027	0.0036	0.0041	0.0034	0.0027	0.0036	0.0037	0.0040
$FCPCS$ ($W_TW_C\ HNC$)	0.0017	0.0014	0.0014	0.0021	0.0012	0.0010	0.0013	0.0006	0.0006	0.0011	0.0012
$FCPCS$ ($W_TW_C\ HNR$)	0.0058	0.0067	0.0063	0.0049	0.0057	0.0065	0.0055	0.0063	0.0057	0.0103	0.0064
$FCPCS$ ($W_TW_C\ XNC$)	0.0027	0.0035	0.0023	0.0027	0.0013	0.0017	0.0019	0.0016	0.0015	0.0022	0.0021
$FCPCS$ ($W_TW_C\ XNR$)	0.0058	0.0044	0.0047	0.0052	0.0053	0.0055	0.0060	0.0022	0.0049	0.0033	0.0047
$FCPCS$ ($W_TW_C\ XBC$)	0.0016	0.0008	0.0011	0.0010	0.0012	0.0010	0.0009	0.0009	0.0011	0.0018	0.0011
$FCPCS$ ($W_TW_C\ XBR$)	0.0028	0.0023	0.0020	0.0017	0.0041	0.0021	0.0023	0.0019	0.0020	0.0017	0.0023

续表

年份 指标	2005	2006	2007	2008	2009	2010	2011	2012	2013	2014	均值
FCPCS ($W_rW_c\,DBC$)	0.0004	0.0005	0.0003	0.0005	0.0005	0.0010	0.0010	0.0008	0.0003	0.0006	0.0006
FCPCS ($W_rW_c\,DBR$)	0.0022	0.0022	0.0013	0.0017	0.0026	0.0023	0.0033	0.0013	0.0047	0.0027	0.0024
FCPCS (Irc)	0.0010	0.0037	0.0041	0.0039	0.0070	0.0051	0.0057	0.0063	0.0185	0.0092	0.0065

注：FCPCS（L）代表地方政府基本公共文化服务供给成本的均等化水平，FCPCS（Bc）代表地方政府基本公共文化服务供给成本之间均等化水平，FCPCS（Br）代表地方政府基本公共文化服务供给成本区域之间均等化水平，FCPCS（W_rBc）代表地方政府基本公共文化服务供给成本区域内部均等化水平，FCPCS（W_cBr）代表地方政府基本公共文化服务供给成本城乡内部区域之间均等化水平，FCPCS（W_rW_c）代表地方政府基本公共文化服务供给成本区域内城乡之间均等化水平，FCPCS（Irc）代表地方政府基本公共文化服务供给成本城乡区域内部的交互作用。在 FCPCS（W_rBc）、FCPCS（W_cBr）和 FCPCS（W_rW_c）的各项构成指标之中，字母 HB、HD、HZ、HN、XN、XB 和 DB 分别代表华北地区、华东地区、华中地区、华南地区、西南地区、西北地区和东北地区，字母 C 和 R 分别代表城市地区和农村地区。

从区域维度优先层级分解的研究视角来看，指标 $FCPCS(Br)$、指标 $FCPCS(WrBc)$、指标 $FCPCS(WrWc)$ 均值占总体不均等指标 $FCPCS(L)$ 均值的比例为 18.42%、33.75% 和 47.83%，表明指标 $FCPCS(WrWc)$ 是指标 $FCPCS(L)$ 最主要的组成部分。从城乡维度优先层级分解的角度看，指标 $FCPCS(Bc)$、指标 $FCPCS(WcBr)$、指标 $FCPCS(WrWc)$ 均值占总体不均等指标 $FCPCS(L)$ 均值的比例为 29.91%、22.26% 和 47.83%，表明指标 $FCPCS(WrWc)$ 是指标 $FCPCS(L)$ 最主要的组成部分。从同时考虑城乡和区域维度双变量非层级分解角度看，指标 $FCPCS(Br)$、$FCPCS(Bc)$、指标 $FCPCS(WrWc)$ 和 $FCPCS(Irc)$ 均值占总体不均等指标 $FCPCS(L)$ 均值比例为 18.42%、29.91%、47.83% 和 3.84%，指标 $FCPCS(WrWc)$ 均值占总体不均等指标 $FCPCS(L)$ 均值的比重超过指标 $FCPCS(Br)$、$FCPCS(Bc)$ 和 $FCPCS(Irc)$ 均值占总体不均等均值的比重，表明区域内部城乡内部的不均等是地方政府基本公共文化服务供给成本总体不均等最主要的组成部分。指标 $FCPCS(Irc)$ 的均值为 0.0065，说明城乡与区域的不均等没有受到相互间的重叠影响。

从区域内部城乡内部均等化水平指标 $FCPCS(WrWc)$ 的构成来看，华东地区城市内部均等化指标 $FCPCS(WrWc\ HDC)$、华东地区农村内部均等化指标 $FCPCS(WrWc\ HDR)$ 和华北地区农村内部均等化指标 $FCPCS(WrWc\ HBR)$ 在 $FCPCS(WrWc)$ 各项构成指标中对总体不均等水平的贡献率最大，分别占总体不均等水平的 12.03%、11.38% 和 4.47%。从增长率来看，华南地区农村内部均等化指标 $FCPCS(WrWc\ HNR)$、东北地区城市内部均等化指标 $FCPCS(WrWc\ DBC)$ 和华北地区城市内部均等化指标 $FCPCS(WrWc\ HBC)$ 的上升幅度分别为 77.59%、50.00% 和 40.30%，上述指标在 $FCPCS(WrWc)$ 各项构成指标中上升幅度最大；华中地区农村内部均等化指标 $FCPCS(WrWc\ HZR)$、华中地区城市内部均等化指标 $FCPCS(WrWc\ HZC)$、西北地区农村内部均等化指标 $FCPCS(WrWc\ XBR)$ 下降幅度分别为 60.64%、50.00%、39.29%，上述指标在 $FCPCS(WrWc)$ 各项构成指标中下降幅度最大。

第三节 地方政府供给成本差异对基本公共文化服务均衡供给影响

事实上，实现了不同地区和城乡之间地方政府财政能力均等化，未必能够实现基本公共文化服务均等化，而本书的测算结果正是印证了上述观点：从表 3-14、表 3-15、表 3-16 和表 5-5 的数据看，从 2005 年到 2014 年效果均等标准下基本公共文化服务总体均等化水平、供给成本的总体均等化水平均呈现出逐渐下降的趋势，但从下降的幅度而言考虑两者是有所区别的，这表示效果均等和财政均等两种不同类别的均等化模式在总体均等化水平的改善方面是有所差别的：加权平均后的指标 $PCS(L)$ 从 2005 年的 0.1489 逐渐下降到 2014 年的 0.1462，下降幅度为 1.83%；但加权平均后的指标 $FCPCS(L)$ 从 2005 年的 0.1962 逐渐下降到 2014 年的 0.1570，下降幅度为 19.97%。从上述数据可以判断，相对于效果均等标准下基本公共文化服务总体均等化水平而言，基本公共文化服务供给成本总体均等化水平近年来的改善程度则更为明显。更为重要的是，从群众艺术馆、文化馆、文化站、图书馆、博物馆、公益艺术表演团体等各项基本公共文化服务的构成要素考虑，上述各项基本公共文化服务在效果均等标准下的均等化水平，以及各项基本公共文化服务供给成本的均等化水平在改善程度上也体现出不同程度的特点。从理论上分析，由于我国不同地区和城乡之间经济社会发展的长期不均衡，导致经济发达地区和偏远落后地区在自然资源禀赋、税源规模与集中程度、城市化发展水平、经济社会发展等方面存在较大的差异，对基本公共文化服务的供给成本将产生较大的影响。

按照上文的研究逻辑思路，为考察不同地区和城乡之间公共服务供给成本差异对基本公共文化服务均等化水平的影响，我们可以通过效果均等和财政均等两种不同类别的均等化模式的边际均等效应进行分析。跟上文相类似，我们借鉴 Kam（2009）的相关研究成果，以双变量泰尔指数模型为基础构建效果均等和财政均等两种均等化模式的边际均等效应测算指标体系，考察不同地区和城乡之间公共服务供给成本差异对基本公共文化服务均等化水平的影响。与第三章和第四章的具体界定相类似，基本公共文化服务边际均等效应的测算范围包括了群众艺术馆、文化馆、文化站、图书馆、博物馆、公益艺术表演团体等各项基本公共文化服务的边际均等效应。① 在具体测算过程中，我们构建基本公共文化服务边际均等效应的指标体系，得到群众艺术馆、文化馆、文化站、图书馆、博物馆、公益艺术表演团体等各项二级指标边际均等效应的指标，再合并为一级指标的边际均等效应。按照上述思路，我们可以将整个计算过程分为五个步骤，具体测算过程如下所示。②

第一步，建立测算地方政府供给成本影响公共图书馆均衡供给的边际均等效应指标，如表 5-6 所示：

表 5-6　地方政府供给成本影响公共图书馆均衡供给边际均等效应的测算指标

序号	指标	指标含义
1	$MEPL(L)$ $=[PL(L)-FCPL(L)]_{t}^{t+1}$	$MEPL(L)$ 代表地方政府供给成本影响公共图书馆均衡供给边际均等效应，$PL(L)$ 代表公共图书馆的总体均等化程度，$FCPL(L)$ 指标含义如表 5-1 所示。
2	$MEPL(Br)$ $=[PL(Br)-FCPL(Br)]_{t}^{t+1}$	$MEPL(Br)$ 代表区域之间地方政府供给成本影响公共图书馆均衡供给边际均等效应，$PL(Br)$ 代表区域之间公共图书馆的均等化程度，$FCPL(Br)$ 指标含义如表 5-1 所示。
3	$MEPL(Bc)$ $=[PL(Bc)-FCPL(Bc)]_{t}^{t+1}$	$MEPL(Bc)$ 代表城乡之间地方政府供给成本影响公共图书馆均衡供给边际均等效应，$PL(Bc)$ 代表城乡之间公共图书馆的均等化程度，$FCPL(Bc)$ 指标含义如表 5-1 所示。
4	$MEPL(WrBc)$ $=[PL(WrBc)-FCPL(WrBc)]_{t}^{t+1}$	$MEPL(WrBc)$ 代表区域内部城乡之间地方政府供给成本影响公共图书馆均衡供给边际均等效应，$PL(WrBc)$ 代表区域内部城乡之间公共图书馆的均等化程度，$FCPL(WrBc)$ 指标含义如表 5-1 所示。

---

① 其中，公共图书馆可及性的测算范围涵盖图书馆的机构数量、藏书量、有效借书证数、书刊文献外借册次、总服务人次的边际均等效应；群众文化机构可及性的测算范围涵盖群众艺术馆、文化馆、文化站的机构数量、组织文艺活动次数、举办艺术展览数量和举办培训班数量的边际均等效应；公益艺术表演团体可及性的测算范围涵盖公益文艺剧团的机构数量、专业演出人员数量、演出场次和观众数量的边际均等效应；公共博物馆可及性的测算范围涵盖公共博物馆的机构数量、文物藏品数量、举办文物展览数量和参观人数的边际均等效应。

② 测算的人口数据来源于各年度的《中国人口与就业统计年鉴》。

续表

序号	指标	指标含义
5	$MEPL(WcBr)$ $=[PL(WcBr)-$ $FCPL(WcBr)]_{t+1}^{t}$	$MEPL(WcBr)$ 代表城乡内部区域之间地方政府供给成本影响公共图书馆均衡供给边际均等效应，$PL(WcBr)$ 代表城乡内部区域之间公共图书馆的均等化程度，$FCPL(WcBr)$ 指标含义如表 5-1 所示。
6	$MEPL(WrWc)$ $=[PL(WrWc)-$ $FCPL(WrWc)]_{t+1}^{t}$	$MEPL(WrWc)$ 代表区域内部城乡内部地方政府供给成本影响公共图书馆均衡供给边际均等效应，$PL(WrWc)$ 代表区域内部城乡内部公共图书馆的均等化程度，$FCPL(WrWc)$ 指标含义如表 5-1 所示。
7	$MEPL(WrWc\ HBC)$ $=[PL(WrWc\ HBC)-$ $FCPL(WrWc\ HBC)]_{t+1}^{t}$	$MEPL(WrWc\ HBC)$ 代表华北地区城市内部地方政府供给成本影响公共图书馆均衡供给边际均等效应，$PL(WrWc\ HBC)$ 代表华北地区城市内部公共图书馆的均等化程度，$FCPL(WrWc\ HBC)$ 指标含义如表 5-1 所示。
8	$MEPL(WrWc\ HBR)$ $=[PL(WrWc\ HBR)-$ $FCPL(WrWc\ HBR)]_{t+1}^{t}$	$MEPL(WrWc\ HBR)$ 代表华北地区农村内部地方政府供给成本影响公共图书馆均衡供给边际均等效应，$PL(WrWc\ HBR)$ 代表华北地区农村内部公共图书馆的均等化程度，$FCPL(WrWc\ HBR)$ 指标含义如表 5-1 所示。
9	$MEPL(WrWc\ HDC)$ $=[PL(WrWc\ HDC)-$ $FCPL(WrWc\ HDC)]_{t+1}^{t}$	$MEPL(WrWc\ HDC)$ 代表华东地区城市内部地方政府供给成本影响公共图书馆均衡供给边际均等效应，$PL(WrWc\ HDC)$ 代表华东地区城市内部公共图书馆的均等化程度，$FCPL(WrWc\ HDC)$ 指标含义如表 5-1 所示。
10	$MEPL(WrWc\ HDR)$ $=[PL(WrWc\ HDR)-$ $FCPL(WrWc\ HDR)]_{t+1}^{t}$	$MEPL(WrWc\ HDR)$ 代表华东地区农村内部地方政府供给成本影响公共图书馆均衡供给边际均等效应，$PL(WrWc\ HDR)$ 代表华东地区农村内部公共图书馆的均等化程度，$FCPL(WrWc\ HDR)$ 指标含义如表 5-1 所示。
11	$MEPL(WrWc\ HZC)$ $=[PL(WrWc\ HZC)-$ $FCPL(WrWc\ HZC)]_{t+1}^{t}$	$MEPL(WrWc\ HZC)$ 代表华中地区城市内部地方政府供给成本影响公共图书馆均衡供给边际均等效应，$PL(WrWc\ HZC)$ 代表华中地区城市内部公共图书馆的均等化程度，$FCPL(WrWc\ HZC)$ 指标含义如表 5-1 所示。
12	$MEPL(WrWc\ HZR)$ $=[PL(WrWc\ HZR)-$ $FCPL(WrWc\ HZR)]_{t+1}^{t}$	$MEPL(WrWc\ HZR)$ 代表华中地区农村内部地方政府供给成本影响公共图书馆均衡供给边际均等效应，$PL(WrWc\ HZR)$ 代表华中地区农村内部公共图书馆的均等化程度，$FCPL(WrWc\ HZR)$ 指标含义如表 5-1 所示。
13	$MEPL(WrWc\ HNC)$ $=[PL(WrWc\ HNC)-$ $FCPL(WrWc\ HNC)]_{t+1}^{t}$	$MEPL(WrWc\ HNC)$ 代表华南地区城市内部地方政府供给成本影响公共图书馆均衡供给边际均等效应，$PL(WrWc\ HNC)$ 代表华南地区城市内部公共图书馆的均等化程度，$FCPL(WrWc\ HNC)$ 指标含义如表 5-1 所示。

续表

序号	指标	指标含义
14	$MEPL(WrWc\ HNR)$ $=[PL(WrWc\ HNR)-$ $FCPL(WrWc\ HNR)]_{t+1}^{t}$	$MEPL(WrWc\ HNR)$ 代表华南地区农村内部地方政府供给成本影响公共图书馆均衡供给边际均等效应，$PL(WrWc\ HNR)$ 代表华南地区农村内部公共图书馆的均等化程度，$FCPL(WrWc\ HNR)$ 指标含义如表5-1所示。
15	$MEPL(WrWc\ XNC)$ $=[PL(WrWc\ XNC)-$ $FCPL(WrWc\ XNC)]_{t+1}^{t}$	$MEPL(WrWc\ XNC)$ 代表西南地区城市内部地方政府供给成本影响公共图书馆均衡供给边际均等效应，$PL(WrWc\ XNC)$ 代表西南地区城市内部公共图书馆的均等化程度，$FCPL(WrWc\ XNC)$ 指标含义如表5-1所示。
16	$MEPL(WrWc\ XNR)$ $=[PL(WrWc\ XNR)-$ $FCPL(WrWc\ XNR)]_{t+1}^{t}$	$MEPL(WrWc\ XNR)$ 代表西南地区农村内部地方政府供给成本影响公共图书馆均衡供给边际均等效应，$PL(WrWc\ XNR)$ 代表西南地区农村内部公共图书馆的均等化程度，$FCPL(WrWc\ XNR)$ 指标含义如表5-1所示。
17	$MEPL(WrWc\ XBC)$ $=[PL(WrWc\ XBC)-$ $FCPL(WrWc\ XBC)]_{t+1}^{t}$	$MEPL(WrWc\ XBC)$ 代表西北地区城市内部地方政府供给成本影响公共图书馆均衡供给边际均等效应，$PL(WrWc\ XBC)$ 代表西北地区城市内部公共图书馆的均等化程度，$FCPL(WrWc\ XBC)$ 指标含义如表5-1所示。
18	$MEPL(WrWc\ XBR)$ $=[PL(WrWc\ XBR)-$ $FCPL(WrWc\ XBR)]_{t+1}^{t}$	$MEPL(WrWc\ XBR)$ 代表西北地区农村内部地方政府供给成本影响公共图书馆均衡供给边际均等效应，$PL(WrWc\ XBR)$ 代表西北地区农村内部公共图书馆的均等化程度，$FCPL(WrWc\ XBR)$ 指标含义如表5-1所示。
19	$MEPL(WrWc\ DBC)$ $=[PL(WrWc\ DBC)-$ $FCPL(WrWc\ DBC)]_{t+1}^{t}$	$MEPL(WrWc\ DBC)$ 代表东北地区城市内部地方政府供给成本影响公共图书馆均衡供给边际均等效应，$PL(WrWc\ DBC)$ 代表东北地区城市内部公共图书馆的均等化程度，$FCPL(WrWc\ DBC)$ 指标含义如表5-1所示。
20	$MEPL(WrWc\ DBR)$ $=[PL(WrWc\ DBR)-$ $FCPL(WrWc\ DBR)]_{t+1}^{t}$	$MEPL(WrWc\ DBR)$ 代表东北地区农村内部地方政府供给成本影响公共图书馆均衡供给边际均等效应，$PL(WrWc\ DBR)$ 代表东北地区农村内部公共图书馆的均等化程度，$FCPL(WrWc\ DBR)$ 指标含义如表5-1所示。
21	$MEPL(Irc)$ $=[PL(Irc)-$ $FCPL(Irc)]_{t+1}^{t}$	$MEPL(Irc)$ 代表地方政府供给成本区域城乡内部交互作用对公共图书馆均衡供给的影响，$PL(Irc)$ 代表公共图书馆区域城乡内部交互作用，$FCPL(Irc)$ 指标含义如表5-1所示。

注：表中边际均等化效应指标若测算结果大于0，表示地方政府供给成本影响公共图书馆均衡供给边际均等效应较为显著，数值越大代表着显著性越高，反之亦然；表中边际均等化效应指标若测算结果小于0，表示地方政府供给成本影响公共图书馆均衡供给边际均等效应不显著，数值越小代表着显著性越低，反之亦然。在 $MEPL(WrWc)$ 的各项构成指标之中，字母 HB、HD、HZ、HN、XN、XB 和 DB 分别代表华北地区、华东地区、华中地区、华南地区、西南地区、西北地区和东北地区，字母 C 和 R 分别代表城市地区和农村地区。

第五章 政府供给成本差异对基本公共文化服务供给的影响 | 217

第二步，建立测算地方政府供给成本影响群众文化机构均衡供给的边际均等效应指标，如表5-7所示：

表5-7 地方政府供给成本影响群众文化机构均衡供给边际均等效应的测算指标

序号	指标	指标含义
1	$MEMC(L)$ $=[MC(L)-$ $FCMC(L)]_{t+1}^{t}$	$MEMC(L)$ 代表地方政府供给成本影响群众文化机构均衡供给边际均等效应，$MC(L)$ 代表群众文化机构的总体均等化程度，$FCMC(L)$ 指标含义如表5-2所示。
2	$MEMC(Br)$ $=[MC(Br)-$ $FCMC(Br)]_{t+1}^{t}$	$MEMC(Br)$ 代表区域之间地方政府供给成本影响群众文化机构均衡供给边际均等效应，$MC(Br)$ 代表区域之间群众文化机构的均等化程度，$FCMC(Br)$ 指标含义如表5-2所示。
3	$MEMC(Bc)$ $=[MC(Bc)-$ $FCMC(Bc)]_{t+1}^{t}$	$MEMC(Bc)$ 代表城乡之间地方政府供给成本影响群众文化机构均衡供给边际均等效应，$MC(Bc)$ 代表城乡之间群众文化机构的均等化程度，$FCMC(Bc)$ 指标含义如表5-2所示。
4	$MEMC(WrBc)$ $=[MC(WrBc)-$ $FCMC(WrBc)]_{t+1}^{t}$	$MEMC(WrBc)$ 代表区域内部城乡之间地方政府供给成本影响群众文化机构均衡供给边际均等效应，$MC(WrBc)$ 代表区域内部城乡之间群众文化机构的均等化程度，$FCMC(WrBc)$ 指标含义如表5-2所示。
5	$MEMC(WcBr)$ $=[MC(WcBr)-$ $FCMC(WcBr)]_{t+1}^{t}$	$MEMC(WcBr)$ 代表城乡内部区域之间地方政府供给成本影响群众文化机构均衡供给边际均等效应，$MC(WcBr)$ 代表城乡内部区域之间群众文化机构的均等化程度，$FCMC(WcBr)$ 指标含义如表5-2所示。
6	$MEMC(WrWc)$ $=[MC(WrWc)-$ $FCMC(WrWc)]_{t+1}^{t}$	$MEMC(WrWc)$ 代表区域内部城乡内部地方政府供给成本影响群众文化机构均衡供给边际均等效应，$MC(WrWc)$ 代表区域内部城乡内部群众文化机构的均等化程度，$FCMC(WrWc)$ 指标含义如表5-2所示。
7	$MEMC(WrWc\ HBC)$ $=[MC(WrWc\ HBC)-$ $FCMC(WrWc\ HBC)]_{t+1}^{t}$	$MEMC(WrWc\ HBC)$ 代表华北地区城市内部地方政府供给成本影响群众文化机构均衡供给边际均等效应，$MC(WrWc\ HBC)$ 代表华北地区城市内部群众文化机构的均等化程度，$FCMC(WrWc\ HBC)$ 指标含义如表5-2所示。
8	$MEMC(WrWc\ HBR)$ $=[MC(WrWc\ HBR)-$ $FCMC(WrWc\ HBR)]_{t+1}^{t}$	$MEMC(WrWc\ HBR)$ 代表华北地区农村内部地方政府供给成本影响群众文化机构均衡供给边际均等效应，$MC(WrWc\ HBR)$ 代表华北地区农村内部群众文化机构的均等化程度，$FCMC(WrWc\ HBR)$ 指标含义如表5-2所示。
9	$MEMC(WrWc\ HDC)$ $=[MC(WrWc\ HDC)-$ $FCMC(WrWc\ HDC)]_{t+1}^{t}$	$MEMC(WrWc\ HDC)$ 代表华东地区城市内部地方政府供给成本影响群众文化机构均衡供给边际均等效应，$MC(WrWc\ HDC)$ 代表华东地区城市内部群众文化机构的均等化程度，$FCMC(WrWc\ HDC)$ 指标含义如表5-2所示。

续表

序号	指标	指标含义
10	$MEMC(WrWc\ HDR)$ $=[MC(WrWc\ HDR)-$ $FCMC(WrWc\ HDR)]_{t+1}^{t}$	$MEMC(WrWc\ HDR)$ 代表华东地区农村内部地方政府供给成本影响群众文化机构均衡供给边际均等效应,$MC(WrWc\ HDR)$ 代表华东地区农村内部群众文化机构的均等化程度,$FCMC(WrWc\ HDR)$ 指标含义如表 5-2 所示。
11	$MEMC(WrWc\ HZC)$ $=[MC(WrWc\ HZC)-$ $FCMC(WrWc\ HZC)]_{t+1}^{t}$	$MEMC(WrWc\ HZC)$ 代表华中地区城市内部地方政府供给成本影响群众文化机构均衡供给边际均等效应,$MC(WrWc\ HZC)$ 代表华中地区城市内部群众文化机构的均等化程度,$FCMC(WrWc\ HZC)$ 指标含义如表 5-2 所示。
12	$MEMC(WrWc\ HZR)$ $=[MC(WrWc\ HZR)-$ $FCMC(WrWc\ HZR)]_{t+1}^{t}$	$MEMC(WrWc\ HZR)$ 代表华中地区农村内部地方政府供给成本影响群众文化机构均衡供给边际均等效应,$MC(WrWc\ HZR)$ 代表华中地区农村内部群众文化机构的均等化程度,$FCMC(WrWc\ HZR)$ 指标含义如表 5-2 所示。
13	$MEMC(WrWc\ HNC)$ $=[MC(WrWc\ HNC)-$ $FCMC(WrWc\ HNC)]_{t+1}^{t}$	$MEMC(WrWc\ HNC)$ 代表华南地区城市内部地方政府供给成本影响群众文化机构均衡供给边际均等效应,$MC(WrWc\ HNC)$ 代表华南地区城市内部群众文化机构的均等化程度,$FCMC(WrWc\ HNC)$ 指标含义如表 5-2 所示。
14	$MEMC(WrWc\ HNR)$ $=[MC(WrWc\ HNR)-$ $FCMC(WrWc\ HNR)]_{t+1}^{t}$	$MEMC(WrWc\ HNR)$ 代表华南地区农村内部地方政府供给成本影响群众文化机构均衡供给边际均等效应,$MC(WrWc\ HNR)$ 代表华南地区农村内部群众文化机构的均等化程度,$FCMC(WrWc\ HNR)$ 指标含义如表 5-2 所示。
15	$MEMC(WrWc\ XNC)$ $=[MC(WrWc\ XNC)-$ $FCMC(WrWc\ XNC)]_{t+1}^{t}$	$MEMC(WrWc\ XNC)$ 代表西南地区城市内部地方政府供给成本影响群众文化机构均衡供给边际均等效应,$MC(WrWc\ XNC)$ 代表西南地区城市内部群众文化机构的均等化程度,$FCMC(WrWc\ XNC)$ 指标含义如表 5-2 所示。
16	$MEMC(WrWc\ XNR)$ $=[MC(WrWc\ XNR)-$ $FCMC(WrWc\ XNR)]_{t+1}^{t}$	$MEMC(WrWc\ XNR)$ 代表西南地区农村内部地方政府供给成本影响群众文化机构均衡供给边际均等效应,$MC(WrWc\ XNR)$ 代表西南地区农村内部群众文化机构的均等化程度,$FCMC(WrWc\ XNR)$ 指标含义如表 5-2 所示。
17	$MEMC(WrWc\ XBC)$ $=[MC(WrWc\ XBC)-$ $FCMC(WrWc\ XBC)]_{t+1}^{t}$	$MEMC(WrWc\ XBC)$ 代表西北地区城市内部地方政府供给成本影响群众文化机构均衡供给边际均等效应,$MC(WrWc\ XBC)$ 代表西北地区城市内部群众文化机构的均等化程度,$FCMC(WrWc\ XBC)$ 指标含义如表 5-2 所示。
18	$MEMC(WrWc\ XBR)$ $=[MC(WrWc\ XBR)-$ $FCMC(WrWc\ XBR)]_{t+1}^{t}$	$MEMC(WrWc\ XBR)$ 代表西北地区农村内部地方政府供给成本影响群众文化机构均衡供给边际均等效应,$MC(WrWc\ XBR)$ 代表西北地区农村内部群众文化机构的均等化程度,$FCMC(WrWc\ XBR)$ 指标含义如表 5-2 所示。

续表

序号	指标	指标含义
19	$MEMC\ (WrWc\ DBC)$ $=[MC\ (WrWc\ DBC)-$ $FCMC\ (WrWc\ DBC)]_{t+1}^{t}$	$MEMC\ (WrWc\ DBC)$ 代表东北地区城市内部地方政府供给成本影响群众文化机构均衡供给边际均等效应，$MC\ (WrWc\ DBC)$ 代表东北地区城市内部群众文化机构的均等化程度，$FCMC\ (WrWc\ DBC)$ 指标含义如表5-2所示。
20	$MEMC\ (WrWc\ DBR)$ $=[MC\ (WrWc\ DBR)-$ $FCMC\ (WrWc\ DBR)]_{t+1}^{t}$	$MEMC\ (WrWc\ DBR)$ 代表东北地区农村内部地方政府供给成本影响群众文化机构均衡供给边际均等效应，$MC\ (WrWc\ DBR)$ 代表东北地区农村内部群众文化机构的均等化程度，$FCMC\ (WrWc\ DBR)$ 指标含义如表5-2所示。
21	$MEMC\ (Irc)$ $=[MC\ (Irc)-$ $FCMC\ (Irc)]_{t+1}^{t}$	$MEMC\ (Irc)$ 代表地方政府供给成本区域城乡内部交互作用对群众文化机构均衡供给的影响，$MC\ (Irc)$ 代表群众文化机构区域城乡内部交互作用，$FCMC\ (Irc)$ 指标含义如表5-2所示。

注：表中边际均等化效应指标若测算结果大于0，表示地方政府供给成本影响群众文化机构均衡供给边际均等效应较为显著，数值越大代表着显著性越高，反之亦然；表中边际均等化效应指标若测算结果小于0，表示地方政府供给成本影响群众文化机构均衡供给边际均等效应不显著，数值越小代表着显著性越低，反之亦然。在 $MEMC\ (WrWc)$ 的各项构成指标之中，字母 HB、HD、HZ、HN、XN、XB 和 DB 分别代表华北地区、华东地区、华中地区、华南地区、西南地区、西北地区和东北地区，字母 C 和 R 分别代表城市地区和农村地区。

第三步，建立测算地方政府供给成本影响公益艺术表演团体均衡供给的边际均等效应指标，如表5-8所示。

表5-8　地方政府供给成本影响公益艺术表演团体均衡供给边际均等效应的测算指标

序号	指标	指标含义
1	$MEPA\ (L)$ $=[PA\ (L)-$ $FCPA\ (L)]_{t+1}^{t}$	$MEPA\ (L)$ 代表地方政府供给成本影响公益艺术表演团体均衡供给边际均等效应，$PA\ (L)$ 代表公益艺术表演团体的总体均等化程度，$FCPA\ (L)$ 指标含义如表5-3所示。
2	$MEPA\ (Br)$ $=[PA\ (Br)-$ $FCPA\ (Br)]_{t+1}^{t}$	$MEPA\ (Br)$ 代表区域之间地方政府供给成本影响公益艺术表演团体均衡供给边际均等效应，$PA\ (Br)$ 代表区域之间公益艺术表演团体的均等化程度，$FCPA\ (Br)$ 指标含义如表5-3所示。
3	$MEPA\ (Bc)$ $=[PA\ (Bc)-$ $FCPA\ (Bc)]_{t+1}^{t}$	$MEPA\ (Bc)$ 代表城乡之间地方政府供给成本影响公益艺术表演团体均衡供给边际均等效应，$PA\ (Bc)$ 代表城乡之间公益艺术表演团体的均等化程度，$FCPA\ (Bc)$ 指标含义如表5-3所示。

续表

序号	指标	指标含义
4	$MEPA(WrBc)$ $=[PA(WrBc)-$ $FCPA(WrBc)]_{t+1}^{t}$	$MEPA(WrBc)$ 代表区域内部城乡之间地方政府供给成本影响公益艺术表演团体均衡供给边际均等效应，$PA(WrBc)$ 代表区域内部城乡之间公益艺术表演团体的均等化程度，$FCPA(WrBc)$ 指标含义如表 5-3 所示。
5	$MEPA(WcBr)$ $=[PA(WcBr)-$ $FCPA(WcBr)]_{t+1}^{t}$	$MEPA(WcBr)$ 代表城乡内部区域之间地方政府供给成本影响公益艺术表演团体均衡供给边际均等效应，$PA(WcBr)$ 代表城乡内部区域之间公益艺术表演团体的均等化程度，$FCPA(WcBr)$ 指标含义如表 5-3 所示。
6	$MEPA(WrWc)$ $=[PA(WrWc)-$ $FCPA(WrWc)]_{t+1}^{t}$	$MEPA(WrWc)$ 代表区域内部城乡内部地方政府供给成本影响公益艺术表演团体均衡供给边际均等效应，$PA(WrWc)$ 代表区域内部城乡内部公益艺术表演团体的均等化程度，$FCPA(WrWc)$ 指标含义如表 5-3 所示。
7	$MEPA(WrWc\ HBC)$ $=[PA(WrWc\ HBC)-$ $FCPA(WrWc\ HBC)]_{t+1}^{t}$	$MEPA(WrWc\ HBC)$ 代表华北地区城市内部地方政府供给成本影响公益艺术表演团体均衡供给边际均等效应，$PA(WrWc\ HBC)$ 代表华北地区城市内部公益艺术表演团体的均等化程度，$FCPA(WrWc\ HBC)$ 指标含义如表 5-3 所示。
8	$MEPA(WrWc\ HBR)$ $=[PA(WrWc\ HBR)-$ $FCPA(WrWc\ HBR)]_{t+1}^{t}$	$MEPA(WrWc\ HBR)$ 代表华北地区农村内部地方政府供给成本影响公益艺术表演团体均衡供给边际均等效应，$PA(WrWc\ HBR)$ 代表华北地区农村内部公益艺术表演团体的均等化程度，$FCPA(WrWc\ HBR)$ 指标含义如表 5-3 所示。
9	$MEPA(WrWc\ HDC)$ $=[PA(WrWc\ HDC)-$ $FCPA(WrWc\ HDC)]_{t+1}^{t}$	$MEPA(WrWc\ HDC)$ 代表华东地区城市内部地方政府供给成本影响公益艺术表演团体均衡供给边际均等效应，$PA(WrWc\ HDC)$ 代表华东地区城市内部公益艺术表演团体的均等化程度，$FCPA(WrWc\ HDC)$ 指标含义如表 5-3 所示。
10	$MEPA(WrWc\ HDR)$ $=[PA(WrWc\ HDR)-$ $FCPA(WrWc\ HDR)]_{t+1}^{t}$	$MEPA(WrWc\ HDR)$ 代表华东地区农村内部地方政府供给成本影响公益艺术表演团体均衡供给边际均等效应，$PA(WrWc\ HDR)$ 代表华东地区农村内部公益艺术表演团体的均等化程度，$FCPA(WrWc\ HDR)$ 指标含义如表 5-3 所示。
11	$MEPA(WrWc\ HZC)$ $=[PA(WrWc\ HZC)-$ $FCPA(WrWc\ HZC)]_{t+1}^{t}$	$MEPA(WrWc\ HZC)$ 代表华中地区城市内部地方政府供给成本影响公益艺术表演团体均衡供给边际均等效应，$PA(WrWc\ HZC)$ 代表华中地区城市内部公益艺术表演团体的均等化程度，$FCPA(WrWc\ HZC)$ 指标含义如表 5-3 所示。
12	$MEPA(WrWc\ HZR)$ $=[PA(WrWc\ HZR)-$ $FCPA(WrWc\ HZR)]_{t+1}^{t}$	$MEPA(WrWc\ HZR)$ 代表华中地区农村内部地方政府供给成本影响公益艺术表演团体均衡供给边际均等效应，$PA(WrWc\ HZR)$ 代表华中地区农村内部公益艺术表演团体的均等化程度，$FCPA(WrWc\ HZR)$ 指标含义如表 5-3 所示。
13	$MEPA(WrWc\ HNC)$ $=[PA(WrWc\ HNC)-$ $FCPA(WrWc\ HNC)]_{t+1}^{t}$	$MEPA(WrWc\ HNC)$ 代表华南地区城市内部地方政府供给成本影响公益艺术表演团体均衡供给边际均等效应，$PA(WrWc\ HNC)$ 代表华南地区城市内部公益艺术表演团体的均等化程度，$FCPA(WrWc\ HNC)$ 指标含义如表 5-3 所示。

续表

序号	指标	指标含义
14	$MEPA(WrWc\ HNR)$ $=[PA(WrWc\ HNR)-$ $FCPA(WrWc\ HNR)]_{t+1}^{t}$	$MEPA(WrWc\ HNR)$ 代表华南地区农村内部地方政府供给成本影响公益艺术表演团体均衡供给边际均等效应,$PA(WrWc\ HNR)$ 代表华南地区农村内部公益艺术表演团体的均等化程度,$FCPA(WrWc\ HNR)$ 指标含义如表5-3所示。
15	$MEPA(WrWc\ XNC)$ $=[PA(WrWc\ XNC)-$ $FCPA(WrWc\ XNC)]_{t+1}^{t}$	$MEPA(WrWc\ XNC)$ 代表西南地区城市内部地方政府供给成本影响公益艺术表演团体均衡供给边际均等效应,$PA(WrWc\ XNC)$ 代表西南地区城市内部公益艺术表演团体的均等化程度,$FCPA(WrWc\ XNC)$ 指标含义如表5-3所示。
16	$MEPA(WrWc\ XNR)$ $=[PA(WrWc\ XNR)-$ $FCPA(WrWc\ XNR)]_{t+1}^{t}$	$MEPA(WrWc\ XNR)$ 代表西南地区农村内部地方政府供给成本影响公益艺术表演团体均衡供给边际均等效应,$PA(WrWc\ XNR)$ 代表西南地区农村内部公益艺术表演团体的均等化程度,$FCPA(WrWc\ XNR)$ 指标含义如表5-3所示。
17	$MEPA(WrWc\ XBC)$ $=[PA(WrWc\ XBC)-$ $FCPA(WrWc\ XBC)]_{t+1}^{t}$	$MEPA(WrWc\ XBC)$ 代表西北地区城市内部地方政府供给成本影响公益艺术表演团体均衡供给边际均等效应,$PA(WrWc\ XBC)$ 代表西北地区城市内部公益艺术表演团体的均等化程度,$FCPA(WrWc\ XBC)$ 指标含义如表5-3所示。
18	$MEPA(WrWc\ XBR)$ $=[PA(WrWc\ XBR)-$ $FCPA(WrWc\ XBR)]_{t+1}^{t}$	$MEPA(WrWc\ XBR)$ 代表西北地区农村内部地方政府供给成本影响公益艺术表演团体均衡供给边际均等效应,$PA(WrWc\ XBR)$ 代表西北地区农村内部公益艺术表演团体的均等化程度,$FCPA(WrWc\ XBR)$ 指标含义如表5-3所示。
19	$MEPA(WrWc\ DBC)$ $=[PA(WrWc\ DBC)-$ $FCPA(WrWc\ DBC)]_{t+1}^{t}$	$MEPA(WrWc\ DBC)$ 代表东北地区城市内部地方政府供给成本影响公益艺术表演团体均衡供给边际均等效应,$PA(WrWc\ DBC)$ 代表东北地区城市内部公益艺术表演团体的均等化程度,$FCPA(WrWc\ DBC)$ 指标含义如表5-3所示。
20	$MEPA(WrWc\ DBR)$ $=[PA(WrWc\ DBR)-$ $FCPA(WrWc\ DBR)]_{t+1}^{t}$	$MEPA(WrWc\ DBR)$ 代表东北地区农村内部地方政府供给成本影响公益艺术表演团体均衡供给边际均等效应,$PA(WrWc\ DBR)$ 代表东北地区农村内部公益艺术表演团体的均等化程度,$FCPA(WrWc\ DBR)$ 指标含义如表5-3所示。
21	$MEPA(Irc)$ $=[PA(Irc)-$ $FCPA(Irc)]_{t+1}^{t}$	$MEPA(Irc)$ 代表地方政府供给成本区域城乡内部交互作用对公益艺术表演团体均衡供给的影响,$PA(Irc)$ 代表公益艺术表演团体区域城乡内部交互作用,$FCPA(Irc)$ 指标含义如表5-3所示。

注:表中边际均等化效应指标若测算结果大于0,表示地方政府供给成本影响公益艺术表演团体均衡供给边际均等效应较为显著,数值越大代表着显著性越高,反之亦然;表中边际均等化效应指标若测算结果小于0,表示地方政府供给成本影响公益艺术表演团体均衡供给边际均等效应不显著,数值越小代表着显著性越低,反之亦然。在 $MEPA(WrWc)$ 的各项构成指标之中,字母 HB、HD、HZ、HN、XN、XB 和 DB 分别代表华北地区、华东地区、华中地区、华南地区、西南地区、西北地区和东北地区,字母 C 和 R 分别代表城市地区和农村地区。

第四步，建立测算地方政府供给成本影响公共博物馆均衡供给的边际均等效应指标，如表 5-9 所示：

表 5-9　地方政府供给成本影响公共博物馆均衡供给边际均等效应的测算指标

序号	指标	指标含义
1	$MEPM(L)$ $=[PM(L)-FCPM(L)]_{t+1}^{t}$	$MEPM(L)$ 代表地方政府供给成本影响公共博物馆均衡供给边际均等效应，$PM(L)$ 代表公共博物馆的总体均等化程度，$FCPM(L)$ 指标含义如表 5-4 所示。
2	$MEPM(Br)$ $=[PM(Br)-FCPM(Br)]_{t+1}^{t}$	$MEPM(Br)$ 代表区域之间地方政府供给成本影响公共博物馆均衡供给边际均等效应，$PM(Br)$ 代表区域之间公共博物馆的均等化程度，$FCPM(Br)$ 指标含义如表 5-4 所示。
3	$MEPM(Bc)$ $=[PM(Bc)-FCPM(Bc)]_{t+1}^{t}$	$MEPM(Bc)$ 代表城乡之间地方政府供给成本影响公共博物馆均衡供给边际均等效应，$PM(Bc)$ 代表城乡之间公共博物馆的均等化程度，$FCPM(Bc)$ 指标含义如表 5-4 所示。
4	$MEPM(WrBc)$ $=[PM(WrBc)-FCPM(WrBc)]_{t+1}^{t}$	$MEPM(WrBc)$ 代表区域内部城乡之间地方政府供给成本影响公共博物馆均衡供给边际均等效应，$PM(WrBc)$ 代表区域内部城乡之间公共博物馆的均等化程度，$FCPM(WrBc)$ 指标含义如表 5-4 所示。
5	$MEPM(WcBr)$ $=[PM(WcBr)-FCPM(WcBr)]_{t+1}^{t}$	$MEPM(WcBr)$ 代表城乡内部区域之间地方政府供给成本影响公共博物馆均衡供给边际均等效应，$PM(WcBr)$ 代表城乡内部区域之间公共博物馆的均等化程度，$FCPM(WcBr)$ 指标含义如表 5-4 所示。
6	$MEPM(WrWc)$ $=[PM(WrWc)-FCPM(WrWc)]_{t+1}^{t}$	$MEPM(WrWc)$ 代表区域内部城乡内部地方政府供给成本影响公共博物馆均衡供给边际均等效应，$PM(WrWc)$ 代表区域内部城乡内部公共博物馆的均等化程度，$FCPM(WrWc)$ 指标含义如表 5-4 所示。
7	$MEPM(WrWc\ HBC)$ $=[PM(WrWc\ HBC)-FCPM(WrWc\ HBC)]_{t+1}^{t}$	$MEPM(WrWc\ HBC)$ 代表华北地区城市内部地方政府供给成本影响公共博物馆均衡供给边际均等效应，$PM(WrWc\ HBC)$ 代表华北地区城市内部公共博物馆的均等化程度，$FCPM(WrWc\ HBC)$ 指标含义如表 5-4 所示。
8	$MEPM(WrWc\ HBR)$ $=[PM(WrWc\ HBR)-FCPM(WrWc\ HBR)]_{t+1}^{t}$	$MEPM(WrWc\ HBR)$ 代表华北地区农村内部地方政府供给成本影响公共博物馆均衡供给边际均等效应，$PM(WrWc\ HBR)$ 代表华北地区农村内部公共博物馆的均等化程度，$FCPM(WrWc\ HBR)$ 指标含义如表 5-4 所示。

续表

序号	指标	指标含义
9	$MEPM\ (WrWc\ HDC)$ $= [PM\ (WrWc\ HDC) -$ $FCPM\ (WrWc\ HDC)]_{t+1}^{t}$	$MEPM\ (WrWc\ HDC)$ 代表华东地区城市内部地方政府供给成本影响公共博物馆均衡供给边际均等效应，$PM\ (WrWc\ HDC)$ 代表华东地区城市内部公共博物馆的均等化程度，$FCPM\ (WrWc\ HDC)$ 指标含义如表 5-4 所示。
10	$MEPM\ (WrWc\ HDR)$ $= [PM\ (WrWc\ HDR) -$ $FCPM\ (WrWc\ HDR)]_{t+1}^{t}$	$MEPM\ (WrWc\ HDR)$ 代表华东地区农村内部地方政府供给成本影响公共博物馆均衡供给边际均等效应，$PM\ (WrWc\ HDR)$ 代表华东地区农村内部公共博物馆的均等化程度，$FCPM\ (WrWc\ HDR)$ 指标含义如表 5-4 所示。
11	$MEPM\ (WrWc\ HZC)$ $= [PM\ (WrWc\ HZC) -$ $FCPM\ (WrWc\ HZC)]_{t+1}^{t}$	$MEPM\ (WrWc\ HZC)$ 代表华中地区城市内部地方政府供给成本影响公共博物馆均衡供给边际均等效应，$PM\ (WrWc\ HZC)$ 代表华中地区城市内部公共博物馆的均等化程度，$FCPM\ (WrWc\ HZC)$ 指标含义如表 5-4 所示。
12	$MEPM\ (WrWc\ HZR)$ $= [PM\ (WrWc\ HZR) -$ $FCPM\ (WrWc\ HZR)]_{t+1}^{t}$	$MEPM\ (WrWc\ HZR)$ 代表华中地区农村内部地方政府供给成本影响公共博物馆均衡供给边际均等效应，$PM\ (WrWc\ HZR)$ 代表华中地区农村内部公共博物馆的均等化程度，$FCPM\ (WrWc\ HZR)$ 指标含义如表 5-4 所示。
13	$MEPM\ (WrWc\ HNC)$ $= [PM\ (WrWc\ HNC) -$ $FCPM\ (WrWc\ HNC)]_{t+1}^{t}$	$MEPM\ (WrWc\ HNC)$ 代表华南地区城市内部地方政府供给成本影响公共博物馆均衡供给边际均等效应，$PM\ (WrWc\ HNC)$ 代表华南地区城市内部公共博物馆的均等化程度，$FCPM\ (WrWc\ HNC)$ 指标含义如表 5-4 所示。
14	$MEPM\ (WrWc\ HNR)$ $= [PM\ (WrWc\ HNR) -$ $FCPM\ (WrWc\ HNR)]_{t+1}^{t}$	$MEPM\ (WrWc\ HNR)$ 代表华南地区农村内部地方政府供给成本影响公共博物馆均衡供给边际均等效应，$PM\ (WrWc\ HNR)$ 代表华南地区农村内部公共博物馆的均等化程度，$FCPM\ (WrWc\ HNR)$ 指标含义如表 5-4 所示。
15	$MEPM\ (WrWc\ XNC)$ $= [PM\ (WrWc\ XNC) -$ $FCPM\ (WrWc\ XNC)]_{t+1}^{t}$	$MEPM\ (WrWc\ XNC)$ 代表西南地区城市内部地方政府供给成本影响公共博物馆均衡供给边际均等效应，$PM\ (WrWc\ XNC)$ 代表西南地区城市内部公共博物馆的均等化程度，$FCPM\ (WrWc\ XNC)$ 指标含义如表 5-4 所示。
16	$MEPM\ (WrWc\ XNR)$ $= [PM\ (WrWc\ XNR) -$ $FCPM\ (WrWc\ XNR)]_{t+1}^{t}$	$MEPM\ (WrWc\ XNR)$ 代表西南地区农村内部地方政府供给成本影响公共博物馆均衡供给边际均等效应，$PM\ (WrWc\ XNR)$ 代表西南地区农村内部公共博物馆的均等化程度，$FCPM\ (WrWc\ XNR)$ 指标含义如表 5-4 所示。
17	$MEPM\ (WrWc\ XBC)$ $= [PM\ (WrWc\ XBC) -$ $FCPM\ (WrWc\ XBC)]_{t+1}^{t}$	$MEPM\ (WrWc\ XBC)$ 代表西北地区城市内部地方政府供给成本影响公共博物馆均衡供给边际均等效应，$PM\ (WrWc\ XBC)$ 代表西北地区城市内部公共博物馆的均等化程度，$FCPM\ (WrWc\ XBC)$ 指标含义如表 5-4 所示。
18	$MEPM\ (WrWc\ XBR)$ $= [PM\ (WrWc\ XBR) -$ $FCPM\ (WrWc\ XBR)]_{t+1}^{t}$	$MEPM\ (WrWc\ XBR)$ 代表西北地区农村内部地方政府供给成本影响公共博物馆均衡供给边际均等效应，$PM\ (WrWc\ XBR)$ 代表西北地区农村内部公共博物馆的均等化程度，$FCPM\ (WrWc\ XBR)$ 指标含义如表 5-4 所示。

续表

序号	指标	指标含义
19	$MEPM\ (WrWc\ DBC)$ $=[PM\ (WrWc\ DBC)-$ $FCPM\ (WrWc\ DBC)]_{t+1}^{t}$	$MEPM$（$WrWc\ DBC$）代表东北地区城市内部地方政府供给成本影响公共博物馆均衡供给边际均等效应，PM（$WrWc\ DBC$）代表东北地区城市内部公共博物馆的均等化程度，$FCPM$（$WrWc\ DBC$）指标含义如表5-4所示。
20	$MEPM\ (WrWc\ DBR)$ $=[PM\ (WrWc\ DBR)-$ $FCPM\ (WrWc\ DBR)]_{t+1}^{t}$	$MEPM$（$WrWc\ DBR$）代表东北地区农村内部地方政府供给成本影响公共博物馆均衡供给边际均等效应，PM（$WrWc\ DBR$）代表东北地区农村内部公共博物馆的均等化程度，$FCPM$（$WrWc\ DBR$）指标含义如表5-4所示。
21	$MEPM\ (Irc)$ $=[PM\ (Irc)-$ $FCPM\ (Irc)]_{t+1}^{t}$	$MEPM$（Irc）代表地方政府供给成本区域城乡内部交互作用对公共博物馆均衡供给的影响，PM（Irc）代表公共博物馆区域城乡内部交互作用，$FCPM$（Irc）指标含义如表5-4所示。

注：表中边际均等化效应指标若测算结果大于0，表示地方政府供给成本影响公共博物馆均衡供给边际均等效应较为显著，数值越大代表着显著性越高，反之亦然；表中边际均等化效应指标若测算结果小于0，表示地方政府供给成本影响公共博物馆均衡供给边际均等效应不显著，数值越小代表着显著性越低，反之亦然。在 $MEPM$（$WrWc$）的各项构成指标之中，字母 HB、HD、HZ、HN、XN、XB 和 DB 分别代表华北地区、华东地区、华中地区、华南地区、西南地区、西北地区和东北地区，字母 C 和 R 分别代表城市地区和农村地区。

第五步，建立测算地方政府供给成本影响基本公共文化服务均衡供给的边际均等效应指标，如表5-10所示。

表5-10　地方政府供给成本影响基本公共文化服务均衡供给边际均等效应的测算指标

序号	指标	指标含义
1	$MEPCS\ (L)$ $=[PCS\ (L)-$ $FCPCS\ (L)]_{t+1}^{t}$	$MEPCS$（L）代表地方政府供给成本影响基本公共文化服务均衡供给边际均等效应，PCS（L）代表基本公共文化服务的总体均等化程度，$FCPCS$（L）指标含义如表5-5所示。
2	$MEPCS\ (Br)$ $=[PCS\ (Br)-$ $FCPCS\ (Br)]_{t+1}^{t}$	$MEPCS$（Br）代表区域之间地方政府供给成本影响基本公共文化服务均衡供给边际均等效应，PCS（Br）代表区域之间基本公共文化服务的均等化程度，$FCPCS$（Br）指标含义如表5-5所示。
3	$MEPCS\ (Bc)$ $=[PCS\ (Bc)-$ $FCPCS\ (Bc)]_{t+1}^{t}$	$MEPCS$（Bc）代表城乡之间地方政府供给成本影响基本公共文化服务均衡供给边际均等效应，PCS（Bc）代表城乡之间基本公共文化服务的均等化程度，$FCPCS$（Bc）指标含义如表5-5所示。

续表

序号	指标	指标含义
4	$MEPCS\ (WrBc)$ $= [PCS\ (WrBc) -$ $FCPCS\ (WrBc)]_{t+1}^{t}$	$MEPCS\ (WrBc)$ 代表区域内部城乡之间地方政府供给成本影响基本公共文化服务均衡供给边际均等效应，$PCS\ (WrBc)$ 代表区域内部城乡之间基本公共文化服务的均等化程度，$FCPCS\ (WrBc)$ 指标含义如表 5-5 所示。
5	$MEPCS\ (WcBr)$ $= [PCS\ (WcBr) -$ $FCPCS\ (WcBr)]_{t+1}^{t}$	$MEPCS\ (WcBr)$ 代表城乡内部区域之间地方政府供给成本影响基本公共文化服务均衡供给边际均等效应，$PCS\ (WcBr)$ 代表城乡内部区域之间基本公共文化服务的均等化程度，$FCPCS\ (WcBr)$ 指标含义如表 5-5 所示。
6	$MEPCS\ (WrWc)$ $= [PCS\ (WrWc) -$ $FCPCS\ (WrWc)]_{t+1}^{t}$	$MEPCS\ (WrWc)$ 代表区域内部城乡内部地方政府供给成本影响基本公共文化服务均衡供给边际均等效应，$PCS\ (WrWc)$ 代表区域内部城乡内部基本公共文化服务的均等化程度，$FCPCS\ (WrWc)$ 指标含义如表 5-5 所示。
7	$MEPCS\ (WrWc\ HBC)$ $= [PCS\ (WrWc\ HBC) -$ $FCPCS\ (WrWc\ HBC)]_{t+1}^{t}$	$MEPCS\ (WrWc\ HBC)$ 代表华北地区城市内部地方政府供给成本影响基本公共文化服务均衡供给边际均等效应，$PCS\ (WrWc\ HBC)$ 代表华北地区城市内部基本公共文化服务的均等化程度，$FCPCS\ (WrWc\ HBC)$ 指标含义如表 5-5 所示。
8	$MEPCS\ (WrWc\ HBR)$ $= [PCS\ (WrWc\ HBR) -$ $FCPCS\ (WrWc\ HBR)]_{t+1}^{t}$	$MEPCS\ (WrWc\ HBR)$ 代表华北地区农村内部地方政府供给成本影响基本公共文化服务均衡供给边际均等效应，$PCS\ (WrWc\ HBR)$ 代表华北地区农村内部基本公共文化服务的均等化程度，$FCPCS\ (WrWc\ HBR)$ 指标含义如表 5-5 所示。
9	$MEPCS\ (WrWc\ HDC)$ $= [PCS\ (WrWc\ HDC) -$ $FCPCS\ (WrWc\ HDC)]_{t+1}^{t}$	$MEPCS\ (WrWc\ HDC)$ 代表华东地区城市内部地方政府供给成本影响基本公共文化服务均衡供给边际均等效应，$PCS\ (WrWc\ HDC)$ 代表华东地区城市内部基本公共文化服务的均等化程度，$FCPCS\ (WrWc\ HDC)$ 指标含义如表 5-5 所示。
10	$MEPCS\ (WrWc\ HDR)$ $= [PCS\ (WrWc\ HDR) -$ $FCPCS\ (WrWc\ HDR)]_{t+1}^{t}$	$MEPCS\ (WrWc\ HDR)$ 代表华东地区农村内部地方政府供给成本影响基本公共文化服务均衡供给边际均等效应，$PCS\ (WrWc\ HDR)$ 代表华东地区农村内部基本公共文化服务的均等化程度，$FCPCS\ (WrWc\ HDR)$ 指标含义如表 5-5 所示。
11	$MEPCS\ (WrWc\ HZC)$ $= [PCS\ (WrWc\ HZC) -$ $FCPCS\ (WrWc\ HZC)]_{t+1}^{t}$	$MEPCS\ (WrWc\ HZC)$ 代表华中地区城市内部地方政府供给成本影响基本公共文化服务均衡供给边际均等效应，$PCS\ (WrWc\ HZC)$ 代表华中地区城市内部基本公共文化服务的均等化程度，$FCPCS\ (WrWc\ HZC)$ 指标含义如表 5-5 所示。
12	$MEPCS\ (WrWc\ HZR)$ $= [PCS\ (WrWc\ HZR) -$ $FCPCS\ (WrWc\ HZR)]_{t+1}^{t}$	$MEPCS\ (WrWc\ HZR)$ 代表华中地区农村内部地方政府供给成本影响基本公共文化服务均衡供给边际均等效应，$PCS\ (WrWc\ HZR)$ 代表华中地区农村内部基本公共文化服务的均等化程度，$FCPCS\ (WrWc\ HZR)$ 指标含义如表 5-5 所示。

续表

序号	指标	指标含义
13	$MEPCS(WrWc\ HNC)$ $=[PCS(WrWc\ HNC)-$ $FCPCS(WrWc\ HNC)]_{t+1}^{t}$	$MEPCS(WrWc\ HNC)$ 代表华南地区城市内部地方政府供给成本影响基本公共文化服务均衡供给边际均等效应，$PCS(WrWc\ HNC)$ 代表华南地区城市内部基本公共文化服务的均等化程度，$FCPCS(WrWc\ HNC)$ 指标含义如表5-5所示。
14	$MEPCS(WrWc\ HNR)$ $=[PCS(WrWc\ HNR)-$ $FCPCS(WrWc\ HNR)]_{t+1}^{t}$	$MEPCS(WrWc\ HNR)$ 代表华南地区农村内部地方政府供给成本影响基本公共文化服务均衡供给边际均等效应，$PCS(WrWc\ HNR)$ 代表华南地区农村内部基本公共文化服务的均等化程度，$FCPCS(WrWc\ HNR)$ 指标含义如表5-5所示。
15	$MEPCS(WrWc\ XNC)$ $=[PCS(WrWc\ XNC)-$ $FCPCS(WrWc\ XNC)]_{t+1}^{t}$	$MEPCS(WrWc\ XNC)$ 代表西南地区城市内部地方政府供给成本影响基本公共文化服务均衡供给边际均等效应，$PCS(WrWc\ XNC)$ 代表西南地区城市内部基本公共文化服务的均等化程度，$FCPCS(WrWc\ XNC)$ 指标含义如表5-5所示。
16	$MEPCS(WrWc\ XNR)$ $=[PCS(WrWc\ XNR)-$ $FCPCS(WrWc\ XNR)]_{t+1}^{t}$	$MEPCS(WrWc\ XNR)$ 代表西南地区农村内部地方政府供给成本影响基本公共文化服务均衡供给边际均等效应，$PCS(WrWc\ XNR)$ 代表西南地区农村内部基本公共文化服务的均等化程度，$FCPCS(WrWc\ XNR)$ 指标含义如表5-5所示。
17	$MEPCS(WrWc\ XBC)$ $=[PCS(WrWc\ XBC)-$ $FCPCS(WrWc\ XBC)]_{t+1}^{t}$	$MEPCS(WrWc\ XBC)$ 代表西北地区城市内部地方政府供给成本影响基本公共文化服务均衡供给边际均等效应，$PCS(WrWc\ XBC)$ 代表西北地区城市内部基本公共文化服务的均等化程度，$FCPCS(WrWc\ XBC)$ 指标含义如表5-5所示。
18	$MEPCS(WrWc\ XBR)$ $=[PCS(WrWc\ XBR)-$ $FCPCS(WrWc\ XBR)]_{t+1}^{t}$	$MEPCS(WrWc\ XBR)$ 代表西北地区农村内部地方政府供给成本影响基本公共文化服务均衡供给边际均等效应，$PCS(WrWc\ XBR)$ 代表西北地区农村内部基本公共文化服务的均等化程度，$FCPCS(WrWc\ XBR)$ 指标含义如表5-5所示。
19	$MEPCS(WrWc\ DBC)$ $=[PCS(WrWc\ DBC)-$ $FCPCS(WrWc\ DBC)]_{t+1}^{t}$	$MEPCS(WrWc\ DBC)$ 代表东北地区城市内部地方政府供给成本影响基本公共文化服务均衡供给边际均等效应，$PCS(WrWc\ DBC)$ 代表东北地区城市内部基本公共文化服务的均等化程度，$FCPCS(WrWc\ DBC)$ 指标含义如表5-5所示。
20	$MEPCS(WrWc\ DBR)$ $=[PCS(WrWc\ DBR)-$ $FCPCS(WrWc\ DBR)]_{t+1}^{t}$	$MEPCS(WrWc\ DBR)$ 代表东北地区农村内部地方政府供给成本影响基本公共文化服务均衡供给边际均等效应，$PCS(WrWc\ DBR)$ 代表东北地区农村内部基本公共文化服务的均等化程度，$FCPCS(WrWc\ DBR)$ 指标含义如表5-5所示。
21	$MEPCS(Irc)$ $=[PCS(Irc)-$ $FCPCS(Irc)]_{t+1}^{t}$	$MEPCS(Irc)$ 代表地方政府供给成本区域城乡内部交互作用对基本公共文化服务均衡供给的影响，$PCS(Irc)$ 代表基本公共文化服务区域城乡内部交互作用，$FCPCS(Irc)$ 指标含义如表5-5所示。

注：表中边际均等化效应指标若测算结果大于0，表示地方政府供给成本影响基本公共文化服务均衡供给边际均等效应较为显著，数值越大代表着显著性越高，反之亦然；表中边际均等化效应指标若测算结果小于0，表示地方政府供给成本影响基本公共文化服务均衡供给边际均等效应不显著，数值越小代表着显著性越低，反之亦然。在 $MEPCS(WrWc)$ 的各项构成指标之中，字母 HB、HD、HZ、HN、XN、XB 和 DB 分别代表华北地区、华东地区、华中地区、华南地区、西南地区、西北地区和东北地区，字母 C 和 R 分别代表城市地区和农村地区。

表 5–11 报告了 2005—2014 年地方政府供给成本影响公共图书馆均衡供给边际均等效应。加权平均后指标 $MEPL(L)$ 从 2005 年到 2014 年的均值为 -0.0187，表明近年来地方政府供给成本影响公共图书馆均衡供给边际均等效应不显著。从时间维度上判断，加权平均后指标 $MEPL(L)$ 从 2005 年到 2009 年的均值为 -0.0378，证明这段时间地方政府供给成本影响公共图书馆均衡供给边际均等效应不显著；加权平均后指标 $MEPL(L)$ 从 2010 年到 2014 年的均值为 0.0004，证明这段时间地方政府供给成本影响公共图书馆均衡供给边际均等效应较为显著，显著性在 2010 年以后逐渐提高。

从区域之间维度分析，加权平均后指标 $MEPL(Br)$ 从 2005 年到 2014 年的均值为 -0.0033，表明近年来区域之间地方政府供给成本影响公共图书馆均衡供给边际均等效应不显著。加权平均后指标 $MEPL(Br)$ 从 2005 年到 2009 年的均值为 -0.0154，证明这段时间区域之间地方政府供给成本影响公共图书馆均衡供给边际均等效应不显著；加权平均后指标 $MEPL(Br)$ 从 2010 年到 2014 年的均值为 0.0088，证明这段时间区域之间地方政府供给成本影响公共图书馆均衡供给边际均等效应较为显著，显著性在 2010 年以后逐渐提高。

从城乡之间维度分析，加权平均后指标 $MEPL(Bc)$ 从 2005 年到 2014 年的均值为 -0.0048，表明近年来城乡之间地方政府供给成本影响公共图书馆均衡供给边际均等效应不显著。加权平均后指标 $MEPL(Bc)$ 从 2005 年到 2009 年的均值为 -0.0111，证明这段时间城乡之间地方政府供给成本影响公共图书馆均衡供给边际均等效应不显著；加权平均后指标 $MEPL(Bc)$ 从 2010 年到 2014 年的均值为 0.0015，证明这段时间城乡之间地方政府供给成本影响公共图书馆均衡供给边际均等效应较为显著，显著性在 2010 年以后逐渐提高。

从区域内部城乡之间维度分析，加权平均后指标 $MEPL(WrBc)$ 从 2005 年到 2014 年的均值为 0.0001，表明近年来区域内部城乡之间地方政府供给成本影响公共图书馆均衡供给边际均等效应相对较为显著。加权平均后指标 $MEPL(WrBc)$ 从 2005 年到 2009 年的均值为 -0.0059，证明这段时间区域内部城乡之间地方政府供给成本影响公共图书馆均衡供给

表 5-11　地方政府供给成本影响公共图书馆均衡供给边际均等效应

年份 指标	2005	2006	2007	2008	2009	2010	2011	2012	2013	2014	均值
MEPL (L)	-0.0620	-0.0443	-0.0352	-0.0236	-0.0224	-0.0284	-0.0072	-0.0135	0.0201	0.0292	-0.0187
MEPL (Br)	-0.0294	-0.0203	-0.0177	-0.0041	-0.0054	-0.0067	0.0038	-0.0001	0.0218	0.0253	-0.0033
MEPL (Bc)	-0.0193	-0.0160	-0.0091	-0.0107	0.0000	-0.0015	0.0027	0.0044	0.0009	0.0010	-0.0048
MEPL (WrBc)	-0.0084	-0.0101	-0.0046	-0.0069	0.0000	0.0026	0.0066	0.0111	0.0046	0.0059	0.0001
MEPL (WcBr)	-0.0185	-0.0144	-0.0132	-0.0002	-0.0054	-0.0027	0.0077	0.0067	0.0255	0.0302	0.0016
MEPL (WrWc)	-0.0242	-0.0139	-0.0129	-0.0126	-0.0171	-0.0242	-0.0176	-0.0245	-0.0063	-0.0020	-0.0155
MEPL (WrWc HBC)	-0.0023	-0.0008	0.0022	0.0010	-0.0020	-0.0049	-0.0043	-0.0024	-0.0020	-0.0022	-0.0018
MEPL (WrWc HBR)	-0.0027	-0.0027	-0.0032	-0.0034	-0.0028	-0.0040	-0.0043	-0.0122	-0.0054	-0.0053	-0.0046
MEPL (WrWc HDC)	-0.0115	-0.0080	-0.0058	-0.0080	-0.0130	-0.0096	-0.0082	-0.0057	0.0019	0.0050	-0.0063
MEPL (WrWc HDR)	-0.0095	-0.0061	-0.0055	-0.0028	0.0017	-0.0019	-0.0008	-0.0055	-0.0002	0.0059	-0.0025
MEPL (WrWc HZC)	0.0010	0.0009	0.0008	0.0004	-0.0028	-0.0034	-0.0021	-0.0003	-0.0003	-0.0007	-0.0007
MEPL (WrWc HZR)	0.0025	0.0038	0.0017	0.0044	0.0038	0.0001	0.0015	0.0004	-0.0009	-0.0018	0.0016
MEPL (WrWc HNC)	-0.0001	0.0017	0.0007	0.0004	0.0010	0.0008	-0.0004	0.0008	0.0009	0.0008	0.0007
MEPL (WrWc HNR)	-0.0042	-0.0045	-0.0055	-0.0037	-0.0026	-0.0032	-0.0016	-0.0012	-0.0015	-0.0049	-0.0033
MEPL (WrWc XNC)	-0.0001	-0.0002	0.0002	-0.0025	-0.0001	0.0004	0.0005	0.0014	0.0003	0.0013	0.0001
MEPL (WrWc XNR)	0.0017	0.0005	0.0008	0.0007	0.00001	-0.0002	0.0004	-0.0011	-0.0017	-0.0007	0.00005
MEPL (WrWc XBC)	0.0007	0.0011	-0.0001	0.0002	0.00001	-0.0001	0.0002	-0.0002	-0.0003	-0.0002	0.0001
MEPL (WrWc XBR)	0.0006	0.0001	0.0007	0.0002	0.0006	0.0008	0.0007	0.0005	0.0008	-0.0005	0.0004

续表

年份 指标	2005	2006	2007	2008	2009	2010	2011	2012	2013	2014	均值
$MEPL$ ($W_rW_c\,DBC$)	-0.0004	0.0002	0.0004	0.0002	-0.0001	0.0006	0.0005	0.0006	0.0015	0.0009	0.0004
$MEPL$ ($W_rW_c\,DBR$)	-0.0001	0.0001	-0.0002	0.0003	-0.0006	0.0004	0.0003	0.0003	0.0007	0.0004	0.0002
$MEPL$ (I_{rc})	0.0110	0.0059	0.0045	0.0038	0.0000	0.0040	0.0039	0.0067	0.0037	0.0049	0.0048

注：各指标含义如表5-6。

边际均等效应不显著；加权平均后指标 MEPL（WrBc）从 2010 年到 2014 年的均值为 0.0061，证明这段时间区域内部城乡之间地方政府供给成本影响公共图书馆均衡供给边际均等效应较为显著，显著性在 2010 年以后逐渐提高。

从城乡内部区域之间维度分析，加权平均后指标 MEPL（WcBr）从 2005 年到 2014 年的均值为 0.0016，表明近年来城乡内部区域之间地方政府供给成本影响公共图书馆均衡供给边际均等效应较为显著。加权平均后指标 MEPL（WcBr）从 2005 年到 2009 年的均值为 -0.0103，证明这段时间城乡内部区域之间地方政府供给成本影响公共图书馆均衡供给边际均等效应不显著；加权平均后指标 MEPL（WcBr）从 2010 年到 2014 年的均值为 0.0135，证明这段时间城乡内部区域之间地方政府供给成本影响公共图书馆均衡供给边际均等效应较为显著，显著性在 2010 年以后逐渐提高。

从区域内部城乡内部维度分析，加权平均后指标 MEPL（WrWc）从 2005 年到 2014 年的均值为 -0.0155，表明近年来区域内部城乡内部地方政府供给成本影响公共图书馆均衡供给边际均等效应不显著。加权平均后指标 MEPL（WrWc）从 2005 年到 2009 年的均值为 -0.0162，证明这段时间区域内部城乡内部地方政府供给成本影响公共图书馆均衡供给边际均等效应不显著；加权平均后指标 MEPL（WrWc）从 2010 年到 2014 年的均值为 -0.0148，证明这段时间区域内部城乡内部地方政府供给成本影响公共图书馆均衡供给边际均等效应的显著性在 2010 年以后逐渐提高，但整体上仍不显著。从指标 MEPL（WcWr）各分项指标来看，指标 MEPL（WrWc HBC）、指标 MEPL（WrWc HBR）、指标 MEPL（WrWc HDC）、指标 MEPL（WrWc HDR）、指标 MEPL（WrWc HZC）和指标 MEPL（WrWc HNR）从 2005 年到 2014 年的均值分别为 -0.0018、-0.0046、-0.0063、-0.0025、-0.0007 和 -0.0033，均低于 0 的临界值，说明华北地区城市内部、华北地区农村内部、华东地区城市内部、华东地区农村内部、华中地区城市内部和华南地区农村内部这些地区的地方政府供给成本影响公共图书馆均衡供给边际均等效应不显著；指标 MEPL（WrWc HZR）、指标 MEPL（WrWc HNC）、指标 MEPL（WrWc XNC）、指标 MEPL（WrWc XNR）、指标 MEPL（WrWc XBC）、指标 MEPL（WrWc XBR）、指标 MEPL（WrWc DBC）、指标 MEPL（WrWc DBR）从 2005 年到 2014 年的均值分别为 0.0016、0.0007、0.0001、0.00005、0.0001、0.0004、0.0004 和 0.0002，均高于 0 的临界值，说明华中地区农村内部、华南地区城市内部、西南地区城市内部、西南地区农村内部、西北地区城市内部、西北地区农村内部、东北地区城市内部、东北地区农村内部这些地区的地方政府供给成本影响公共图书馆均衡供给边际均等效应较为显著。

表 5-12 报告了 2005—2014 年地方政府供给成本影响群众文化机构均衡供给边际均等效应。加权平均后指标 MEMC（L）从 2005 年到 2014 年的均值为 0.0208，表明近年来地方政府供给成本影响群众文化机构均衡供给边际均等效应较为显著。从时间维度上判断，加权平均后指标 MEMC（L）从 2005 年到 2009 年的均值为 0.0458，证明这段时间地方政府供给成本影响群众文化机构均衡供给边际均等效应较为显著；加权平均后指标 MEMC（L）从 2010 年到 2014 年的均值为 -0.0042，证明这段时间地方政府供给成本影响群众文化机构均衡供给边际均等效应不显著，显著性在 2010 年以后逐渐降低。

从区域之间维度分析，加权平均后指标 MEMC（Br）从 2005 年到 2014 年的均值为 -0.0089，表明近年来区域之间地方政府供给成本影响群众文化机构均衡供给边际均等效应不显著。加权平均后指标 MEMC（Br）从 2005 年到 2009 年的均值为 -0.0099，证明这段时间区域之间地方政府供给成本影响群众文化机构均衡供给边际均等效应不显著；加权平均后指标 MEMC（Br）从 2010 年到 2014 年的均值为 -0.0079，证明这段时间区域之间地方政府供给成本影响群众文化机构均衡供给边际均等效应不显著，但是显著性在 2010 年以后略为提高。

从城乡之间维度分析，加权平均后指标 MEMC（Bc）从 2005 年到 2014 年的均值为 0.038，表明近年来城乡之间地方政府供给成本影响群众文化机构均衡供给边际均等效应较为显著。加权平均后指标 MEMC（Bc）从 2005 年到 2009 年的均值为 0.0439，证明这段时间城乡之间地方政府供给成本影响群众文化机构均衡供给边际均等效应较为显著；加权平均后

表 5-12　地方政府供给成本影响群众文化机构均衡供给边际均等效应

年份 指标	2005	2006	2007	2008	2009	2010	2011	2012	2013	2014	均值
$MEMC(L)$	0.0540	0.0819	0.0466	0.0344	0.0119	0.0026	-0.0058	-0.0101	-0.0018	-0.0056	0.0208
$MEMC(Br)$	-0.0220	-0.0093	-0.0049	-0.0085	-0.0051	-0.0071	-0.0053	-0.0118	-0.0083	-0.0070	-0.0089
$MEMC(Bc)$	0.0567	0.0457	0.0380	0.0428	0.0360	0.0319	0.0266	0.0297	0.0344	0.0382	0.0380
$MEMC(W_rBc)$	0.0640	0.0582	0.0471	0.0475	0.0347	0.0313	0.0239	0.0293	0.0348	0.0350	0.0406
$MEMC(W_cBr)$	-0.0147	0.0032	0.0042	-0.0037	-0.0064	-0.0077	-0.0080	-0.0122	-0.0079	-0.0102	-0.0064
$MEMC(W_rW_c)$	0.0120	0.0330	0.0045	-0.0046	-0.0176	-0.0215	-0.0244	-0.0275	-0.0282	-0.0336	-0.0108
$MEMC(W_rW_c\ HBC)$	0.0051	0.0082	0.0077	0.0032	0.0027	0.0016	0.0017	0.0018	-0.0003	-0.0025	0.0029
$MEMC(W_rW_c\ HBR)$	-0.0006	0.0001	-0.0016	-0.0018	-0.0015	-0.0028	-0.0028	-0.0030	-0.0041	-0.0032	-0.0021
$MEMC(W_rW_c\ HDC)$	-0.0034	0.0071	0.0005	-0.0047	-0.0148	-0.0174	-0.0186	-0.0156	-0.0125	-0.0120	-0.0091
$MEMC(W_rW_c\ HDR)$	-0.0081	-0.0027	-0.0117	-0.0091	-0.0090	-0.0089	-0.0076	-0.0137	-0.0143	-0.0150	-0.0100
$MEMC(W_rW_c\ HZC)$	0.0057	0.0011	0.0001	0.0005	0.0002	0.0004	0.0004	0.0005	0.0008	0.0002	0.0010
$MEMC(W_rW_c\ HZR)$	0.0017	0.0016	-0.0002	-0.0001	-0.0007	0.0001	0.0006	0.0000	-0.0004	-0.0007	0.0002
$MEMC(W_rW_c\ HNC)$	0.0013	0.0008	0.0022	0.0017	0.0023	0.0024	0.0013	0.0027	0.0036	0.0023	0.0021
$MEMC(W_rW_c\ HNR)$	-0.0066	-0.0050	-0.0046	-0.0049	-0.0036	-0.0055	-0.0055	-0.0060	-0.0052	-0.0044	-0.0051
$MEMC(W_rW_c\ XNC)$	0.0039	0.0046	0.0047	0.0042	0.0041	0.0040	0.0033	0.0026	0.0026	-0.0002	0.0034
$MEMC(W_rW_c\ XNR)$	0.0033	0.0049	0.0020	0.0028	0.0022	0.0022	0.0010	0.0008	0.00001	0.0002	0.0020
$MEMC(W_rW_c\ XBC)$	0.0008	-0.0003	-0.0004	-0.0006	-0.0005	-0.0008	-0.0002	-0.0001	-0.0001	0.0002	-0.0002
$MEMC(W_rW_c\ XBR)$	-0.0005	0.0015	-0.0001	0.0002	-0.0007	-0.0011	-0.0006	0.0009	0.0010	0.0010	0.0002

续表

年份 指标	2005	2006	2007	2008	2009	2010	2011	2012	2013	2014	均值
$MEMC$($W_rW_c\ DBC$)	0.0082	0.0114	0.0047	0.0036	0.0027	0.0053	0.0026	0.0018	0.0012	0.0010	0.0042
$MEMC$($W_rW_c\ DBR$)	0.0011	-0.0002	0.0010	0.0004	-0.0011	-0.0009	-0.0002	-0.0003	-0.0005	-0.0004	-0.0001
$MEMC$(I_{rc})	0.0072	0.0125	0.0091	0.0048	-0.0013	-0.0006	-0.0027	-0.0004	0.0004	-0.0032	0.0026

注：各指标含义如表 5-7。

指标 $MEMC\ (Bc)$ 从 2010 年到 2014 年的均值为 0.0321，证明这段时间城乡之间地方政府供给成本影响群众文化机构均衡供给边际均等效应较为显著，但显著性在 2010 年以后略为下降。

从区域内部城乡之间维度分析，加权平均后指标 $MEMC\ (WrBc)$ 从 2005 年到 2014 年的均值为 0.0406，表明近年来区域内部城乡之间地方政府供给成本影响群众文化机构均衡供给边际均等效应较为显著。加权平均后指标 $MEMC\ (WrBc)$ 从 2005 年到 2009 年的均值为 0.0503，证明这段时间区域内部城乡之间地方政府供给成本影响群众文化机构均衡供给边际均等效应较为显著；加权平均后指标 $MEMC\ (WrBc)$ 从 2010 年到 2014 年的均值为 0.0309，证明这段时间区域内部城乡之间地方政府供给成本影响群众文化机构均衡供给边际均等效应较为显著，但显著性在 2010 年以后明显降低。

从城乡内部区域之间维度分析，加权平均后指标 $MEMC\ (WcBr)$ 从 2005 年到 2014 年的均值为 -0.0064，表明近年来城乡内部区域之间地方政府供给成本影响群众文化机构均衡供给边际均等效应不显著。加权平均后指标 $MEMC\ (WcBr)$ 从 2005 年到 2009 年的均值为 -0.0035，证明这段时间城乡内部区域之间地方政府供给成本影响群众文化机构均衡供给边际均等效应不显著；加权平均后指标 $MEMC\ (WcBr)$ 从 2010 年到 2014 年的均值为 -0.0093，证明这段时间城乡内部区域之间地方政府供给成本影响群众文化机构均衡供给边际均等效应不显著，但显著性在 2010 年以后逐步下降。

从区域内部城乡内部维度分析，加权平均后指标 $MEMC\ (WrWc)$ 从 2005 年到 2014 年的均值为 -0.0108，表明近年来区域内部城乡内部地方政府供给成本影响群众文化机构均衡供给边际均等效应不显著。加权平均后指标 $MEMC\ (WrWc)$ 从 2005 年到 2009 年的均值为 0.0055，证明这段时间区域内部城乡内部地方政府供给成本影响群众文化机构均衡供给边际均等效应较为显著；加权平均后指标 $MEMC\ (WrWc)$ 从 2010 年到 2014 年的均值为 -0.0271，证明这段时间区域内部城乡内部地方政府供给成本影响群众文化机构均衡供给边际均等效应不显著，且显著性在 2010 年以后逐渐下降。从指标 $MEMC\ (WrWc)$ 各项分项指标来看，指标 $MEMC(WrWc\ HBR)$、指标 $MEMC(WrWc\ HDC)$、指标 $MEMC(WrWc\ HDR)$、指标 $MEMC(WrWc\ HNR)$、指标 $MEMC(WrWc\ XBC)$ 和指标 $MEMC(WrWc\ DBR)$ 从 2005 年到 2014 年的均值分别为 -0.0021、-0.0091、-0.0100、-0.0051、-0.0002 和 -0.0001，均低于 0 的临界值，说明华北地区农村内部、华东地区城市内部、华东地区农村内部、华南地区农村内部、西北地区城市内部、东北地区农村内部这些地区的地方政府供给成本影响群众文化机构均衡供给边际均等效应不显著；指标 $MEMC(WrWc\ HBC)$、指标 $MEMC(WrWc\ HZC)$、指标 $MEMC(WrWc\ HZR)$、指标 $MEMC(WrWc\ HNC)$、指标 $MEMC(WrWc\ XNC)$、指标 $MEMC(WrWc\ XNR)$、指标 $MEMC(WrWc\ XBR)$、指标 $MEMC(WrWc\ DBC)$ 从 2005 年到 2014 年的均值分别为 0.0029、0.0010、0.0002、0.0021、0.0034、0.0020、0.0002 和 0.0042，均高于 0 的临界值，说明华北地区城市内部、华中地区城市内部、华中地区农村内部、华南地区城市内部、西南地区城市内部、西南地区农村内部、西北地区农村内部、东北地区城市内部这些地区的地方政府供给成本影响群众文化机构均衡供给边际均等效应较为显著。

表 5-13 报告了 2005—2014 年地方政府供给成本影响公益艺术表演团体均衡供给边际均等效应。加权平均后指标 $MEPA(L)$ 从 2005 年到 2014 年均值为 -0.0589，表明近年来地方政府供给成本影响公益艺术表演团体均衡供给边际均等效应不显著。从时间维度上判断，加权平均后指标 $MEPA(L)$ 从 2005 年到 2009 年的均值为 -0.0715，证明这段时间地方政府供给成本影响公益艺术表演团体均衡供给边际均等效应不显著；加权平均后指标 $MEPA(L)$ 从 2010 年到 2014 年的均值为 -0.0463，证明这段时间地方政府供给成本影响公益艺术表演团体均衡供给边际均等效应显著性有所提高，但整体上仍然是不显著的。

从区域之间维度分析，加权平均后指标 $MEPA(Br)$ 从 2005 年到 2014 年的均值为 0.0053，表明近年来区域之间地方政府供给成本影响公益艺术表演团体均衡供给边际均等效应较为显著。加权平均后指标 $MEPA(Br)$ 从 2005 年到 2009 年的均值为 0.0046，证明这段时间区域之间地方政府供给成本影响公益艺术表演团体均衡供给边际均等效应较为

表 5-13　地方政府供给成本影响公益艺术表演团体均衡供给边际均等效应

年份 指标	2005	2006	2007	2008	2009	2010	2011	2012	2013	2014	均值
$MEPA(L)$	-0.1095	-0.0909	-0.0538	-0.0535	-0.0500	-0.0520	-0.0462	-0.0143	-0.0876	-0.0309	-0.0589
$MEPA(Br)$	0.00002	0.0073	0.0077	0.0061	0.0020	0.0038	0.0149	0.0114	-0.0124	0.0118	0.0053
$MEPA(Bc)$	-0.0954	-0.1028	-0.0868	-0.0927	-0.0600	-0.0726	-0.0665	-0.0182	0.0184	-0.0397	-0.0616
$MEPA(W_rBc)$	0.0816	-0.0917	-0.0756	-0.0750	-0.0451	-0.0501	-0.0535	-0.0119	-0.0022	-0.0273	-0.0514
$MEPA(W_cBr)$	0.0138	0.0183	0.0188	0.0239	0.0168	0.0264	0.0279	0.0177	-0.0330	0.0243	0.0155
$MEPA(W_rW_c)$	-0.0280	-0.0065	0.0142	0.0154	-0.0068	-0.0058	-0.0076	-0.0139	-0.0729	-0.0154	-0.0127
$MEPA(W_rW_c\ HBC)$	-0.0023	-0.0013	-0.0007	-0.0024	-0.0026	-0.0028	-0.0015	-0.0031	-0.0018	-0.0035	-0.0022
$MEPA(W_rW_c\ HBR)$	-0.0130	-0.0160	-0.0156	-0.0164	-0.0183	-0.0184	-0.0218	-0.0216	-0.0216	-0.0138	-0.0176
$MEPA(W_rW_c\ HDC)$	0.0042	0.0061	0.0168	0.0271	0.0117	0.0162	0.0129	0.0011	0.0068	0.0088	0.0112
$MEPA(W_rW_c\ HDR)$	0.0109	0.0063	0.0109	0.0093	0.0127	0.0043	0.0076	0.0038	-0.0573	0.0016	0.0010
$MEPA(W_rW_c\ HZC)$	0.0004	-0.0001	0.0017	0.0001	0.0016	0.0007	0.0025	0.0003	0.0047	0.0035	0.0016
$MEPA(W_rW_c\ HZR)$	-0.0192	-0.0024	0.0009	-0.0011	-0.0011	-0.0038	-0.0014	-0.0007	-0.0020	0.0001	-0.0031
$MEPA(W_rW_c\ HNC)$	0.0031	0.0039	0.0010	0.0022	0.0007	0.0003	0.0018	0.0010	0.0004	-0.0002	0.0014
$MEPA(W_rW_c\ HNR)$	0.0013	0.0040	0.0073	0.0022	0.0055	0.0040	0.0032	0.0042	0.0076	-0.0043	0.0035
$MEPA(W_rW_c\ XNC)$	0.0015	0.0007	-0.0024	-0.0015	0.0008	0.0021	0.0003	0.0005	0.0063	0.0053	0.0014
$MEPA(W_rW_c\ XNR)$	-0.0058	-0.0014	-0.0016	-0.0024	-0.0074	-0.0029	-0.0035	0.0029	-0.0040	-0.0049	-0.0031
$MEPA(W_rW_c\ XBC)$	-0.0003	0.0007	0.0005	-0.0002	-0.0004	-0.0004	0.0003	0.00001	-0.0011	-0.0025	-0.0004
$MEPA(W_rW_c\ XBR)$	-0.0040	-0.0029	-0.0031	-0.0016	-0.0103	-0.0020	-0.0020	-0.0030	-0.0035	-0.0026	-0.0035

续表

年份 指标	2005	2006	2007	2008	2009	2010	2011	2012	2013	2014	均值
$MEPA(W_rW_c\ DBC)$	0.0001	-0.0005	-0.0002	0.0009	-0.0004	0.0001	-0.0004	0.00001	0.0010	0.0004	0.0001
$MEPA(W_rW_c\ DBR)$	-0.0050	-0.0035	-0.0014	-0.0009	0.0006	-0.0030	-0.0055	0.0006	-0.0085	-0.0032	-0.0030
$MEPA(I_{rc})$	0.0138	0.0110	0.0112	0.0177	0.0149	0.0226	0.0130	0.0063	-0.0207	0.0125	0.0102

注：各指标含义如表 5-8。

显著；加权平均后指标 $MEPA(Br)$ 从 2010 年到 2014 年的均值为 0.0060，证明这段时间区域之间地方政府供给成本影响公益艺术表演团体均衡供给边际均等效应也较为显著，且显著性在 2010 年以后明显提高。

从城乡之间维度分析，加权平均后指标 $MEPA(Bc)$ 从 2005 年到 2014 年的均值为 -0.0616，表明近年来城乡之间地方政府供给成本影响公益艺术表演团体均衡供给边际均等效应不显著。加权平均后指标 $MEPA(Bc)$ 从 2005 年到 2009 年的均值为 -0.0875，证明这段时间城乡之间地方政府供给成本影响公益艺术表演团体均衡供给边际均等效应不显著；加权平均后指标 $MEPA(Bc)$ 从 2010 年到 2014 年的均值为 -0.0357，证明这段时间城乡之间地方政府供给成本影响公益艺术表演团体均衡供给边际均等效应显著性得到明显提高，但在 2010 年后仍然是不显著的。

从区域内部城乡之间维度分析，加权平均后指标 $MEPA(WrBc)$ 从 2005 年到 2014 年的均值为 -0.0514，表明近年来区域内部城乡之间地方政府供给成本影响公益艺术表演团体均衡供给边际均等效应不显著。加权平均后指标 $MEPA(WrBc)$ 从 2005 年到 2009 年的均值为 -0.0738，证明这段时间区域内部城乡之间地方政府供给成本影响公益艺术表演团体均衡供给边际均等效应不显著；加权平均后指标 $MEPA(WrBc)$ 从 2010 年到 2014 年的均值为 -0.0290，证明这段时间区域内部城乡之间地方政府供给成本影响公益艺术表演团体均衡供给边际均等效应仍不显著，但显著性在 2010 年以后明显提高。

从城乡内部区域之间维度分析，加权平均后指标 $MEPA(WcBr)$ 从 2005 年到 2014 年的均值为 0.0155，表明近年来城乡内部区域之间地方政府供给成本影响公益艺术表演团体均衡供给边际均等效应较为显著。加权平均后指标 $MEPA(WcBr)$ 从 2005 年到 2009 年的均值为 0.0183，证明这段时间城乡内部区域之间地方政府供给成本影响公益艺术表演团体均衡供给边际均等效应较为显著；加权平均后指标 $MEPA(WcBr)$ 从 2010 年到 2014 年的均值为 0.0127，证明这段时间城乡内部区域之间地方政府供给成本影响公益艺术表演团体均衡供给边际均等效应较为显著，但显著性在 2010 年以后略为降低。

从区域内部城乡内部维度分析，加权平均后指标 $MEPA$（$WrWc$）从 2005 年到 2014 年的均值为 -0.0127，表明近年来区域内部城乡内部地方政府供给成本影响公益艺术表演团体均衡供给边际均等效应不显著。加权平均后指标 $MEPA$（$WrWc$）从 2005 年到 2009 年的均值为 -0.0023，证明这段时间区域内部城乡内部地方政府供给成本影响公益艺术表演团体均衡供给边际均等效应不显著；加权平均后指标 $MEPA$（$WrWc$）从 2010 年到 2014 年的均值为 -0.0231，证明这段时间区域内部城乡内部地方政府供给成本影响公益艺术表演团体均衡供给边际均等效应不显著，且显著性在 2010 年以后逐渐降低。从指标 $MEPA$（$WrWc$）各项分项指标来看，指标 $MEPA$（$WrWc\ HBC$）、指标 $MEPA$（$WrWc\ HBR$）、指标 $MEPA$（$WrWc\ HZR$）、指标 $MEPA$（$WrWc\ XNR$）、指标 $MEPA$（$WrWc\ XBC$）、指标 $MEPA$（$WrWc\ XBR$）和指标 $MEPA$（$WrWc\ DBR$）从 2005 年到 2014 年的均值分别为 -0.0022、-0.0176、-0.0031、-0.0031、-0.0004、-0.0035 和 -0.0030，均低于 0 的临界值，说明华北地区城市内部、华北地区农村内部、华中地区农村内部、西南地区农村内部、西北地区城市内部、西北地区农村内部、东北地区农村内部这些地区的地方政府供给成本影响公益艺术表演团体均衡供给边际均等效应不显著；指标 $MEPA$（$WrWc\ HDC$）、指标 $MEPA$（$WrWc\ HDR$）、指标 $MEPA$（$WrWc\ HZC$）、指标 $MEPA$（$WrWc\ HNC$）、指标 $MEPA$（$WrWc\ HNR$）、指标 $MEPA$（$WrWc\ XNC$）、指标 $MEPA$（$WrWc\ DBC$）从 2005 年到 2014 年的均值分别为 0.0112、0.0010、0.0016、0.0014、0.0035、0.0014 和 0.0001，均高于 0 的临界值，说明华东地区城市内部、华东地区农村内部、华中地区城市内部、华南地区城市内部、华南地区农村内部、西南地区城市内部、东北地区城市内部这些地区的地方政府供给成本影响公益艺术表演团体均衡供给边际均等效应较为显著。

表 5-14 报告了 2005—2014 年地方政府供给成本影响公共博物馆均衡供给边际均等效应。加权平均后指标 $MEPM$（L）从 2005 年到 2014 年的均值为 -0.0406，表明近年来地方政府供给成本影响公共博物馆均衡供给边际均等效应不显著。从时间维度上判断，加权平均后指标 $MEPM$（L）

表 5-14　地方政府供给成本影响公共博物馆均衡供给边际均等效应

年份　指标	2005	2006	2007	2008	2009	2010	2011	2012	2013	2014	均值
MEPM (L)	-0.0716	-0.0828	-0.0120	-0.0525	-0.0274	-0.0270	-0.0290	-0.0356	-0.0318	-0.0361	-0.0406
MEPM (Br)	-0.0064	-0.0113	-0.0007	-0.0033	-0.0046	-0.0034	-0.0142	-0.0138	-0.0113	-0.0206	-0.0090
MEPM (Bc)	-0.0543	-0.0697	-0.0404	-0.0406	-0.0140	-0.0089	-0.0048	-0.0218	-0.0171	-0.0146	-0.0286
MEPM (W_rBc)	-0.0517	-0.0669	-0.0277	-0.0374	-0.0114	-0.0053	-0.0032	-0.0226	-0.0116	-0.0081	-0.0246
MEPM (W_cBr)	-0.0038	-0.0085	0.0120	-0.0001	-0.0020	0.0001	-0.0126	-0.0146	-0.0058	-0.0141	-0.0049
MEPM (W_rW_c)	-0.0135	-0.0046	0.0164	-0.0118	-0.0115	-0.0182	-0.0116	0.0008	-0.0089	-0.0075	-0.0070
MEPM (W_rW_c HBC)	-0.0012	0.0039	0.0105	-0.0023	-0.0010	-0.0030	0.0016	-0.0036	-0.0028	-0.0054	-0.0003
MEPM (W_rW_c HBR)	0.0023	0.0016	0.0028	0.0027	0.0024	0.0017	0.0009	0.0017	0.0018	0.0010	0.0019
MEPM (W_rW_c HDC)	-0.0078	-0.0066	-0.0064	-0.0046	-0.0059	-0.0040	0.0018	-0.0001	-0.0012	-0.0064	-0.0041
MEPM (W_rW_c HDR)	-0.0130	-0.0082	-0.0113	-0.0162	-0.0063	-0.0088	-0.0105	-0.0044	-0.0091	-0.0047	-0.0093
MEPM (W_rW_c HZC)	0.0023	0.0012	0.0008	-0.0004	-0.0001	0.0004	-0.0012	-0.0009	-0.0001	-0.0009	0.0001
MEPM (W_rW_c HZR)	-0.0021	0.0012	0.0018	0.0023	0.0004	0.0027	0.0027	0.0049	0.0041	0.0034	0.0021
MEPM (W_rW_c HNC)	0.0004	0.0006	0.0009	-0.0020	0.0005	0.0002	0.0001	0.0001	0.00001	-0.0003	0.0001
MEPM (W_rW_c HNR)	-0.0045	-0.0075	0.0008	-0.0012	-0.0048	-0.0059	-0.0021	0.0018	-0.0007	-0.0018	-0.0026
MEPM (W_rW_c XNC)	0.0004	-0.0005	0.0016	0.0014	0.0033	0.0009	0.0008	0.0011	0.0007	0.0011	0.0011
MEPM (W_rW_c XNR)	0.0046	0.0034	0.0056	0.0020	-0.0004	-0.0042	-0.0043	0.0009	-0.0032	0.0045	0.00088
MEPM (W_rW_c XBC)	-0.0002	0.0015	0.0033	0.0031	0.0004	0.0011	-0.0001	0.0008	0.0007	-0.0006	0.0010
MEPM (W_rW_c XBR)	0.0024	0.0024	0.0032	0.0018	0.0010	0.0015	0.00001	0.0009	0.0016	0.0026	0.0017

续表

年份 指标	2005	2006	2007	2008	2009	2010	2011	2012	2013	2014	均值
$MEPM$ ($W_rW_c\ DBC$)	0.0007	0.0010	0.0010	0.0006	0.0004	-0.0017	-0.0014	-0.0014	0.0000	-0.0008	-0.0002
$MEPM$ ($W_rW_c\ DBR$)	0.0023	0.0014	0.0018	0.0010	-0.0013	0.0010	0.0001	-0.0009	-0.0007	0.0008	0.0006
$MEPM$ (I_{rc})	0.0026	0.0028	0.0127	0.0032	0.0026	0.0036	0.0016	-0.0008	0.0055	0.0065	0.0040

注：各指标含义如表 5-9。

从 2005 年到 2009 年的均值为 -0.0492，证明这段时间地方政府供给成本影响公共博物馆均衡供给边际均等效应不显著；加权平均后指标 $MEPM(L)$ 从 2010 年到 2014 年的均值为 -0.0320，证明这段时间地方政府供给成本影响公共博物馆均衡供给边际均等效应显著性有所提高，但整体上仍然是不显著的。

从区域之间维度分析，加权平均后指标 $MEPM(Br)$ 从 2005 年到 2014 年的均值为 -0.0090，表明近年来区域之间地方政府供给成本影响公共博物馆均衡供给边际均等效应不显著。加权平均后指标 $MEPM(Br)$ 从 2005 年到 2009 年的均值为 -0.0053，证明这段时间区域之间地方政府供给成本影响公共博物馆均衡供给边际均等效应不显著；加权平均后指标 $MEPM(Br)$ 从 2010 年到 2014 年的均值为 -0.0127，证明这段时间区域之间地方政府供给成本影响公共博物馆均衡供给边际均等效应显著性逐渐降低，整体上也是不显著的。

从城乡之间维度分析，加权平均后指标 $MEPM(Bc)$ 从 2005 年到 2014 年的均值为 -0.0286，表明近年来城乡之间地方政府供给成本影响公共博物馆均衡供给边际均等效应不显著。加权平均后指标 $MEPM(Bc)$ 从 2005 年到 2009 年的均值为 -0.0438，证明这段时间城乡之间地方政府供给成本影响公共博物馆均衡供给边际均等效应不显著；加权平均后指标 $MEPM(Bc)$ 从 2010 年到 2014 年的均值为 -0.0134，证明这段时间城乡之间地方政府供给成本影响公共博物馆均衡供给边际均等效应显著性有所提高，但在 2010 年后仍然是不显著的。

从区域内部城乡之间维度分析，加权平均后指标 $MEPM(WrBc)$ 从 2005 年到 2014 年的均值为 -0.0246，表明近年来区域内部城乡之间地方政府供给成本影响公共博物馆均衡供给边际均等效应不显著。加权平均后指标 $MEPM(WrBc)$ 从 2005 年到 2009 年的均值为 -0.0390，证明这段时间区域内部城乡之间地方政府供给成本影响公共博物馆均衡供给边际均等效应不显著；加权平均后指标 $MEPM(WrBc)$ 从 2010 年到 2014 年的均值为 -0.0102，证明这段时间区域内部城乡之间地方政府供给成本影响公共博物馆均衡供给边际均等效应显著性有所提高，但在 2010 年后仍然是不显著的。

从城乡内部区域之间维度分析,加权平均后指标 MEPM(WcBr)从 2005 年到 2014 年的均值为 -0.0049,表明近年来城乡内部区域之间地方政府供给成本影响公共博物馆均衡供给边际均等效应不显著。加权平均后指标 MEPM(WcBr)从 2005 年到 2009 年的均值为 -0.0005,证明这段时间城乡内部区域之间地方政府供给成本影响公共博物馆均衡供给边际均等效应不显著;加权平均后指标 MEPM(WcBr)从 2010 年到 2014 年的均值为 -0.0093,证明这段时间城乡内部区域之间地方政府供给成本影响公共博物馆均衡供给边际均等效应不显著,且显著性在 2010 年以后明显降低。

从区域内部城乡内部维度分析,加权平均后指标 MEPM(WrWc)从 2005 年到 2014 年的均值为 -0.007,表明近年来区域内部城乡内部地方政府供给成本影响公共博物馆均衡供给边际均等效应不显著。加权平均后指标 MEPM(WrWc)从 2005 年到 2009 年的均值为 -0.0050,证明这段时间区域内部城乡内部地方政府供给成本影响公共博物馆均衡供给边际均等效应不显著;加权平均后指标 MEPM(WrWc)从 2010 年到 2014 年的均值为 -0.0090,证明这段时间区域内部城乡内部地方政府供给成本影响公共博物馆均衡供给边际均等效应不显著,且显著性在 2010 年以后逐渐降低。从指标 MEPM(WrWc)各项分项指标来看,指标 MEPM(WrWc HBC)、指标 MEPM(WrWc HDC)、指标 MEPM(WrWc HDR)、指标 MEPM(WrWc HNR)、指标 MEPM(WrWc DBC)从 2005 年到 2014 年的均值分别为 -0.0003、-0.0041、-0.0093、-0.0026、-0.0002,均低于 0 的临界值,说明华北地区城市内部、华东地区城市内部、华东地区农村内部、华南地区农村内部、东北地区城市内部这些地区的地方政府供给成本影响公共博物馆均衡供给边际均等效应不显著;指标 MEPM(WrWc HBR)、指标 MEPM(WrWc HZC)、指标 MEPM(WrWc HZR)、指标 MEPM(WrWc HNC)、指标 MEPM(WrWc XNC)、指标 MEPM(WrWc XNR)、指标 MEPM(WrWc XBC)、指标 MEPM(WrWc XBR)、指标 MEPM(WrWc DBR)从 2005 年到 2014 年的均值分别为 0.0019、0.0001、0.0021、0.0001、0.0011、0.00088、0.0010、0.0017 和 0.0006,均高于 0 的临界值,说明华北地区农村内部、华中地区城市内部、华中地区农村内部、华南地区城市内部、西南地区城市内部、西南地区农村内部、西北地区城市内部、西北地区农村内部、东北地区农村内部这些地区的地方政府供给成本影响公共博物馆均衡供给边际均等效应较为显著。

表 5-15 报告了 2005—2014 年地方政府供给成本影响基本公共文化服务均衡供给边际均等效应。加权平均后指标 MEPCS（L）从 2005 年到 2014 年的均值为 -0.0243，表明近年来地方政府供给成本影响基本公共文化服务均衡供给边际均等效应不显著。从时间维度上判断，加权平均后指标 MEPCS（L）从 2005 年到 2009 年的均值为 -0.0281，证明这段时间地方政府供给成本影响基本公共文化服务均衡供给边际均等效应不显著；加权平均后指标 MEPCS（L）从 2010 年到 2014 年的均值为 -0.0205，证明这段时间地方政府供给成本影响基本公共文化服务均衡供给边际均等效应显著性略为提高，但整体上仍然是不显著的。

从区域之间维度分析，加权平均后指标 MEPCS（Br）从 2005 年到 2014 年的均值为 -0.0040，表明近年来区域之间地方政府供给成本影响基本公共文化服务均衡供给边际均等效应不显著。加权平均后指标 MEPCS（Br）从 2005 年到 2009 年的均值为 -0.0065，证明这段时间区域之间地方政府供给成本影响基本公共文化服务均衡供给边际均等效应不显著；加权平均后指标 MEPCS（Br）从 2010 年到 2014 年的均值为 -0.0015，证明这段时间区域之间地方政府供给成本影响基本公共文化服务均衡供给边际均等效应显著性有所提高，但整体上仍然是不显著的。

从城乡之间维度分析，加权平均后指标 MEPCS（Bc）从 2005 年到 2014 年的均值为 -0.0143，表明近年来城乡之间地方政府供给成本影响基本公共文化服务均衡供给边际均等效应不显著。加权平均后指标 MEPCS（Bc）从 2005 年到 2009 年的均值为 -0.0246，证明这段时间城乡之间地方政府供给成本影响基本公共文化服务均衡供给边际均等效应不显著；加权平均后指标 MEPCS（Bc）从 2010 年到 2014 年的均值为 -0.0040，证明这段时间城乡之间地方政府供给成本影响基本公共文化服务均衡供给边际均等效应显著性大幅度提高，但在 2010 年后仍然是不显著的。

表 5-15　地方政府供给成本影响基本公共文化服务均衡供给边际均等效应

年份 指标	2005	2006	2007	2008	2009	2010	2011	2012	2013	2014	均值
MEPCS (L)	-0.0473	-0.0340	-0.0136	-0.0238	-0.0220	-0.0262	-0.0221	-0.0184	-0.0253	-0.0108	-0.0243
MEPCS (Br)	-0.0144	-0.0084	-0.0039	-0.0024	-0.0033	-0.0034	-0.0002	-0.0036	-0.0026	0.0024	-0.0040
MEPCS (Bc)	-0.0281	-0.0357	-0.0246	-0.0253	-0.0095	-0.0128	-0.0105	-0.0015	0.0091	-0.0038	-0.0143
MEPCS ($WrBc$)	-0.0194	-0.0277	-0.0152	-0.0180	-0.0055	-0.0054	-0.0065	0.0015	0.0064	0.0014	-0.0088
MEPCS ($WcBr$)	-0.0058	-0.0003	0.0055	0.0050	0.0007	0.0040	0.0037	-0.0006	-0.0053	0.0075	0.0014
MEPCS ($WrWc$)	-0.0134	0.0020	0.0056	-0.0034	-0.0132	-0.0174	-0.0153	-0.0163	-0.0291	-0.0146	-0.0115
MEPCS ($WrWc\ HBC$)	-0.0002	0.0025	0.0049	-0.0001	-0.0007	-0.0023	-0.0006	-0.0018	-0.0017	-0.0034	-0.0003
MEPCS ($WrWc\ HBR$)	-0.0035	-0.0042	-0.0044	-0.0047	-0.0051	-0.0059	-0.0070	-0.0088	-0.0073	-0.0053	-0.0056
MEPCS ($WrWc\ HDC$)	-0.0046	-0.0003	0.0013	0.0025	-0.0055	-0.0037	-0.0030	-0.0051	-0.0013	-0.0012	-0.0021
MEPCS ($WrWc\ HDR$)	-0.0049	-0.0027	-0.0044	-0.0047	-0.0003	-0.0038	-0.0028	-0.0050	-0.0202	-0.0031	-0.0052
MEPCS ($WrWc\ HZC$)	0.0024	0.0008	0.0008	0.0002	-0.0003	-0.0005	-0.0001	-0.0001	0.0013	0.0005	0.0005
MEPCS ($WrWc\ HZR$)	-0.0043	0.0011	0.0011	0.0014	0.0006	-0.0003	0.0008	0.0012	0.0002	0.0002	0.0002
MEPCS ($WrWc\ HNC$)	0.0012	0.0017	0.0012	0.0006	0.0011	0.0009	0.0007	0.0012	0.0012	0.0006	0.0010
MEPCS ($WrWc\ HNR$)	-0.0035	-0.0033	-0.0005	-0.0019	-0.0014	-0.0027	-0.0015	-0.0003	0.00001	-0.0038	-0.0019
MEPCS ($WrWc\ XNC$)	0.0014	0.0011	0.0010	0.0004	0.0020	0.0018	0.0012	0.0014	0.0025	0.0019	0.0015
MEPCS ($WrWc\ XNR$)	0.0009	0.0018	0.0017	0.0008	-0.0014	-0.0013	-0.0016	0.0009	-0.0022	-0.0002	-0.0001
MEPCS ($WrWc\ XBC$)	0.0003	0.0007	0.0008	0.0006	-0.0001	-0.0001	0.00001	0.0001	-0.0002	-0.0008	0.0001
MEPCS ($WrWc\ XBR$)	-0.0004	0.0003	0.0002	0.0002	-0.0024	-0.0002	-0.0005	-0.0002	0.00001	0.0001	-0.0003

续表

年份　　指标	2005	2006	2007	2008	2009	2010	2011	2012	2013	2014	均值
MEPCS（$W_rW_c\ DBC$）	0.0022	0.0030	0.0015	0.0013	0.0007	0.0011	0.0003	0.0003	0.0009	0.0004	0.0012
MEPCS（$W_rW_c\ DBR$）	-0.0004	-0.0006	0.0003	0.0002	-0.0006	-0.0006	-0.0013	-0.0001	-0.0022	-0.0006	-0.0006
MEPCS（Irc）	0.0086	0.0080	0.0094	0.0074	0.0040	0.0074	0.0040	0.0030	-0.0028	0.0052	0.0054

注：各指标含义如表5-10。

从区域内部城乡之间维度分析,加权平均后指标 MEPCS($WrBc$)从 2005 年到 2014 年的均值为 -0.0088,表明近年来区域内部城乡之间地方政府供给成本影响基本公共文化服务均衡供给边际均等效应不显著。加权平均后指标 MEPCS($WrBc$)从 2005 年到 2009 年的均值为 -0.0171,证明这段时间区域内部城乡之间地方政府供给成本影响基本公共文化服务均衡供给边际均等效应不显著;加权平均后指标 MEPCS($WrBc$)从 2010 年到 2014 年的均值为 -0.0005,证明这段时间区域内部城乡之间地方政府供给成本影响基本公共文化服务均衡供给边际均等效应显著性大幅度提高,但在 2010 年后仍然是不显著的。

从城乡内部区域之间维度分析,加权平均后指标 MEPCS($WcBr$)从 2005 年到 2014 年的均值为 0.0014,表明近年来城乡内部区域之间地方政府供给成本影响基本公共文化服务均衡供给边际均等效应较为显著。加权平均后指标 MEPCS($WcBr$)从 2005 年到 2009 年的均值为 0.0010,证明这段时间城乡内部区域之间地方政府供给成本影响基本公共文化服务均衡供给边际均等效应较为显著;加权平均后指标 MEPCS($WcBr$)从 2010 年到 2014 年的均值为 0.0018,证明这段时间城乡内部区域之间地方政府供给成本影响基本公共文化服务均衡供给边际均等效应较为显著,且显著性在 2010 年以后明显提高。

从区域内部城乡内部维度分析,加权平均后指标 MEPCS($WrWc$)从 2005 年到 2014 年的均值为 -0.0115,表明近年来区域内部城乡内部地方政府供给成本影响基本公共文化服务均衡供给边际均等效应不显著。加权平均后指标 MEPCS($WrWc$)从 2005 年到 2009 年的均值为 -0.0045,证明这段时间区域内部城乡内部地方政府供给成本影响基本公共文化服务均衡供给边际均等效应不显著;加权平均后指标 MEPCS($WrWc$)从 2010 年到 2014 年的均值为 -0.0185,证明这段时间区域内部城乡内部地方政府供给成本影响基本公共文化服务均衡供给边际均等效应不显著,且显著性在 2010 年以后逐渐降低。从指标 MEPCS($WrWc$)各项分项指标来看,指标 MEPCS($WrWc\ HBC$)、指标 MEPCS($WrWc\ HBR$)、指标 MEPCS($WrWc\ HDC$)、指标 MEPCS($WrWc\ HDR$)、指标 MEPCS($WrWc\ HNR$)、指标 MEPCS($WrWc\ XNR$)、指标 MEPCS

($WrWc\ XBR$)、指标 $MEPCS$（$WrWc\ DBR$）从 2005 年到 2014 年的均值分别为 -0.0003、-0.0056、-0.0021、-0.0052、-0.0019、-0.0001、-0.0003、-0.0006，均低于 0 的临界值，说明华北地区城市内部、华北地区农村内部、华东地区城市内部、华东地区农村内部、华南地区农村内部、西南地区农村内部、西北地区农村内部、东北地区农村内部这些地区的地方政府供给成本影响基本公共文化服务均衡供给边际均等效应不显著；指标 $MEPCS$（$WrWc\ HZC$）、指标 $MEPCS$（$WrWc\ HZR$）、指标 $MEPCS$（$WrWc\ HNC$）、指标 $MEPCS$（$WrWc\ XNC$）、指标 $MEPCS$（$WrWc\ XBC$）、$MEPCS$（$WrWc\ DBC$）从 2005 年到 2014 年的均值分别为 0.0005、0.0002、0.0010、0.0015、0.0001、0.0012，均高于 0 的临界值，说明华中地区城市内部、华中地区农村内部、华南地区城市内部、西南地区城市内部、西北地区城市内部、东北地区城市内部这些地区的地方政府供给成本影响基本公共文化服务均衡供给边际均等效应较为显著。

第六章　政府偏好异质性与基本公共文化服务均衡供给

从这一章开始，我们从主观因素视角分析地方政府偏好对基本公共文化服务供给产生的影响。

西方的政治经济学理论认为，政府偏好的形成关键在于社会各阶层如何通过公共决策机制向决策层表达政治诉求的政治博弈与均衡过程：社会各阶层的民众为表达代表自身利益的政治诉求，通过各种途径向地方决策层施加政治影响力；决策层为了在政治选举中获得最大限度选民支持，通过权衡社会各方的政治影响力来决定公共财政资源分配偏好，表达对社会民众政治诉求的政策倾向。公共财政资源在不同领域分配差异的逐渐扩大，其背后深层次的原因在于政府公共财政资源分配过程中的政治考量，而这种基于政治目的对公共财政资源的权衡取舍，最终体现为政府在偏好选择上存在的异质性倾向。如果地方政府对公共财政资源的偏好选择未能符合大多数社会民众的广泛性偏好，势必将降低地方政府分配公共财政资源的效率，削弱公共财政资源分配的边际可及效应，这不但违背福利经济学的公平性原则，也有悖于社会公平正义的实现，影响到社会的稳定与繁荣。

在这一章，我们通过构建指标体系衡量政府偏好对公共财政资源分配的影响，研究地方政府偏好是如何影响地方政府基本公共文化服务资源配置的。通过本章的研究发现，合理分配地方性公共财政资源，既要考虑中央政府和地方政府在公共财政资源的实际投入和分配效率上存在的信息错配，也要考虑中央政府与地方政府在政策选择上可能存在的目标不一致；既要考虑地方政府如何从自身利益出发接受政绩考核的约束，又要考虑如何使地方政府在公共财政资源分配时贡献出最大的财政努力。在能够观测到地方政府公共财政资源分配边际可及效应的前提下，中央政府在政绩考核机制的设计中应适当降低对地方政府经济建设领域的考核比重，同时增加地方政府提供社会民生领域公共服务的考核比重，特别是对基本公共文化服务的考核比例，加大基本公共文化服务财政支持力度。

第一节 政府偏好异质性与公共财政资源均衡配置的理论解析

政府偏好是影响地方政府公共财政资源分配的主观约束条件之一。西方的政治经济学理论认为，政府偏好的形成关键在于社会各阶层如何通过公共决策机制向决策层表达政治诉求的政治博弈与均衡过程：社会各阶层的民众为表达代表自身利益的政治诉求，通过各种途径向地方决策层施加政治影响；决策层为了在政治选举中获得最大限度选民支持，通过权衡社会各方的政治影响力来决定公共财政资源分配偏好，表达对社会民众政治诉求的政策倾向。应该指出的是，公共财政资源在不同领域分配差异的逐渐扩大背后深层次的原因在于政府公共财政资源分配过程中的政治考量，而这种基于政治目的对公共财政资源的权衡取舍，最终体现为政府在偏好选择上存在的异质性倾向。

长期以来，中国的地方政府在整个国家公共财政资源的分配过程中扮演着举足轻重的角色，而地方政府的偏好选择能够对公共财政资源的分配行为施加影响。理论界普遍认为，政府偏好对公共财政资源分配的影响至少集中在两个层面：首先，地方政府如何根据自身偏好选择将多大比例的公共财政资源投入经济建设领域或社会民生领域，我们称为公共财政资源分配的"规模偏好"；其次，地方政府如何根据自身偏好将投入社会民生领域的公共财政资源在具有不同功能属性的公共物品之间进行分配，我们称为公共财政资源分配的"结构偏好"。在中国现有地方政府对中央政府高度负责的政治体制框架下，地方政府对于"规模偏好"

和"结构偏好"的权衡取舍,与中央政府对地方政府设计的政治考核体制直接相关:以 GDP 为核心的政绩考核标准导致地方政府彼此间展开激烈的竞争,为确保在中央政府设计的政绩考核体系中获胜,地方政府在分配公共财政资源的偏好选择上存在异质性倾向:

一方面,地方政府会将自身可以支配的公共服务资源,竭尽所能地投向基础设施、经济建设等有利于提高政绩的领域,忽略在环境保护、交通运输、公共教育、医疗卫生和社会保障等社会民生领域的投入。

另一方面,地方政府在社会民生领域内部分配公共财政资源时,在偏好选择上也存在相似的异质性倾向:诸如交通运输、环境保护等基础环境类的公共物品,能够改善投资环境,吸引外资,地方政府对此偏好性较强;而诸如公共文化服务、义务教育、卫生医疗、社会保障和社会救济等福利保障类的公共物品,短时间内难以推动经济实现快速增长,地方政府对此偏好性相对较弱。

无可非议的是,地方政府对"规模偏好"和"结构偏好"权衡取舍过程中存在的经济增长偏好,有利于地方形成投资驱动型经济增长模式,使其经济规模在短时间内实现快速增长,但这种侧重经济建设领域的公共财政资源分配方式,是否有助于促进社会民众在共建共享发展中拥有更多的获得感值得我们仔细斟酌。

众所周知,经济社会发展的根本目标在于保障和改善民生,通过增进人民福祉使其能够均等地分享经济发展的成果。对此,党的十八届五中全会提出要将"共享发展"作为指导中国经济社会发展的重要理念。"共享发展"强调的是经济发展成果由全体人民群众均等分享,通过满足社会民众的基本民生需求,使全体人民在经济社会的共建共享过程中拥有更多的获得感。近些年来,中央财政不断增加社会民生领域的公共财政资源分配规模和比例,这种财力倾斜很大程度上弥补了基层政府在提供民生公共服务上的财力缺口,有利于社会民众幸福感的逐步提升,符合福利经济学的公平原则,但同样值得关注的是:在现行中央政府对地方政府设计的政绩考核机制下,地方政府对"规模偏好"和"结构偏好"的权衡取舍将如何影响公共财政资源的分配行为?地方政府在"规模偏好"和"结构偏好"的选择上是否实现由"经济偏好"向

"民生偏好"的转型？地方政府对公共财政资源的分享能否在公平与效率之间寻找到最优平衡点？对于这些问题的深入思考构成了本章的研究主题。

公共财政资源分配过程的政府偏好问题属于财政联邦制理论的研究范畴。在国外较为早期的研究中，一些学者（Tiebout，1956；Musgrave，1959）从财政分权的角度研究政府偏好选择对公共财政资源分配的影响，得到比较一致的结论是：在与个人福利水平密切相关的社会民生领域，地方政府在获取辖区居民需求方面拥有信息优势和较低的行政成本，所以选择由地方政府分配社会民生领域的公共财政资源往往更为合适，而公共财政资源的分配过程在很大程度上也会受到地方政府偏好选择的影响。遵循这一研究思路，一些经济学家进一步研究地方政府偏好选择对地方性社会民生领域公共服务供给产生的影响，得到相似的结论，但同时也认为这种体制存在明显的局限性：倘若在财政分权过程中选择由地方政府分配社会民生领域的公共财政资源，由于各级地方政府在自然资源禀赋、税源规模和集中程度、城市化发展程度方面存在明显差异，势必造成各级地方政府公共服务供给方面的非均衡性，这需要中央政府通过实施转移支付制度均衡各级地方政府客观存在的财力差距问题，实现辖区内居民人均享有最低标准公共服务的一致性（Boadway，2004）。

基于上述考虑，此后学者们对公共财政资源分配的研究更多地转向均等化的转移支付领域，侧重对地方政府分配公共财政资源偏好选择与辖区居民广泛性偏好是否一致方面。一些学者（Jeffrey & Sophia，2007）试图对转移支付制度的设置原则进行探讨，得到的主要结论是：在财政均等化的设计理念下，中央政府实施转移支付制度的政策目标主要在于弥补各级地方政府在人口和生产要素流动过程中产生的经济效益损失，平衡各级地方政府在自然条件、生产要素、公共服务成本方面存在的非一致性，提升整个社会的民众幸福感与福利水平。上述分析可以得知，对于公共财政资源分配过程中地方政府偏好形成机理方面的研究已不再是国外学术界的主要方向，西方学者的重点开始转向地方政府分配公共财政资源的偏好选择是否能够有效满足社会民众的广泛性偏好、公共财政资源分配是否能够符合福利经济学的公平性原则以及如何实现各级政府之间公共服务均等化等领域。

中共十七届五中全会虽然对保障和改善民生提出一系列新的要求和部署，但时至今日在地方公共财政资源的分配领域依然未能形成偏向于民生事业的制度安排。不可否认的是，在现有财政体制的约束下，目前地方政府在公共财政资源分配上依然呈现出非均衡的格局：公共财政资源在城乡和区域之间的分配过于分散，公共服务设施布局未能按照统一标准规划筹建，地方公共物品的供需矛盾较为凸显，社会民生领域公共服务长期缺乏有效供给，农民工、残疾人等弱势群体公共服务供给基本处于被忽视的状态。这样的事实决定了学术界必然将研究重点集中在如何使地方公共财政资源分配更趋向民生领域。

粗略地归纳起来，国内外学者对地方公共财政资源分配机制的研究主要集中在以下三个方面：

一是公平与效率的视角。Barkley（1974）比较系统地对公共财政资源分配中存在的公平与效率冲突进行了全面论述，认为农村公共财政资源的分配不足，主要原因在于将公共资源投入城市要比投入农村产生的效率高；然而，公共财政资源在城乡之间的非均衡分配违背福利经济学的公平原则，产生了效率与公平的矛盾。应该指出的是，Barkely对公共财政资源分配问题的研究具有开创性贡献，他的观点对于研究地方政府公共财政资源分配机制具有启示意义。

二是社会稳定的视角。Brown和Park（2002）对中国6个省份贫困县的调查显示，贫困是制约农村教育可及性的重要因素，而农村教育可及性将影响到农村社会的稳定性。Yang（2004）则利用四川省的数据证明了增加对农民的教育培训投入有利于帮助他们摆脱贫困，现实意义在于缩小贫富差距和增强农村社会稳定性。Heerink（2009）等认为中国地方政府增加对水土保护的投入，有助于促进生态保护区的经济发展，通过减少贫困来提高偏远地区的社会稳定性。这些学者关注的焦点问题是，公共财政资源分配过程如何影响地方政府的社会稳定性。

三是政府偏好的视角。汤玉刚（2007）等考察了短期政治均衡对地方政府供给偏好的影响，认为由政治均衡决定的政府偏好将不可避免地导致公共财政资源分配的效率低下，同时也将伴随着政府职能的"越位"与"缺位"。丁菊红和邓可斌（2008）认为中央政府和地方政府在偏好上的选择差异对财政分权程度将产生至关重要的影响，这种偏好差异将通过改变中央政府对地方政府的政治激励制度导致公共财政资源的分配失衡。

从上述分析可见，一些学者虽然开始关注政府偏好对公共财政资源分配过程产生的影响，但理论分析框架主要依赖于财政联邦体制背景下的西方经济学理论，在理论的解析层面上未能立足于现有国情。针对公共财政资源分配机制的研究，从国内外已有的研究成果来看，无论在理论层面的剖析上还是在逻辑推理的演绎上都存在可提升之处。首先，现有研究公共财政资源分配机制的文献多数是对现状的直观描述，对于公共服务资源分配过程中政府偏好的研究，未能提出一套适合中国体制环境的理论分析框架。其次，研究政府偏好如何影响公共财政资源分配的国内外文献，忽略了政府在偏好选择上客观存在"规模偏好"与"结构偏好"的基本事实，在逻辑推理的严谨性方面依然有待加强。最后，无论是国内的研究还是国外的研究，都没有意识到利用政府分配公共财政资源可及性的边际效应构建评价体系，衡量不同类型的政府偏好对政府分配公共财政资源产生的影响。

以上几点说明，在已有成果基础上做进一步探索是具有理论价值和现实意义的。基于上述考虑，本书在建立政府偏好异质性理论分析框架的基础上，构建指标体系衡量政府偏好对公共财政资源分配的影响，而对于地方政府偏好如何影响地方政府分配公共财政资源的政府行为所进行的研究是在党的十八届五中全会提出注重机会公平、保障基本民生等"共享发展"理念和新一轮财税体制改革背景下进行的，其现实意义不言而喻。

一直以来，西方学术界对地方政府分配公共财政资源偏好选择的研究根植于直接民主制和代议制民主的假设背景，地方政府分配公共财政资源的策略行为更多考虑的是如何实现中间选民的效用最大化来获得相应的政治选票。这种政治决策强调的是地方政府在综合权衡社会各个阶层选民政治影响力的基础上，通过将公共财政资源分配到不同领域的策略选择，表达地方政府对社会各方政治诉求不同的政策倾向。毫无疑问，这种行为主要是为了地方政府在选举中最大限度获取中间选民的投票支持，但对于中国这样一个社会主义民主政治制度正在不断完善的国家而言，完全照搬西方公共经济学的逻辑思维来考虑地方政府分配公共财政资源的偏好选择是否恰当？这个问题不能不引起我们的思考。

作为一个市场经济秩序正在逐渐规范、治理能力与治理体系不断完善的国家，中国经济增长开始步入"新常态"，不可避免地将面临宏观经济下行、产业结构调整、资源环境约束、社会贫富分化等多重压力。

理论界普遍认为，要想消除制约中国经济发展的体制性障碍，最为根本的动力来自改革。而在所有改革中，财税体制改革无疑是牵一发而动全身的。2014年中共中央政治局通过的《深化财税体制改革总体方案》，将"强化预算约束、规范政府行为"作为深化财税体制改革的重要选项。在新一轮财税体制改革的背景下，我们分析地方政府分配公共财政资源的策略选择，不能依赖产生于不同体制环境的西方经济学理论，而是需要构建一个符合中国体制环境的理论来支撑，以此作为分析范式来指导中国实践。

过去40年中国经济的高速增长，很大程度上得益于地方政府在中央政府政绩考核体制下彼此间展开竞争的政府行为。在地方政府对中央政府高度负责的政治体制下，以GDP为核心的政绩考核标准导致地方政府在彼此之间展开激烈的竞争。为确保在政绩考核中获胜，地方政府在公共财政资源的分配偏好选择上存在异质性倾向。很显然，中国地方政府在分配公共财政资源过程中的政府策略选择，有别于直接民主制和代议制民主背景下地方政府为在选举中获取中间选民的投票支持而采取的策略行为。在现有的中国政治体制框架下研究地方政府公共财政资源的分配行为，必须充分考虑地方政府偏好这一特定因素对公共财政资源分配的影响。

上述研究表明，我们在分析政府偏好异质性与公共财政资源均衡配置的具体过程中，需要考虑地方政府公共财政资源分配偏好，最终可归纳为两个层面：第一个层面的政府偏好是指地方政府愿意将多大比例的公共财政资源分配到社会民生领域和经济建设领域，称为公共财政资源分配的"规模偏好";第二个层面的政府偏好是指地方政府分配到社会民生领域内部的公共财政资源如何分配到不同类型的公共物品之间,称为公共财政资源分配的"结构偏好"。

可以预见的是:在现有中央政府对地方政府的政绩考核机制下,地方政府要根据自身财政资源禀赋状况,在"规模偏好"和"结构偏好"的选择上注重社会民生的均衡与公正,在保障和改善民生、促进社会公平正义的原则下,优化自身公共财政资源分配偏好,提高财政资源分配的边际可及性,实现国家层面公共服务均等化战略。

第二节 政府偏好异质性与公共财政资源均衡配置的实证策略

从这一节开始,我们通过构建科学的评价体系,衡量地方政府的"规模偏好"和"结构偏好"对基本公共文化服务均衡供给产生的影响。构建指标体系研究地方政府偏好异质性对公共财政资源分配产生的影响,我们首先需要考虑的是如何衡量地方政府在财政能力和财政支出的均等化水平。

从理性的角度分析,测量地方政府财政能力和财政支出均等化的工具涵盖了泰尔指数、基尼系数和变异系数三种方法,考虑到区域层级分解的适用性问题,以及传导敏感性、可分解性和组群一致性等诸多测算过程需要解决的问题,泰尔指数成为学者们研究地方政府财政能力和财政支出均等化水平最为普遍的方法之一。

区别于以往的类似研究,我们选用泰尔指数法的特点主要在于:通过研究地方政府财政能力和财政支出不均等程度方面的动态分解过程,重点分析区域内部和区域之间均等化水平在连续时间维度上的变化趋势。

首先,我们用 FR 和 FE 分别代表地方政府财政能力和财政支出的总体不均等水平,由式(6-1)、式(6-2)表示:

$$FR = FR' + FR_r \qquad (6-1)$$

$$FE = FE' + FE_r \qquad (6-2)$$

在式(6-1)、式(6-2)中,FR' 和 FE' 分别代表区域之间财政能力不均等水平和区域之间财政支出的不均等水平，FR_r 和 FE_r 分别代表区域内部财政能力的不均等水平和区域内部财政支出的不均等水平，表示为式（6-3）、式（6-4）、式（6-5）和式（6-6）：

$$FR' = \sum_{r=1}^{n} P_r \cdot RR_r \cdot \log RR_r \qquad (6-3)$$

$$FR_r = \sum_{r=1}^{n} P_r \cdot RR_r \cdot \frac{1}{m_r} \sum_{i \in g_r} rr_i \cdot \log rr_i \qquad (6-4)$$

$$FE' = \sum_{r=1}^{n} P_r \cdot RE_r \cdot \log RE_r \qquad (6-5)$$

$$FE_r = \sum_{r=1}^{n} P_r \cdot RE_r \cdot \frac{1}{m_r} \sum_{i \in g_r} re_i \cdot \log re_i \qquad (6-6)$$

其中，P_r 代表第 r 个区域人口占全国人口的比重，RR_r 代表第 r 个区域公共财政收入占全国地方财政收入的比重，RE_r 代表第 r 个区域公共财政支出占全国地方财政支出的比重。

在上面的表达式中，FR、FE、FR'、FE'、FR_r 和 FE_r 数值波动在 1 和 0 之间，数值越大代表不均等水平越高，反之亦然。

我们通过对 FR 和 FE 进行全微分，得到 FR 和 FE 在时间维度上的分解模式，如式（6-7）和式（6-8）所示：

$$dFR = \sum_{r=1}^{n} [(RR_r \cdot \log RR_r + RR_r \cdot FR_r) dP_r +$$
$$(P_r \cdot \log RR_r + P_r + P_r \cdot FR_r) dRR_r + P_r \cdot RR_r \cdot dFR_r] \qquad (6-7)$$

$$dFE = \sum_{r=1}^{n} [(RE_r \cdot \log RE_r + RE_r \cdot FE_r) dP_r +$$
$$(P_r \cdot \log RE_r + P_r + P_r \cdot FE_r) dRE_r + P_r \cdot RE_r \cdot dFE_r] \qquad (6-8)$$

在式（6-7）和式（6-8）中，除区域内部指标 RR_r、RE_r、dRR_r 和 dRE_r 具有不可观测性之外，其余指标均可通过观察获得。

为解决上述问题，Conceiçao 和 Galbraith（2009）提出可以通过测算指标 RR_r、RE_r、dRR_r 和 dRE_r 在第 t 期到第 $t+1$ 期的最大变化率加以解决，研究思路如式（6-9）和式（6-10）所示：

$$dFR_r^{MAX}(t, t+1) = \sum_{r=1}^{n} \left\{ \frac{R_r(t+1)}{R(t+1)} \cdot \left[\log \frac{P_r(t+1)}{P_r(t)} \right] + \right.$$

$$\log\left[\frac{R_r(t+1)}{R(t+1)} \cdot \frac{R(t)}{R_r(t)}\right] \cdot \log[m_r(t+1)]\right\} \quad (6-9)$$

$$dFE_r^{MAX}(t, t+1) = \sum_{r=1}^{n}\left\{\frac{E_r(t+1)}{E(t+1)} \cdot \left[\log\frac{P_r(t+1)}{P_r(t)}\right] + \log\left[\frac{E_r(t+1)}{E(t+1)} \cdot \frac{E(t)}{E_r(t)}\right] \cdot \log[m_r(t+1)]\right\} \quad (6-10)$$

其中,$R_r(t)$ 和 $E_r(t)$ 分别代表在第 t 期第 r 个区域的财政收入和财政支出金额,$R_r(t+1)$ 和 $E_r(t+1)$ 分别代表在第 $t+1$ 期第 r 个区域的财政收入和财政支出金额。

接下来,为考察地方政府"规模偏好"和"结构偏好"对公共财政资源分配过程的影响,我们构造地方政府公共财政资源分配边际可及性的指标体系,主要步骤如下所示①。

第一步,测算东北区域公共财政资源配置规模偏好和结构偏好边际可及效应,如表 6-1 所示。

表 6-1　东北区域公共财政资源配置规模偏好和结构偏好的边际可及效应

序号	指标体系计算公式	指标含义
1	$SCDB = [dPEDB/dFRDB]_{t+1}^{t} - [dLEDB/dFRDB]_{t+1}^{t}$ $STDB = [dEEDB/dFRDB]_{t+1}^{t} - [dWEDB/dFRDB]_{t+1}^{t}$	东北区域财政资源配置规模偏好和结构偏好边际可及效应
2	$SCBDB = [dPEDB^B/dFRDB^B]_{t+1}^{t} - [dLEDB^B/dFRDB^B]_{t+1}^{t}$ $STBDB = [dEEDB^B/dFRDB^B]_{t+1}^{t} - [dWEDB^B/dFRDB^B]_{t+1}^{t}$	东北区域之间财政资源配置规模偏好和结构偏好边际可及效应
3	$SCMAXDB = [dPEDB_r^{MAX}/dFRDB_r^{MAX}]_{t+1}^{t} - [dLEDB_r^{MAX}/dFRDB_r^{MAX}]_{t+1}^{t}$ $STMAXDB = [dEEDB_r^{MAX}/dFRDB_r^{MAX}]_{t+1}^{t} - [dWEDB_r^{MAX}/dFRDB_r^{MAX}]_{t+1}^{t}$	东北区域内部财政资源配置规模偏好和结构偏好边际可及效应

---

① 由于第六章重点分析区域内部和区域之间均等化水平在连续时间维度上的变化趋势,与第三章、第四章和第五章同时从区域和城乡两个维度进行的分析是不同的,因此在对不同区域维度的表述上与前面章节也有所不同,具体表述以表 6-1 到表 6-8 为准。

第二步，测算华北区域公共财政资源配置规模偏好和结构偏好边际可及效应，如表 6-2 所示。

表 6-2　华北区域公共财政资源配置规模偏好和结构偏好的边际可及效应

序号	指标体系计算公式	指标含义
1	$SCHB = [dPEHB/dFRHB]_{t+1}^{t} - [dLEHB/dFRHB]_{t+1}^{t}$ $STHB = [dEEHB/dFRHB]_{t+1}^{t} - [dWEHB/dFRHB]_{t+1}^{t}$	华北区域财政资源配置规模偏好和结构偏好边际可及效应
2	$SCBHB = [dPEHB^B/dFRHB^B]_{t+1}^{t} - [dLEHB^B/dFRHB^B]_{t+1}^{t}$ $STBHB = [dEEHB^B/dFRHB^B]_{t+1}^{t} - [dWEHB^B/dFRHB^B]_{t+1}^{t}$	华北区域之间财政资源配置规模偏好和结构偏好边际可及效应
3	$SCMAXHB = [dPEHB_r^{MAX}/dFRHB_r^{MAX}]_{t+1}^{t} - [dLEHB_r^{MAX}/dFRHB_r^{MAX}]_{t+1}^{t}$ $STMAXHB = [dEEHB_r^{MAX}/dFRHB_r^{MAX}]_{t+1}^{t} - [dWEHB_r^{MAX}/dFRHB_r^{MAX}]_{t+1}^{t}$	华北区域内部财政资源配置规模偏好和结构偏好边际可及效应

第三步，测算华东区域公共财政资源配置规模偏好和结构偏好边际可及效应，如表 6-3 所示。

表 6-3　华东区域公共财政资源配置规模偏好和结构偏好的边际可及效应

序号	指标体系计算公式	指标含义
1	$SCHD = [dPEHD/dFRHD]_{t+1}^{t} - [dLEHD/dFRHD]_{t+1}^{t}$ $STHD = [dEEHD/dFRHD]_{t+1}^{t} - [dWEHD/dFRHD]_{t+1}^{t}$	华东区域财政资源配置规模偏好和结构偏好边际可及效应
2	$SCBHD = [dPEHD^B/dFRHD^B]_{t+1}^{t} - [dLEHD^B/dFRHD^B]_{t+1}^{t}$ $STBHD = [dEEHD^B/dFRHD^B]_{t+1}^{t} - [dWEHD^B/dFRHD^B]_{t+1}^{t}$	华东区域之间财政资源配置规模偏好和结构偏好边际可及效应
3	$SCMAXHD = [dPEHD_r^{MAX}/dFRHD_r^{MAX}]_{t+1}^{t} - [dLEHD_r^{MAX}/dFRHD_r^{MAX}]_{t+1}^{t}$ $STMAXHD = [dEEHD_r^{MAX}/dFRHD_r^{MAX}]_{t+1}^{t} - [dWEHD_r^{MAX}/dFRHD_r^{MAX}]_{t+1}^{t}$	华东区域内部财政资源配置规模偏好和结构偏好边际可及效应

第四步，测算华中区域公共财政资源配置规模偏好和结构偏好边际可及效应，如表 6-4 所示。

表 6-4　华中区域公共财政资源配置规模偏好和结构偏好的边际可及效应

序号	指标体系计算公式	指标含义
1	$SCHZ = [dPEHZ/dFRHZ]_{t+1}^{t} - [dLEHZ/dFRHZ]_{t+1}^{t}$ $STHZ = [dEEHZ/dFRHZ]_{t+1}^{t} - [dWEHZ/dFRHZ]_{t+1}^{t}$	华中区域财政资源配置规模偏好和结构偏好边际可及效应
2	$SCBHZ = [dPEHZ^{B}/dFRHZ^{B}]_{t+1}^{t} - [dLEHZ^{B}/dFRHZ^{B}]_{t+1}^{t}$ $STBHZ = [dEEHZ^{B}/dFRHZ^{B}]_{t+1}^{t} - [dWEHZ^{B}/dFRHZ^{B}]_{t+1}^{t}$	华中区域之间财政资源配置规模偏好和结构偏好边际可及效应
3	$SCMAXHZ = [dPEHZ_{r}^{MAX}/dFRHZ_{r}^{MAX}]_{t+1}^{t} - [dLEHZ_{r}^{MAX}/dFRHZ_{r}^{MAX}]_{t+1}^{t}$ $STMAXHZ = [dEEHZ_{r}^{MAX}/dFRHZ_{r}^{MAX}]_{t+1}^{t} - [dWEHZ_{r}^{MAX}/dFRHZ_{r}^{MAX}]_{t+1}^{t}$	华中区域内部财政资源配置规模偏好和结构偏好边际可及效应

第五步，测算华南区域公共财政资源配置规模偏好和结构偏好边际可及效应，如表 6-5 所示。

表 6-5　华南区域公共财政资源配置规模偏好和结构偏好的边际可及效应

序号	指标体系计算公式	指标含义
1	$SCHN = [dPEHN/dFRHN]_{t+1}^{t} - [dLEHN/dFRHN]_{t+1}^{t}$ $STHN = [dEEHN/dFRHN]_{t+1}^{t} - [dWEHN/dFRHN]_{t+1}^{t}$	华南区域财政资源配置规模偏好和结构偏好边际可及效应
2	$SCBHN = [dPEHN^{B}/dFRHN^{B}]_{t+1}^{t} - [dLEHN^{B}/dFRHN^{B}]_{t+1}^{t}$ $STBHN = [dEEHN^{B}/dFRHN^{B}]_{t+1}^{t} - [dWEHN^{B}/dFRHN^{B}]_{t+1}^{t}$	华南区域之间财政资源配置规模偏好和结构偏好边际可及效应
3	$SCMAXHN = [dPEHN_{r}^{MAX}/dFRHN_{r}^{MAX}]_{t+1}^{t} - [dLEHN_{r}^{MAX}/dFRHN_{r}^{MAX}]_{t+1}^{t}$ $STMAXHN = [dEEHN_{r}^{MAX}/dFRHN_{r}^{MAX}]_{t+1}^{t} - [dWEHN_{r}^{MAX}/dFRHN_{r}^{MAX}]_{t+1}^{t}$	华南区域内部财政资源配置规模偏好和结构偏好边际可及效应

第六步,测算西南区域公共财政资源配置规模偏好和结构偏好边际可及效应,如表6-6所示。

表6-6 西南区域公共财政资源配置规模偏好和结构偏好的边际可及效应

序号	指标体系计算公式	指标含义
1	$SCXN = [dPEXN/dFRXN]_{t+1}^{t} - [dLEXN/dFRXN]_{t+1}^{t}$ $STXN = [dEEXN/dFRXN]_{t+1}^{t} - [dWEXN/dFRXN]_{t+1}^{t}$	西南区域财政资源配置规模偏好和结构偏好边际可及效应
2	$SCBXN = [dPEXN^B/dFRXN^B]_{t+1}^{t} - [dLEXN^B/dFRXN^B]_{t+1}^{t}$ $STBXN = [dEEXN^B/dFRXN^B]_{t+1}^{t} - [dWEXN^B/dFRXN^B]_{t+1}^{t}$	西南区域之间财政资源配置规模偏好和结构偏好边际可及效应
3	$SCMAXXN = [dPEXN_r^{MAX}/dFRXN_r^{MAX}]_{t+1}^{t} - [dLEXN_r^{MAX}/dFRXN_r^{MAX}]_{t+1}^{t}$ $STMAXXN = [dEEXN_r^{MAX}/dFRXN_r^{MAX}]_{t+1}^{t} - [dWEXN_r^{MAX}/dFRXN_r^{MAX}]_{t+1}^{t}$	西南区域内部财政资源配置规模偏好和结构偏好边际可及效应

第七步,测算西北区域公共财政资源配置规模偏好和结构偏好边际可及效应,如表6-7所示。

表6-7 西北区域公共财政资源配置规模偏好和结构偏好的边际可及效应

序号	指标体系计算公式	指标含义
1	$SCXB = [dPEXB/dFRXB]_{t+1}^{t} - [dLEXB/dFRXB]_{t+1}^{t}$ $STXB = [dEEXB/dFRXB]_{t+1}^{t} - [dWEXB/dFRXB]_{t+1}^{t}$	西北区域财政资源配置规模偏好和结构偏好边际可及效应
2	$SCBXB = [dPEXB^B/dFRXB^B]_{t+1}^{t} - [dLEXB^B/dFRXB^B]_{t+1}^{t}$ $STBXB = [dEEXB^B/dFRXB^B]_{t+1}^{t} - [dWEXB^B/dFRXB^B]_{t+1}^{t}$	西北区域之间财政资源配置规模偏好和结构偏好边际可及效应
3	$SCMAXXB = [dPEXB_r^{MAX}/dFRXB_r^{MAX}]_{t+1}^{t} - [dLEXB_r^{MAX}/dFRXB_r^{MAX}]_{t+1}^{t}$ $STMAXXB = [dEEXB_r^{MAX}/dFRXB_r^{MAX}]_{t+1}^{t} - [dWEXB_r^{MAX}/dFRXB_r^{MAX}]_{t+1}^{t}$	西北区域内部财政资源配置规模偏好和结构偏好边际可及效应

第八步，测算地方政府公共财政资源配置规模偏好和结构偏好边际可及效应，如表6-8所示。

表6-8　地方政府公共财政资源配置规模偏好和结构偏好的边际可及效应

序号	指标体系计算公式	指标含义
1	$SC = [dPE/dFR]_{t+1}^{t} - [dLE/dFR]_{t+1}^{t}$ $ST = [dEE/dFR]_{t+1}^{t} - [dWE/dFR]_{t+1}^{t}$	地方政府财政资源配置规模偏好和结构偏好边际可及效应
2	$SCB = [dPE^{B}/dFR^{B}]_{t+1}^{t} - [dLE^{B}/dFR^{B}]_{t+1}^{t}$ $STB = [dEE^{B}/dFR^{B}]_{t+1}^{t} - [dWE^{B}/dFR^{B}]_{t+1}^{t}$	区域之间财政资源配置规模偏好和结构偏好边际可及效应
3	$SCMAX = [dPE_{r}^{MAX}/dFR_{r}^{MAX}]_{t+1}^{t} - [dLE_{r}^{MAX}/dFR_{r}^{MAX}]_{t+1}^{t}$ $STMAX = [dEE_{r}^{MAX}/dFR_{r}^{MAX}]_{t+1}^{t} - [dWE_{r}^{MAX}/dFR_{r}^{MAX}]_{t+1}^{t}$	区域内部财政资源配置规模偏好和结构偏好边际可及效应

在表6-1到表6-8中，指标 SC 代表该区域公共财政资源配置规模偏好的边际可及效应：测算结果若小于0，说明地方政府公共财政资源配置偏好于"生产性支出"；测算结果若大于0，说明地方政府公共财政资源配置偏好于"民生性支出"。指标 ST 代表该区域公共财政资源配置结构偏好的边际可及效应：测算结果若小于0，说明地方政府公共财政资源配置偏好于"基础环境支出"；测算结果若大于0，说明地方政府公共财政资源配置偏好于"公共文化支出"。指标 dFR 代表该区域财政收入的均等化效应，指标 dPE 代表该区域基础设施建设等"生产性支出"均等化效应，指标 dLE 代表该区域公共服务等"民生性支出"均等化效应，指标 dEE 代表该区域交通运输、环境保护等"基础环境支出"均等化效应，指标 dWE 代表该区域的"公共文化支出"均等化效应。上述各项指标中，上标 B 代表各项指标区域之间的均等化效应，上标 MAX 代表各项指标区域内部的均等化效应，最后两个字母 DB 代表的是东北区域，HB 代表的是华北区域，HZ 代表的是华中区域，HD 代表的

是华东区域，*HN* 代表的是华南区域，*XN* 代表的是西南区域，*XB* 代表的是西北区域。

第三节 政府偏好异质性对基本公共文化服务均衡供给的影响

接下来，我们对地方政府公共财政资源配置规模偏好和结构偏好边际可及效应进行具体测算，需要说明的几点是：

第一，我们采用预算内固定资产投资的公共财政支出表示地方政府的"生产性支出"，采用公共文化、交通运输、环境保护、公共教育、医疗卫生、社会保障各项公共财政支出表示地方政府的"民生性支出"，通过测算上述两类财政支出的边际可及效应，研究地方政府公共财政资源配置的规模偏好。

在"民生性支出"的结构上，我们采用交通运输、环境保护各项公共财政支出表示地方政府的"基础环境支出"，采用公共文化支出表示地方政府的"公共文化支出"，通过测算以上两类财政支出的边际可及效应，研究地方政府公共财政资源配置的结构偏好。

由于 2007 年我国财政收支科目统计口径进行调整，2007 年前后财政支出项目不具有可比性，本书选择 2008 年以后的财政支出进行研究，数据来源为各年度《中国财政年鉴》。

第二，从经济地理的角度，我们将中国划分为东北、华北、华东、华中、华南、西南、西北七大区域。具体而言，东北地区主要包括辽宁、黑龙江、吉林 3 个省份；华北地区主要包括北京、天津、河北、内蒙古、山西 5 个省市；华东地区主要包括上海、山东、江苏、安徽、江西、浙江和福建 7 个省市；华中地区主要包括湖北、湖南和河南 3 个省份；华南地区主要包括广东、广西和海南 3 个省份；西南地区包括重庆、四川、贵州、云南、西藏 5 个省市；西北地区包括陕西、甘肃、青海、宁夏、新疆 5 个省份。遵循这种研究思路，本书测算地方政府公共财政资源配置规模偏好和结构偏好的边际可及效应，也采用以上标准。

第三，本书在测算基本公共文化服务的过程中采用的是户籍人口标准,而不是采用流动人口标准,主要是基于以下考虑。

长期以来,不同年份对于流动人口的统计标准存在差异,而部分流动人口一般作为常住人口的组成部分,导致了常住人口的统计标准在不同时期存在着不同的标准。与此同时,常住人口采用的是抽样调查的统计方法,而不同时期的调查方法、调查对象、调查目的等都不一样,因此采用常住人口进行计算具有不可比较性。本书的人口测算数据来源于2008—2013年的《中国人口与就业统计年鉴》。

表6-9报告了2008—2013年地方政府公共财政资源配置规模偏好边际可及效应的测算结果。

表6-9　　　地方性公共物品供给规模偏好边际可及效应测算　　　单位:%

年份 指标	2008	2009	2010	2011	2012	2013	2008—2013年均值	规模偏好配置倾向
SC	-0.0985	-1.6645	-0.6483	-0.9619	-0.9873	-0.8997	-0.8767	生产性支出
SCHB	2.7170	6.0531	3.4889	-1.5879	-6.8331	-31.0180	-4.5300	生产性支出
SCHD	0.3866	15.4939	-0.1126	-2.0745	-2.2182	13.6046	4.1800	民生性支出
SCHZ	-2.7223	-24.6390	-639.8892	-3.3127	-6.4307	-1.1943	-113.0314	生产性支出
SCHN	-3.3234	3.4806	-17.5891	0.4252	-20.7165	4.3568	-5.5611	生产性支出
SCXN	-5.6895	214.1363	5.2599	-5.7774	-0.1876	32.8392	40.0968	民生性支出
SCXB	1.6438	-0.2496	2.3929	1.3490	3.5580	-10.0279	-0.2223	生产性支出
SCDB	2.4567	1.6021	0.5170	-6.0000	3.0161	0.1191	0.2851	民生性支出
SCB	-2.3812	-126.3024	-4.3642	-4.6400	-1.7933	-4.2631	-23.9574	生产性支出
SCBHB	2.6256	6.0786	3.1189	-3.7969	-83.9194	-22.8450	-16.4564	生产性支出
SCBHD	0.3594	21.9862	-0.0319	-1.8365	-1.6681	25.8548	7.4440	民生性支出
SCBHZ	-3.5216	-68.7534	-154.8861	-3.8398	-6.5147	-1.2155	-39.7885	生产性支出
SCBHN	-1.7847	2.0510	6.2558	0.2350	-19.2191	9.2311	-0.5385	生产性支出
SCBXN	-7.3522	536.9876	7.2935	-7.3638	0.0178	17.1325	91.1192	民生性支出
SCBXB	3.1214	-0.4909	3.8770	2.1055	5.3217	-17.4412	-0.5844	生产性支出
SCBDB	-1.5401	-6.3654	-36.4541	10.1493	-9.3760	0.6194	-7.1611	生产性支出
SCMAX	-0.0805	-1.3400	-0.5030	-0.7206	-0.9666	-0.8397	-0.7417	生产性支出
SCMAXHB	2.7284	6.0500	3.5372	-1.3164	-6.2271	-32.4899	-4.6196	生产性支出

续表

年份 指标	2008	2009	2010	2011	2012	2013	2008—2013 年均值	规模偏好配置倾向
SCMAXHD	0.3898	15.0270	-0.1221	-2.1050	-2.3044	12.9246	3.9683	民生性支出
SCMAXHZ	-2.6553	-23.0533	-953.2570	-3.2692	-6.4229	-1.1923	-164.9750	生产性支出
SCMAXHN	-3.6108	3.7155	-12.5471	0.4517	-20.8910	4.1387	-4.7905	生产性支出
SCMAXXN	-5.5434	198.3095	5.0700	-5.6230	-0.2107	37.2260	38.2047	民生性支出
SCMAXXB	1.5044	-0.2301	2.2373	1.2670	3.3234	-9.3686	-0.2111	生产性支出
SCMAXDB	1.8508	1.3660	0.4492	-4.8121	2.5639	0.1075	0.2542	民生性支出

注：各指标含义如表 6-1 到表 6-8。

首先，我们观察地方政府公共财政资源配置规模偏好的总体边际可及效应。SC 指标在 2008—2013 年均值维持在 -0.8767% 水平，测算结果小于 0 临界值，表明地方政府公共财政资源生产支出偏好的总体边际可及效应较为显著，地方政府愿意将更大比例的财政资源投入经济建设领域，公共财政资源"生产性支出"的配置倾向非常明显。从区域分解情况看，SCHB 指标、SCHZ 指标、SCHN 指标和 SCXB 指标均值分别为 -4.5300%、-113.0314%、-5.5611% 和 -0.2223% 水平，测算结果均小于 0 临界值，表示华北区域、华中区域、华南区域和西北区域地方政府公共财政资源生产支出偏好的总体边际可及效应非常显著，这些区域的地方政府会相应将公共财政资源尽可能地配置到基础设施建设等有利于提高自身政绩的经济建设领域，而忽略了在公共文化、环境保护、医疗卫生、公共教育和社会保障等民生社会领域的资源配置，公共财政资源"民生性支出"的配置倾向并不明显。SCHD 指标、SCXN 指标和 SCDB 指标的均值维持在 4.1800%、40.0968% 和 0.2851% 水平，测算结果均大于 0 临界值，说明华东区域、西南区域和东北区域地方政府公共财政资源民生支出偏好的总体边际可及效应非常显著，说明上述区域的地方政府将公共财政资源尽可能配置到公共文化、环境保护、医疗卫生、公共教育和社会保障等民生社会领域，而在基础设施建设、招商引资等经济建设领域的配置偏好反而不强。

其次，我们观察地方政府公共财政资源配置规模偏好在区域之间的边际可及效应。SCB 指标在 2008—2013 年均值维持在 -23.9574% 水平，测算结果小于 0 临界值，表明地方政府公共财政资源生产支出偏好在区域之间的边际可及效应较为明显，地方政府更愿意将公共财政资源投入区域之间的经济建设领域，而忽略对区域之间环境保护、医疗卫生、公共教育和社会保障等民生社会领域的关注。从区域分解情况看，$SCBHB$ 指标、$SCBHZ$ 指标、$SCBHN$ 指标、$SCBXB$ 指标和 $SCBDB$ 指标的均值维持在 -16.4564%、-39.7885%、-0.5385%、-0.5844% 和 -7.1611% 水平，测算结果均小于 0 临界值，表示华北区域、华中区域、华南区域、西北区域和东北区域地方政府公共财政资源生产支出偏好在区域之间的边际可及效应非常显著，地方政府在配置区域之间公共财政资源会尽可能地倾斜到基础建设投资领域，然而在公共文化、环境保护、医疗卫生、公共教育和社会保障等民生社会领域倾斜力度反而不强。$SCBHD$ 指标和 $SCBXN$ 指标的均值维持在 7.4440% 和 91.1192% 水平，测算结果均大于 0 临界值，说明华东区域和西南区域地方政府公共财政资源民生支出偏好区域之间的边际可及效应非常显著，地方政府会将公共服务资源尽可能地配置到区域之间的社会民生领域，相反，在基础设施建设、招商引资等经济建设领域的配置偏好并不明显。

最后，我们观察地方政府公共财政资源配置规模偏好在区域内部的边际可及效应。$SCMAX$ 指标在 2008—2013 年均值维持在 -0.7417% 水平，测算结果小于 0 临界值，表明地方政府公共财政资源生产支出偏好在区域内部的边际可及效应非常明显，地方政府将公共财政资源投入区域内部经济建设领域的偏好较为明显，但对区域内部公共文化、环境保护、医疗卫生、公共教育和社会保障等民生社会领域的关注程度却明显减少。从区域分解情况看，$SCMAXHB$ 指标、$SCMAXHZ$ 指标、$SCMAXHN$ 指标和 $SCMAXXB$ 指标的均值维持在 -4.6196%、-164.9750%、-4.7905% 和 -0.2111% 水平，测算结果均小于 0 临界值，表示华北区域、华中区域、华南区域和西北区域地方政府公共财政资源生产支出偏好在区域内部的边际可及效应非常显著，地方政府会尽可能将区域内部的公共服务资源配置到基础建设领域，而对公共文化、环境保护、医疗卫生、公共教育和社会保障等民生社会领域的关注反而减少。SCMAXHD 指标、SCMAXXN 指标和 SCMAXDB 指标的均值维持在 3.9683%、38.2047% 和 0.2542% 水平，测算结果均大于 0 临界值，说明华东区域、西南区域和东北区域地方政府公共财政资源民生支出偏好在区域内部的边际可及效应非常显著，地方政府会尽可能将区域内部公共服务资源配置到社会民生领域，在基础设施建设、招商引资等经济建设领域的配置偏好反而不强。

表 6-10 报告了 2008—2013 年地方政府公共财政资源配置结构偏好边际可及效应的测算结果。

表 6-10　　　　地方性公共物品供给结构偏好边际可及效应测算　　　单位：%

年份 指标	2008	2009	2010	2011	2012	2013	2008—2013 年均值	结构偏好 配置倾向
ST	-0.8650	-0.5716	-0.2161	-0.6659	0.1977	-0.9177	-0.5064	基础环境支出
STHB	3.4348	5.1223	-1.7004	13.1237	-33.2899	-1.7689	-2.5131	基础环境支出
STHD	0.6619	-18.4892	0.3957	0.3792	-1.5582	8.2184	-1.7320	基础环境支出
STHZ	-2.4757	-25.0911	635.8194	1.1977	-1.3282	-1.3331	101.1315	公共文化支出
STHN	2.7594	6.6264	-74.7154	-2.5028	-17.2230	7.0915	-12.9940	基础环境支出
STXN	-2.0632	9.2531	-0.5544	-2.5016	-3.6577	-19.3012	-3.1375	基础环境支出
STXB	-2.0538	0.6158	-0.2055	0.0474	21.4711	-1.0200	3.1425	公共文化支出
STDB	-3.0204	3.4609	-3.3184	-1.7066	-2.5038	-0.3972	-1.2476	基础环境支出
STB	0.2220	55.6217	3.9488	0.6231	8.5917	0.2274	11.5391	公共文化支出
STBHB	4.0191	6.0175	-1.7374	15.0065	-530.8684	-1.6924	-84.8758	基础环境支出
STBHD	0.7909	-28.3344	0.4759	0.3580	-1.3272	17.4274	-1.7683	基础环境支出
STBHZ	-2.6066	-58.8491	127.7714	1.2108	-1.2838	-1.3037	10.8231	公共文化支出
STBHN	1.7330	5.2138	32.5538	-2.4391	-17.0949	17.8982	6.3108	公共文化支出
STBXN	-2.3316	18.6285	-0.5884	-2.7568	-3.8213	-9.5266	-0.0660	基础环境支出
STBXB	-2.8107	1.5250	-0.2656	0.1084	23.5010	-1.1708	3.4812	公共文化支出
STBDB	0.2059	-20.9704	139.5773	-0.1635	3.6844	2.1903	20.7540	公共文化支出
STMAX	-0.8735	-0.7179	-0.3790	-0.7505	-0.0172	-0.9381	-0.6127	基础环境支出
STMAXHB	3.3616	5.0133	-1.6955	12.8922	-29.3783	-1.7827	-1.9316	基础环境支出

续表

年份 指标	2008	2009	2010	2011	2012	2013	2008—2013年均值	结构偏好配置倾向
STMAXHD	0.6469	-17.7811	0.3864	0.3819	-1.5944	7.7072	-1.7089	基础环境支出
STMAXHZ	-2.4647	-23.8777	964.0768	1.1966	-1.3324	-1.3358	156.0438	公共文化支出
STMAXHN	2.9511	6.8586	-52.0335	-2.5117	-17.2379	6.6079	-9.2276	基础环境支出
STMAXXN	-2.0397	8.7935	-0.5513	-2.4768	-3.6394	-22.0312	-3.6575	基础环境支出
STMAXXB	-1.9824	0.5423	-0.1992	0.0408	21.2012	-1.0066	3.0993	公共文化支出
STMAXDB	-2.5313	2.7369	-3.0564	-1.5930	-2.2780	-0.4569	-1.1964	基础环境支出

注：各指标含义如表 6-1 到表 6-8。

首先，我们观察地方政府公共财政资源配置结构偏好的总体边际可及效应。ST 指标在 2008—2013 年均值维持在 -0.5064% 水平，测算结果小于 0 临界值，表明地方政府公共财政资源基础环境支出偏好的总体边际可及效应较为显著，地方政府愿意将更大比例财政资源投入交通运输、环境保护等基础环境类的公共物品，公共财政资源"基础环境支出"的配置倾向非常明显。从区域分解情况看，$STHB$ 指标、$STHD$ 指标、$STHN$ 指标、$STXN$ 指标、$STDB$ 指标均值分别为 -2.5131%、-1.732%、-12.9940%、-3.1375% 和 -1.2476% 水平，测算结果均小于 0，表示华北区域、华东区域、华南区域、西南区域和东北区域地方政府公共财政资源基础环境支出偏好的总体边际可及效应非常显著，这些区域的地方政府会将社会民生公共财政资源尽可能地配置到交通运输、环境保护等基础环境类的公共物品领域，但忽略对公共文化类的公共物品领域的投入力度，公共财政资源"公共文化支出"的配置倾向并不明显。$STHZ$ 指标、$STXB$ 指标的均值维持在 101.1315% 和 3.1425% 水平，测算结果均大于 0 临界值，说明华中区域、西北区域地方政府公共财政资源公共文化支出偏好的总体边际可及效应非常显著，这些区域的地方政府会尽可能将公共服务资源配置到公共文化服务领域，而在交通运输、环境保护等基础环境类的公共物品领域的配置偏好反倒不强。

其次，我们观察地方政府公共财政资源配置结构偏好在区域之间的边际可及效应。*STB* 指标在 2008—2013 年均值维持在 11.5391% 水平，测算结果大于 0 临界值，表明地方政府公共财政资源公共文化支出偏好在区域之间的边际可及效应较为明显，地方政府更愿意将公共财政资源投入区域之间的公共文化服务领域，然而对区域之间交通运输、环境保护等基础环境类公共物品的关注反而不强。从区域分解情况看，*STBHB* 指标、*STBHD* 指标和 *STBXN* 指标的均值维持在 -84.8758%、-1.7683% 和 -0.0660% 水平，测算结果均小于 0 临界值，表示华北区域、华东区域和西南区域地方政府公共财政资源基础环境偏好在区域之间的边际可及效应非常显著，地方政府配置区域之间公共服务资源会尽可能地倾斜到交通运输、环境保护等基础环境类公共物品领域，然而在公共文化服务领域的倾斜力度反倒不强。*STBHZ* 指标、*STBHN* 指标、*STBXB* 指标、*STBDB* 指标均值维持在 10.8231%、6.3108%、3.4812% 和 20.7540% 水平，测算结果均大于 0 临界值，说明华中区域、华南区域、西北区域和东北区域地方政府公共财政资源公共文化支出偏好在区域之间的边际可及效应非常显著，这些区域的地方政府会尽可能将公共服务资源配置到公共文化服务领域，而在交通运输、环境保护等基础环境类的公共物品领域的配置偏好反倒不明显。

最后，我们观察观察地方政府公共财政资源配置结构偏好在区域内部的边际可及效应。*STMAX* 指标在 2008—2013 年均值维持在 -0.6127% 水平，测算结果小于 0 临界值，表明地方政府公共财政资源基础环境支出偏好在区域内部的边际可及效应较为明显，地方政府将公共财政资源投入区域内部基础环境领域的偏好较为明显，但对区域内部公共文化服务领域的关注程度却明显减少。从区域分解情况看，*STMAXHB* 指标、*STMAXHD* 指标、*STMAXHN* 指标、*STMAXXN* 指标和 *STMAXDB* 指标的均值分别为 -1.9316%、-1.7089%、-9.2276%、-3.6575% 和 -1.1964% 水平，测算结果均小于 0 临界值，表示华北区域、华东区域、华南区域、西南区域和东北区域地方政府公共财政资源基础环境支出偏好在区域内部的边际可及效应非常显著，地方政府会尽可能将区域内部的公共财政资源配置到交通运输、环境保护等基础环境类公共物品领域，而在公共文化服务领域的关注反而减少。*STMAXHZ* 指标和 *STMAXXB* 指标均值维持在

156.0438%和3.0993%水平，测算结果大于0临界值，说明华中区域和西北区域政府公共财政资源公共文化支出偏好在区域内部的边际可及效应非常显著，地方政府会尽可能将区域内部公共财政资源配置到公共文化服务领域，但在交通运输、环境保护等基础环境类公共物品领域的配置偏好并不明显。

为了验证本章提出的地方政府公共财政资源分配边际可及性指标体系是否能够有效地测算地方政府"规模偏好"和"结构偏好"对公共财政资源分配过程的影响，我们通过替换地方政府的公共文化领域的财政支出数据，判断地方政府在公共财政资源配置过程中是否存在明显的经济建设领域配置偏好和基础环境支出偏好，具体研究过程如下：我们采用预算内固定资产投资的公共财政支出表示地方政府的"生产性支出"，采用交通运输、环境保护、公共教育、医疗卫生、社会保障各项公共财政支出表示地方政府的"民生性支出"，通过测算上述两类财政支出的边际可及效应，研究地方政府公共财政资源配置的规模偏好。在"民生性支出"的结构上，我们采用交通运输、环境保护各项公共财政支出来表示地方政府的"基础环境支出"，采用公共教育、医疗卫生、社会保障等各项公共财政支出来表示地方政府的"福利保障支出"，通过测算以上两类财政支出的边际可及效应，研究地方政府公共财政资源配置的结构偏好。计算数据来源与上文保持一致，具体计算结果如表6-11所示。

表6-11报告了2008—2013年地方政府公共财政资源配置规模偏好边际可及效应的测算结果。

表6-11　　　地方性公共物品供给规模偏好边际可及效应测算　　　单位：%

年份 指标	2008	2009	2010	2011	2012	2013	2008—2013 年均值	规模偏好 配置倾向
RSC	-0.1052	-1.6495	-0.6607	-0.9639	-0.9937	-0.8960	-0.8781	生产性支出
RSCHB	2.5471	5.8224	3.5745	-2.5417	-5.5243	-31.0811	-4.5338	生产性支出
RSCHD	0.3206	16.3257	-0.0862	-2.0946	-2.1553	13.2321	4.2571	民生性支出

续表

指标\年份	2008	2009	2010	2011	2012	2013	2008—2013年均值	规模偏好配置倾向
RSCHZ	-2.6056	-23.6425	-659.9068	-3.3518	-6.4623	-1.1561	-116.1875	生产性支出
RSCHN	-3.3893	3.2099	-15.1964	0.5510	-20.0311	3.7759	-5.1800	生产性支出
RSCXN	-5.6945	213.7165	5.3274	-5.7088	-0.1124	33.9377	40.2443	民生性支出
RSCXB	1.6210	-0.3388	2.3377	1.3223	2.6018	-9.9728	-0.4048	生产性支出
RSCDB	2.3577	1.4060	0.5963	-6.0356	3.0677	0.0930	0.2475	民生性支出
RSCB	-2.1851	-126.5972	-4.3745	-4.6396	-1.8826	-4.2026	-23.9803	生产性支出
RSCBHB	2.4393	5.8202	3.2087	-4.8192	-63.9225	-22.8837	-13.3595	生产性支出
RSCBHD	0.2966	23.2632	-0.0065	-1.8546	-1.6202	25.1246	7.5339	民生性支出
RSCBHZ	-3.3810	-66.1392	-159.4130	-3.8881	-6.5582	-1.1759	-40.0926	生产性支出
RSCBHN	-1.8300	1.8463	5.2709	0.3470	-18.5188	7.7242	-0.8601	生产性支出
RSCBXN	-7.3718	536.0646	7.3770	-7.2862	0.0938	17.6640	91.0902	民生性支出
RSCBXB	3.0926	-0.6357	3.8066	2.0714	4.3431	-17.3623	-0.7807	生产性支出
RSCBDB	-1.4866	-5.5656	-41.7558	10.2006	-9.5568	0.4903	-7.9456	生产性支出
RSCMAX	-0.0887	-1.3243	-0.5154	-0.7227	-0.9709	-0.8370	-0.7432	生产性支出
RSCMAXHB	2.5606	5.8227	3.6222	-2.2618	-5.0652	-32.5574	-4.6465	生产性支出
RSCMAXHD	0.3235	15.8268	-0.0956	-2.1253	-2.2392	12.5720	4.0437	民生性支出
RSCMAXHZ	-2.5406	-22.1150	-983.2835	-3.3075	-6.4534	-1.1543	-169.8090	生产性支出
RSCMAXHN	-3.6806	3.4340	-10.8686	0.5794	-20.2074	3.5992	-4.5240	生产性支出
RSCMAXXN	-5.5471	197.9144	5.1360	-5.5553	-0.1355	38.4829	38.3825	民生性支出
RSCMAXXB	1.4822	-0.3148	2.1837	1.2411	2.3703	-9.3126	-0.3922	生产性支出
RSCMAXDB	1.7749	1.1994	0.5187	-4.8413	2.6070	0.0838	0.2238	民生性支出

注：指标 RSC 代表该区域公共财政资源配置规模偏好的边际可及效应；测算结果若小于 0，说明地方政府公共财政资源配置偏好于"生产性支出"；测算结果若大于 0，说明地方政府公共财政资源配置偏好于"民生性支出"。指标 RST 代表该区域公共财政资源配置结构偏好的边际可及效应；测算结果若小于 0，说明地方政府公共财政资源配置偏好于"基础环境支出"；测算结果若大于 0，说明地方政府公共财政资源配置偏好于"福利保障支出"。各项构成指标之中，字母 HB、HD、HZ、HN、XN、XB 和 DB 分别代表华北区域、华东区域、华中区域、华南区域、西南区域、西北区域和东北区域。

首先，我们观察地方政府公共财政资源配置规模偏好的总体边际可及效应。RSC 指标在 2008—2013 年均值维持在 -0.8781% 水平，测算结果小于 0 临界值，表明地方政府公共财政资源生产支出偏好的总体边际可及效应较为显著，地方政府愿意将更大比例的财政资源投入经济建设领域，公共财政资源"生产性支出"配置倾向非常明显，这种结论判断与上文得到的结果基本上是一致的。从区域分解情况看，RSCHB 指标、RSCHZ 指标、RSCHN 指标和 RSCXB 指标均值分别为 -4.5338%、-116.1875%、-5.1800% 和 -0.4048% 水平，测算结果均小于 0 临界值，表示华北区域、华中区域、华南区域和西北区域地方政府公共财政资源生产支出偏好的总体边际可及效应非常显著，这些区域的地方政府会相应将公共财政资源尽可能地配置到基础设施建设等有利于提高自身政绩的经济建设领域，而忽略了在环境保护、医疗卫生、公共教育和社会保障等民生社会领域的资源配置，公共财政资源"民生性支出"的配置倾向并不明显。RSCHD 指标、RSCXN 指标和 RSCDB 指标的均值维持在 4.2571%、40.2443% 和 0.2475% 水平，测算结果均大于 0 临界值，说明华东区域、西南区域和东北区域地方政府公共财政资源民生支出偏好的总体边际可及效应非常显著，说明上述区域的地方政府会将公共财政资源尽可能配置到环境保护、医疗卫生、公共教育和社会保障等民生社会领域，而在基础设施建设、招商引资等经济建设领域的配置偏好反而不强。从区域维度的角度考虑，这种结论与上文的结果是一致的。

其次，我们观察地方政府公共财政资源配置规模偏好在区域之间的边际可及效应。RSCB 指标在 2008—2013 年均值维持在 -23.9803% 水平，测算结果小于 0 临界值，表明地方政府公共财政资源生产支出偏好在区域之间的边际可及效应较为明显，地方政府更愿意将公共财政资源投入区域之间的经济建设领域，而忽略对区域之间环境保护、医疗卫生、公共教育和社会保障等民生社会领域的关注，这种结论判断与上文得到的结果基本上是一致的。从区域分解情况看，RSCBHB 指标、RSCBHZ 指标、RSCBHN 指标、RSCBXB 指标和 RSCBDB 指标的均值维持在 -13.3595%、-40.0926%、-0.8601%、-0.7807% 和 -7.9456% 水平，测算结果均小于 0 临界值，表示华北区域、华中区域、华南区域、西北区域和东北区域地方政府公共财政资源生产支出偏好在区域之间的边际可及效应非常显著，地方政府在配置区域之间公共财政资源会尽可能地倾斜到基础建设投资领域，在环境保护、医疗卫生、公共教育和社会保障等民生社会领域倾斜力度反而不强。RSCBHD 指标和 RSCBXN 指标的均值维持在 7.5339% 和 91.0902% 水平，测算结果均大于 0 临界值，说明华东区域和西南区域地方政府公共财政资源民生支出偏好区域之间的边际可及效应非常显著，地方政府会将公共服务资源尽可能地配置到区域之间的社会民生领域，相反在基础设施建设、招商引资等经济建设领域的配置偏好并不明显。从区域维度的角度考虑，这种结论判断与上文得到的结果基本上是一致的。

最后，我们观察地方政府公共财政资源配置规模偏好在区域内部的边际可及效应。RSCMAX 指标在 2008—2013 年均值维持在 -0.7432% 水平，测算结果小于 0 临界值，表明地方政府公共财政资源生产支出偏好在区域内部的边际可及效应非常明显，地方政府将公共财政资源投入区域内部经济建设领域的偏好较为明显，但对区域内部环境保护、医疗卫生、公共教育和社会保障等民生社会领域的关注程度却明显减少，这种结论判断与上文得到的结果基本上是一致的。从区域分解情况看，RSCMAXHB 指标、RSCMAXHZ 指标、RSCMAXHN 指标和 RSCMAXXB 指标的均值维持在 -4.6465%、-169.8090%、-4.5240% 和 -0.3922% 水平，测算结果均小于 0 临界值，表示华北区域、华中区域、华南区域和西北区域地方政府公共财政资源生产支出偏好在区域内部的边际可及效应非常显著，地方政府会尽可能将区域内部的公共服务资源配置到基础建设领域，而对环境保护、医疗卫生、公共教育和社会保障等民生社会领域的关注反而减少。RSCMAXHD 指标、RSCMAXXN 指标和 RSCMAXDB 指标的均值维持在 4.0437%、38.3825% 和 0.2238% 水平，测算结果均大于 0 临界值，说明华东区域、西南区域和东北区域地方政府公共财政资源民生支出偏好在区域内部的边际可及效应非常显著，地方政府会尽可能将区域内部公共服务资源配置到社会民生领域，但在基础设施建设、招商引资等经济建设领域的配置偏好反而不强。从区域维度的角度考虑，这种结论判断与上文得到的结果基本上是一致的。

表 6-12 报告 2008—2013 年地方政府公共财政资源配置结构偏好边际可及效应测算结果。

表 6-12　　地方性公共物品供给结构偏好边际可及效应测算　　单位：%

年份 指标	2008	2009	2010	2011	2012	2013	2008—2013年均值	结构偏好配置倾向
RST	-1.1471	-1.2907	-1.0128	-1.0670	-1.0486	-1.0510	-1.1029	基础环境支出
RSTHB	0.3691	1.3506	1.0047	-12.0310	4.0965	-0.4789	-0.9481	基础环境支出
RSTHD	-1.4771	-5.1682	2.2087	0.3547	-0.5872	0.8797	-0.6316	基础环境支出
RSTHZ	1.3099	-4.5076	195.1955	-0.4341	-2.5428	-0.0432	31.4963	福利保障支出
RSTHN	-0.0153	-0.1621	-1.1902	0.0520	-1.1149	-5.7661	-1.3661	基础环境支出
RSTXN	-3.8557	-13.3667	0.4721	-0.4430	-1.2985	0.6674	-2.9707	基础环境支出
RSTXB	-4.0803	-4.0840	-1.3167	0.2408	-2.2307	1.2696	-1.7002	基础环境支出
RSTDB	-5.1480	-1.0275	-2.2865	-2.4739	-1.2805	-1.1342	-2.2251	基础环境支出
RSTB	0.4472	4.7135	0.5252	-0.3009	-0.5854	-0.2727	0.7545	福利保障支出
RSTBHB	0.5110	1.6294	1.1270	-13.0455	75.5361	-0.5397	10.8697	福利保障支出
RSTBHD	-1.3830	-7.3896	2.2659	0.3314	-0.5737	2.6415	-0.6846	基础环境支出
RSTBHZ	1.5298	-10.4435	44.8730	-0.5068	-2.9345	-0.1247	5.3988	福利保障支出
RSTBHN	-0.1856	-0.2428	-0.6280	0.0032	-1.0520	-13.1567	-2.5437	基础环境支出
RSTBXN	-4.7775	-28.0791	0.5745	-0.4961	-1.4573	-0.4730	-5.7848	基础环境支出
RSTBXB	-5.5451	-6.1656	-1.6967	0.3467	-2.5301	2.2191	-2.2286	基础环境支出
RSTBDB	1.2602	-2.4184	71.0506	0.9075	-0.5055	-1.4150	11.4799	福利保障支出
RSTMAX	-1.1597	-1.3063	-1.0729	-1.1172	-1.0605	-1.0649	-1.1303	基础环境支出
RSTMAXHB	0.3514	1.3167	0.9888	-11.9063	3.5349	-0.4679	-1.0304	基础环境支出
RSTMAXHD	-1.4880	-5.0084	2.2020	0.3577	-0.5894	0.7820	-0.6240	基础环境支出
RSTMAXHZ	1.2915	-4.2942	292.3212	-0.4281	-2.5062	-0.0357	47.7247	福利保障支出
RSTMAXHN	0.0165	-0.1488	-1.0713	0.0588	-1.1223	-5.4354	-1.2838	基础环境支出
RSTMAXXN	-3.7747	-12.6455	0.4625	-0.4379	-1.2807	0.9859	-2.7817	基础环境支出
RSTMAXXB	-3.9422	-3.9158	-1.2768	0.2293	-2.1909	1.1852	-1.6519	基础环境支出
RSTMAXDB	-4.1764	-1.0687	-2.1520	-2.2252	-1.2522	-1.1278	-2.0004	基础环境支出

注：指标含义如表 6-11 所示。

首先，我们观察地方政府公共财政资源配置结构偏好的总体边际可及效应。RST 指标在 2008—2013 年均值维持在 -1.1029% 水平，测算结果小于 0 临界值，表明地方政府公共财政资源基础环境支出偏好的总体边际可及效应较为显著，地方政府愿意将更大比例财政资源投入交通运输、环境保护等基础环境类的公共物品，公共财政资源"基础环境支出"的配置倾向非常明显。从地方政府公共财政资源基础环境支出偏好的总体边际可及效应来看，地方政府公共财政资源"基础环境支出"的配置倾向结论与上文得到的结果基本上一致。从区域分解情况看，$RSTHB$ 指标、$RSTHD$ 指标、$RSTHN$ 指标、$RSTXN$ 指标、$RSTXB$ 指标和 $RSTDB$ 指标均值分别为 -0.9481%、-0.6316%、-1.3661%、-2.9707%、-1.7002% 和 -2.2251% 水平，测算结果均小于 0，表示华北区域、华东区域、华南区域、西南区域、西北区域和东北区域地方政府公共财政资源基础环境支出偏好的总体边际可及效应非常显著，这些区域的地方政府会将社会民生公共财政资源尽可能地配置到交通运输、环境保护等基础环境类的公共物品领域，但忽略在公共教育、卫生医疗、社会保障和社会救济等福利保障类的公共物品领域的投入，公共财政资源"福利保障支出"的配置倾向并不明显。$RSTHZ$ 指标的均值维持在 31.4963% 水平，测算结果大于 0 临界值，说明华中区域地方政府公共财政资源福利保障支出偏好的总体边际可及效应非常显著，该区域的地方政府将公共财政资源尽可能分配到公共教育、卫生医疗、社会保障和社会救济等福利保障类的公共物品领域，而在交通运输、环境保护有助于改善地方政府投资环境的公共物品领域的分配偏好反倒不强。

其次，我们观察地方政府公共财政资源配置结构偏好在区域之间的边际可及效应。$RSTB$ 指标在 2008—2013 年均值维持在 0.7545% 水平，测算结果大于 0 临界值，表明区域之间地方政府公共财政资源福利保障支出偏好的总体边际可及效应非常显著，地方政府更愿意将公共财政资源投入区域之间公共教育、医疗卫生、社会保障和社会救济等保障性领域公共物品，对交通运输、环境保护等基础环境类公共物品的关注反而不强。从地方政府公共财政资源配置结构偏好在区域之间的边际可及效应来看，地方政府公共财政资源对交通运输、环境保护等基础环境类公共物品的配置倾向结论与上文得到的结果相似。从区域分解情况看，$RSTBHD$ 指标、$RSTBHN$ 指标、$RSTBXN$ 指标和 $RSTBXB$ 指标的均值维持在 -0.6846%、-2.5437%、-5.7848% 和 -2.2286% 水平，测算结果均小于 0 临界值，表示华东区域、华南区域、西南区域和西北区域地方政府公共财政资源基础环境偏好在区域之间的边际可及效应非常显著，地方政府配置区域之间公共服务资源会尽可能地倾斜到交通运输、环境保护等基础环境类公共物品领域，在公共教育、医疗卫生和社会保障等福利保障领域的倾斜力度反倒不强。$RSTBHB$ 指标、$RSTBHZ$ 指标和 $RSTBDB$ 指标均值维持在 10.8697%、5.3988% 和 11.4799% 水平，测算结果均大于 0 临界值，说明华北区域、华中区域和东北区域地方政府公共财政资源福利保障支出偏好的总体边际可及效应非常显著，说明上述区域的地方政府将公共财政资源尽可能分配到公共教育、卫生医疗、社会保障和社会救济等福利保障类的公共物品领域，相反在交通运输、环境保护等有助于改善地方政府投资环境的公共物品领域的分配偏好并不明显。

最后，我们观察地方政府公共财政资源配置结构偏好在区域内部的边际可及效应。$RSTMAX$ 指标在 2008—2013 年均值维持在 −1.1303% 水平，测算结果小于 0，表明地方政府公共财政资源基础环境支出偏好在区域内部的边际可及效应较为明显，地方政府将公共财政资源投入区域内部基础环境领域的偏好较为明显，但对区域内部公共教育、医疗卫生、社会保障和社会救济等福利保障领域的关注程度明显减少。从地方政府公共财政资源基础环境支出偏好区域内部的边际可及效应来看，地方政府公共财政资源"基础环境支出"的配置倾向结论与上文得到的结果相似。从区域分解情况看，$RSTMAXHB$ 指标、$RSTMAXHD$ 指标、$RSTMAXHN$ 指标、$RSTMAXXN$ 指标、$RSTMAXXB$ 指标和 $RSTMAXDB$ 指标的均值分别为 −1.0304%、−0.624%、−1.2838%、−2.7817%、−1.6519% 和 −2.0004% 水平，测算结果均小于 0 临界值，表示华北区域、华东区域、华南区域、西南区域、西北区域和东北区域地方政府公共财政资源基础环境支出偏好在区域内部的边际可及效应非常显著，地方政府会尽可能将区域内部的公共财政资源配置到交通运输、环境保护等基础环境类公共物品领域，而在公共教育、医疗卫生、社会保障和社会救济等公共物品领域的关注反而减少。$RSTMAXHZ$ 指标均值维持在 47.7247% 水平，测算结果大于 0 临界值，说明华中区域地方政府公共财政资源福利保障支出偏好在区域内部的边际可及效应非常显著，地方政府会尽可能将区域内部公共财政资源配置到公共教育、医疗卫生、社会保障和社会救济等公共物品领域，但在交通运输、环境保护等基础环境类公共物品领域的配置偏好并不明显。

第七章 基本结论与政策建议

在本书最后一章,我们在对研究得到的结论进行系统性归纳的基础上,提出实现基本公共文化服务均等化和标准化的政策建议。

本书得到的基本结论为:(1)实现了公共财政资源的配置均衡,并非意味着实现真正意义上的基本公共文化服务均等化和标准化;(2)基本公共文化服务的均衡配置,需要更多地考虑全体社会公民享用公共文化资源的权利均等与机会公平;(3)基本公共文化服务的不均等将降低公共文化资源的配置效率,造成社会文化事业领域的效益损失;(4)基本公共文化服务应该主要界定在保障公民最低层次,同生存和发展直接相关、无差别的文化需求范围内;(5)上级政府政绩考核机制的设计,需要着重考虑"激励相容约束"和"参与约束"两个条件的制约;(6)选择潜在财政能力标准衡量地方政府提供基本公共文化服务的财力差距更具有其合理性;(7)基本公共文化服务要素投入成本受到各地自然资源禀赋、社会发展程度、经济发展程度、人口密度和人口规模等因素的制约;(8)单位供给成本较高的地方政府需要更多的财政资金,以确保能够提供同等标准的基本公共文化服务;(9)政府偏好异质性是影响基本公共文化服务均衡供给的主观约束条件之一;(10)地方政府配置公共财政资源所产生的"经济偏好"对基本公共文化服务均衡供给将产生重要影响;(11)地方政府在"规模偏好"和"结构偏好"的选择上,要更加注重公民享用基本公共文化权益的均等与公正;(12)中央政府对地方政府的政绩考核机制设计中,应该适当增加基本公共文化服务的考核比重。

根据上述结论,实现基本公共文化服务均等化和标准化的政策建议,主要包括以下几点：

其一，大力推进现代公共文化体系建设，着力维护和实现人民群众的基本文化权益。在治理方式上积极推动公共文化服务社会化发展，转变政府职能，实现管办分离，在治理主体上坚持文化惠民原则，以服务标准化促进服务均等化，在治理机制上以工作效能为导向，增强基层公共文化服务的使用效益，提升文化的多元性和有效性。

其二，激发全社会文化事业创造活力，增强基本公共文化事业的发展动力。通过搭建跨区域的文化、文物资源共享平台，加强对文物资源、非物质文化遗产的开发和利用，抓住公共文化产业发展新机遇，以文化产业聚集发展区为重点，营造良好的公共文化产业发展环境，以提高文化知名度和提升文化软实力为宗旨，建立稳定、通畅的对外交流渠道，推动优秀文化精品"走出去"。

其三，完善和规范转移支付制度，改善落后地区基层政府基本公共文化服务供给能力。上级政府应适当增加对幅员辽阔、人口稀少的偏远地区转移支付资金的财政预算，用于解决基层政府在提供社会民生领域公共服务面临的资金不足问题，同时要注意按照潜在财政能力标准测算基层政府的财政能力，使上级政府能够按照下级政府的实际财政努力程度来分配社会民生领域的转移支付资金，在社会民生公共服务的供给过程中避免下级政府对上级政府的过度依赖，形成符合财政均等化理念、科学合理的转移支付激励机制。

其四，推动和重塑地方税体系，确保地方政府拥有充足的财力提供基本公共文化服务。在现有的财政体制下，基层政府的自有财力普遍不足，越是经济落后地区越是如此。县级政府收入主要依赖与上级政府分成的收入，缺乏主体税种的支撑。伴随着"营改增"改革的全面推开，不仅使现行地方税体系受到严重冲击，而且使原有归属于地方政府的税收收入规模也大幅缩水，导致地方政府在税收层面面临不小的减收压力，这对基层政府提供基本公共文化服务形成较为严重的约束。

其五，政府偏好选择更加注重均等公正，促进公共财政资源在公共文化领域的均衡分配。在能够观测到地方政府公共财政资源分配边际可及效应的前提下，中央政府在政绩考核机制的设计中应适当降低对地方政府经济建设领域的考核比重，同时增加地方政府提供社会民生领域公共服务的考核比重，引导地方政府在财政预算中增加社会民生领域的资金投入，加大社会民生性公共服务的供给力度。

第一节　研究的基本结论

通过前面章节的分析，我们可以得到以下结论：

一　实现了公共财政资源的配置均衡，并非意味着实现真正意义上的基本公共文化服务均等化和标准化

为解决目前公共文化领域存在的体制性矛盾，近年来国家投入大量的财政资金，基本公共文化服务均等化和标准化程度理应该得到显著改善，但是本书的研究结论并不符合这种主观判断。测算结果表明，基本公共文化服务的总体不均等程度在初始阶段稳步下降，但近年来反而出现上升趋势，主要原因在于：均衡的财政资源配置并非意味着真正意义上的基本公共文化服务均等化和标准化，在公共财政资源配置保持不变的情况下，基本公共文化服务的单位供给成本越低，地方政府所能提供的基本公共文化服务数量越多，基本公共文化服务的均等化和标准化需要更多地考虑要素投入成本对基本公共文化服务产出数量和质量的影响。显而易见，规模巨大的财政资金投入有利于保基本、促公平的现代公共文化服务体系建设，但财政均等化并不能代表真正意义上的基本公共文化服务均等化。

二　基本公共文化服务的均衡配置，需要更多地考虑全体社会公民享用公共文化资源的权利均等与机会公平

公民享用公共文化资源的基本权利应该得到相应的保障，不应受到城乡二元户籍制度、地区经济发展程度、社会利益阶层固化、性别种族歧视等现实条件约束，基本公共文化服务的均衡配置需要更多地考虑全

体社会公民享用公共文化资源的权利均等与机会公平，主要体现在：第一，每个公民都能够公平地享用政府提供的社会公共文化设施，拥有均衡享用社会公共文化资源的权利；第二，每个公民都有权利按照自身意愿积极主动地参与文学、艺术等社会文化创造工作而获得精神文化的满足，拥有保护自身文学或艺术创作产生的精神利益的权利；第三，每个公民都能够自由地反馈和评价政府提供的基本公共文化服务，体现一个国家或地区文化治理体系和治理能力的现代化水平。众所周知，推动基本公共文化服务均等化和标准化，其根本目的在于保障全体社会成员最基本的文化权益，通过提供更多、更优质的公共文化产品，让社会成员均等分享到文化事业的发展成果。推动基本公共文化服务均等化，有利于向广大人民群众弘扬优秀民族传统文化与中华民族精神，培养和提升全体公民的文化自觉和文化自信，使全体社会成员在公共文化事业的共建、共享、发展中拥有更多的获得感。

三 基本公共文化服务的不均等将降低地方公共文化资源的配置效率，造成社会文化事业领域的效益损失

虽然自党的十六大以来国家对构建现代公共文化服务体系进行重大部署，但时至今日尚未形成令人满意的制度安排。不可否认的是，在现有公共文化体制的约束下，目前基本公共文化资源的分配依然呈现非均衡格局：公共文化服务体系不健全，基础文化设施比较落后，公众文化活动相对贫乏，老少边穷地区公共文化产品供需矛盾仍然存在，社会文化事业领域基本公共文化服务长期缺乏有效供给，弱势群体的公共文化服务供给基本处于被忽视的状态。目前覆盖城乡、惠及全民的基本公共文化服务体系尚未形成，整个社会范围内的基本公共文化服务供给水平仍然亟待提高。作为不同区域、城乡和社会阶层之间公共文化事业发展差距在现实中的反映，各级地方政府基本公共文化服务的供给数量和质量客观上存在一定程度的差距，但是当这种差距超过一定的权限与范围，势必降低地方公共文化资源的配置效率，造成文化事业领域的效益损失，削弱公共文化服务供给的边际可及效应。

四 基本公共文化服务应该主要界定在保障公民最低层次，同生存和发展直接相关、无差别的文化需求范围内

基本公共文化服务均等化是指一个国家或地区在公共财政资源和经济发展条件的约束下，通过公共财政和公共政策让广大人民群众尽可能地获得大致均等的基本公共文化服务，但由于社会民众文化需求的多层次与多样性，基本公共文化服务确保仅仅是公共文化服务中最基本的部分。结合党的十六届五中全会、十七届六中全会的有关精神，以及《国家基本公共服务体系"十二五"规划》等文件后，本书认为现阶段的基本公共文化服务不应涵盖所有领域的公共文化服务，而是要侧重于保障人民群众最低层次，同生存和发展直接相关、无差别的文化需求。很显然，我们的研究范围锁定在群众艺术馆、文化馆、文化站、图书馆、博物馆、公益艺术表演团体等类型的公共文化服务。

五 上级政府政绩考核机制的设计，需要着重考虑"激励相容约束"和"参与约束"两个条件的制约

本书研究表明，上级政府和下级政府在履行政府基本公共文化服务职责过程中的关系可以概括为"委托—代理"关系，也就是说上级政府在推动某些具体执政理念或实现重大战略目标时，可作为委托人通过对下级政府设计出科学合理的政绩考核体系，激励下级政府也就是代理人贡献出自身最优努力水平，实现上级政府某些具体执政理念和施政方针。从激励经济学角度来分析，上级政府和下级政府在具体战略实施过程中，双方对于具体战略资源的投入、实施效果和绩效评估等方面在信息获取上具有不对称性，所以上级政府在设计政绩考核机制的时候需要重点考虑的是以下两个约束条件：第一个约束条件是"激励相容约束"，也就是说上级政府如何通过所设计的政绩考核体制促使下级政府贡献出自身最大程度的努力程度，使下级政府的行为能够围绕上级政府的某些具体执政理念或重大战略目标来展开，保证上级政府的执政理念和下级政府两

者之间的具体行为存在一致性；第二个约束条件是"参与约束"，就是上级政府应该如何提高下级政府参与政绩考核的积极性，使下级政府能够积极主动地参与上级政府的重大战略决策实施过程，促使下级政府在政策执行过程中实现最大限度的自愿性和主动性，而非被动地去参与上级政府某些战略的具体实施。

六 选择潜在财政能力标准衡量地方政府提供基本公共文化服务的财力差距更具有其合理性

本书研究表明，在衡量基本公共文化服务供给过程的财力标准选择上，使用潜在财力标准在理论上更具有其合理性，这是由于：其一，潜在财力考虑的是在给定经济发展水平和税收制度下一个地区可用于公共服务供给的财力，这种财力的差异直接与各地区税基相关。其二，在地方政府无法保证公共服务供给的前提下，中央政府对地方政府实施均等化转移支付，如果按照实际财力标准确定转移支付的资金规模，可能会导致实际财政努力程度较低的下级政府反而获得上级政府更多的转移支付资金，不利于提高下级政府的财政努力程度。其三，如果以实际收入作为均等化转移支付制度设计中地方政府财政能力的测算依据，可能会导致地方政府由于过度依赖中央政府的转移支付资金而降低财政努力程度的策略行为，造成地方性公共服务供给过程的"逆向激励"。假设我们的研究仅仅集中在从实际财政能力的角度去研究地方政府的财政能力，则会忽略地方政府由于自身资源禀赋、经济发展阶段、人口资源状况、所处区域位置等客观原因所导致的潜在财政能力差距问题，不利于深入分析地方政府间由于客观因素所导致的财政能力差异。

七 基本公共文化服务要素投入成本受到各地自然资源禀赋、社会发展程度、经济发展程度、人口密度和人口规模等因素的制约

本书研究表明，地方政府提供公共服务的成本差异归纳起来可以分

为以下四种类型：第一是自然资源禀赋的影响。不同地区客观存在自然资源禀赋的差异，这种自然条件差异对不同地方政府提供公共服务的成本将形成显著的影响，在不同的地区之间形成差异化程度较高的公共服务供给成本。第二是社会发展程度的影响。偏远落后地区的社会发展程度往往低于东部沿海地区，这些地区地方政府在提供相同标准的公共服务时，由于社会管理成本和社会环境的不同会导致公共服务供给效率的低下，对地方政府公共服务供给成本造成很大影响。第三是经济发展程度的影响。经济发达地区无论是物价、劳务费用、工资薪酬等相对于经济落后地区而言往往较高，这些地区在向第三方购买公共服务时其支付的财政成本往往较高，这是因为公共服务的供给成本是以公共服务供给当地的市场价格为基础进行核算的。第四是人口密度和人口规模的影响。如基础设施类的公共服务具有建设成本相对较高而运行成本相对较低的特点，这种类型的公共服务会由于使用人数的增加而降低这类公共服务的综合成本，因此在人口密度较高、人口规模较大的地区提供基础设施类的公共服务，相对于地广人稀的地区提供这种类型的公共服务单位成本较低，但是人口密度和人口规模的增加也可能导致诸如交通设施公共服务的运行维护成本较高，需要综合考虑人口密度和人口规模的影响。作为公共服务重要的组成部分之一，基本公共文化服务在供给过程中自然也需要受到上述因素的影响。

八 单位供给成本较高的地方政府需要更多的财政资金，以确保能够提供同等标准的基本公共文化服务

许多国家都将不同地区公共服务供给成本的差异作为制约公共服务均等化的主要约束条件之一。瑞士认为在幅员辽阔、人口稀少的地区提供同等标准的公共服务所需要的财政成本往往较高，政府制定相关政策需要重点考虑公共服务供给成本在不同地区之间存在的差异；日本认为由于不同地方政府在地理位置、人口增长率、人口密度、城市化程度、工业化方面都会存在不同程度的差异，在不同区域地方政府配置财政资源的政策制定过程中，需要重点考虑各地公共服务供给

成本的差异；英国认为不同地方政府在制定公共服务供给决策的具体过程中，可以考虑建立回归分析模型测算不同地方政府成本的影响因素，地方政府在配置公共服务供给资金时需要重点考虑地方政府提供公共服务的成本差异。对于中国这样一个不同区域和城乡基本公共文化服务供给成本差异较大的国家，在基本公共文化服务供给过程中假设不考虑地区之间供给的差异，不但不符合基本公共文化服务均等化和标准化的基本理念，而且具体操作过程也势必会影响基本公共文化服务供给的质量和数量。

九 政府偏好异质性是影响基本公共文化服务均衡供给的主观约束条件之一

政府偏好的形成关键在于社会各阶层如何通过公共决策机制向决策层表达政治诉求的政治博弈与均衡过程：社会各阶层的民众为表达代表自身利益的政治诉求，通过各种途径向地方决策层施加政治影响；决策层为了在政治选举中获得最大限度选民支持，通过权衡社会各方的政治影响力来决定公共财政资源分配偏好，表达对社会民众政治诉求的政策倾向。公共财政资源在不同领域分配差异的逐渐扩大，其背后深层次的原因在于政府公共财政资源分配过程中的政治考量，而这种基于政治目的对公共财政资源的权衡取舍，最终体现为政府在偏好选择上存在的异质性倾向。长期以来，中国的地方政府在整个国家公共财政资源的分配过程中扮演着举足轻重的角色，而地方政府的偏好选择能够对公共财政资源的分配行为施加影响，在现行中央政府对地方政府的政绩考核机制下，地方政府会为提升政绩展开激烈竞争，将公共财政资源尽可能分配于经济建设领域，造成公共财政资源在公共文化领域的配置不均，这不但违背福利经济学的公平原则，也有悖于社会公平正义，最终将影响到社会的稳定与繁荣。

十 地方政府配置公共财政资源所产生的"经济偏好"对基本公共文化服务均衡供给将产生重要影响

为确保在中央政府设计的政绩考核机制中获胜,地方政府会根据考核导向来分配公共财政资源,在政治激励下贡献出最大的财政努力,即地方政府会将自身可支配的公共服务资源尽可能地投向基础设施建设、招商引资等有利于提高政绩的经济建设领域,而对公共文化、环境保护、交通运输、公共教育、医疗卫生和社会保障等民生社会领域的公共财政支出重视程度不够,在公共财政资源的规模偏好选择上侧重经济建设领域。此外,地方政府在民生社会领域的公共物品安排上也有所不同:交通运输、环境保护等基础环境类的公共物品,能够通过改善地方政府的投资环境,吸引外资拉动地方经济增长,地方政府对这类公共物品的财政资金分配偏好明显较强;而像公共文化服务领域的公共物品,短时间内难以推动地方经济实现快速增长,地方政府对这类公共物品的公共财政资源分配偏好相应较弱。如何平衡地方政府公共财政资源分配偏好,促进公共财政资源在公共文化服务领域的均衡分配,提高公共文化资源配置的边际可及性,无疑具有重要的现实意义。

十一 地方政府在"规模偏好"和"结构偏好"的选择上,要更加注重公民享用基本公共文化权益的均等与公正

不同地区公共财政资源在规模和结构上分配差异的不断扩大,其背后深层次的原因在于地方政府对公共财政资源分配的选择差异,并最终体现为地方政府的异质性偏好,可归纳为两个层面:第一个层面的政府偏好是指地方政府愿意将多大规模和数量的财政资源投入社会民生领域和经济建设领域,称为公共财政资源分配的"规模偏好";第二个层面的政府偏好是指地方政府将投入社会民生领域的公共财政资源,如何在不同类型公共服务之间进行分配,称为公共财政资源分配的"结构偏好"。在当前由"建设财政"向"民生财政"转型的背景下,地方政府要坚持

保障和改善民生、促进社会公平正义的主要原则，通过优化公共财政资源分配，逐步实现由"建设偏好"向"民生偏好"的转型，在公共财政资源分配的公平与效率之间寻找平衡点，保障全体社会成员最基本的文化权益，通过提供更多、更优质的公共文化产品，让社会成员均等分享到文化事业的发展成果，使全体社会成员在公共文化事业的共建、共享、发展中拥有更多的获得感。

十二　中央政府对地方政府的政绩考核机制设计，应该适当增加基本公共文化服务的考核比重

本书研究表明，合理分配地方性公共财政资源，既要考虑中央政府和地方政府在公共财政资源的实际投入和分配效率上存在的信息错配，也要考虑中央政府与地方政府在政策选择上可能存在的目标不一致；既要考虑地方政府如何从自身利益出发接受政绩考核的约束，又要考虑如何使地方政府在公共财政资源分配时贡献出最大的财政努力。在能够观测到地方政府公共财政资源分配边际可及效应的前提下，中央政府在政绩考核机制的设计中应适当降低对地方政府经济建设领域的考核比重，同时增加地方政府提供社会民生领域公共服务的考核比重，特别是增加地方政府提供基本公共文化服务的考核比重，引导地方政府在财政预算中增加公共文化事业领域的资金投入，提高地方政府公共文化资源的配置效率，加大地方政府对基本公共文化服务的供给力度。

第二节　实现基本公共文化服务均等化的政策建议

根据上述结论，实现基本公共文化服务均等化和标准化的政策建议，主要包括五个方面。

一 大力推进现代公共文化体系建设，着力维护和实现人民群众的基本文化权益

在治理方式上积极推动公共文化服务社会化发展，转变政府职能实现管办分离，在治理主体上坚持文化惠民原则，以服务标准化促进服务均等化，在治理机制上以工作效能为导向，增强基层公共文化服务的使用效益，提升文化的多元性和有效性，主要对策思考以下几点。

（一）统筹整合基本公共文化资源

以建设城乡一体化的街道文化站为标准，加强省、市、区、街、社区五级服务网络建设。加大不同城乡和区域公共文化资源整合力度，着重优化跨区域的公共文化资源的布局。深入推动建设集文化交流、文化教育、文化传播等功能为一体的综合文化服务中心，依托综合文化服务中心开展形式多样的文化服务活动，避免综合文化服务中心闲置、被占用现象。进一步扩大公共文化设施免费开放范围，提供公共文化服务，鼓励政府部门、企事业单位、辖区中小学校有条件的向公众免费开放公共文体设施，鼓励体育场、博物馆等设施对相关文化传播活动、文艺演出、文化沙龙活动提供优惠保障。建立科学的评估体系，深入了解和掌握文化共享工程进展情况，加强考核，监督量化运行管理、资源建设、日常服务等各项业务评估指标。结合绩效评估工作建立相应的奖励机制和补贴机制，对文化共享工程服务开展较好的文化站、文化综合服务中心给予奖励和补贴，调动工作积极性。

（二）增强公共文化服务发展动力

积极开展以政府宏观指导、市场化运作、品牌化经营、常态化服务为思路的文化志愿服务，鼓励和组织文艺演出团体、文化企事业单位文艺骨干、公共文化机构等深入革命老区、民族地区、边疆地区、贫困地区开展志愿服务，发展壮大志愿服务队伍，树立志愿服务品牌，扩大志愿服务受众范围。鼓励和支持现有文化社会组织参加国家、省、市级等级评估，提高自身实力，积极发挥行业协会统一管理、行业自律、跨地区交流等方面的优势，以行业协会带动行业机构发展。优化相关审批流

程，降低服务管理费用，最大限度为民间文化团体开展文化演出、文化展览、文艺交流等活动提供便利。定期邀请国内外知名团体与本地文艺团队开展业务交流，为文艺团队搭建提升自身、对外交流的平台。制定和完善鼓励文化企业创新文化消费产品的政策措施，制定和完善鼓励政府主管部门、企事业单位开办文化消费平台的政策，为民众提供多样性的消费选择。

（三）保障特殊群体的文化权益

将离退休职工、残障人士、外来务工人员、低保户等特殊群体纳入基本公共文化服务重点对象。组织辖区居委会、志愿者等积极开展面向离退休职工的各类文化活动，通过文艺活动、展演展览等活动丰富离退休职工的日常生活。加大图书馆、博物馆、综合文化服务中心、革命遗址、宗教遗迹面向残障人士的无障碍通道等基础设施建设，积极向国家、省、市等级电视台申请增加手语翻译或加配字幕，保障残障人士享受文化的基本权益，鼓励和指导残障人士通过文艺创作等形式丰富日常生活。积极开展外来务工人员文化交流、文化普及工作，根据外来务工人员的年龄、受教育程度、兴趣爱好等需求，通过社区文化站、综合文化服务中心等载体，将外来务工人员文化公共服务纳入现代公共文化服务体系中。根据实际需求，定期、免费向辖区内低保户、低收入家庭派送报纸杂志，组织低保户、低收入人群免费欣赏影视、文艺会演、各类讲座、讲演等。

二 激发全社会文化事业创造活力，增强基本公共文化事业的发展动力

通过搭建跨区域的文化、文物资源共享平台，加强对文物资源、非物质文化遗产的开发和利用，抓住公共文化产业发展新机遇，以文化产业聚集发展区为重点，营造良好的公共文化产业发展环境，以提高文化知名度和提升文化软实力为宗旨，建立稳定、通畅的对外交流渠道，推动优秀文化精品"走出去"，主要对策思考包括：

（一）创新公共文化管理体制

加强公共文化中介组织的建设和管理，坚持扶持培育和监督管理并重，积极发展文化经济代理、文化产品评价、文化创意创新等各类文化市场服务中介机构。发挥文化创意产业的主要优势，扶持和培育文化新兴产业新业态发展。创新财政扶持方式，鼓励公共文化企业和政府共同建立文化发展基金、风险投资基金等，引导和带动金融资本与文化有机结合形成合力。提高政府商事审批登记服务效率，支持重点公共文化项目实施，为其提供规划、审批、资金、土地等"绿色通道"服务。构建文化产业发展政策扶持体系，加快研究制定有利于公共文化事业发展和文化创意产业创新的政策环境，形成门类齐全、覆盖广泛、科学合理的政策扶持体系。构建公共文化产品评价体系，科学制定文化企事业单位的考评标准，建立以市场为基础、兼顾经济效益和社会效益的文化产品评价体系，全方位调动文化精品创作生产的积极性和创造性。

（二）加强对非物质文化遗产的有效保护、开发和利用

充分发挥古城文化遗产、宗教文化遗产、革命文化遗产等文化遗产资源在爱国主义教育方面的重要作用，把历史革命文化资源的保护和开发工作同城市转型升级、产业融合发展和群众性爱国主义教育有机地结合，深度挖掘历史文化遗产的文化内涵，定期举办相关文化遗产展览活动，开展文化遗产进校园、进社区活动，把文化遗产保护工作同青少年教育有机结合起来。制定文物保护名录，出台文物保护实施办法，推动文化遗产保护工作和开发工作同步进行，建立以协会工作为主的文物保护机制，动员社会各界以捐赠、赞助等形式设置文物保护基金，保障文物的挖掘、修葺、运营和维护。以文物景点旅游创收反哺文化保护工作，坚持"合理保护、科学开发"的原则，鼓励文物景点合理利用相关资源，挖掘文物文化内涵，增强文物景点吸引力，适度开发旅游资源，配套相关附加产品，举办具有特色的民俗文化节及文艺会演，增加文物保护单位收入，实现文物保护与文物利用的良性发展。在现有非物质文化遗产保护开发的基础上，做好相关资料的汇总与规划工作，积极开展相关场地和设施的维护、开发工作。重视非物质文化遗产从业人员的培养和引进工作，积极解决相关职能部门人员紧张、编制不足、分工不明确、功

能混乱等问题，加大非物质文化遗产的保护开发经费投入，将相关日常支出纳入年度财政预算。

（三）扩大基本公共文化服务的对外开放

在当前以自贸区制度改革为契机、推动基本公共文化服务体制机制创新的历史机遇下，建立公开透明的市场准入标准，合理设置牌照、资质、标准等准入门槛，支持外商资本投向公共文化事业等领域。做好国际文化品牌入驻中国的品牌推广服务工作，吸引国际知名的演艺团体、表演艺术家来访，吸引国际知名文化传播公司、中介服务机构在中国设立分支机构，以此为平台开展国际文化交流服务。鼓励有实力的文艺演出团体、文化公司开发文艺精品，积极与国际接轨，将对外交流区域向世界文化名城、现代服务业中心、文化旅游城市、友好城市拓展，交流对象向国外大中城市主要城区拓展，交流手段向多元化拓展。实施文化"走出去"战略，深化对外文化交流与合作。鼓励和支持辖区内各演出团体、文化交流协会、文化组织等开展对外文化交流活动，开展对外宣传工作，树立良好的对外交流文化形象。利用移动互联网技术做好影视音像、文艺会演、电子出版物等多形式的对外展示平台，充分利用使领馆资源优势开展文化产品对外营销工作，积极做好文化品牌建设工作，加大对外文化人才培训、项目合作、文化资源共享等方面的深度合作。

三 完善和规范转移支付制度，改善落后地区基层政府基本公共文化服务供给能力

上级政府应适当增加对幅员辽阔、人口稀少的偏远地区转移支付资金的财政预算，用于解决基层政府在提供社会民生领域公共服务时面临的资金不足问题，同时要注意按照潜在财政能力标准测算基层政府的财政能力，使上级政府能够按照下级政府的实际财政努力程度来分配社会民生领域的转移支付资金，在社会民生公共服务的供给过程中避免下级政府对上级政府的过度依赖，形成符合财政均等化理念、科学合理的转移支付激励机制，主要对策思考包括以下几点。

（一）加大对基本公共文化服务的财政支持

加大转移支付资金对广大人民群众读书看报、收听广播、观看电视、观赏电影和开展文体活动等基本公共文化活动的支持，主要包括：加大转移支付资金对老少边穷地区配备图书的财政支持，同时要将转移支付用于补助农村地区纳入中央广播电视节目无线覆盖范围的发射机及附属系统购置及运行维护，为老少边穷地区和城乡接合部的居民提供突发事件应急广播服务。与此同时，要加大转移支付资金对于经济落后地区公共数字文化服务的支持力度，将转移支付资金用于公共文化设施开展公共数字文化服务。

（二）科学地测算基层政府的潜在财政能力

转移支付资金的配置需要按照地方政府的实际财政努力程度进行有效配置，对于地方政府提供基本公共文化服务建立起合理的财政激励机制。具体而言，我们可以将其划分为一般项目和重点项目转移支付资金，对基本公共文化服务的一般项目转移支付资金按照因素来进行统筹配置，首先是按照基本因素和业务因素计算出中央政府向地方政府分配的公共文化服务转移支付资金，再根据中央对地方的均衡性转移支付办法规定的各省财政困难程度系数，对转移支付资金进行调整，最终确定中央政府对地方政府公共文化服务的转移支付资金金额。

（三）考虑基本公共文化服务的成本差异

具体而言，地区常住人口数的因素，可按照国家统计局公布的各省行政区划内的常住人口最新数来确定一个地区的常住人口数量；地方国土面积数的因素，可以按照国家统计局公布的各省行政区划的国土面积最新数来确定一个地区的国土面积；乡镇和街道数量，可以按照国家统计局或民政部公布的各省乡镇和街道个数的最新数来确定一个地区的乡镇和街道数量；行政村个数，可以国家统计局或民政部公布的各省行政村个数的最新数来确定一个地区的行政村个数；工作条件因素，可以按照由财政部根据各省工作环境、工作难度等因素确定的一个地区工作条件因素的具体评分。与此同时，在转移支付资金的设计过程中，要规定专门针对基本公共文化服务绩效评价结果优良地区的奖励，由财政部根据上年各省基本公共文化服务绩效评价结果测算分配。

四 推动和重塑地方税体系，确保地方政府拥有充足财力提供基本公共文化服务

在现有的财政体制下，基层政府的自有财力普遍不足，越是经济落后的地区越是如此。县级政府收入主要依赖与上级政府分成的收入，缺乏主体税种的支撑。伴随着"营改增"改革的全面推开，不仅使现行地方税体系受到严重冲击，而且使原有归属于地方政府的税收收入规模大幅缩小，导致地方政府在税收层面面临不小的减收压力，这对基层政府提供基本公共文化服务形成较为严重的约束，主要的对策思考如下几点。

（一）开征房地产税

房地产具有非流动性特征，房地产税具备天然的地方税的特征。我国的房地产市场税收集中体现在房产的流转环节，忽略对房产的持有环节征税，这与国际上许多国家房产税的征收方法大相径庭，因此，应对存量房产在保有环节完善相关税收。随着我国城镇化进程的不断推进、居民收入水平的提高和房地产存量的增加，征收房地产税的条件已基本成熟。在新的房地产税制设计过程中，需要全面梳理房地产项目在征地、建设、销售等环节涉及缴纳的各类税费，对于不合理的税费项目该完善的完善、该停的停、该并的并、该废的废，科学设计房产税，减轻纳税企业和购房者税费负担。

（二）整合车船税与车辆购置税

对车辆征税目前有两种税收：一是在车辆购置环节根据车辆价格征收的车辆购置税；二是在车辆保有环节根据排气量、座位数或吨位定额征收的车船税。改革完善车船税应从两个方面考虑：一是合并车辆购置税和车船税。为了减少地方税务部门的税收征管成本，提高税收的征收效率，可以将车辆购置税和车船税合并。同时，将购置游艇、赛艇、摩托艇等纳入征收范围。二是调整车船税计税依据。目前车船税按排气量、座位数或吨位定额征收的计税标准并不能体现该税种财产税的征收特质，应调整为以价值为主、兼顾排气量的复合税基制度，从而体现其财产税的税种属性。

（三）开征社会保障税

与国际接轨，将目前分散在人事、民政、卫生等部门管理的社会保障基金与资金统一改为征收社会保障税。在税制设计上，可以将纳税人分为有雇佣关系的雇主和雇员、没有雇佣关系的自营业主和自由职业者三类；可以分为养老、医疗和失业三个税目。在税种归属上，虽然很多国家把社会保障税作为中央政府征收的税种，但考虑到中国的现实情况，将社会保障税作为中央税实施全国统一征收、统一发放的操作难度较大，建议将社会保障税作为地方税种，授权省一级人大根据地方情况，立法规定相应的税率。目前基本养老保险多数已实现省级统筹，基本医疗保险、工伤保险和失业保险还多数处于市县级统筹的现状，开征社会保障税应全部实现省级统筹，以发挥其调节功能。

（四）开征文化教育税

可以考虑将教育费附加、地方教育附加、文化事业建设费作为地方税种，其收入专项用于支持地方教育事业和公共文化事业的发展。在中国现行教育体制下，作为公共产品的教育供给既有中央政府支出也有地方政府支出，因此，需要明确划清中央和地方的事权。在事权明晰的前提下明确财力归属，实现事权与财力、事权与支出责任相统一。由于地方教育的公共服务和文化产品的供给与地方教育和文化事业发展相关，文化教育税应作为地方税种。

五 政府偏好选择更加注重均等公正，促进公共财政资源在公共文化领域的均衡分配

在能够观测到地方政府公共财政资源分配边际可及效应的前提下，中央政府在政绩考核机制的设计中应适当降低对地方政府经济建设领域的考核比重，同时增加地方政府提供社会民生领域公共服务的考核比重，引导地方政府在财政预算中增加社会民生领域的资金投入，加大社会民生性公共服务的供给力度，主要的对策思考如下几点。

（一）政府偏好选择注重社会公正

通过本书的研究，不同地区公共财政资源在规模和结构上分配差异

的不断扩大，其背后深层次的原因在于地方政府对公共财政资源分配的选择差异，并最终体现为地方政府的异质性偏好，可归纳为两个层面：第一个层面的政府偏好是指地方政府愿意将多大规模和数量的财政资源投入社会民生领域和经济建设领域，称为公共财政资源分配的"规模偏好"；第二个层面的政府偏好是指地方政府将投入社会民生领域的公共财政资源，如何在不同类型公共服务之间进行分配，称为公共财政资源分配的"结构偏好"。在当前由"建设财政"向"民生财政"转型的背景下，地方政府要坚持保障和改善民生、促进社会公平正义的主要原则，通过优化公共财政资源分配，逐步实现由"建设偏好"向"民生偏好"的转型，特别是要注重保障公民的基本文化权益，促进和实现基本公共文化服务均等化和标准化战略。

（二）设计科学的政绩考核机制

合理分配地方性公共财政资源，既要考虑中央政府和地方政府在公共财政资源的实际投入和分配效率上存在的信息错配，也要考虑中央政府与地方政府在政策选择上可能存在的目标不一致；既要考虑地方政府如何从自身利益出发接受政绩考核的约束，又要考虑如何使地方政府在公共财政资源分配时贡献出最大的财政努力。在能够观测到地方政府公共财政资源分配边际可及效应的前提下，中央政府在政绩考核机制的设计中应适当降低对地方政府经济建设领域的考核比重，同时增加地方政府提供社会民生领域公共服务的考核比重，引导地方政府在财政预算中增加社会民生领域的资金投入，加大社会民生性公共服务的供给力度。基于此，上级政府对下级政府要设计以社会民生领域为重点的政绩考核机制，改变以 GDP 增长为核心的政绩考核体系和地方官员的晋升机制，同时地方政府在"规模偏好"和"结构偏好"的选择上要遵循福利经济学的均衡与公正原则，增加地方政府提供社会民生领域公共服务的考核比重，特别是增加地方政府提供基本公共文化服务的考核比重，引导地方政府在财政预算中增加公共文化事业领域的资金投入，提高地方政府公共文化资源的配置效率，加大地方政府对基本公共文化服务的供给力度。

(三) 强化公共财政预算约束

为解决日益严重的土地财政和基层债务问题，在完善财政体制的同时，强化预算约束同样是必要的，具体措施如下：第一，基层政府的财政收支要严格按照预算的规定执行，在财政收入方面，要严格按照税法规定组织收入，防止预算大规模超收行为的发生；在财政支出方面，严格按照预算规定的支出项目和规模进行，杜绝支出的随意性，同时为保证支出的合理性，必须加强基层民主建设，使广大居民能够参与公共物品的供给决策。第二，进一步增强预算的透明度，真正使政府的收支行为纳入当地老百姓的监督视野。第三，为保证预算能够被彻底执行，上级政府要建立科学的政绩考核体系。对于那些无视当地经济社会发展的现状、任意违背预算规定的官员进行严格的行政问责。

(四) 建立多元化的公共物品供给策略

长期以来，公共物品的供给主体一直比较单一，地方政府实行的是以基层政府为主导的公共物品供给模式，不但上级政府在公共物品供给中存在不作为的问题，而且忽略了市场和第三部门的作用。为了摆脱困境，对公共物品实行多元主体供给应该是一种合适的选择。从政府内部职能分工的角度来说，各级政府必须充分履行本级政府在公共物品供给中应承担的职责；从目前的实际情况来看，上级政府应在公共物品供给中发挥更大的作用，这不仅是基层政府所面临的财政困境使然，也是由公共物品的特性决定的。从整个社会的角度来说，应充分发挥市场和第三部门在公共物品供给中的作用，为社会力量进入公共物品供给领域创造有利条件。当然，公共物品的特性决定了政府必须在公共物品供给中居于主导地位，社会力量介入应该是一种有益的补充，不能因为财政压力而过分倚重社会力量。

参考文献

一 中文文献

［美］E. S. 萨瓦斯：《民营化与公私部门的伙伴关系》，中国人民大学出版社 2002 年版。

［美］埃莉诺·奥斯特罗姆、拉里·施罗德、苏珊·温：《制度激励与可持续发展》，上海三联书店 2000 年版。

［美］理查德·M. 伯德、［美］罗伯特·D. 埃贝尔、［美］克里斯蒂·I. 沃利克：《财政分权：从命令经济到市场经济》，中央编译出版社 2001 年版。

［美］迈克尔·迈金尼斯：《多中心治道与发展》，上海三联书店 2000 年版。

［美］桑贾伊·普拉丹：《公共支出分析的基本方法》，中国财政经济出版社 2000 年版。

［美］斯蒂格利茨：《经济学》，中国人民大学出版社 2000 年版。

安体富：《关于房产税改革的若干问题探讨——基于重庆、上海房产税试点的启示》，《经济研究参考》2012 年第 45 期。

安体富：《如何看待近几年我国税收的超常增长和减税的问题》，《税务研究》2002 年第 8 期。

安体富：《完善公共财政制度，逐步实现公共服务均等化》，《东北师大学报》2007 年第 3 期。

安体富：《中国转移支付制度：现状、问题、改革建议》，《财政研究》2007 年第 1 期。

安体富、任强：《公共服务均等化：理论、问题与对策》，《财贸经济》2007年第8期。

安体富、任强：《中国公共服务均等化水平指标体系的构建——基于地区差别的量化分析》，《财贸经济》2008年第6期。

贝利：《地方政府经济学：理论与实践》，北京大学出版社2005年版。

编写组：《中共中央关于制定国民经济和社会发展第十一个五年规划的建议辅导读本》，人民出版社2005年版。

财政部国库司、预算司：《全国地市县财政统计资料》，中国财政经济出版社1997—2015年版。

财政部驻北京专员办书组、王宁宁、李海峰、王利媛：《专员办转型背景下转移支付资金监管模式重构》，《财政监督》2014年第1期。

曹爱军：《基层公共文化服务均等化：制度变迁与协同》，《天府新论》2009年第4期。

曹俊文、罗良清：《转移支付的财政均等化效果实证分析》，《统计研究》2006年第1期。

陈昌盛、蔡跃洲：《中国政府公共服务：体制变迁与综合评价》，中国社会出版社2007年版。

陈都、陈志勇：《中国地方政府财政汲取能力影响因素的实证研究——基于2003—2013年省级面板数据的实证分析》，《湖北社会科学》2016年第3期。

陈思霞、田丹：《均衡性转移支付与公共服务供给效率——基于中国地市一级的经验证据》，《华中农业大学学报》2013年第3期。

陈潭、刘建义：《集体行动、利益博弈与村庄公共物品供给——岳村公共物品供给困境及其实践逻辑》，《公共管理学报》2010年第3期。

陈旭佳：《分级财政体制下我国各项有效税率测算》，《商业时代》2008年第8期。

陈旭佳：《广东省宏观税负与经济增长的实证分析研究》，硕士学位论文，暨南大学，2008年。

陈旭佳：《广东省税收收入与经济增长的实证研究》，《特区经济》2009年第4期。

陈旭佳:《广东省消费支出、资本、劳动收入的有效税率测算》,《商场现代化》2007年第30期。

陈旭佳:《广东省消费支出、资本收入、劳动收入实际有效税负税收弹性系数测算》,《南方金融》2009年第3期。

陈旭佳:《宏观税负与经济增长关系的实证研究》,《商业时代》2009年第27期。

陈旭佳:《均等化视角下公共物品供给的可及性研究——基于"委托—代理"理论的分析框架》,《广东社会科学》2015年第3期。

陈旭佳:《均等化视阈下中国区域间公共服务资源均衡配置研究》,《当代经济管理》2016年第3期。

陈旭佳:《中国财政均等化转移支付制度研究》,中国社会科学出版社2014年版。

陈旭佳:《中国转移支付的财政均等化效应研究》,《广东财经大学学报》2014年第3期。

陈旭佳:《主体功能区建设中财政支出的资源环境偏向研究》,《中国人口·资源与环境》2015年第11期。

陈旭佳、冯海波:《刺激消费的财税政策选择》,《涉外税务》2009年第1期。

陈旭佳、冯海波:《借鉴国际经验完善我国财产税税权分配》,《涉外税务》2011年第11期。

陈旭佳、冯海波:《政府转移支付能力与公共物品供给》,《当代经济研究》2014年第10期。

陈永安、张舒宜:《外溢性地方公共物品的有效供给:政府合作社制度——地方政府间博弈的一个林达尔均衡》,《云南行政学院学报》2005年第4期。

程瑶:《地方政府房地产税收依赖的国际比较与借鉴》,《财政研究》2012年第11期。

迟福林:《改革发展新时期的基本公共服务:民生之路——惠及13亿人的基本公共服务》,中国经济出版社2008年版。

迟福林:《推进基本公共服务均等化》,载高培勇《中国财政经济理论前沿》,社会科学文献出版社2008年版。

储德银、赵飞：《财政分权、政府转移支付与农村贫困——基于预算内外和收支双重维度的门槛效应分析》，《财经研究》2013年第9期。

戴国晨：《积极财政政策与宏观经济调控》，人民出版社2003年版。

戴平生、陈壮：《我国转移支付的地方财力均等化效应——基于水平公平与垂直公平分解的实证研究》，《统计研究》2015年第5期。

邓国胜、肖明超：《群众评议政府绩效：理论、方法与实践》，北京大学出版社2006年版。

邓珩：《中小企业收益分配问题研究》，《数量经济技术经济研究》2003年第7期。

邓玲、杜黎明：《主体功能区建设的区域协调功能研究》，《经济学家》2006年第4期。

丁菊红、邓可斌：《政府偏好、公共品供给与转型中的财政分权》，《经济研究》2008年第7期。

樊纲：《论公共收支的新规范——我国乡镇"非规范收入"若干个案的研究与思考》，《经济研究》1995年第6期。

范子英、刘甲炎：《为买房而储蓄——兼论房产税改革的收入分配效应》，《管理世界》2015年第5期。

方堃、冷向明：《包容性视角下公共文化服务均等化研究》，《江西社会科学》2013年第1期。

方元子：《均等化视角下的地区间公共服务提供成本》，《北京工商大学学报》（社会科学版）2014年第2期。

冯海波：《国家发展战略、自主创新与税制建设》，《税务研究》2007年第1期。

冯海波：《后农业税时代的乡村债务问题》，《财经科学》2006年第5期。

冯海波：《计划型税收收入增长机制的形成机理及其影响》，《税务研究》2009年第10期。

冯海波：《利用税收手段促进循环经济发展》，《税务研究》2005年第9期。

冯海波：《农民负担问题与农村公共物品供给》，经济科学出版社2012年版。

冯海波：《委托—代理关系视角下的农村公共物品的供给》，《财经科学》2005年第3期。

冯海波：《委托—代理关系视角下的农村公共物品供给》，《财经科学》2005年第3期。

冯海波、陈旭佳：《公共医疗卫生支出财政均等化水平的实证考察——以广东省为样本的双变量泰尔指数分析》，《财贸经济》2009年第11期。

冯海波、陈旭佳：《主体功能区建设与均等化财政转移支付——以广东为样本的研究》，《华中师范大学学报》（人文社会科学版）2011年第3期。

冯海波、刘勇政：《多重目标制约下的中国房产税改革》，《财贸经济》2011年第6期。

冯秀华、郑永福：《规范化财政转移支付制度的分析与设计》，《中国财政》1999年第9期。

傅勇、张晏：《中国式分权与财政支出结构偏向：为增长而竞争的代价》，《管理世界》2007年第3期。

甘肃省财政科学研究所书组：《推进基本公共服务均等化的财政政策研究》，《财政研究》2008年第9期。

高凌江、夏杰长：《中小企业发展的税费环境分析及对策建议》，《税务与经济》2012年第5期。

高培勇：《把脉当前的中国财政走势》，《财贸经济》2007年第4期。

高培勇：《当前若干重大税收问题的分析》，《税务研究》2008年第11期。

高培勇：《公共财政：概念界说与演变脉络》，《经济研究》2008年第12期。

高培勇：《国债运行机制研究》，商务印书馆1995年版。

高培勇：《让财政均等化融入城乡发展进程》，《光明日报》2002年1月24日。

高培勇：《让财政均等化融入城乡协调发展》，《光明日报》2006年1月24日。

高培勇：《中国财政理论前沿（4）》，社会科学文献出版社2005年版。

高培勇：《中国税收持续高速增长之迷》，《经济研究》2006年第12期。

葛乃旭：《重建我国政府间转移支付制度的构想》，《财贸经济》2005年第1期。

龚金保：《需求层次理论与公共服务均等化的实现顺序》，《财政研究》2007

年第 10 期。

谷成：《财政均等化：理论分析与政策引申》，《经济理论与经济管理》2007年第 10 期。

谷成：《完善中国政府间转移支付的路径选择》，《经济学家》2009 年第 6 期。

顾朝林：《中国城镇化中的"放权"和"地方化"——兼论县辖镇级市的政府组织架构和公共服务设施配置》，《城市与环境研究》2015 年第 9 期。

关旭静、唐雪峰、吴先萍、王梅引、梁锦铭、张靖静、梅榕、蒋秀文、张帮荣：《四川基本公共卫生服务项目实施效果的影响研究》，《预防医学情报杂志》2015 年第 12 期。

广东省人民政府：《广东省调整完善分税制财政管理体制实施方案》，粤府〔2010〕169 号。

广东省人民政府：《广东省分税制财政管理体制实施方案》，粤府〔1995〕105 号。

广东省省情研究中心：《关于云浮市农村乡镇政权运作的调查与思考》，调研报告，2011 年。

郭庆旺、贾俊雪：《中央财政转移支付与地方公共服务提供》，《世界经济》2008 年第 9 期。

郭庆旺、赵志耘：《财政理论与实践》，经济科学出版社年版 1999 年版。

国家统计局编：《中国县（市）社会经济统计摘要》，中国统计出版社 1997—2015 年版。

国家统计局城市社会经济调查总队编：《中国城市统计年鉴》，中国统计出版社 1997—2015 年版。

贺雪峰、罗兴佐：《论农村公共物品供给中的均衡》，《经济学家》2006 年第 1 期。

胡鞍钢、张新、高宇宁：《国有企业：保障国家财政能力的重要基础》，《国家行政学院学报》2016 年第 5 期。

胡德仁、刘亮：《中国地区间财力差异及分解》，《湖北经济学院学报》2007年第 1 期。

胡德仁、武根启：《公平与效率：财政转移支付的政策取向》，《中国财政》

2007 年第 7 期。

胡洪曙、亓寿伟：《政府间转移支付的公共服务均等化效果研究——一个空间溢出效应的分析框架》，《经济管理》2015 年第 10 期。

胡祖铨：《我国中央对地方转移支付制度研究》，《地方财政研究》2013 年第 10 期。

胡祖铨、黄夏岚、刘怡：《中央对地方转移支付与地方征税努力》，《经济学（季刊）》2013 年第 4 期。

湖南省财政科学研究所书组、曾伟、陈敏、林剑锋：《新型农村合作医疗的均等化财政转移支付规模测算——以湖南省数据为例》，《财政研究》2013 年第 5 期。

黄解宇、常云昆：《对西部地区转移支付的均等化模型分析》，《财经科学》2005 年第 8 期。

黄佩华：《中国：国家发展与地方财政》，中信出版社 2003 年版。

黄佩华、王桂娟：《费改税：中国预算外资金和政府间财政关系改革》，《经济社会体制比较》2000 年第 6 期。

黄潇：《房产税调节收入分配的机理、条件与改革方向》，《西部论坛》2014 年第 1 期。

黄小平、方齐云：《中国财政对医疗卫生支持的区域差异》，《财政研究》2008 年第 4 期。

贾俊雪、高立、秦聪：《政府间财政转移支付、激励效应与地方税收收入体系》，《经济理论与经济管理》2012 年第 6 期。

贾康：《房地产税的作用、机理及改革方向、路径、要领的探讨》，《北京工商大学学报》（社会科学版）2012 年第 3 期。

贾康：《公共服务的均等化应积极推进，但不能急于求成》，《审计与理财》2007 年第 8 期。

贾康：《推动我国主体功能区协调发展的财税政策》，《经济学动态》2009 年第 7 期。

贾康：《再谈房产税的作用及改革方向与路径、要领》，《国家行政学院学报》2013 年第 4 期。

贾康、白景明：《县乡财政解困与财政体制创新》，《经济研究》2002 年第 2 期。

贾康、刘尚希:《怎样看待税收的增长和减税的主张——从另一个角度的理论分析与思考》,《管理世界》2002 年第 7 期。

贾康、孙洁:《农村公共产品与服务提供机制的研究》,《管理世界》2006 年第 12 期。

贾明德、雷晓康:《市场机制与公共物品的提供模式》,《上海经济》2002 年第 9 期

贾晓俊:《促进公共服务均等化的均衡性转移支付改革方案设计》,《财政研究》2011 年第 6 期。

江庆:《省际间财力差距的地区分解和结构分解》,《统计研究》2009 年第 6 期。

江新昶:《转移支付、地区发展差距与经济增长——基于面板数据的实证检验》,《财贸经济》2007 年第 6 期。

蒋洪:《中国省级财政透明度评估报告》,《世纪经济报道》2009 年 3 月 7 日。

蒋震、高培勇:《渐进式推进个人房产税改革》,《宏观经济研究》2014 年第 6 期。

解垩:《市场力量、转移支付与收入不平等》,《财贸研究》2013 年第 6 期。

金红磊、王守宽:《公共物品提供主体的多元化——兼谈政府职能的让渡与拓展》,《浙江工商大学学报》2005 年第 6 期。

科诺里、曼洛:《公共部门经济学》,中国财政出版社 2003 年版。

匡小平、何灵:《税收计划:扬弃还是保留——兼论我国税收的超经济增长》,《经济体制改革》2006 年第 1 期。

况伟大、朱勇、刘江涛:《房产税对房价的影响:来自 OECD 国家的证据》,《财贸经济》2012 年第 5 期。

雷根强、黄晓虹、席鹏辉:《转移支付对城乡收入差距的影响——基于我国中西部县域数据的模糊断点回归分析》,《财贸经济》2015 年第 12 期。

李秉龙、张立承、曹暕:《中国贫困地区县乡财政不平衡对农村公共物品供给影响程度研究》,《中国农村观察》2003 年第 1 期。

李伯华、刘传明、曾菊新:《基于公共物品理论的农村饮水安全问题研究——以江汉平原为例》,《农业经济问题》2007 年第 4 期。

李丹、刘小川：《政府间财政转移支付对民族扶贫县财政支出行为影响的实证研究》，《财经研究》2014年第1期。

李国平、刘倩、张文彬：《国家重点生态功能区转移支付与县域生态环境质量——基于陕西省县级数据的实证研究》，《西安交通大学学报》（社会科学版）2014年第3期。

李华：《城乡公共物品供给均等化与转移支付制度的完善》，《财政研究》2005年第11期。

李晖、荣耀康：《以资源税和房地产税为地方税主体税种的可行性探析》，《中央财经大学学报》2010年第10期。

李建平、李敏榕、高燕京：《中国省域经济综合竞争力发展报告（2005—2006）》，社会科学文献出版社2007年版。

李静毅：《基本公共服务均等化理论依据及其在我国的实现途径》，《财政研究》2009年第1期。

李军鹏：《公共服务型政府》，北京大学出版社2004年版。

李克平：《澳大利亚财政转移支付制度》，《经济社会体制比较》1996年第3期。

李文星：《关于地方政府财政能力的几个基本理论问题》，《南亚研究季刊》2000年第4期。

李文星、蒋瑛：《地方政府财政能力的理论构建》，《南开经济研究》2002年第2期。

李香菊：《转轨时期中央与地方税权治理机制的国际借鉴研究》，《当代经济科学》2002年第6期。

李晓茜：《加拿大的均等化转移支付》，《中国财政》2002年第11期。

李秀林：《广东雷州乡镇政府负债3亿镇长书记年关躲债》，《南方农村报》2009年5月26日。

李芝倩：《资本、劳动收入、消费支出的有效税率测算》，《税务研究》2006年第4期。

李子彬：《中国中小企业2011蓝皮书》，中国发展出版社2011年版。

林万龙：《经济发展水平制约下的城乡公共产品统筹供给：理论分析及其现实意义》，《中国农村经济观察》2005年第2期。

刘畅：《新时期我国中小企业税费政策分析及对策思考》，《经济问题探索》2012年第8期。

刘成奎、王朝才：《城乡基本公共服务均等化指标体系研究》，《财政研究》2011年第8期。

刘初旺：《我国消费、劳动和资本有效税率估计及其国际比较》，《财经论丛》2004年第4期。

刘大帅、甘行琼：《公共服务均等化的转移支付模式选择——基于人口流动的视角》，《中南财经政法大学学报》2013年第4期。

刘汉屏：《论积极财政政策时效》，《财政研究》2002年第1期。

刘宏：《试论公共产品的多元供给机制》，《陕西教育学院学报》2006年第8期。

刘佳、吴建南、吴佳顺：《省直管县改革对县域公共物品供给的影响——基于河北省136县（市）面板数据的实证分析》，《经济社会体制比较》2012年第1期。

刘黎明：《财政转移支付的博弈分析》，中国财政经济出版社2000年版。

刘亮：《中国地区间财力差异的度量及分解》，《经济体制改革》2006年第2期。

刘明勋、邓可斌：《基于统计分析的房地产税收体系优化研究》，《暨南学报》（哲学社会科学版）2012年第4期。

刘明勋、冯海波：《税制结构如何影响政府规模——基于经济发展方式的全新解释》，《当代财经》2016年第12期。

刘明勋、林国斌：《改革现行县乡财政体制构筑县乡公共财政框架》，《广东财经职业学院学报》2009年第3期。

刘溶沧、焦国华：《地区间财政能力差异与转移支付制度创新》，《财贸经济》2002年第6期。

刘溶沧、马拴友：《论税收与经济增长——对中国劳动、资本和消费征税的效应分析》，《中国社会科学》2002年第1期。

刘溶沧、赵志耘：《财政学论纲》，经济科学出版社1998年版。

刘溶沧、赵志耘：《中国财政理论前沿Ⅲ》，社会科学文献出版社2003年版。

刘尚希：《逐步实现基本公共服务均等化的路径选择》，《中国财政》2007年第3期。

刘书明：《西北民族地区县级政府公共服务财政保障能力的困境与对策——以甘肃省临夏回族自治州为例》，《西北人口》2014年第9期。

刘书明：《西部欠发达地区地方政府公共服务财政保障能力分析与评价——基于甘肃省2012年数据的实证研究》，《地方财政研究》2015年第4期。

刘佐：《地方税制度的改革》，《财政研究》2006年第9期。

楼继伟：《完善转移支付制度，推进基本公共服务均等化》，《中国财政》2006年第3期。

卢洪友、田丹：《转移支付与省际基本公共卫生服务绩效——基于"投入—产出—受益"三维框架的实证研究》，《湖北经济学院学报》2013年第3期。

卢洪友、智莲：《中国地方政府财政能力的检验与评价——基于因子分析法的省际数据比较》，《财经问题研究》2009年第5期。

吕冰洋：《零售税的开征与分税制的改革》，《财贸经济》2013年第10期。

吕炜、王伟同：《发展失衡、政府责任与公共服务》，《中国社会科学》2008年第4期。

吕炜、王伟同：《我国基本公共服务提供均等化问题研究——基于公共需求与政府能力视角的分析》，《财政研究》2008年第5期。

吕炜、王伟同：《政府服务性支出缘何不足？——基于服务性支出体制性障碍的研究》，《经济社会体制比较》2010年第1期。

吕炜、赵佳佳：《财政分权对基本公共服务供给的体制性约束研究》，《财政研究》2009年第10期。

罗比良：《分税制、财政压力与政府"土地财政"偏好》，《学术研究》2010年第10期。

罗军涛、罗艺欣：《农村居民基本公共卫生服务利用情况及影响因素分析——以江西省婺源县、芦溪县和修水县农村居民调查为例》，《江西广播电视大学学报》2015年第12期。

马国贤：《基本公共服务均等化的财政政策研究》，《财政研究》2007年第 10 期。

马国贤：《论基本公共服务均等化与预算政策：中国财政经济理论前沿》，社会科学文献出版社 2008 年版。

马骏：《中央向地方的财政转移支付——一个均等化公式和模拟结果》，《经济研究》1997 年第 3 期。

马纾：《公共物品理论视野下的社区矫正——一种法经济学的分析》，《甘肃社会科学》2005 年第 3 期。

马拴友、于红霞：《地方税与区域经济增长的实证分析——论西部大开发的税收政策取向》，《管理世界》2003 年第 5 期。

马骁、宋媛：《反思中国横向财政转移支付制度的构建——基于公共选择和制度变迁的理论与实践分析》，《中央财经大学学报》2014 年第 5 期。

马雪松：《回应需求与有效供给：基本公共文化服务体系建设的制度分析》，《湖北社会科学》2013 年第 10 期。

倪红日、洪婷：《我国财力性转移支付制度的实施与完善》，《改革》2005 年第 12 期。

平新乔、白洁：《中国财政分权与地方公共品的供给》，《财贸经济》2006 年第 2 期。

祁毓：《城乡基本公共服务均等化现状及政策建议：基于政府偏好和农户需求视角》，《地方财政研究》2010 年第 7 期。

乔宝云、范剑勇、冯兴元：《中国的财政分权与小学义务教育》，《中国社会科学》2005 年第 6 期。

乔宝云、范剑勇、彭骥鸣：《政府间转移支付与地方财政努力》，《管理世界》2006 年第 3 期。

任强：《房产税：美国实践与借鉴》，《财政研究》2015 年第 1 期。

沈满洪、谢慧明：《公共物品问题及其解决思路——公共物品理论文献综述》，《浙江大学学报》（人文社会科学版）2009 年第 6 期。

世界银行：《2009 年世界发展报告——重塑世界经济地理》，清华大学出版社 2009 年版。

宋洪远：《中国乡村财政与公共管理研究》，中国财政经济出版社 2004 年版。

宋小宁、陈斌、梁若冰:《一般性转移支付:能否促进公共服务供给?》,《数量经济技术经济研究》2012年第7期。

苏明:《财政理论与财政政策》,经济科学出版社2003年版。

孙德超:《推进基本公共服务均等化的直接途径:规范转移支付的结构和办法》,《东北师大学报》(哲学社会科学版)2013年第4期。

孙开:《财政转移支付手段整合与分配方式优化研究》,《财贸经济》2009年第7期。

孙潭镇、朱钢:《我国乡镇制度外财政分析》,《经济研究》1993年第9期。

孙永正:《中小企业发展环境满意度实证分析——以上海、苏州、温州、无锡、常州五市为例》,《学术交流》2007年第12期。

谭志雄、张阳阳:《财政分权与环境污染关系实证研究》,《中国人口·资源与环境》2015年第4期。

汤学兵:《论中国区际基本公共服务均等化的路径选择和保障机制》,《财贸经济》2009年第7期。

汤玉刚、赵大平:《论政府供给偏好的短期决定:政治均衡与经济效率》,《经济研究》2007年第1期。

陶勇:《政府间财力分配与中国地方财政能力的差异》,《税务研究》2010年第4期。

田发:《财政均等化:模式选择与真实度量》,《财经科学》2011年第3期。

田发:《财政转移支付的横向财力均等化效应分析》,《财贸研究》2010年第4期。

田发、周琛影:《城市财力均等化水平测算与缺口度量:以上海为例》,《财贸研究》2013年第1期。

田发、周琛影:《基层财政解困:一个财政体制变迁的分析框架》,《经济学家》2007年第1期。

田发、周武星:《经济治理能力指标体系的构建及测算——基于公共财政的视角》,《西安财经学院学报》2016年第3期。

田侃、亓寿伟:《转移支付、财政分权对公共服务供给的影响——基于公共服务分布和区域差异的视角》,《财贸经济》2013年第4期。

王朝才、赵光、吕旺实、李豫平等:《财政专项转移支付资金的清理、整合和规范性研究》,《经济研究参考》2015年第8期。

王传纶、高培勇:《当代西方财政经济理论》,商务印书馆2002年版。

王国华、温来成:《基本公共服务标准化:政府统筹城乡发展的一种可行性选择》,《财贸经济》2008年第3期。

王国华、温来成:《基本公共服务标准化:政府统筹城乡发展的一种可行性选择》,《中国财政经济理论前沿(5)》,社会科学文献出版社2008年版。

王洛忠、李帆:《我国基本公共文化服务:指标体系构建与地区差距测量》,《经济社会体制比较》2013年第1期。

王名:《中国社团改革:从政府选择到社会选择》,社会科学文献出版社2001年版。

王绍光、胡鞍钢:《中国国家能力报告》,辽宁人民出版社1993年版。

王守坤:《中国转移支付体制的公共服务均等化效应:分布演进与计量检验》,《经济经纬》2012年第4期。

王双正、要雯:《构建与主体功能区建设相协调的财政转移支付制度研究》,《中央财经大学学报》2007年第8期。

王廷惠:《公共物品边界的变化与公共物品的私人供给》,《华中师范大学学报》(人文社会科学版)2007年第3期。

王伟同:《财政能力与横向公平:两种均等化模式关系辨析——简论中国公共服务均等化实现路径选择》,《经济社会体制比较》2012年第11期。

王伟同:《城市化进程与城乡基本公共服务均等化》,《财贸经济》2009年第2期。

王玮:《成本分担视阈下的公共服务均等化改革》,《财贸经济》2012年第9期。

王晓洁:《中国公共卫生支出均等化水平的实证分析——基于地区差别的量化分析》,《财贸经济》2009年第2期。

王小合、钱宇、张萌、顾亚明、黄仙红、汪胜、张亮:《省级财政转移支付对全民基本医疗保险筹资均等化效应分析》,《中国卫生经济》2016年第4期。

王小明:《东莞部分镇街濒临破产镇领导称不救等收尸》,《中国经营报》

2012 年 8 月 25 日。

王晓洁：《中国公共卫生支出均等化水平的实证分析》，《财贸经济》2009 年第 2 期。

王晓洁：《中国基本公共文化服务地区间均等化水平实证分析》，《财政研究》2012 年第 3 期。

王雪梅：《社区公共物品与社区治理——论城市社区"四轮驱动、一辕协调"的治理结构》，《北京行政学院学报》2005 年第 4 期。

王一鸣：《中国区域经济政策研究中国区域经济政策研究》，中国计划出版社 1998 年版。

王雍君：《中国的财政均等化与转移支付体制改革》，《中央财经大学学报》2006 年第 9 期。

王元京、刘立峰：《如何实施主体功能区基本公共服务均等化政策》，《宏观经济管理》2008 年第 1 期。

王祖强、郑剑锋、包浩斌：《转移支付制度的公共服务均等化绩效研究》，《西部论坛》2009 年第 11 期。

吴俊培、陈思霞：《税收和政府转移支付的经济稳定效应分析》，《税务研究》2013 年第 7 期。

吴理财：《村民自治与国家重建》，《经济社会体制比较》2002 年第 4 期。

吴理财：《农村税费改革对乡镇财政的影响及后果》，《比较》2002 年第 4 期。

吴丽华、李国生：《财政预算报告背后的奥妙——行政性支出比例减少存疑》，《华夏时报》2012 年 3 月 16 日。

吴湘玲、邓晓婴：《我国地方政府财政能力的地区非均衡性分析》，《统计与决策》2006 年第 8 期。

吴亚卓：《我国城乡公共品供给的一个理论模型及政策建议》，《财政研究》2008 年第 11 期。

夏杰长：《经济发展与财税对策》，中国城市出版社 2002 年版。

向静林、张翔：《创新型公共物品生产与组织形式选择——以温州民间借贷服务中心为例》，《社会学研究》2014 年第 5 期。

项继权：《基本公共服务均等化：政策目标与制度保障》，《华中师范大学学报》（人文社会科学版）2008 年第 1 期。

项继权、袁方成：《我国基本公共服务均等化的财政投入与需求分析》，《公共行政评论》2008 年第 3 期。

谢京华：《论主体功能区与财政转移支付的完善》，《地方财政研究》2008 年第 2 期。

谢蕾：《西方非营利组织理论的新进展》，《国家行政学院学报》2002 年第 1 期。

辛波：《政府间财政能力配置问题研究》，中国经济出版社 2005 年版。

徐滇庆：《房产税》，机械工业出版社 2013 年版。

徐阳光：《地方财政自主的法治保障》，《法学家》2009 年第 2 期。

杨诚：《县域公共体育服务绩效现状与提升对策——基于西部 20 个区（市）县的数据分析》，《现代商贸工业》2016 年第 3 期。

杨春玲：《从浙江省中小企业发展现状看税收政策取向》，《税务研究》2009 年第 8 期。

杨兴云、陈安庆、曹丹：《乡镇债务成中国经济深水炸弹广东一地欠债需还 400 年》，《经济观察报》2011 年 11 月 11 日。

杨永森、宋丽丽、赵伟：《地方政府转移支付对县际间财力差距变化影响的实证研究——基于山东省 2000—2013 年数据的分析》，《山东农业大学学报》（社会科学版）2016 年第 3 期。

杨之刚：《财政分权理论与基层公共财政改革》，经济科学出版社 2006 年版。

杨中文、刘虹利、许新宜、王红瑞、刘和鑫：《水生态补偿财政转移支付制度设计》，《北京师范大学学报》（自然科学版）2013 年第 4 期。

尹成远：《中国人身保费收入的实证分析与预测》，《保险研究》2008 年第 1 期。

尹恒、康琳琳、王丽娟：《政府间转移支付的财力均等化效应》，《管理世界》2007 年第 1 期。

尹恒、王丽娟、康琳琳：《中国县级政府间财力差距：1993—2003 年》，《统计研究》2007 年第 11 期。

尹恒、王文斌、沈拓彬：《中国县级地区财力差距及其影响因素研究》，《北京师范大学学报》（社会科学版）2010 年第 11 期。

尹恒、朱虹：《县级财政生产性支出偏向研究》，《中国社会科学》2011 年第 1 期。

尹恒、朱虹：《中国县级地区财力缺口与转移支付的均等性》，《管理世界》2009 年第 4 期。

余显才：《税收超常增长的再认识》，《财贸经济》2005 年第 8 期。

袁卫、彭非：《中国经济发展报告 2006》，中国人民大学出版社 2007 年版。

臧旭恒、曲创：《从客观属性到宪政决策——论"公共物品"概念的发展与演变》，《山东大学学报》（人文社会科学版）2003 年第 2 期。

曾红颖：《我国公共服务均等化标准体系及转移支付效果评价》，《经济研究》2012 年第 6 期。

曾军平：《政府间转移支付制度的财政平衡效应研究》，《经济研究》2000 年第 6 期。

张超：《中央转移支付对民族省区地方财政努力的激励效果研究——以新疆维吾尔自治区为例》，《税收经济研究》2012 年第 2 期。

张桂琳：《论我国公共文化服务均等化的基本原则》，《中国政法大学学报》2009 年第 5 期。

张恒龙、陈宪：《政府间转移支付对地方财政努力与财政均等的影响》，《经济科学》2007 年第 1 期。

张俊伟：《建立现代财政体制的路径研究——以人大的监督与激发机制、制度重构与能力建设并行为视角》，《重庆理工大学学报》（社会科学）2014 年第 11 期。

张雷宝：《公共基础设施服务均等化的理论辨析与实证考察》，《财贸经济》2009 年第 2 期。

张林秀、罗仁福、刘承芳、ScottRozelle：《中国农村社区公共物品投资的决定因素分析》，《经济研究》2005 年第 11 期。

张伦伦：《我国地区间财政努力度差异研究》，《财经问题研究》2006 年第 5 期。

张启春：《区域基本公共服务均等化与政府间转移支付》，《华中师范大学学报》（人文社会科学版）2009 年第 1 期。

张通、许宏才、张宏安：《德国政府间财政转移支付制度考察报告》，《财政研究》1997年第3期。

张晓波、樊胜根、张林秀、黄季：《中国农村基层治理与公共物品提供》，《经济学》（季刊）2003年第4期。

张孝德：《建立与主体功能区相适应的区域开发模式》，《国家行政学院学报》2007年第6期。

赵桂芝、寇铁军：《我国政府间转移支付制度均等化效应测度与评价——基于横向财力失衡的多维视角分析》，《经济理论与经济管理》2012年第6期。

赵农、刘小鲁：《区位性因素与公共品的最优供给》，《经济研究》2008年第10期。

赵艳荣、徐校平、杨清、邱银伟、叶驰宇：《国家基本公共卫生服务抽样考核Ⅰ型和Ⅱ型错误概率估算》，《浙江预防医学》2016年第4期。

赵玉红：《财政转移支付调节居民收入差距的对策》，《经济纵横》2013年第9期。

郑浩生、查建平：《我国财政转移支付制度失效及改革探析——基于公共服务均等化的视角》，《西南交通大学学报》2012年第9期。

郑思齐、任荣荣、符育明：《中国城市移民的区位质量需求与公共服务消费》，《广东社会科学》2012年第3期。

郑文敏：《税收计划与依法治税的关系》，《税务研究》2005年第5期。

中国（海南）改革发展研究院：《基本公共服务体制变迁与制度创新——惠及13亿人的基本公共服务》，《财贸经济》2009年第2期。

中国（海南）改革发展研究院：《基本公共服务与中国人类发展》，中国经济出版社2008年版。

中国（海南）改革发展研究院：《加快推进基本公共服务均等化（12条建议）》，《经济研究参考》2008年第3期。

中国财政学会书组：《公共服务均等化问题研究》，《经济研究参考》2007年第58期。

周飞舟、赵阳：《剖析农村公共财政：乡镇财政的困境和成因——对中西部地区乡镇财政的案例研究》，《中国农村观察》2003年第4期。

周黎安:《晋升博弈中的政府官员的激励与合作》,《经济研究》2004 年第 6 期。

周天勇:《供养规模、税费负担对创业、企业和就业的影响》,《经济研究参考》2009 年第 57 期。

周文:《论公共产品的私人供给》,《经济众说》2006 年第 10 期。

周业安:《县乡财政支出管理体制改革的理论与对策》,《管理世界》2000 年第 5 期。

周业安、冯兴元、赵坚毅:《地方政府竞争与市场秩序的重构》,《中国社会科学》2004 年第 1 期。

周志坤:《省管县专家认为可分三步走》,《南方日报》2009 年 2 月 12 日。

朱柏铭:《从性价比角度看"基本公共服务均等化"》,《财贸经济》2008 年第 10 期。

朱大旗:《分税制财政体制下中国地方税权问题的研究》,《安徽大学法律评论》2007 年第 2 期。

朱京安、宋阳:《国际社会应对气候变化失败的制度原因初探——以全球公共物品为视角》,《苏州大学学报》(哲学社会科学版)2015 年第 2 期。

朱玲:《转移支付的效率与水平》,《管理世界》1997 年第 3 期。

二 英文文献

Alice, M. R., "Economics and the Political Process", *The American Economic Review*, Vol. 77, No. 1, 1987.

Anthony, S. and James, F., "Subgroup Consistent Poverty Indices", *Econometrica*, Vol. 59, No. 3, 1991.

Anthony, S. and James, F., "Transfer Sensitive Inequality Measure", *The Review of Economic Studies*, Vol. 54, No. 3, 1985.

Arrow and Kurz, *Public Investment, the Rate of Return, and Optimal Fiscal Policy*, Maryland: Johns Hopkins University Press, 1970.

Audun, L., "A Structural Approach for Analyzing Fiscal Equalization", *In-*

ternational Tax and Public Finance, Vol. 22, No. 3, 2015.

Barkley, P. W., "Public Goods in Rural Area: Problem, Policy and Population", *American Journal of Agricultural Economics*, Vol. 56, No. 5, 1974.

Bergstrom, C., and R. Goodman, "Private Demands for Public Goods", *American Economic Review*, Vol. 63, No. 3, 1973.

Bert, H. and Susana, C., "Ensuring Inter-Regional Equity and Poverty Reduction", Jorge, M., Bob, S., *Fiscal Equalization: Challenge in the Design of Intergovernmental Transfers*, New York: Springer Science Business Media, 2007.

Besley, T., and I. Jewitt, "Decentralizing Public Good Supply", *Econometrica*, Vol 59, No. 6, 1991.

Boadway, R., "The Theory and Practice of Equalization", *CESifo Economics Studies*, Vol. 50, 2004.

Bob Searle, "Federal Fiscal Relations in Australia", Paper Present at International Centre for Economic Research, 2002.

Btaid, M., "State and Local Tax Competition in a Spatial Model with Sales Taxes and Residential Property Taxes", *Journal of Urban Economics*, Vol. 75, No. 1, 2013.

Buchanan, "Central Grants and Resource Allocation", *Journal of Political Economy*, Vol. 60, 1952.

Buchanan, "Federalism and Fiscal Equity", *American Economic Review*, Vol. 40, No. 4, 1950.

Chang, W. N. and Dina, M. R., "Effects of Tax Reforms on SMEs' Investment Decisions under the Particular Consideration of Inflation", *Small Business Economics*, Vol. 29, No. 1, 2007.

Christos, K. and Miguel, L., "Imperfect Competition, Indirect Tax Harmonization and Public Goods", *International Tax and Public Finance*, Vol. 14, No. 2, 2007.

Dahlby, B. and Wilson, L. S., "Fiscal Capacity, Tax Effort and Optimal Equalization Grants", *The Canadian Journal of Economics*, Vol. 27, No.

3, 1994.

Dennis, T. Y. , "Education and Allocative Efficiency: Household Income Growth during Rural Reforms in Rural China", *Journal of Development Economics*, Vol. 74, No. 1, 2000.

Elinor, O. , Larry, S. and Susan, W. , *Institutional Incentives and Sustainable Development: Infrastructure Policies in Perspective*, Boulder: Westview Press, 1993.

Étienne, G. and Sudhir, A. , "Inequality and Poverty in Malaysia: Measurement and Decomposition", Rerue Tiers Monde, Programme National Persée, Vol. 24, No. 95, 1983.

Ferruccio Ponzano, Optimal Provision of Public Goods under Imperfect Intergovernmental Competition, Department of Public Policy and Public Choice-POLIS Working paper, No. 50, 2005.

Grand, J. L. , *The Strategy of Equality: Redistuibutition and the Social Services*, Allen and Uniwin Press, 1982.

Gross, J. , "Heterogeneity of Preferences for Local Public Goods: The Case of Private Expenditure on Public Education", *Journal of Public Economics*, Vol. 77, No. 1, 1995.

Hafield, J. , "Revenue Decentralization, the Local Income Tax Deduction and the Provision of Public Goods", *National Tax Journal*, Vol. 66, No. 1, 2013.

Hayek, F. A. , *Individualism and Economic Order*, Chicago: University of Chicago Press, 1948.

Heine K. , "Interjurisdictional Competition and the Allocation of Constitutional Rights: A Research Note", *International Review of Law and Economics*, Vol. 26, No. 1, 2006.

Hill, H. , "Intra-Country Regional Disparities", Paper Present at the Second Asian Development Forum, No. 6, 2000.

Hofman, B. , and S. Guerra, "Ensuring Inter-Regional Equity and Poverty Reduction", In Martinez-Vazquez, J. , and B. Searle, eds. , *Fiscal Equali-*

zation: Challenge in the Design of Intergovernmental Transfers*, New York: Springer Science Business Media, 2007.

Hofman, B. and Kadjatmiko, "Evaluating Fiscal Equalization in Indonesia", *The World Bank Policy Research Working Paper Series*, No. 5, 2006.

Iraj, H., "Financial and Institutional Barriers to SME Growth in Albania: Results of an Enterprise survey", *Economic Policy in Transitional Economies*, Vol. 11, No. 3, 2001.

James, E. and Will, M., "Costs of Taxation and Benefits of Public Goods with Multiple Taxes and Goods", *Journal of Public Economic Theory*, Vol. 13, No. 2, 2011.

Jeffrey, D. P. and Sophia, L., *Fiscal Capacity Equalization and Economic Efficiency: The Case of Australia*, Springer Science Business Media, 2007.

Jeffrey, D. P. and Sophia, L., "Fiscal Equalisation in Australia: Proposals for an Efficiency-Based System", *Economic Papers*, Vol. 23, No. 2, 2004.

Kam, K. and Dennis, P., "Non-Hierarchical Bivariate Decomposition of Theil Indexes, Centre for Efficiency and Productivity Analysis", Working Paper, No. 3, 2007.

Kincaid, J., "Fiscal Capacity and Tax Effort of the American States: Trends and Issues", *Public Budgeting and Finance*, Vol. 9, No. 3, 1989.

Kotsogiannis, C. and Schwager, R., "Accountability and Fiscal Equalization", *Journal of Public Economics*, Vol. 92, No. 12, 2008.

Liberati, P., and A. Sacchi, "Tax Decentralization and Local Government Size", *Public Choice*, Vol. 157, No. 1, 2013.

Lily, L. T., "Solidary Groups, Informal Accountability, and Local Public Goods Provision in Rural China", *American Political Science Review*, Vol. 101, No. 2, 2007.

Manvel, A., "Difference in Fiscal Capacity and Effort: Their Significance for a Federal Revenue-Sharing System", *National Taxation Journal*, Vol. 24, No. 2, 1971.

Martínez and Barrios, "Fiscal Equalisation Schemes and Sub-central Government Borrowing", Woking Paper, Instituto Valenciano de Investigaciones Económicas, S. A., 2013.

Minghong, Y. and Yuanyang, T., "Transfer Payments from the Central Government to the Local Governments and the Local Government's Efforts on Taxation: Taking China as an Example", *Ecological Economy*, Vol. 6, No. 3, 2010.

Musgrave, R. A., *The Theory of Public Finance*, McGraw-Hill, 1959.

Nico, H., Xiaobin, B., Rui, L., Kaiyu, L. and Shuyi, F., "Soil and Water conservation investment and rural development in China", *China Economic Review*, Vol. 20, No. 2, 2009.

Oates and Wallace E., *Fiscal Federalism*, New York: Harcourt Brace Jovanovich, 1972.

Pedro, C., and James K. G., "Constructing Long and Dense Time-Series of Inequality Using the Theil Index", *Eastern Economic Journal*, Vol. 26, No. 1, 2000.

Philip, H. B. and Albert, P., "Education and Poverty in Rural China", *Economics of Education Review*, Vol. 21, No. 6, 2002.

Preston, P., "Public Education or Vouchers? The Importance of Heterogeneous Preferences", *The Economic Record*, Vol. 9, No. Special Issue, 2003.

Qian, Y. and G. Roland, "Federalism and the Soft Budget Constraint", *American Economic Review*, Vol. 88, No. 5, 1998.

Renfu, L., Linxiu, Z., Jikun, H. and Scott, R., "Election, Fiscal Reform and Public Goods Provision in Rural China", *Journal of Comparative Economics*, Vol. 35, No. 3, 2007.

Robert, D. and Klaas, S., "Local Public Good Provision, Municipal Consolidation, and National Transfers", *Regional Science and Urban Economics*, Vol. 38, No. 2, 2008.

Ronald, J. H., Cindy, B., Richard, H. and Richard, S., "Measuring Revenue Capacity and Effort of County Governments", *Public Administration Review*, Vol. 53, No. 3, 1993.

Searle, "Revenue Sharing, Natural Resources and Fiscal Equalization, Working Paper, Andrew Young School of Policy Studies", Georgia State University, 2004.

Smart, M., "Equalization and Stabilization", *Canadian Public Policy*, Vol. 30, No. 2, 2004.

Smart, M., "Some Notes on Equalization Reform, Working Paper", Department of Economics, University of Toronto, 2005.

Steven, J. D. and Magnus, H., Explaining National Differences in the Size and Industry Distribution of Employment, *Small Business Economics*, Vol. 12, No. 1, 1999.

Stigler, G. J., "Perfect Competition, Historically Contemplated", *Journal of Political Economy*, Vol. 65, No. 1, 1957.

Tiebout, C., "A Pure of Local Expenditures", *Journal of Political Economy*, Vol. 64, No. 5, 1956.

Tresch, R. W., *Public Finance*, Georgeton, Ont: Irwin-Dorsey, 1981.

Turnovsky and Fisher, "The Composition of Government Expenditure and its Consequences for Macroeconomic Performance", *Journal of Economic Dynamics and Control*, Vol. 19, 1995.

Werner, J., "Fiscal Equalisation among the States in Germany", Woking Paper, Institute of Local Public Finance, 2008.

Xiaobo, Z. and Shenggen, F., "Public Investment and Regional Inequality in Rural China", EPTD Discussion paper, No. 71, 2000.

Yanmei, Z., Xinhua, W. and Mike, W. P., Institution-Based Barriers to Innovation in SMEs in China, *Asia Pacific Journal of Management*, Vol. 29, No. 4, 2011.

Zimmermann, H., Fiscal Equalization between States in West Germany, Environment and Planning C: Government and Policy, Vol. 7, No. 4, 1989.